분황 원효의 생애와 사상

프라즈냐 총서
34

분황 원효의
생애와 사상

| '일심(진여)의 신해성'과 '일심지원(본각)의 결정성'을 중심으로 |

고영섭 著

운주사

머리말

'일심', 즉 '본래 마음'을 찾아가는 길

우리는 대부분 '본래 마음'인 고향을 떠나 여러 타향에 살고 있다. 하나이자 근원인 고향의 강산과 들판을 떠나 타향의 강산과 마을에 살고 있다. 하나인 고향과 달리 타향은 여러 곳이다. 타향은 고향을 떠난 이들이 떠도는 임시 거처이다. 한동안 머물며 사는 타향들은 분열화된 문명과 도시화된 문화로 가득 차 있다. 그런데 산업화와 민주화 및 정보화를 넘어선 문명의 속도가 그것의 후기 단계인 문화의 타향을 급속히 덮고서 이제 우리의 본향으로까지 뻗어가고 있다. 그리하여 내가 태어난 '본래 마음'을 '분별 의식'으로 바꾸려 하고 있다.

우리가 태어난 고향은 우리가 돌아가고 싶은 하나이자 근원이다. 나는 '처음의 그곳'인 고향에 언제 돌아가 살 것인가? '본래 마음'인 고향에 돌아가 무엇을 하고 살 것인가? 고향에 돌아가 어떻게 살 것인가? 나는 날이면 날마다 생각해 보고 있다. 하지만 우리는 타향의 문명에 깊이 훈습되어 타향(도시)의 아파트를 떠나 고향(시골)의 초가집으로 돌아가지 못하고 있다. 내 고향집은 아직 그대로 있을까? 나를 키워준 강산과 마을은 그대로 있을까? 내가 태어난 집과 뛰놀던 들판은 그대로 남아 있을까? 그곳에 살던 동무와 어른들은 잘 살고 있을까?

마명馬鳴은 치밀한 논리와 아름다운 문체로 '대승에 대한 믿음을 일으키는 논서'(『대승기신론』)를 만들어 내었다. 이를 통하여 그는 일심의 근원이자 우리의 고향인 한마음의 원천으로 나아가는 길을 보여주었다. 그리하여 마명은 마음을 하나로 묶는 일심의 의미와 내용, 그것의 두 가지 측면인 심진여문·심생멸문의 두 가지 교문, 체대·상대·용대의 세 가지 대의와 승의의 이론문과 근본인 진여법·부처의 무량공덕·불법의 대이익·바른 수행을 한 사문이 자기와 타인을 이롭게 할 것 등의 네 가지 믿음을 성취하고, 시문·계문·인문·진문·지관문 등의 다섯 가지 행을 닦고, 나무아미타불의 육자법문을 통하여 서방 극락세계에 나기를 원구願求하고 왕생해서 정정正定에 머물게 되는 실천문을 통하여 '하나', 즉 '본래 마음'인 고향으로 돌아가는 길을 열어주었다. '연꽃 중의 연꽃'인 분황芬皇이자 '새벽 중의 새벽'인 원효元曉 또한 마명의 묘술을 이어받아 우리에게 고향에 돌아가는 길을 열어주었다.

나는 한국이 낳은 불세출의 사상가 분황 원효(617~686)의 탄신 1,400년을 맞아 지금까지 논구해온 것을 크게 4장으로 재구성해 보았다. 이것은 원효사상의 현재적 위상과 미래적 가치를 조망하기 위해서이다.

Ⅰ. 「생애와 저술」에서는 원효의 '생애와 역정'에 대해 서술하고 그가 지은 '저술의 서지학적 검토'를 하였다. 그의 저술은 약 103종 208(214)여 권에 이르지만 현존하는 것은 겨우 20(22)부 정도에 지나지 않는다. 하지만 최근에 원효의 저술에 대한 필사본과 그의 글들을 인용한 산일문들이 더 확인되고 있어 그의 현존 저술분의 확장과 그의

저술의 정본화 작업이 더 진척될 것으로 기대된다.

Ⅱ.「화회논법의 탐구 지형」에서는 원효의 대표작 중 하나인『십문화쟁론』연구가 종래에 어떻게 이루어져 왔는지를 살피고, '원효 불학의 고유성'을 한국불교의 전통 확립과 관련하여 기술하였으며, 나아가 그의 학문태도이자 연구방법인 화쟁·회통 논법이 무엇이며 어떻게 이루어졌는지에 대해 구명하였다.

Ⅲ.「일심과 본각의 성격과 특징」에서는 원효 마음철학의 가장 주요한 개념인 '일심의 신해성'(『대승기신론소』)과 '본각의 결정성'(『금강삼매경론』)의 개념과 그것이 지니고 있는 의미와 가치에 대해 논구하였으며, 아울러『대승기신론』이 제시하는 진망화합심(여래장)과 『화엄경』이 제시하는 일심(진심)이 어떻게 같고 다르며, 그것이 남북통일의 관점에서 어떻게 원용될 수 있는지에 대해 연찬하였다.

Ⅳ.「일심과 경 사상 및 염불관과 염불선」에서는 한국 불교와 유교의 대표적인 두 사상가들의 핵심 개념인 '원효의 일심과 퇴계의 경 사상'의 상통성과 상이점을 구명하였으며, 불교 정토 수행의 대표적인 두 수행자의 핵심 개념인 '원효의 염불관과 청화의 염불선'의 같은 점과 다른 점에 대해 탐구하였다. '이것은 원효 사상의 접점과 통로'를 찾는 과정이었다. 나는 이들의 논구를 통해 분황 원효의 생애와 사상의 지형도를 그려내고 방법론을 구명하고자 하였다. 이를 기반으로 앞으로도 그에 대한 나의 연구와 탐구와 궁구는 멈추지 않고 이어질 것이다.

이 책의 부록에는 지난 약 두 갑자(120년) 동안의「원효 관련 논저 목록」(1901~2016년)을 붙여 연구자들에게 도움을 주고자 하였다. 원효가 지은 저작뿐만 아니라 국내외에서 이루어진 원효 연구 저서와 주석, 일반논문, 석사논문, 박사논문 등을 총망라하고자 하였다.

　원효元曉는 '하나의 마음'을 '두 개의 교문'으로 해명하는 논서를 기초로 하여 '일심의 철학'을 구축하였다. 그는 '하나를 향한 그리움'이자 '고향을 가는 기다림'이며 '일심의 근원인 붓다로 돌아감'이라는 메시지를 통해 우리를 강렬히 분발시켜 주었다. '하나에 대한 그리움', '고향을 가는 기다림'은 일심一心과 일심지원一心之源으로 나아가려는 인간의 본성을 실감나게 표현해 낸 기호다. 나는 이 책에서 분황 원효가 온몸을 던지며 우리를 향해 시종일관 보여준 '간절노파지심'을 구명해 보았다. 그리하여 그의 생평이 보여준 일심一心-화회和會-무애無碍의 기호를 통해 일심의 근원으로 돌아가고(歸一心源) 중생을 풍요롭고 이익되게 하는(饒益衆生) 모습을 엿볼 수 있었다. 원효가 보여준 '하나'(一)로 나아가는 그리움은 '바름'(中)을 향해가는 기다림의 다른 표현이었다. 우리 사회의 미래적 가치인 인문학 출판시장의 어려움에도 불구하고 분황 원효를 기릴 수 있도록 출간해 주신 운주사 김시열 대표와 원효 연구 목록 일부를 보완해 준 대학원 불교학과 명계환 박사반생 그리고 동대도서관의 윤주영 팀장에게 감사의 마음을 전하고 싶다.

2016년 10월 10일
동국대학교 만해관 321호 角乘窟에서
還淨거사 高榮燮 근지

머리말 • 5

Ⅰ. 생애와 저술 15

1. 생애와 역정 • 15
2. 저술의 서지학적 검토 • 22

   1) 문제와 구상 • 22
   2) 원효의 교판 인식 • 25
   3) 원효 저술의 범주와 목록 • 34
   4) 원효 저술의 특징과 내용 • 46
   5) 원효의 학문방법 • 54
   6) 정리와 맺음 • 59

3. 원효의 현존 저술 소개 • 60

Ⅱ. 화회논법의 탐구 지형 71

1. 『십문화쟁론』의 연구 지형 • 71

   1) 화두: 문제와 구상 • 71
   2) 원효 저서에서 이 논의 위상 • 76
   3) 십문의 의미와 명칭 및 순서 • 82
      (1) 십문의 의미 • 83
      (2) 십문의 명칭과 순서 • 85
   4) 『십문화쟁론』 복원문의 구조 • 88

　　　　(1) 조명기 복원문의 특징 • 88
　　　　(2) 최범술 복원문의 특성 • 90
　　　　(3) 이종익 복원문의 성격 • 100
　　　　(4) 이만용 복원문의 얼개 • 103
　　5) 원문과 네 복원문의 거리 • 105
　　6) 보림: 정리와 과제 • 107

2. 원효불학의 고유성 • 111

　　1) 문제와 구상 • 111
　　2) 인印·중中 불교의 주체적 수용 • 114
　　3) 통일성과 개체성의 화쟁 • 119
　　　　(1) 해(解; 異諍)의 과정 • 126
　　　　(2) 화(和; 會文)의 과정 • 129
　　4) 공통성과 유사성의 회통 • 137
　　　　(1) 통(通; 文異)의 과정 • 137
　　　　(2) 회(會; 義同)의 과정 • 140
　　5) 초종파성과 통합불교 지향 • 141
　　6) 정리와 맺음 • 145

3. 화쟁·회통 논법 • 148

　　1) 문제와 구상 • 148
　　2) 화회가 필요한 까닭 • 152
　　　　(1) '다툼(諍)'의 해소 • 152
　　　　(2) '방식(門)'의 지형 • 157
　　3) 화쟁의 대상과 방식 • 161
　　　　(1) 상호 지지의 교문(依持門) • 164
　　　　(2) 상호 작용의 교문(緣起門) • 170

    4) 회통의 대상과 방식 · 176
        (1) 마음에 의거한 관점(就心論) · 177
        (2) 조건에 입각한 관점(約緣論) · 179
    5) 화회로 천명한 과녁 · 182
        (1) 갈등의 단멸 · 182
        (2) 공존의 큰 삶 · 184
    6) 정리와 맺음 · 187

Ⅲ. 일심과 본각의 성격과 특징 191

1. 일심의 신해성 · 191

    1) 문제와 구상 · 191
    2) 일심의 역동성 · 194
        (1) 일심과 아라야식 · 194
        (2) 일심과 암마라식 · 199
    3) 일심의 신해성 · 204
        (1) 일심과 일심지원 · 204
        (2) 아라야식과 암마라식 · 209
    4) 정리와 맺음 · 212

2. 본각의 결정성 · 214
    -분황芬皇 원효元曉 본각本覺의 결정성決定性 탐구-

    1) 문제와 구상 · 214
    2) 본각의 청정성 · 217
        (1) 의혹과 사집의 제거 · 217
        (2) 결정성의 함의 · 222

(3) 일심과 팔식의 전의 • 224

     3) 본각의 결정성 • 229

         (1) 일심과 본각 • 229

         (2) 본각의 이익 • 233

         (3) 신해성과 결정성 • 240

     4) 정리와 맺음 • 245

3. 여래장심과 화엄 일심 • 247
     -기신의 진망화합심과 화엄의 일심, 그리고 분단시대-

     1) 문제와 구상 • 247

     2) 분단시대의 분열과 소원疎遠 • 250

     3) 원효 화엄의 상즉상입적 세계관 • 256

     4) 원효의 화엄 일심 • 263

     5) 통일시대의 통합과 소통疏通 • 268

     6) 정리와 맺음 • 273

Ⅳ. 일심과 경 사상 및 염불관과 염불선 275

1. 원효의 일심과 퇴계의 경 사상 • 275
     -분황 원효와 퇴계 이황의 만남과 대화-

     1) 문제와 구상 • 275

     2) 일심一心과 경의敬義의 접점 • 278

         (1) 진리론과 학문론 • 280

         (2) 실천론과 수양론 • 281

     3) 원효 일심一心 사상의 지형 • 282

        (1) 진여眞如와 생멸生滅 • 282

        (2) 일심一心과 일미一味 • 284

    4) 이황 경敬 사상의 지형 • 289

        (1) 미발未發과 이발已發 인식 • 289

        (2) 경敬과 의義 • 295

    5) 원효와 이황의 통로 • 301

    6) 정리와 맺음 • 304

2. 원효의 염불관과 청화淸華의 염불선 • 306

    1) 문제와 구상 • 306

    2) 염불 즉 선정 • 308

    3) 원효의 염불관 • 314

    4) 청화의 염불선 • 326

    5) 원효와 청화의 통로 • 332

    6) 정리와 맺음 • 336

참고문헌 • 339

부록_ 원효 관련 논저 목록 • 349

찾아보기 • 417

I. 생애와 저술

1. 생애와 역정

분황 원효(芬皇元曉, 617~686)는 경북 자인 땅의 신라 6부족 설薛씨의 후손인 담나談捺 내말乃末의 아들로 태어났다. 어릴 때 이름은 '새털(新毛)' 혹은 '동방의 성스러운 아이'를 뜻하는 '서당誓幢'이었다. 일찍이 어머니를 잃고 곧이어 아버지를 잃은 그는 할아버지의 손에 한동안 자랐다. 오래지 않아 할아버지조차 세상을 떠나자 그는 8~9세 나이를 뜻하는 관세丱歲, 즉 '관채지년丱䌙之年'에 출가하였다. 원효의 은사와 법사는 자세히 알 수 없으나 중국 불학의 토대를 구축한 '승조僧肇의 후신'이라 자임한 혜공惠空과 영축산 반고사의 '낭지朗智' 등과 교유했을 것으로 추정된다.

원효는 법호가 분황芬皇이며 법명이 원효元曉이다. 분황사에 오래 주석한 끝에 법호가 된 '분황'은 '향기롭고(芬) 아름답다(皇, 王)'는 뜻이다. 또 '왕중왕인 황제' 혹은 '푼다리카(芬) 중의 푼다리카(皇)', 즉 '연꽃 중의 연꽃'을 일컫는다. 이처럼 이 절은 황궁을 짓다가 용이 출현하여 절로 바뀌었다는 일화처럼 왕실과 긴밀한 관계를 유지해 온 곳이다. 또 그의 법명인 '원효'는 새벽의 영남 방언인 '새부塞部'와 '시단始旦'처럼 '첫새벽'을 뜻한다. 원효의 이름이 알려주듯이 그는 한국 사상사의 새벽 문을 열어 젖혔다. 그는 새벽의 출발선을 중천으로 드높였다.

원효의 사승師僧 관계에 대해서는 자세히 알 수 없다. 31세경에 그가 낭지의 권유로 지은 『초장관문初章觀文』과 『안신사심론安身事心論』의 감수를 은사 문선文善을 시켜 요청했던 기록과 중년 이후 오어사에서 만나 벌인 혜공과의 법력게임 설화로 교유관계를 알 수 있을 뿐이다. 34세 때 원효는 의상(義湘, 625~702)과 함께 당나라 현장(玄奘, 602~664) 문중으로 유학을 떠났다. 압록강을 건너 요동으로 가던 그들은 고구려 수비군에게 세작(간첩)으로 잡혀 감옥에 갇혔다. 그 뒤 출가자의 신분이 확인되어 가까스로 풀려나 신라로 돌아왔다. 제1차 유학은 이렇게 실패로 끝났다. 660년에 백제가 나당연합군에 멸망하였다. 그 이듬해인 661년에 원효는 의상과 함께 다시 제2차 유학길에 올랐다.

첫날의 여정을 마무리한 뒤 그들은 어느 땅막(土龕)에서 하루를 보냈다. 다음날 백제의 멸망 이후 신라의 관문이었던 수원 화성 남양만南陽灣을 향해 갔다. 날이 저물고, 잠자리를 찾지 못한 두 사람은 무덤(鬼鄕) 속에서 하룻밤을 더 자게 되었다. 원효는 꿈속에서 동티(動土: 地神의 노여움)를 만났다. 순간 그는 잠에서 깨어나 인식의 전환을 노래로 표현하였다.

> 어젯밤 잠자리는 땅막이라 생각하여 또한 편안했는데
> 오늘밤 잠자리는 무덤 속에 의탁하니 매우 뒤숭숭하구나
> 알겠도다! 마음이 생겨나므로 갖가지 현상이 생겨나고
> 마음이 사라지므로 땅막(龕)과 무덤(墳)이 둘이 아님(不二)을
> 또 삼계는 오직 마음뿐이요
> 만법은 오직 인식일 뿐이니
> 마음 밖에 현상이 없는데
> 어디서 따로 구하겠는가?
> 나는 당나라에 가지 않겠다!

이것은 『대승기신론大乘起信論』의 핵심 구절을 놀랍게 자리바꿈한 원효의 오도송이었다. 마음이 극락처럼 평화로웠던(心眞如) 어젯밤과 마음이 지옥처럼 뒤숭숭했던(心生滅) 오늘밤의 대비를 통해 원효는 일심一心을 발견하였다. 이미 신라인들의 마음속에 있는 것이라면 당나라인들의 마음속에도 있지 않겠는가. 모든 것의 근거이자 인간의 보편성인 일심을 발견하자, 그는 더 이상 유학의 필요성을 느끼지 못하였다.

서라벌로 돌아온 원효는 저술에 몰입하였다. 동시에 그는 자유로운 몸짓으로 불법을 대중화시켰다. 어느 봄날 원효는 "누가 자루 없는 도끼를 주겠는가/ 내가 하늘을 떠받친(칠) 기둥을 끊(깎)으리"라고 외쳤다. 그 뜻을 간파한 신라왕이 사자를 보내어 요석궁 앞 문천교를

건너 원효를 물속에 빠뜨리게 하였다. 요석궁에서 옷을 말리던 원효는 뒷날 일연이 『삼국유사』 '의해'편 「원효불기」조 찬시에서 "요석궁에 한동안 불이 밝더니"라고 했던 것처럼 요석궁에 머물며 아유다 공주와 인연을 맺었다.

때마침 신라 왕비가 머리에 악성 종양이 걸리고, 왕은 전국의 의사와 무당을 구하였다. 병이 낫지 않자 왕은 사신을 중국으로 보냈다. 바다에서 풍랑을 만난 사신이 용왕에게 인도되어 자초지종을 전하였다. 용왕은 용궁에서 전해오는 『금강삼매경金剛三昧經』을 소개하면서 대안大安을 편집자로, 원효를 강론자로 천거하였다. 사자는 장딴지 속에 비밀장秘密藏을 감춰와 왕에게 전하고, 왕은 대안에게 편집을, 원효에게 주석서와 강론을 맡겼다.

이후 원효는 분황사 서실의 문자향과 서권기가 가득한 골방에 앉아 『화엄경』「십회향품」 주석서를 썼다. 이때 그는 '보살의 회향은 골방에서 이루어지는 것이 아니다'는 인식의 전환을 얻고 붓을 꺾으며 거리로 뛰쳐나가 대중을 교화하기 시작하였다. 이것은 무덤 속에서 이루어진 '개인적 깨달음'과 달리 골방 속에서 이루어진 '사회적 깨달음'이었다.

원효의 103종 202(+권수 미상 6종) 내지 208(+권수 미상 6종)여 권의 저서 가운데에서 현재 20여 종 내외만이 남아 있다. 이들 저술 속에는 치밀한 사고력(一心)과 활달한 문장력(和會) 및 넘치는 인간미(無碍)가 담겨 있다.

흔히 원효의 사상적 역정은 일심一心-화회和會-무애無碍의 구조로 표현된다. 그리고 그의 사상적 구조는 일심이문一心二門 사상 혹은 이문일심二門一心 사상으로 일컬어진다. 심생멸문과 심진여문을 통섭하는 일심의 구조는 『대승기신론소』와 『대승기신론별기』에서 집중적으로 나타난다. 화회의 논리는 단간본인 『십문화쟁론十門和諍論』과 만년작인 『금강삼매경론』에서 보이고 있다. 무애의 행화는 결락본인 『화엄경소』에서 드러나고 있다. 원효는 이들 세 기호 중 특히 논리적 매개항인 '화쟁·회통'을 통하여 '일심의 근원에 돌아가게 함으로써(歸一心源)' '중생들을 풍요롭고 이익되게 하고자(饒益衆生)' 하였다.

원효는 『대승기신론』의 일심이문의 구조에 의지하여 자기 사상의 체계를 입론하고 있다. 그는 『대승기신론』 주석서를 7~8종을 지을 정도로 이 저술에 집중하였다. 원효는 『대승기신론』의 성격을, '부정하기만 하고 긍정하지 못하는(破而不立, 往而不遍論)' 중관사상과 '긍정하기만 하고 부정하지 못하는(立而不破, 與而不奪論)' 유식사상의 지양(無不破而自遣, 無不立而還許) 종합(開合自在, 立破無碍)이자 각覺과 불각不覺 두 뜻(二義)의 불상리성不相離性과 화합和合으로서의 아려야식의 존재를 규명하는 저술로 규정하였다.

다시 말해서 원효는 『대승기신론』을 "『능가경』에 의하여 진제와 속제가 별체別體라는 집착을 다스리기 위해" 지은 것으로 보았다. 이는 『유가론』에 설해 있는 아려야식은 '한결같이 생멸의 이숙식異熟識에 대해서만 논하고' 있지만 『기신론』은 '불생불멸과 생멸이 화합하여 동일하지도 아니하고(非一) 차이나지도 아니함(非二)에 대하여 논하고' 있다고 파악하는 지점에서 확인된다. 그리하여 그는 『기신론』의 구조에 의지하여 각과 불각 두 뜻의 불상리성 내지 화합의 관계를 지속적으로 모색하였다.

여기서 아려야식의 각의覺義는 여래장의 불생멸심이며, 불각의不覺

義는 여래장의 불생멸심인 자성청정심이 무명의 훈습에 의해 흔들려 (動) 일어난 생멸심이다. 즉 아려야식이 불생멸과 생멸, 즉 각과 불각의 화합식이기 때문에 이 아려야식을 기점으로 염정染淨의 연기가 가능한 것으로 본 것이다. 이것이 바로 아려야식이 현실적 인간(범부)이 미오迷汚한 현실생활 가운데서 깨달음의 세계로 나아가려는 수행에 의하여 완성된 인격을 이룰 수 있는 근거다. 그리고 그것은 아려야식이 지니고 있는 이의성二義性에 의해 가능한 것이다.

이처럼 원효는 마음의 때 묻음(染)과 깨끗함(淨)의 양면성 중 그 일면만을 고집하여 각기 진眞과 속俗을 별체로 보려는 유식학통과 중관학통의 치우친 집착(偏執)을 극복하려는 『기신론』의 본의를 충분히 의식하여 아려야식의 이의성을 분명하게 밝혀내었다. 이 과정에서 '아려야식 위位에서 파악한 무명업상業相과 능견상(轉相)과 경계상(現相)'의 '삼세 아려야식'설이 탄생되었다. 이것은 업상과 전상과 현상의 삼세상이 아려야식 위에 있음을 강조한 것이며, 『기신론』의 의도를 보다 구체적이고 실증적으로 밝혀낸 것이었다.

이 때문에 윤회의 주체인 이숙식으로 파악하는 유식가의 아려야식은 깨달음의 청정성(淨法)을 낼 수 없는 생멸식임에 견주어, 『기신론』의 아려야식은 삼세의 화합식 중 생멸분을 없애버림으로써 얻게 되는 무분별지와 후득지에 의하여 불생불멸의 자성청정한 각覺의 상태로 되돌아갈 수 있는 것이다. 이는 『기신론』이 제시하는 환멸의 단계를 또렷이 드러낸 것이며, 일심인 깨달음의 세계로 환멸해 가는 수행면에서 보다 실천적 입장을 취한 것이다.

이 같은 문제의식과 해결방법은 『십문화쟁론』에도 잘 나타나 있다.

"부처가 세상에 있었을 때는 부처의 원음에 힘입어 중생들이 한결같이 이해했으나 …… 쓸데없는 이론들이 구름 일어나듯 하여 혹은 말하기를 '나는 옳고 남은 그르다' 하며, 혹은 '나는 그러하나 남들은 그렇지 않다'고 주장하여 드디어 하천과 강을 이룬다. …… 유有를 싫어하고 공空을 좋아함은 나무를 버리고 큰 숲에 다다름과 같다. 비유컨대 청靑과 남藍이 같은 바탕이고, 얼음과 물이 같은 원천이고, 거울이 만 가지를 다 용납함과 같다"고 하였다. 즉 원효는 바로 '나는 옳고 남은 그르다'는 인식이 빚어내는 오류를 극복하기 위해 자신의 철학적 논리 위에서 다양한 화쟁·회통 논리를 전개하였다.

원효는 『기신론』에서 일심이 지니고 있는 '신해神解'의 성격을 좀더 구체적으로 밝히기 위해 『금강삼매경론』에서는 '일심(8식)'과 '일심의 근원(9식)'을 아우르고 있다. 이는 원효가 이 논서를 무소불파無所不破의 섭대승경攝大乘經과 무소불립無所不立의 금강삼매金剛三昧 및 무출시이無出是二의 무량의종無量義宗으로 파악하고, 진망화합식으로서의 제8아려야식뿐만 아니라 옴마라식, 즉 제9아마라식의 존재를 수용하는 대목에서도 보인다. 나아가 원효는 순불순順不順, 허불허許不許, 무이이불수일無二而不守一, 불일불이不一不二 등의 다양한 화쟁·회통 논법의 설정을 통해 이것을 뒷받침해 주고 있다. 그리하여 모두가 옳기도 하고(皆是) 모두가 그르기도 하다(皆非)고 하였다.

그것은 또 『열반종요涅槃宗要』의 「화회게和會偈」에서 "불교 경전의 부분을 통합하여(統衆典之部分)/ 온갖 흐름의 한 맛으로 돌아가게 하고(歸萬流之一味)/ 부처의 뜻의 지극히 공정함을 전개하여(開佛意之至公)/ 백가의 뭇 주장을 화회시킨다(和百家之異諍)"고 하는 대목에서도 알 수 있다. 또 보법普法인 『화엄경』의 주석을 쓰다 붓을 꺾고 대중교화로 나선 모습에서도 읽어낼 수 있다. 아울러 일심-화회-무애의 기호를 통해 원효가 보여준 치밀한 사고력과 활달한 문장력, 그리고 넘치는 인간미에서도 엿볼 수 있다. 결국 원효가 몸소 보여주려고 했던 삶의 모델은 서로의 차이를 인정하고 배려하고 대화하고 소통하여야 행복(건강)한 삶이 이루어진다는 것이었다.

2. 저술의 서지학적 검토[1]

1) 문제와 구상

한 사상가의 사유체계와 인식방법을 엿보기 위해서는 그가 남긴 '저술'과 그에 관련된 '사료'에 의존할 수밖에 없다. 아무리 유수한 사상가라 할지라도 그의 인식과 사유가 투영된 저술과 사료가 현존하지 않는다면 그는 정당하게 평가받을 수 없기 때문이다. 마찬가지로 아무리 수많은 저술이 있더라도 그의 사유와 인식이 온전하게 투영된 저술이 없다면 그는 공정하게 평가받을 수 없게 된다. 그의 인간관과 세계관 및 교체론과 언어관, 그리고 심성론과 수행론 등은 그의 인식과 사유가 투영되어 있는 저술을 통해 비로소 탐구해 낼 수 있기 때문이다. 해서 그의 마음의 본성에 대한 인식과 수행에 대한 이해 및 불교를 바라보는 그의 관점과 그의 저술 속에 반복적으로 사용되는 언어, 그리고 그가 보여주는 인간 이해와 세계 인식은 그를 이해하는 주요한 기제가 된다.

---

[1] 이 논문은 한국불교사연구소가 2012년 12월 1일에 개최한 제2차 집중세미나에서 발표한 것을 수정 보완한 것이다.

중국인들은 전한前漢 애제哀帝 때인 기원전 2년에 인도불교를 수용한 이래, 양한兩漢 남북조南北朝 및 수당隋唐를 거치면서 온전히 토착화시킨 중국불교를 창안하였다. 한자漢字 세계관 속에서 삼론三論과 열반涅槃, 구사俱舍와 성실成實, 지론地論과 섭론攝論과 법상法相, 밀학密學과 율학律學, 천태天台와 화엄華嚴, 정토淨土와 선법禪法의 거장들은 자신의 교체론과 교판론 및 심성론과 수행론 등의 사유체계와 인식방법을 통해 다양한 논변을 창안하였고 정치한 논리를 제창하였다. 불보살의 경률론 삼장三藏뿐만 아니라 그들에 대한 자신들의 사유와 인식을 담은 교장(敎藏, 章疏類)들은 신라와 당나라를 오가는 견당사遣唐使들과 유학승留學僧들에 의해 한반도에 곧바로 전해졌다. 분황 원효(芬皇元曉, 617~686) 이전 시대의 원광圓光, 안함安含, 자장慈藏과 동시대의 문아 원측(文雅圓測, 613~696)과 부석 의상(浮石義湘, 625~702)과 경흥憬興 등 신라계 사상가들 역시 동아시아 사상계의 한복판에서 자신의 인식과 사유를 펼쳐내며 활발하게 교유하고 있었다.

원효는 저마다 자신의 교판에 의해 자종의 우월성을 주장하는 동아시아 사상가들의 담론들에 직면하면서 불교사상을 체계적으로 정리할 필요를 느꼈다. 그리하여 그는 자신의 교판敎判을 거듭 가다듬으며 사상적 통합과 문화적 융합을 기획하였다. 그 과정에서 원효는 수많은 저술을 지었다. 그의 저술목록에 의하면 그는 밀교密敎 영역을 제외한 현교顯敎 영역을 총망라하였다. 즉 부파불교의 구사와 성실을 비롯하여 대승불교의 삼론과 열반, 지론과 섭론과 법상, 밀학과 율학, 천태와 화엄, 정토와 선법에 이르기까지 자신의 의식지평 속에 독자적 사유체계와 남다른 인식방법을 담아내었다. 그 속에는 원효의 일심一心 철학과 화회和會논법 및 무애無碍실천에 대한 다양한 해명이 담겨 있다. 그런데 원효의 인식과 사유를 담고 있는 저술의 부수와 권수에 대해서는 학자들마다 출입이 적지 않다. 종래의 연구에 의하면 그의 저술은 81부 158(174)권[2], 82부 92(115)권[3], 98부 92(94)권[4], 98부 213(239)권[5], 86부 181(197)권[6], 98부 208(233)권[7], 72부 126권(149)권, 101부 192(215)[8], 87부 180여 권[9] 등으로 집계되고 있다. 여기에다가 근래에 확인된 자료까지 종합해 보면 약 103종 208(214)여 권에 이르고 있다.

원효의 저술을 결락 정도와 권수 미상을 고려하면서 집계해 보면 대체적으로 19부 22권 혹은 20부 29권 또는 22부 30권 등이 현존하고 있다. 대부분의 저술들이 산일되어 있고 일부분의 저술들이 남아 있다. 그리고 결락자缺落字가 적지 않은 판본들도 있어 그의 사유체계와 인식방법을 온전히 재구성하기는 쉽지 않다. 하지만 현존하는 이들 저술들을 통해서나마 원효의 일심철학과 화회논법 및 무애실천의 지형

---

2 和田博重,「新羅撰述佛書書目に就いて」,『文獻報國』8-6, 조선총독부도서관, 1942.
3 八百谷孝保,「新羅僧元曉傳攷」,『大正大學學報』28, 대정대학, 1952.
4 閔泳珪,「新羅章疏錄長編」,『백성욱박사송수기념불교학논문집』, 동국대학교, 1959.
5 趙明基,『新羅佛敎의 理念과 歷史』(신태양사, 1962).
6 동국대 불교문화연구소,『韓國佛敎撰述文獻總錄』(동국대출판부, 1976); 김영태,『元曉 연구 史料 총록』(원효학연구원 장경각, 1996).
7 蔡印幻,『新羅佛敎戒律思想硏究』(국서간행회, 1977).
8 殷貞姬,『원효의 대승기신론소・별기』(일지사, 1991).
9 高榮燮,『원효탐색』(연기사, 2001; 2005; 2010). 논자는 均如의『一乘法界圖圓通記』에서 원효의『普法記』를 추가하였다.

도를 그려낼 수 있는 것은 매우 다행한 일이라고 할 수 있다. 이 글에서는 분황 원효의 교판인식과 학문방법과의 관련 속에서 원효 저술의 서지학적 검토를 시도하여 그의 저술이 지니고 있는 몇 가지 특성들에 대해 살펴보고자 한다.

2) 원효의 교판 인식

서지書誌는 서책書冊과 서지書誌를 총칭한다. 서책은 해당 인물의 저작을 가리키며, 서지는 향토지와 박물지와 같은 기록물 또는 기관지와 월간지와 같은 정기간행물 일반을 일컫는다. 문자를 수단으로 표현한 본문과 그 본문이 나타내 주는 지적 소산의 내용, 그리고 그것을 담고 있는 물리적 형태인 책을 대상으로 하는 서지학書誌學은 이들 서지들의 내용과 형태 및 체계 등을 과학적이고 역사적인 방법으로 살피는 학문이다.[10] 동서양의 학문적 성격과 책의 간사刊寫 수단, 그리고 그 형태의 특성에 따른 연구방법의 차이에 따라 서지학의 개념과 체계화가 동일하지는 않지만 원문의 교감, 지적 소산의 내용 기술, 책의 형태 기술에 대한 분야는 공통적인 요소라고 할 수 있다. 서지학의 정의와 범위를 이렇게 구분해 볼 때 불교 서지들 역시 이 정의와 범위를 벗어나지 않는다.

---

10 千惠鳳, 『韓國 書誌學』(민음사, 1999), p.25. 저자는 서지학을 "문자를 수단으로 표현한 본문과 그 본문이 나타내 주는 지적 소산의 내용, 그리고 그것을 담고 있는 물리적 형태를 대상으로 조사, 분석, 비평, 연구하여 기술하는 학문"이라고 규정하고, 그 분야는 원문의 교감을 중심으로 한 '原文書誌學', 지적 소산의 내용 기술을 중심으로 체계적으로 분류하는 '體系書誌學', 책의 물리적 형태 기술을 중심으로 하는 '形態書誌學'으로 나누고 있다.

동아시아 불교 서지들을 통해 전관해 볼 때 한중일 삼국 중 특히 중국불교의 가장 중요한 특징은 '격의불교格義佛敎'를 통한 '경전한역經典漢譯'과 '교상판석敎相判釋'을 통한 '종파형성宗派形成', 그리고 '수행의 대명사'로서의 '선법禪法의 완성完成'이라고 할 수 있다. 이들 서지에 대한 접근방법 중 특히 교상판석敎相判釋, 즉 교판敎判은 붓다의 입멸 이후 인도로부터 약 일천여 년에 걸쳐 중국에 전해져 한역된 수많은 불전들을 학문적으로 분석하고 효율적으로 공부하기 위해 중국인들이 제창한 불교해석학이라고 할 수 있다. 초기의 교판은 불설의 핵심을 알기 위해 불전에 대한 시간(五時)적·방법(化儀)적·내용(化法)적 검토 위에서 이루어진 경전해석학이며, 이것은 동아시아 불교의 가장 두드러진 학문방법론이었다.

교상판석은 '가장 나중에 오는 장작이 제일 윗자리에 놓인다(後來居上)'는 관점에 의해 이루어졌다. 즉 붓다가 설한 가르침의 시간적 순차에 의해 불전을 줄 세우고(判) 읽는 이들의 수준에 따라 풀이해 낸(釋) 것이다. 이를테면 천태종은 화엄시(3×7일)-녹원(아함)시(12년)-방등시(8년)-반야시(21/22년)-법화(8년)·열반(1일 1야)시에 이르는 5시와 돈頓-점漸-비밀秘密-부정不定의 화의化儀4교와 장藏-통通-별別-원圓의 화법化法4교로 이루어진 8교판을 통해 법화(열반)경 우위의 지평을 열었다. 반면 화엄종은 소승교-대승시교-대승종교-대승돈교-대승원교의 5교와 하위의 10종판을 통해『화엄경』우위의 교판을 시설하였다. 법상종은 제1법륜(有敎)-제2법륜(空敎)-제3법륜(中道敎)의 3시교를 통해 이전의 방편적 진리(不了義敎)와 달리 구극적 진리(了義敎)인『해심밀경』우위의 교판을 시설하였다.

교판은 수당 이전 시대까지는 한역불전에 대한 공정한 이해를 도모하려는 경전해석학의 특성을 지니고 있다. 하지만 수당 이후 시대에 교판은 자종의 우월성을 드러내기 위한 방식으로 변질되었다. 즉 각 종파들은 자신들이 의지하는 소의경론을 '최고最高의 가르침' 혹은 '최후最後의 가르침'으로 설정하였다. 그리하여 자종自宗의 소의경론所依經論을 높이고 타종他宗의 소의경론을 평가절하하였다. 이와 달리 원효는 특정 종파의 우월성을 강조하지 않고 불설의 핵심인 중도의 관점 위에서 공명정대하게 교판을 수립하였다. 그는 자신의 『대혜도경종요』·『열반경종요』·『법화경종요』·『미륵상생경종요』 등에서 대소승, 즉 성문장聲聞藏과 보살장菩薩藏이라는 두 교판으로 자신의 관점을 제시하였다. 그러면서 '반야'를 '화엄'과 동격인 구경요의교究竟了義敎, 구극적 진리를 궁구하는 가르침으로 자리매김하였다.

원효는 종래의 『반야경』을 『대지도론』의 '대지도大智度'처럼 '큰 지혜로 깨침의 언덕에 건너간다(大慧度)'는 의미로 옮겨 '대혜도경'이라고 했으며, 이 '종요宗要' 역시 종래 불가에서 쓰던 말이었다. 하지만 그는 '종요'를 원용하여 생명력을 불어넣은 뒤 새롭게 사용하였다. 그리하여 원효는 이들 용어를 원용하여 자신의 저술 이름으로 삼은 『대혜도경종요』에서 중국 혜관慧觀의 돈점오시(頓漸五時: 四諦·無相·抑揚·一乘·常住)설과 『해심밀경』을 소의로 하는 법상종의 삼종법륜(三種法輪: 四諦·無相·了義)설을 소개하고 있다. 그런 뒤에 『대품반야』가 『대혜도경종요』에서는 두 번째 무상시無相時로 판석되고, 『해심밀경』에서는 두 번째 무상법륜無相法輪으로 판석된 것은 그럴 듯하지만 "이치는 반드시 그렇지 않다(理必不然)"고 주장한다.[11] 그리하고 나서 『대품반야』는

『화엄경』과 같이 무상無上하고 무용無容한 구경요의究竟了義라고 주장한다.[12]

　원효는 이들 종요류에서 먼저 수행자의 위의에 입각하여 삼승三乘의 별교別敎와 통교通敎 및 일승一乘의 분교分敎와 만교滿敎의 형식으로 이루어진 4종 교판을 수립하였다. 『법화경종요』에서 그는 『해심밀경』의 삼종법륜三種法輪설을 소개한 뒤, 거기에서 불요의(不了義: 제1·2법륜)로 판석한 것은 잘못이라고 말한다. 그 논리적 근거로서 다른 삼종법륜(根本·枝末·攝末歸本)설에서 이 『법화경』(제3법륜)이 『화엄경』(제1법륜)과 함께 구경요의究竟了義로 판석하고 있음을 들고 있다.[13] 나아가 『열반경종요』에서는 중국의 남방南方 법사가 주장하는 인천人天·삼승차별三乘差別·공무상空無相·열반涅槃의 돈점오시頓漸五時설에 『열반경』을 요의경了義經으로 소개하고 있으며, 북방北方 법사들이 주장하는 『반야』·『유마』·『법화』·『열반』 등도 모두 요의경了義經이라고 정리하고 있다. 그러나 원효는 여기에 그치지 않고 이 남북 교판에 대해 '만일 한쪽 견해에만 집착하여 한결같이 그렇다고 하면 두 설을 다 잃을 것이요, 만일 상대를 인정해 주어 자기 설만 고집함이 없으면 두 설을 다 얻을 것이다'[14]라고 갈파한 뒤, 5시時 5종宗으로 경전의 깊은 뜻을 판석하려는 좁은 견해를 경계하고 있다. 그리하여 그는 『대품반야』·『법화』·『열반』·『화엄』 등을 다 같이 구경요의라고 보는

---

11 元曉, 『大慧度經宗要』(『韓佛全』 제1책, p.486하).
12 元曉, 『大慧度經宗要』(『韓佛全』 제1책, p.487중).
13 高翊晋, 『한국고대불교사상사』(동대출판부, 1989), p.239.
14 元曉, 『涅槃經宗要』(『한불전』 제1책, p.547상).

포괄적 입장을 취하고 있다.[15]

원효는 새로운 교판으로서 삼승별교와 삼승통교, 일승분교와 일승만교라는 4교판을 짜면서 일승분교에 여래장과 대승윤리를, 일승만교에 보현교로서 『화엄경』을 배대하고 있다. 그리고 그의 사상의 큰 줄기는 『기신론』과 『화엄경』에 뿌리를 두고 있음을 암시하고 있다. 나아가 원효는 『법화경』의 삼승(방편) 일승(진실)설에 의거하여 "승문乘門에 의하여 4종을 약설略說한다"고 말하면서 다음의 4교판을 제시하고 있다.[16]

도표 1 원효의 4교판

분류	분류근거	경전 및 근거	특성
三乘 別敎	법공을 밝히지 못함(未明法空)	四諦經, 緣起經	法空 측면
三乘 通敎	연기된 제법이 공함(諸法空)	般若經, 深密經	
一乘 分敎	보법이 나타나지 않은 것(隨分敎)	菩薩瓔珞經, 梵網經	普法 측면
一乘 滿敎	보법을 궁구하여 밝힌 것(圓滿敎)	華嚴經, 普賢敎	

원효는 4교판에서 이승과 함께하지 못하는 것을 일승一乘이라 하고, 그 중에 보법普法이 나타나지 않은 것을 수분교隨分敎라 하고, 보법을 궁구하여 밝힌 것을 원만교圓滿敎라고 일컫는다.[17] 그는 삼승별교에는

---

15 高榮燮, 『원효, 한국사상의 새벽』(1997); 『나는 오늘도 길을 간다』(한길사, 2009).
16 表員集, 『華嚴經要決問答』 권4, 分敎義(『한불전』 1책, p.366상).
17 表員集, 『華嚴經要決問答』 권4, 分敎義(『한불전』 2책, p.385중); 法藏, 『華嚴經探玄記』 권1(『대정장』 35책, p.111상); 慧苑, 『刊定記』 권1(『속장경』 5편, 9투, 8책 상); 澄觀, 『華嚴經疏』 권2(『대정장』 35책, p.510상).

아직 '존재의 공성(法空)'에 대한 이해가 없는 『사제경』과 『연기경』 등의 아함교의를 배대한다. 그런 뒤에 원효는 모든 존재의 공성에 대해 이해가 있는 『반야경』의 중관교의와 『심밀경』의 유식교의를 삼승통교에 넣었다. 그리고 나서 그는 삼승의 상위개념으로서 일승을 분교와 만교로 나누었다.

원효는 일승분교에는 『보살영락본업경』과 『범망경』을 넣었다. 그는 일승분교에 대승윤리에 해당하는 경전들을 배치한 것이다. 이것은 기존의 교판에서 찾아볼 수 없는 매우 공명정대한 시설이라고 할 수 있다. 그리고 원효는 일승만교에 보현교普賢敎로서 보법普法[18]을 설하는 『화엄경』을 짝지었다. 이것은 그가 삼승을 별교와 통교로 가르는 기준이 '존재의 공성(法空)'의 측면이었다면, 일승을 분교와 만교로 나누는 기준은 일체법에 두루하여 걸림이 없이 상입(相入, 상호 투영성)하고 상시(相是, 相卽, 상호 동일성)하다는 '보법普法'의 측면으로 삼았기 때문이다.

원효는 그 누구보다도 현장(玄奘, 602~664)의 신역新譯 경론을 제일 빨리, 가장 많이 흡수한 것으로 짐작된다. 현장의 신역 경론에 의거해서 이루어진 대다수의 저술목록은 이러한 사실을 뒷받침해준다. 그렇다면 그의 저술은 현장이 귀국한 645년 이후부터 본격적으로 이루어진 것으로 짐작된다. 그리고 현장은 원효와 의상의 1차 유학(650) 시도와 2차 유학(661) 시도 기간 동안 대다수 경론을 번역하였다. 현재 간기刊記가 유일하게 남아 있는 『판비량론』(咸亨 2년, 行名寺[19], 671)을 기준으로

---

18 表員集, 『華嚴經要決問答』 권2, 分敎義(『한불전』 2책, p.366상).
19 元曉, 『判比量論』(『韓佛全』 제1책, 817면 상). 刊記에는 "咸亨二年歲, 在辛未七月

원효 저술 내의 상호 인용관계를 통해 초기작과 만년작을 살펴보면 그 저술 생성의 연대기는 아래와 같이 작성할 수 있다.[20]

도표 2 원효 저술의 상호 인용을 통한 텍스트 생성과정

서명	저술연대	장소	인용관계
初章觀文	636년(30세) 전후	영축산 반고사	文善의 전달과 朗智의 감수
安身事心論	636년(30세) 전후	영축산 반고사	文善의 전달과 朗智의 감수
大乘起信論別記			塞部撰이라고 銘記
一道章			
中邊分別論疏			一道章 인용
二障義			大乘起信論別記 인용
			一道章 인용
本業經疏			一道章 인용
楞伽經料簡			
楞伽經宗要			

十六日, 住行名寺, 著筆租訖"이라고 명확히 밝히고 있다.

20 원효 저술의 상호 인용 書誌를 통한 텍스트 생성의 순서 모색에 대한 선행연구는 아래와 같은 것들이 있다. 이기영, 「통일신라시대의 불교사상」, 『한국철학사』 권상(한국철학회, 1987. 5.); 이기영, 「經典引用에 나타난 元曉의 獨創性」, 『崇山 朴吉眞博士華甲紀念 韓國佛敎思想史』(원광대출판부, 1975); 이기영, 『한국불교 연구』(한국불교연구원, 1982); 石井公成, 「新羅佛敎における『大乘起信論』の意 義―元曉の解釋を中心として―」, 平川彰 編, 『如來藏と大乘起信論』(동경: 춘추 사, 1990. 6.); 김상현 輯逸, 「輯逸勝鬘經疏―勝鬘經疏詳玄記 所引 元曉疏의 輯編―」, 『불교학보』 제30집, 동국대 불교문화연구원, 1993; 김상현 輯編, 「輯逸金 光明經疏―金光明最勝王經玄樞 所引 元曉疏의 輯編―」, 『동양학』 제24호, 단국 대 동양학연구소, 1994. 10.; 남동신, 「원효의 대중교화와 사상체계」, 서울대 대학원 국사학과 박사학위논문, 1995.

楞伽經疏			
無量壽經宗要			楞伽經料簡 인용
金光明經疏			二障義 인용
			金剛般若經疏 인용
判比量論	文武王 11년(671)	行名寺	成唯識論(659년, 윤10) 인용
涅槃經宗要			二障義 인용
			楞伽經宗要 인용
			楞伽經疏 인용
大乘起信論疏			大乘起信論別記 인용
			一道章 인용
			二障義 인용
			楞伽經宗要 인용
			不增不減經疏 인용
			無量壽經料簡 인용
金剛三昧經論			大乘起信論別記 인용
			二障義 인용
			大乘起信論疏 인용
華嚴經疏		芬皇寺 集成 및 絶筆	義天의 新編諸宗教藏總錄 割註

원효의 가장 이른 저술은 낭지朗智의 권유에 의해 짓고 문선文善을 통해 전달하여 감수監修를 요청한『초장관문』과『안신사심론』으로 추정된다.『초장관문』은 삼론에 처음 입문한 이들에 대한 기본 교과서로 짐작되며,『안신사심론』은 서명 그대로 몸을 편안히 하고 마음을 자유롭게 부리는 수행서로 이해된다. 이들 두 저술을 필두로 하여 인용관계를 근거로 하여 연대기를 작성해 보면『대승기신론별기』→『일도장』→『중변분별론소』→『이장의』→『본업경소』→『능가경요간』→『능가경종요』→『능가경소』→『무량수경종요』→『금광명경소』→『판비량론』(671) →『열반경종요』→『대승기신론소』→『금강

삼매경론』→『화엄경소』로 이어질 것이라고 판단된다.

그런데 원효가 분황사의 서실에서『화엄경소』의 집성과 집필을 하다가 절필했기 때문에 이것을 그의 최종 저술로 단정할 수 있을까라는 의문이 제기될 수 있다. 서권기書卷氣와 문자향文字香이 가득한 골방에서의 절필의 의미를, 단절이 아니라 재충전의 의미로 본다면 일정한 기간을 거치고 난 뒤 다시 저술에 착수할 수도 있기 때문이다. 이 저술은 현재 단간본(斷簡本:「序文」, 제3「光明覺品疏」)만 남아 있어 저술 간의 상호 인용을 온전히 파악할 수 없다. 그리고 원효의 4교판에 시설된 화엄의 지위를 고려해 볼 때 이 저작이 만년작일 가능성은 충분히 있다고 판단된다. 하지만『화엄경소』가 원효의 최후작인가 아닌가에 대해서는 확정하기 어렵다.

의천의『신편제종교장총록』에는 원효가 분황사의 골방에서 종래의『화엄경』주석서를 집성하고 증광하여 8권 또는 10권짜리『화엄경소』를 편찬한 것으로 기록하고 있기 때문이다. 그렇다면 원효는 4교판에 대한 확신을 가지고 그것을 의식하면서 자신의 종래 화엄 주석서들을 재편집하고 재확장하는 의욕적인 작업을 펼쳤지만, 보살의 회향을 주석하는「십회향품」에 이르러서 그는 무덤 속에서의 제1차 깨침(悟道-轉機)에 이어 분황사 골방에서의 제2차 깨침(悟道-轉機)의 과정을 경험했던 것이다.[21] 서권기와 문자향이 가득 찬 골방 안에서는 온전한 회향이 이루어질 수 없다고 판단한 그는 곧바로 붓을 꺾었을 것으로 짐작된다.

---

21 고영섭,『원효탐색』(연기사, 2001; 2005; 2010).

절필이라는 이 사건은 그의 화엄 인식 속에 보살의 실천성을 담아내는 결정적 계기가 되었을 것이다. 그러나 원효는 절필 사건 이후 완전히 붓을 놓은 것이 아니라 재충전의 과정을 통해 재집필의 역정으로 이어갔을 것으로 짐작된다. 왜냐하면 총 103종에 이르는 원효의 저술들은 물리적인 시간을 절대적으로 사용하지 않고는 이루어 낼 수 없는 방대한 분량이기 때문이다. 그의 저술목록은 이러한 사실을 뒷받침해 주고 있다. 따라서 원효의 공명정대한 교판 인식은 저술과정에서 점차 확장되고 심화되어 온 것이라고 볼 수 있다.

3) 원효 저술의 범주와 목록

원효는 '종요宗要'의 방법을 통해 저술을 해 나갔다. 동시에 '교판敎判'의 방식을 통해 저술을 체계화시켜 나갔다. 특히 그는 펼치되(開) 헬 수 없고 가없는 뜻으로 '종宗'지를 삼고, 합하되(合) 두 갈래 문과 한마음의 법으로 '요要'체를 삼으며 연찬을 해 나갔다. 그는 반야와 법화, 열반과 여래장, 정토와 화엄 등 어떤 경전을 해석하더라도 해당 경전의 가르침을 궁극에까지 밀어붙여 구경究竟의 요의了義를 추출해 내었다. 이 때문에 원효는 처음부터 교판을 확립하고 저술을 시도한 것은 아니었다. 그의 교판은 시간이 지나면서 보다 확장되고 심화되었다. 원효의 교판이 점차 확장 심화되면서 이루어진 그의 중만년작들은 자신의 4교판을 의식하면서 재편집하고 재확장시켜 온 것으로 추측된다. 이러한 과정에서 이루어진 대표적인 저작이 종래의 화엄계 저술들(8권+제5권+종요)을 통합하여 10권으로 집성한 것이 『화엄경소』[22]라고 할 수 있다.

그런데 여기서 주목할 점은, 원효가 교판상에서 가장 나중에 시설한 화엄은 중국불교 13종 중의 하나로서의 화엄이기보다는 그 나머지 1종 내지 12종을 아우르는 상위개념으로서의 화엄이라는 점이다. 즉 원효가 말하는 화엄은 천태와 정토와 선법과 대응되는 화엄이 아니라 그들을 비롯한 나머지 9종 등을 아우르는 것으로서의 화엄을 가리킨다. 이 점을 분명히 하지 않으면 우리는 원효를 또 다른 종파론자로 오해하게 된다. 그가 종요의 방법을 통해 석존의 가르침을 궁극에까지 밀어붙여 구경의 요의를 추출해 낸 것도 이러한 과정에서 이루어진 것으로 보아야 할 것이다. 이러한 관점은 근래 확장 심화되고 있는 원효 연구에서 확인되고 있다.

원효의 저술목록들은 그의 저술이 유통되었던 시대의 여러 목록과 여러 저술들에서 새롭게 밝혀지고 있다. 때문에 아직 동일 저술의 이명異名임을 확정할 수는 없다고 하더라도 원효의 저술목록은 점차 확장되어 가고 있다. 그의 저술에 대한 대표적인 집성자들의 집계를 도표로 그려보면 아래와 같다.

---

22 義天, 『新編諸宗教藏總錄』 권제1(『한불전』 제4책, p.680중). 의천은 『대화엄경소』 10권 아래에 "本是八卷, 今開第五卷幷宗要, 均作十卷也"라고 적고 있다. 이 기록에 의하면 원효는 종래의 화엄관련 저작 8권과 '제5권'과 『華嚴經宗要』를 종합하여 『화엄경소』(10권)를 집성한 것임을 알 수 있다.

도표 3 역대 전적 목록 및 개별 논저의 원효저술 집계표[23]

연도	집성자	저술명	부수와 권수	소속
1090	義天	『新編諸宗敎藏總錄』 3권[24]	44부 88권	고려
1014~?	永超	『東域傳燈目錄』 1권	40부 102권	일본
?~?	興隆	『佛典疏抄目錄』 2권	40부 91권	일본
1240~1321	凝然	『華嚴宗經論章疏目錄』 1권	27부 47권	일본
1930	石田茂作	『奈良朝現在一切經疏目錄』	70부 164권	일본
1942	和田博重	「新羅撰述佛書書目に就いて」[25]	81부 158(174)권	일본
1952	八百谷孝保	「新羅僧元曉傳攷」[26]	82부 92(115)권	일본
1959	閔泳珪	「新羅章疏錄長編」[27]	78부 92(94)권	한국
1962	趙明基	『新羅佛敎의 理念과 歷史』[28]	98부 213(239)권	한국
1976	東大佛文硏	『韓國佛敎撰述文獻總錄』[29]	86부 181(197)권	한국
1977	蔡印幻	『新羅佛敎戒律思想硏究』[30]	98부 208(233)권	일본
1983	李梵弘	「元曉의 撰述書에 대하여」[31]	72부 126(149)권	한국
1991	殷貞姬	『원효의 대승기신론소·별기』[32]	101부 189(203)권	한국
1996	金煐泰	『元曉 연구 史料 총서』[33]	89부 180여 권	한국
1997	高榮燮	『원효, 한국사상의 새벽』[34]	87부 186(191)권	한국

---

23 殷貞姬, 위의 책, 418~427면. 부록「원효의 저술」참고 보완.
24 義天,「新編諸宗敎藏總錄」(『한불전』제4책, 679~697면).
25 和田博重,「新羅撰述佛書書目に就いて」,『문헌보국』8-6, 조선총독부도서관, 1942.
26 八百谷孝保,「新羅僧元曉撰述考」,『대정대학학보』38, 대정대학, 1952.
27 閔泳珪,「新羅藏疏錄長編」,『백성욱박사송수기념불교학논문집』, 동국대, 1959.
28 趙明基,『신라불교의 이념과 역사』(신태양사, 1962).
29 동국대학교 불교문화연구소,『한국불교찬술문헌총록』(동국대출판부, 1976).
30 蔡印幻,『신라불교계율사상연구』(동경: 국서간행회, 1977).
31 李梵弘,「원효의 찬술서에 대하여」,『철학회지』10, 영남대 철학과연구실, 1983.
32 殷貞姬,『원효의 대승기신론소·별기』(일지사, 1991).

동국대 불교문화연구소에서 『한국불교찬술문헌목록』(1976)을 편찬하여 『한국불교전서』(전10책+보유편 4책)를 간행할 때 당시 원효 저술은 86부로 집계되었다. 의천의 집계(44부 88권)로부터 근래에 이르기까지 원효의 저술은 87(89)부 186(191)권에 이르렀으며, 많게는 101부 89(203)권까지 늘어났다. 여기에다가 최근에는 일본의 후쿠시 지닌(福士慈稔)이 일본의 『고성교목록古聖教目錄』에서 5종을 확인하고,[35] 김상현金相鉉이 추가로 5종을 더 확인[36]하면서 10종으로 늘어났다. 다시 후쿠시 지닌이 일본의 『대소승경율론소기목록大小乘經律論疏記目錄』에서 6종을 더 확인함으로써 종래의 집계에다 총 16종을 보탠 그의 저술은 103종(+시 2편) 202권(+권수 미상 6종) 내지 208(+권수 미상 6종)권이 된다.

이들 저술들을 도표로 작성해 보면 아래와 같다.

도표 4 원효의 저술목록

부수	書名	卷數	存失	底本과 板本	구분
1	大慧度經宗要	1	存	『續藏(經)』 제1편 38투 2책	O불

---

[33] 金暎泰, 『원효연구사료총록』(원효학연구원 장경각, 1996).

[34] 高榮燮, 『원효, 한국사상의 새벽』(한길사, 1997). 이 통계는 고영섭의 『원효탐색』(2001; 2010)에서도 원용된다.

[35] 福士慈稔, 「12세기말 일본 各宗에서의 조선불교의 영향」, 『身延山大學佛敎學部紀要』 제8호, 2007.

[36] 金相鉉, 「日本에 傳한 新羅佛敎典籍의 硏究現況」, 한국기술교육대학교 문리각 신라사경 프로젝트팀·구결학회·서지학회 공동주체 학술대회 자료집, 2012. 6. 16.

	書名	卷數	存失	비고	비고2
	大慧度經樞要	2	失		+은
2	大慧度經疏+	1, 14紙	失	『大小乘經律論疏記目錄』	
3	金剛般若經疏	3 혹 2	失		0불
4	金剛般若義决*	上下	失	『古聖教目錄』	
5	金剛般若指事*	1	失	『古聖教目錄』	
6	般若心經疏	1, 복원	存	曉堂崔凡述復元 연세대 東方學志	0불
7	法華經宗要	1	存	『東文選』제83권 소재 서문; 『大正藏』제34책, 이화사장본	0불
8	法華經方便品料簡	1	失		0불
9	法華經要略+	1, 14紙	失	『大小乘經律論疏記目錄』	0불
10	法華經略述	1	失		0불
11	法花略記*	3	失	『古聖教目錄』	
12	法花疏*	3	失	『古聖教目錄』	
	金剛三昧經論疏	3 혹 6	失		+은
13	金剛三昧經論	3	存	『高麗藏』 보유판 庭函; 조선불교유신회 劉敬鍾校訂本	0불
	金剛三昧經論記	3	失		+은
14	華嚴經疏	10 혹 8	序, 권3 存	『東文選』제83권 소재 서문; 『大正藏』제85책 (관문10년 사본)	0불
15	華嚴經宗要	미상	失	義天『新編諸宗敎藏總錄』	0불 +은
16	華嚴經入法界品抄	2	失		0불
17	華嚴綱目	1	失		0불
18	華嚴傳音義*	2	失	『古聖教目錄』	華嚴關脈義와 同異?
19	普法記@#	미상	失	均如『釋華嚴敎分記圓通抄』 均如『一乘法界圖圓通記』	@김#고
20	大乘觀行(門)	1 혹 3	失		0불
21	維摩經疏	3	失		0불
22	維摩經宗要	1	失		0불
23	無量義經宗要	1	失		0불
24	涅槃經疏	5	失		0불

25	涅槃經宗要	1 혹 2	存	『東文選』제83권 소재 서문; 『大正藏』제38책	O불
26	彌勒經序+	1, 49紙	失	『大小乘經律論疏記目錄』	
27	彌勒上生經宗要	1	存	『續藏(經)』제1편 35투 4책; 『大正藏』제39책	O불
28	彌勒上生下生經疏	3	失		O불
29	解深密經疏	3	序存	『東文選』제83권 소재 서문	O불
30	阿彌陀經疏	1	存	明 萬曆20년 간행 增上寺 報恩藏本; 『大正藏』제37책	O불
	阿彌陀經義疏	1	失		+은
31	阿彌陀經通讚疏	2	失		O불
32	西方宗要*	1	失	『古聖教目錄』	
	無量壽經疏	1	失		
33	無量壽經宗要	1	存	『續藏(經)』제1편 32투 3책	O불
34	無量壽經私記	1	失		O불
35	無量壽經料簡	미상	失		O불
	無量壽經古迹記	1	失		+은
36	遊心安樂道	1	存	明 萬曆4년刊 종교대학장본; 『續藏(經)』제2편 12투 4책; 金陵刻經處本; 『大正藏』제47책.	O불
37	般舟三昧經疏	1	失		O불
38	般舟三昧經略記	1	失		O불
	般舟三昧經略議	1	失		+은
39	金光明經疏	8	失		O불
	金光明經義記	1	失		+은
40	金光明(經)纂要*	1	失	『古聖教目錄』	
41	金光明(經)最勝略疏*	上中下	失	『古聖教目錄』	
42	楞伽經疏	7 혹 8	失		O불
43	楞伽經料簡	미상	失		O불

	楞伽經宗要	1	失		0불
44	入楞伽經疏	7 혹 8	失		+은
	楞伽經要論	1	失		+은
	不增不減經疏	1	失		+은
45	方廣經疏	1	失		0불
46	勝鬘經疏	2 혹 3	失		0불
47	梵網經疏	2	失		0불
48	梵網經略疏	1	失		0불
49	梵網經宗要	1	失		0불
50	梵網經菩薩戒本持犯要記	1	存	承應3년간 종교대학장본; 『대정장』 제45책; 『속장경』 제1편 61투 제3책	0불
51	梵網經菩薩戒本私記	2중上	存	『續藏(經)』 제1편 95투 제2책	0불
52	菩薩瓔珞本業經疏	3 혹 2	序,下存	『續藏(經)』 제1편 601투 3책	0불
53	四分律羯磨疏	4	失		0불
54	大法論序+	1. 250紙	失	『大小乘經律論疏記目錄』	
55	中論疏*	6	失	『古聖教目錄』	
56	三論宗要	1. 17紙	失		0불
57	中觀論宗要	1	失		0불
58	掌珍論宗要	1	失		0불
59	掌珍論料簡	1	失		0불
60	佛性義章+	1	失	『大小乘經律論疏記目錄』	
61	經論中諸義誡文+	1. 21紙	失	『大小乘經律論疏記目錄』	
62	二諦章	1	失		0불
63	瑜伽抄	5	失		0불
64	瑜伽論疏中實	4	失		0불
65	梁攝論疏抄	4	失		0불
66	攝大乘論世親釋論	4	失		0불

	略記				
67	攝大乘論疏	4	失		0불
68	成唯識論宗要	1	失		0불
69	判比量論	1, 斷簡	存	神田喜一郎氏 所藏 古寫本	0불
70	大乘起信論疏	2, 47紙	存	元祿9년刊 종교대학장본;『大正藏』 제44책	0불
71	大乘起信論別記	1 혹 2	存	萬治2년刊 종교대학장본;『大正藏』 제44책	0불
72	大乘起信論宗要	1	失		0불
73	大乘起信論料簡	1	失		0불
74	大乘起信論大記	1	失		0불
75	大乘起信論私記	1	失		0불
	起信論 一道章	1	失		0불
76	一道章	1	失		0불
	起信論二障章	1	失		+은
77	二障章(義)	1	存	大谷大學所藏 古寫本	0불
78	中邊分別論疏	4	3存	『續藏(經)』 제1편 75투 1책	0불
79	辯中邊論疏	4	失		0불
80	十門和諍論	2	存	「誓幢和上塔碑」所載; 海印寺 寺刊藏本	0불
81	發心修行章	1	存	海印寺 寺刊藏本; 崇禎8년 雲住龍藏寺刊	0불
82	大乘六情懺悔	1	存	鎌倉時代寫京都寶菩提院藏本	0불
83	(彌陀)證性偈/無碍歌	7언율시 1편	存	知訥撰法集別行錄節要並入私記/ 三國遺事 元曉不羈條	0불 +은
84	證性歌#	7언절구 1편	存	萬德山 白蓮社圓妙國師碑銘/ 『東文選』 제117권 소재	0불
85	佛制比丘六物圖	1	失		+은
86	成實論疏	16	失		0불
87	雜集論疏	5	失		0불
88	因明論疏	1	失		0불

89	因明入正理論記	1	失		0불
	正理記	1	失		+은
90	寶性論宗要	1	失		0불
91	寶性論料簡	1	失		0불
92	淸辯護法空有諍論	1	失		0불
93	廣百論宗要	1	失		0불
94	廣百論撮要	1	失		0불
95	廣百論旨歸	1	失		0불
96	肇論疏*	상중하	失	『古聖敎目錄』	
97	調伏我心論	2	失	『삼국유사』「避隱」'朗智乘雲'	0불
98	六現觀義發菩提心義淨義含	1	失		0불
99	初章觀文	1	失	『삼국유사』「避隱」'朗智乘雲'	0불
100	安身事心論	1	失	『삼국유사』「避隱」'朗智乘雲'	0불
101	求道譬喩論	1	失		0불
102	劫義@	미상	失	見登之의『華嚴一乘成佛妙意』	+은 @김
103	慈藏祖傳@	미상	失	三和寺重修記	@김
	道身章		失		+은

* : 『고성교목록(古聖敎目錄)』 소재 10종, 福士慈稔 5종 확인[37], 金相鉉 5종 추가 확인.[38]

---

[37] 福士慈稔, 「12세기말 일본 各宗에서의 조선불교의 영향」, 『身延山大學佛敎學部紀要』 제8호, 2007.
[38] 金相鉉, 「日本에 傳한 新羅佛敎典籍의 硏究現況」, 한국기술교육대학교 문리각. 『신라사경 프로젝트팀·구결학회·서지학회 공동주체 학술대회 자료집』, 2012.

+ : 『대소승경율론소기목록(大小乘經律論疏記目錄)』 소재 6종, 福士慈稔 확인.
O불: 『한국불교찬술문헌총록』(1976) 내 64종 실전.
+은: 『원효의 대승기신론소·별기』(1991) 내 17종 추가.
@김: 『원효연구사료총록』(1996) 내 3종 추가.
#고: 『원효, 한국사상의 새벽』(1997); 『원효탐색』(2001; 2010) 내 1종 추가.
· : 7언 율시와 7언 절구.

선행연구들에 의하면 원효의 저술은 모두 87(89)종 180(191)여 권에 이른다. 여기에 후쿠시 지닌이 확인한 11종과 김상현이 확인한 5종을 더하면 원효 저술은 현재 103종 202권(+권수 미상 6종) 내지 208(+권수 미상 6종)권에 이른다고 할 수 있다. 그런데 이들 저술들 중에서도 여전히 중복 서명과 진찬 여부 및 가탁설이 제기되고 있어 원효 저술의 종수를 확정하기는 쉽지 않다. 우선 중복 서명에 대해서는 선행연구자들 사이에서도 일정한 출입이 있다. 해당 저술이 현존하지 않는 현실에서 명확히 동일 서적의 이명임을 단정하기 어렵다.

이를테면 『기신론이장장』과 『이장장』 및 『기신론일도장』과 『일도장』은 『대승기신론』의 해석분인 '대치사집對治邪執'과 '분별발취도상分別發趣道相'에 대해 깊이 탐구한 저술로 짐작되므로 이들은 각기 하나의 저술일 가능성이 있다. 또 『금강삼매경론소』(3 혹 6권)와 『금강삼매경론』(3권) 및 『금강삼매경론기』(3권)는 동일 저서의 다른 이름으로 짐작되며, 『능가경소』(7 혹 8권)와 『입능가경소』(7 혹 8권) 역시 동일 저술의 다른 이름으로 판단된다. 이 외에도 동일 경론에 '~사기'와 '~요간', '~종요'와 '~지귀' 등을 덧붙인 저술들은 동일한 경전과

6. 16.

논서에 대한 동일 주석서일 가능성이 있으나, 현 단계에서는 확정할 수 없어 이들 모두를 별도의 저술로 집계할 수밖에 없다.[39]

또 이들 서목들 중에서 필사본 『판비량론』과 목판본 『십문화쟁론』[40]은 결락이 심하여 원효의 진의를 밝히기가 쉽지 않다. 이 때문에 지금까지는 여타의 논저들과 비교 대조하는 연구가 진행되어 왔다.[41] 또 대곡대학 소장 유일본인 『이장의』[42]는 처음부터 필사가 잘못되어 붉은 붓칠로 교감하고 교정한 표시가 그대로 남아 있다. 이 판본은 출입出入이 적지 않아 원효의 진의를 확정하기가 용이하지 않다. 그리고 그의 저술로 알려져 온 『금강삼매경론』과 관련하여 『금강삼매경』의 성립지와 저작 주체, 그리고 論과의 연관에 따른 저자 문제, 『유심안락도』의 원효 가탁설,[43] 『보살계본지범요기』[44]와 『범망경보살계본사기』의 원

---

[39] 이것은 원효 저술목록을 집계하고 있는 선행연구들이 공통적으로 안고 있는 한계라고 할 수 있다.

[40] 고영섭, 「원효『십문화쟁론』연구의 지형도: 조명기・최범술・이종익・이만용 복원문의 검토」, 대발해인문학불교학연구원 한국불교사연구소, 2007년 가을 통권 10호.

[41] 신현숙, 『원효의 인식과 논리: 판비량론의 연구』(민족사, 1988); 김성철, 『원효의 판비량론 기초 연구』(지식산업사, 2003); 김상일, 『원효의 판비량론 비교 연구』(지식산업사, 2004).

[42] 류승주, 「大谷大學 所藏本 元曉의 『二障義』에 대한 文獻的 硏究」, 『회당학보』 제7호, 회당학회, 2005. 근래에 일본 智積院 所藏의 『이장의』 사본이 확인되어 연구되고 있다. 연구에 의하면 대곡대본보다 약 100여 년 앞선 사본으로 추정하고 있다. 宇都宮啓吾, 「智積院藏『二障義』について－その伝來を中心として－」, 『智山學報』 제63집. 智山學會, 2013.

[43] 安啓賢, 「원효의 미타정토왕생사상」, 『역사학보』 제16집, 한국역사학회, 1976; 고익진, 「『유심안락도』의 성립과 그 배경」, 『불교학보』 제13집, 동국대 불교문화

효 진찬설 여부[45] 등등에 대한 논변[46]이 진행되고 있어 앞으로 좀 더 진전된 논의들이 이루어져야 할 것이다.

위에 집계한 원효의 서목들은 주로 『한국불교찬술문헌총록』(1976)

연구소, 1976; 신현숙, 「신라 원효의 유심안락도 찬자고」, 『동방학지』 제51집, 연세대 동방학연구원, 1986; 한보광, 『新羅淨土敎の硏究』(법장관, 1995).

[44] 木村宣彰, 「菩薩戒本持犯要記について」, 『印度學佛敎學硏究』 28-2, 인도학불교학연구회, 1980. 3.; 기무라는 여섯 가지의 예를 들어 원효 저술로서는 예외적인 점이 많아 아마도 원효의 『범망경소』(2권)와의 혼동으로 의심하였다. 이러한 僞撰說에 대해 吉津宜英은 『華嚴一乘思想の硏究』(동경: 대동출판사, 1991. 7), pp.592~593 주30에서 비판하고 있다.

[45] 崔遠植, 「新羅 菩薩戒思想史 硏究」, 동국대 대학원 사학과 박사논문, 1992; 최원식, 『신라 보살계사상사 연구』(민족사, 1994); 손영산, 「『범망경보살계본사기권상』 원효 진찬여부 논쟁에 관한 재고」, 『한국불교학』 제56집, 한국불교학회, 2008; 한명숙, 「元曉『梵網經菩薩戒本私記』 진찬여부 논쟁에 대한 연구(1)」, 『불교연구』 제42집, 한국불교연구원, 2015; 한명숙, 「원효『범망경보살계본사기』 진찬여부 논쟁에 대한 연구(2)-진찬의 근거를 제시함-」, 『불교학보』 제75집, 동국대학교 불교문화연구원, 2016.

[46] 水野弘元, 「보리달마의 이입사행설과 금강삼매경」; 『금강삼매경의 연구』; 柳田聖山, 「금강삼매경의 연구: 중국불교에 있어서 頓悟思想의 텍스트」, 『백련불교논집』, 제3집, 성철사상연구원, 1993; 金瑛泰, 「신라에서 이룩된 『금강삼매경』-그 성립사적 검토」, 『불교학보』 제25집, 동국대 불교문화연구원, 1988; Robert E. Buswell, E. The Formation of Ch'an Ideology in China and Korea, Princeton University Press, New Jersey, 1989; 放英, 「關於 『금강삼매경』 的兩簡問題」; 許一範, 「티베트본 『금강삼매경』 연구」, 『불교연구』, 한국불교연구원; 石田公成, 「『금강삼매경』의 성립사정」, 1998; 南東信, 「신라 중대불교의 성립에 관한 연구: 『금강삼매경』과 『금강삼매경론』의 분석을 중심으로」, 『한국문화』 제21호, 서울대 한국문화연구소, 1998. 6.; 石吉岩, 「금강삼매경의 성립과 유통에 대한 재고」, 『보조사상』 제31집, 보조사상연구원, 2009. 2.

에 의거하여 집성하였던 『한국불교전서』(이하 『한불전』)와의 긴밀한 관계 속에서 집록한 것으로 이해된다. 초기에는 30~40여 부로 집계되던 그의 논저가 『한불전』이 편찬되면서 크게 증광되기 시작하였다. 그리하여 평소에는 잘 드러나지 않았던 여러 판본들과 국내외의 필사본들이 집성되면서 그의 저술은 빛을 보기 시작하였다. 먼저 조명기에 의해 『원효대사전집』(1963)[47]이 집성 간행되었고, 이후 불교학동인회에 의해 『원효전집』(1973)이 집성 간행되었다. 이들을 기반으로 하고 국내외 필사본을 집성하여 원효의 저술들은 『한국불교전서』에 22(23, +7언율시, 7언절구)종이 수록되었고, 이로부터 본격적인 연구의 대상이 될 수 있었다.

4) 원효 저술의 특징과 내용

원효의 저술목록을 분석해 보면 그의 불교관은 밀교密敎를 제외한 현교顯敎 전 영역에 걸쳐 있다. 원효 시대에는 아직 밀교전적이 온전히 번역되지 않았다고 볼 수도 있다. 하지만 『해동고승전』에는 진흥왕 37년(575)에 당(唐, 실은 陳)나라로 유학을 갔던 신라 최초의 국비유학생 안홍(安弘, 安含)[48]이 중국 승려 두 사람과 서역의 세 삼장인 북인도 오장국烏長國의 비마라진제(毘摩羅眞諦, 44세), 농가타(農加他, 46세),

---

[47] 趙明基, 『元曉大師全集』(불교사학연구실, 1963). 그는 이것을 이를 다시 증광하여 『원효대사전집』(1978)을 보련각에서 펴냈다.

[48] 覺訓, 『海東高僧傳』 권2, 「安含傳」. 이 전기에서 安弘은 安含과 같은 인물로 추정된다. 신종원, 「안홍과 신라불국토설」, 『新羅初期佛敎史硏究』(민족사, 1987), pp.232~249 참고.

마두라국의 불타승가(佛陀僧伽, 46세) 등과 돌아와 황룡사에 머물면서 밀교계통의 경전인 『전단향화성광묘녀경栴檀香火星光妙女經』을 번역하자 신라승 담화曇和가 그것을 한문으로 받아 적었다[49]는 기록이 실려 있다.

이 기록에 의하면 원효가 밀교계 경전을 접할 수 없는 시대에 살았다고만 볼 수는 없다. 다만 밀교 경전이 본격적으로 편찬되는 것은 의정(義淨, 635~713) 삼장이 인도에서 가져온 밀교 경전들을 번역하면서부터라고 할 수 있다. 원효의 저술목록을 검토해 보면 그는 처음부터 교판에 의해서 저술한 것으로 보이지 않는다. 그러나 자신의 교판을 확립하고 나서부터는 점차 교판을 의식하고 저술한 것으로 짐작된다. 원효의 저술목록을 일별해 보면, 그의 불학 지형도는 인도 부파불교의 중국적 전개인 구사와 성실을 비롯하여 대승불교의 중국적 정착인 삼론과 열반, 지론과 섭론, 법상과 계율, 법화와 화엄, 정토와 선법에 걸쳐지고 있다.

그가 이렇게 많은 저술을 할 수 있었던 것은 당시 동아시아의 학문 수준이 일정한 단계에 이르러 있었기 때문으로 짐작된다. 7세기 동아시아 사상계는 현장玄奘에 의한 신역新譯 경론의 번역과 연구를 통해 구역舊譯 경론과 신역 경론을 상호 비교하면서 학문을 할 수 있는 토대가 이미 마련되어 있었다. 해서 구역 경론과 신역 경론을 상호 비교하여 각각의 장점을 극대화하고 단점을 극소화하는 노력 속에서 사상적 울림을 증폭시킬 수 있었다. 당시 동아시아 사상사에서 전개된

---

[49] 覺訓, 『海東高僧傳』 권2, 「安含傳」.

학문별 범주와 사상적 분류 위에서 원효가 남긴 저술을 살펴보면 대체적으로 다음과 같이 구분해 볼 수 있다.

① **구사와 성실 계통**

『대법론소對法論疏』 1권

『구도비유론求道譬喩論』 1권

『성실론소成實論疏』 16권

② **삼론과 열반 계통**

『대혜도경종요大慧度經宗要』 1권

『대혜도경소大慧度經疏』 1권

『반야심경소般若心經疏』 1권

『금강반야경소金剛般若經疏』 3권 혹은 2권

『금강반야의결金剛般若義決』 상하권

『금강반야지사金剛般若指事』 1권

『중론소中論疏』 6권

『중관론종요中觀論宗要』 1권

『삼론종요三論宗要』 1권

『장진론종요掌珍論宗要』 1권

『초장관문初章觀文』 1권

『이제장二諦章』 1권

『청변호법공유쟁론淸辯護法空有諍論』 1권

『조론소肇論疏』 상중하권

『대승관행(문)大乘觀行(文)』 1권

『열반경소涅槃經疏』 5권

『열반경종요涅槃經宗要』 1권 또는 2권

『유마경소維摩經疏』 3권

『유마경종요維摩經宗要』 1권

『불성의장佛性義章』 1권

③ 지론과 섭론 계통

『승만경소勝鬘經疏』 2권 또는 3권

『능가경소楞伽經疏』 7권 또는 8권

『능가경요간楞伽經料簡』 권수 미상

『능가경종요楞伽經宗要』 1권

『부증불감경不增不減經』 1권

『방광경소方廣經疏』 1권

『양섭론소초梁攝論疏抄』 4권

『섭대승론세친석론약기攝大乘論世親釋論略記』 4권

『섭대승론소攝大乘論疏』 4권

『변중변론소辯中邊論疏』 4권

『중변분별론소中邊分別論疏』 4권

『판비량론判比量論』 1권

『잡집론소雜集論疏』 4권

『보성론종요寶性論宗要』 1권

『보성론요간寶性論料簡』 1권

『대승기신론소大乘起信論疏』 2권

『대승기신론별기大乘起信論別記』 1권 또는 2권

『대승기신론종요大乘起信論宗要』 1권

『대승기신론요간大乘起信論料簡』 1권

『대승기신론대기大乘起信論大記』 1권

『대승기신론사기大乘起信論私記』 1권

『대승기신론일도장大乘起信論一道章』 1권

『대승기신론이장의二障義』 1권

『십문화쟁론十門和諍論』 2권

④ **법상과 계율 계통**

『유가초瑜伽抄』 5권

『유가론소중실瑜伽論中實』 4권

『미륵경서彌勒經序』 1권

『미륵상하생경소彌勒下生經疏』 2권

『미륵상생경종요彌勒上生經宗要』 1권

『해심밀경소解深密經疏』 3권

『육현관의발보리심의정의함六現觀義發菩提心義淨義含』 1권

『조복아심론調伏我心論』 1권

『광백론종요廣百論宗要』 1권

『광백론촬요廣百論撮要』 1권

『광백론지귀廣百論旨歸』 1권

『성유식론종요成唯識論宗要』 1권

『인명론소因明論疏』 1권

『인명입정리론기因明入正理論記』 1권

『범망경보살계본사기梵網經菩薩戒本私記』 2권

『보살계본지범요기菩薩戒本持犯要記』 1권

『범망경소梵網經疏』 2권

『범망경종요梵網經宗要』 1권

『범망경약소梵網經略疏』 2권

『사분율갈마소四分律羯磨疏』 4권

『경론중제의계문經論中諸義誡文』 1권

⑤ 법화와 화엄 계통

『법화경종요法華經宗要』 1권

『법화경요약法華經要略』 1권

『법화약기法花略記』 3권

『법화소法花疏』 3권

『법화경방편품요간法華經方便品料簡』 1권

『법화약술法花略述』 1권

『금광명경소金光明經疏』 8권

『금광명경찬요金光明經讚要』 1권

『금광명경최승약소金光明經最勝略疏』 상중하권

『무량의경종요無量義經宗要』 1권

『보살영락본업경소菩薩瓔珞本業經疏』 3권 또는 2권

『화엄경소華嚴經疏』 8권 또는 10권

『화엄강목華嚴綱目』 1권

『화엄경종요華嚴經宗要』 권수 미상

『화엄경입법계품초華嚴經入法界品抄』 2권

『화엄전음의華嚴傳音義』 2권-『華嚴關脈義』와 同異(?)

『겁의劫義』 권수 미상

『보법기普法記』 권수 미상

『자장조전慈藏祖傳』 권수 미상

⑥ **정토와 선법 계통**

『아미타경소阿彌陀經疏』 1권

『아미타경통찬소阿彌陀經通讚疏』 2권

『미타경서彌陀經序』 1권

『무량수경종요無量壽經宗要』 1권

『무량수경요간無量壽經料簡』 권수 미상

『무량수경사기無量壽經私記』 1권

『무량수경소無量壽經疏』 1권

『반주삼매경소般舟三昧經疏』 1권

『반주삼매경약기般舟三昧經略記』 1권

『유심안락도遊心安樂道』 1권

『금강삼매경론金剛三昧經論』 3권

『대승육정참회大乘六情懺悔』 1권

「미타증성게彌陀證性偈」 7언율시

「증성가證性歌」 7언절구

『발심수행장發心修行章』 1권
『안신사심론安身事心論』 1권

    원효의 저술목록을 살펴보면 불교의 전 영역을 망라하고 있다. 그는 일심一心의 철학에 기초하여 자기 세계를 확고하게 세워나갔다. 원효는 우리들로 하여금 일심의 지형도를 통해 개인의 '작은 마음'을 넘어 '큰 마음'과 '더 큰 마음'으로 키워가게 하였다. 해서 그가 펼친 영역은 이전의 어느 사상가가 미친 적이 없을 정도로 광대하고 치밀하다. 원효의 저술 영역은 부파불교의 구사와 성실에서부터 중국불교의 최종적 형태라고 할 수 있는 법화(천태)와 화엄 및 정토와 선법에 이르기까지 대승불교 전반을 망라하고 있다. 그는 어떠한 학문관을 가지고 있었기에 이렇게 전 불교사상사를 망라할 수 있었을까? 그리고 그는 어떻게 이렇게 치밀한 내용을 담은 방대한 저술을 남길 수 있었을까?

    원효의 저술목록에는 현교에 대한 언급이 있을 뿐 정작 밀교에 대한 언급은 없다. 그의 시대에도 이미 밀교 경전 일부는 역출譯出되고 있었다. 하지만 본격적인 밀교 경전은 아직까지 한역漢譯되지 않아 그의 손에 입수되지 않았기 때문일 것이다. 또 그의 저술에는 법화에 대한 해명은 자세하지만 천태에 대한 언급은 간략히 되어 있을 뿐이다. 그 당시 천태학도들은 불설의 중도中道적 관점을 저버리고 "자종의 우월성을 드러내기 위한 방식으로 변질"시켜 종파주의로 나아갔다. 원효는 천태의 오시五時 팔교八敎 교상판석이 가장 잘 정제된 모범적인 교판임에도 불구하고 편벽된 종파주의로 흘러가자 "술잔으로 바닷물을 퍼내고", "대롱으로 하늘을 보는 격"[50]이라고 비판하였다.

한편 원효는 사교판을 수립하여 '존재의 공성(法空)'의 측면에서 삼승별교와 삼승통교를 구분하였고, 일체법에 두루하여 걸림이 없이 서로 투영되고(相入) 서로 동화되는(相是, 相卽) '보법普法'의 측면에서 일승분교와 일승만교를 구분하였다. 그리하여 그가 화엄계 경전들을 보현교로서 높이 평가한 것은 그것이 보살행을 담지하고 있었기 때문이다. 따라서 그의 저술적 특성과 내용을 분석해 보면 그가 평소 강조했던 『대승기신론』과 『화엄학』의 유기적 결합의 시도를 확인할 수 있다. 원효는 이들 두 텍스트에 가장 많은 저술을 남겼으며 최후의 교판에 자리매김시켰다. 바로 이 지점이 그의 기신 일심起信一心이 화엄 일심華嚴一心과 만날 수 있는 통로라고 할 수 있다.[51]

5) 원효의 학문방법

원효의 생평生平은 중생들로 하여금 일심의 근원으로 돌아가게 함으로써(歸一心源) 그들을 풍요롭게 이익되게 하는(饒益衆生) 과정이었다. 이러한 이타행 또는 보살행의 과정은 그의 학문관에도 그대로 반영되었다. 그가 수많은 저술들을 지은 것 역시 이러한 보살행의 맥락에서 이해할 수 있다. 인간과 세계의 본질에 대한 각성에 의해 비로소 자비심이 발현되듯이, 그는 당시 동아시아 사상계의 혼란을 통합하기 위해 혼신의 힘을 기울였다. 그 과정에서 수많은 저술들이 탄생하였다. 하지만 이들 저술 속에 담겨 있는 그의 학문방법론에 대해서는 아직까지 본격적인 연구가 이루어지지 않고 있다.[52]

---

50 元曉, 『涅槃經宗要』(『한불전』 제1책, p.547상).
51 고영섭, 「원효의 화엄학」, 고영섭 편, 『한국의 사상가 10인』(예문서원, 2002).

원효는 젊은 시절부터 진지하고 겸손한 자세로 학문에 임하였다. 그의 인간적 됨됨이는 젊은 시절부터 존경하는 고덕 낭지朗智의 권유를 받고 『초장관문』과 『안신사심론』을 탈고한 뒤, 은사 문선文善편에 보내며 쓴 시에 잘 드러나 있다.

> 서쪽 골의 사미는 공손히 머리 숙여
> 동쪽 봉우리의 큰스님 높은 바위 앞에
> 가는 티끌을 불어 보내어 영축산에 보태고
> 가는 물방울을 날려 용연에 던집니다.[53]

이 시는 그의 첫 저술들로 추정되는 삼론에 대한 초심자들을 위한 저술인 『초장관문』과 몸을 편안히 하고 마음을 자유롭게 부리는 수행론인 『안신사심론』을 지은 뒤에 쓴 시이다. 자신을 '서곡 사미'로 낮추고 낭지를 '동악 고덕'으로 높인 뒤, 자신의 저술을 '가는 티끌'과 '가는 물방울'에 비유하고 스승의 학덕을 '영축산'과 '용연龍淵'으로 대비하고 있다. 이로부터 쓴 마지막 저술들이 『대승기신론소』와 『금강삼매경론』과 『화엄경소』로 추정된다. 『대승기신론별기』 말미에서 스스로 '새벽(塞部)' 찬撰[54]으로 적었던 그가 모색한 것은 사상과 학문의 새벽을

---

[52] 고영섭, 「불학의 보편성: 학문하기의 한 방법」, 『彌天睦楨培教授華甲紀念論叢: 미래불교의 향방』(불지사, 1997); 이진오, 「원효의 학문방법과 글쓰기, 그리고 미학」, 『불교문학의 전개』(민족사, 2000.).

[53] 一然, 『三國遺事』 「避隱」, 朗智乘雲 普賢樹』(『한불전』 제6책, p.363중). "西谷沙彌 稽首禮, 東岳上德高巖前, 吹以細塵補鷲岳, 飛以微滴投龍淵."

[54] 元曉, 『大乘起信論別記』(『한불전』 제1책, p.697하).

여는 것이기도 하였다.

그런데 원효의 학문방법론을 더듬어 볼 때 그가 일심과 화회와 무애의 기호를 통해 보여준 학문방법은 명제의 '제시'와 '분석'과 '회통'의 과정으로 진행되었다.

제시 → 분석 → 회통

원효는 먼저 해당 텍스트의 메시지를 대의문大意文과 종체문宗體文의 형식을 통해 전 불교사상사 속에서 대의와 종체를 제시해 내었다. 그리하여 다양한 사상들을 대의와 종체로서 '제시'해 보여주고 이를 다시 '분석'해 보여준 뒤 거듭 '회통'해 나아갔다. 이러한 저술 방식은 당시 동아시아 불교사상가들에게 공통적으로 보이는 것이라고 할 수 있다. 하지만 원효는 그러한 공통적인 관점을 견지하면서도 독자적인 관점을 제시하고 있다. 특히 그의 저술 서두에 적힌 명제의 '제시'에 해당하는 '대의문'과 '종체문'은 여타의 저술가들에게서 볼 수 없는 독자적인 방식이라고 할 수 있다. 그는 이들 문장의 구조 속에서 자신의 인간관과 세계관을 자유자재로 드러내 보이고 있다. 그러면 원효의 종요류들에 나타난 분과방식을 〈도표 5〉와 같이 정리하고 그 특징을 살펴보기로 하자.

도표 5 **원효의 분과 방식**

분류	대혜도경종요	법화경종요	열반경종요	무량수경종요	미륵상생경종요
1	述大意	述大意	略述大意	述敎之大意	述大意
2	顯經宗	辨經宗	廣開分別	簡經之宗致	辨宗致
3	釋題名	明詮用		擧人分別	二藏是非
4	明緣起	釋題名		就文解釋	三經同異
5	判敎	顯敎攝			生身處所
6	消文	消文義			出世時節

도표에서 보이는 것처럼 원효는 먼저 해당 텍스트에 대한 종합적인 안목으로서 '대의大意' 혹은 '경종經宗'을 제시한다. '술대의述大意'와 '현경종顯經宗'은 대의문과 종체문에 해당한다. 그는 서두에서 대의문과 종체문을 통해 이 텍스트가 지닌 보편적인 가르침과 개별적인 가르침을 망라해 준다. 즉 원효는 이 문장들을 통해서 자신의 해당 경전관經典觀과 종체관宗體觀을 분명하게 보여주고 있다. 그러고 나서 이 텍스트의 각 문장들에 대한 자신의 안목을 쉽고 명쾌하게 제시해 내고 있다.

이어서 원효는 '제목 풀이(釋題名)'와 '개경 연기開經緣起'를 밝히고 있으며, 교판에 의거해 판석判釋하고, 각 경문에 대한 풀이(消文)에 들어가고 있다. 이러한 방식은 상위의 분과에서만이 아니라 하위의 분과 단계에서도 공통적으로 견지되고 있다. 이러한 학문방법은 특히 그의 종요류 서지들에서 대표적으로 보이며 여타의 서지들에서도 견지되고 있다. 〈도표 6〉은 이러한 과정을 보여주고 있다.

도표 6 학문방법 흐름도

제시	분석	회통
大意 → 經宗 →	題名 → 緣起 → 判敎 →	消文

원효는 자신의 저술에서 먼저 대의와 경종을 제시하고, 제명과 연기와 판교를 통해 분석하며, 다시 경문 풀이를 통해 다양한 주장들을 회통해 나간다. 제시와 분석과 회통의 상위개념 아래에서 다시 하위 개념으로 세분되어 간다. 이것은 불교적 글쓰기 방식에서 공통적으로 보이는 방법이기도 하다. 그러나 원효가 취하는 방법은 공통적이면서도 독자적인 방법들이 곳곳에서 드러나고 있다. 이러한 과정은 그의 나머지 저술에서도 확인할 수 있다.

또 원효가 즐겨 쓰는 승체문承遞文은 앞 문장의 끝 부분을 다음 문장의 서두로 이끌고 가서 논의를 전개해 가는 독특한 문체론이다. 그리고 각 항목을 제시한 뒤 그것에 대한 분석을 해 나갈 때는 거꾸로 가까운 것으로부터 시작함으로써, 또 기억이 또렷한 것들을 먼저 해명하면서 나아감으로써 이전의 것들을 거듭 환기시키고 회통시켜 나갔다. 그런 과정을 통해 전 항목에 대한 기억을 새롭게 하고 인식을 심화시켜 나갔다.

원효의 이러한 글쓰기 방식은 그가 103종 202(+권수 미상 6종) 내지 208(+권수 미상 6종)권을 남길 수 있었던 원동력이었으며, 동시에 대의와 경종의 제시 → 제명과 연기와 판교의 분석 → 경문 풀이의 회통에 이르는 화쟁·회통和諍會通의 학문방법에 의거하여 완성도 높은 저술을 남길 수 있었다. 그리고 그의 또렷한 철학에 입각한 교판 인식과 명료한 사상에 입각한 학문방법은 그의 수많은 저술을 가능하게 해주었다. 그의 수많은 서지書誌는 바로 이러한 단계를 거쳐서 이루어진 저작들이었다.

6) 정리와 맺음

원효의 저술은 현재 총 103종 202(+권수 미상 6종) 내지 208(+권수 미상 6종)권으로 집계된다. 권수를 알 수 없는 6종을 각기 1권으로 셈하더라도 그의 저술은 103종 208(214)권이 된다. 이 숫자는 최근까지 확인된 것을 총괄한 것이며, 현존하는 저술은 약 20(22)여 부가 된다. 원효는 밀교를 제외한 현교 전 영역에 걸쳐 방대한 저술을 하였다. 이러한 저술이 탄생할 수 있었던 것은 삼승과 일승의 축으로 수립한 그의 공명정대한 사종四種 교판 인식과 제시 → 분석 → 회통에 이르는 그의 화쟁·회통의 학문방법에 의해서였다.

원효의 공명정대한 교판 인식은 저술과정에서 점차 확장되고 심화되어 온 것이다. 그의 저술은 교판을 의식하지 않았던 초기작과 달리 점차 삼승(別/通敎)과 일승(分/滿敎)을 아우르는 사종 교판을 수립한 뒤부터는 교판을 의식하고 저술하였다. 동시에 그의 학문방법은 '대의大意와 경종經宗의 제시' → '제명題名과 연기緣起와 판교判敎의 분석' → '경문 풀이(消文)의 회통'에 이르는 과정으로 진행되었다. 이와 같은 교판 인식과 학문방법은 원효의 방대한 저술을 탄생시키는 원동력이었으며, 동시에 완성도 높은 저술을 탄생시키는 마중물이었다고 할 수 있다.

3. 원효의 현존 저술 소개

원효가 지은 저술 종수는 학자마다 견해를 달리한다. 중복을 피하여 선별해 보면 대략 103종 202(+권수 미상 6종) 내지 208(+권수 미상 6종)여 권에 달하고 있다. 그러나 이들 가운데 현존하는 저술은 20종 정도가 전해지고 있으며 그 중에는 완본이 아닌 것도 있다. 현재까지 전해지고 있는 저술은 완본이 13종, 단간본이 7종이며, 시가 2편이고 일부나마 산일된 부분을 모은 집일본이 3종 등이다.

『대혜도경종요大慧度經宗要』 1권

원효는 '마하반야바라밀'을 '대혜도'라 번역하고 그것의 주요한 뜻을 서술하고 있다. 그는 문자반야文字般若에 입각하여 반야를 실상반야實相般若와 관조반야觀照般若의 둘로 나누어 설명하고 있다. 여기에서 원효는 특히 여래장如來藏을 실상반야라고 비정하고 경전의 요체를 풀어나가고 있다. 전체 구성은 ①대의를 서술하다(述大意), ②경전의 근본을 드러내다(顯經宗), ③제목이름을 풀이하다(釋題名), ④경전이 설해진 연기를 밝히다(明緣起), ⑤여러 경전들 속에서 위치 지우다(判敎), ⑥경문을 풀이하다(消文)의 6문으로 이 경전을 분별하고 있다.

『법화경종요法華經宗要』 1권

『법화경』의 종지와 대요를 기록한 책이다. 분량은 그다지 많지 않으나 내용은 매우 짜임새 있고 독창적으로 구성되어 있어 원효의 저술 가운데서도 역작으로 손꼽힌다. 구성은 ①대의大意를 서술하다, ②경전의 종체(經宗)를 판별하다, ③설명하는 말의 쓰임(詮用)을 밝히다, ④경전의 제목(經題)을 풀이하다, ⑤교판敎判에서의 위치를 밝히다, ⑥경문의 뜻을 풀이하다 등의 6문으로 구성되어 있다.

『화엄경소華嚴經疏』 전10권, 현존본 1권

의천義天은 자신의 『신편제종교장총록新編諸宗敎藏摠錄』(3권)에서 이 저술에 대해 "원래 8권이었으나 그 5권과 종요를 합하여 10권으로 만들었다"고 하였다. 현존본은 서문과 제3권 「여래광명각품如來光明覺品」의 주석만이 남아 있다. 주석의 대본은 진역晉譯 60권본이다. 이 저술은 '광엄'과 '보법'의 기호를 통해 '일심'과 '일승'으로 표현되는 자신의 화엄학을 구축하고 있다. 그것은 곧 원효의 지향이었던 일심의 근원으로 돌아가고(歸一心源) 모든 중생들을 풍요롭고 이익되게 하는(饒益有情) 두 축이 보법학으로 귀결되고 있음을 잘 보여주고 있는 저술이라고 할 수 있다.

『영락본업경소瓔珞本業經疏』 1권

『보살영락본업경菩薩瓔珞本業經』에 대한 주석서이다. 워낙은 3권이었으나 현재는 하권의 「현성학관품賢聖學觀品」의 제9 「관심품觀心品」부터 「불모품佛母品」·「인과품因果品」 등이 남아 있다. 이 책은 원효의 대승윤리관을 살펴볼 수 있는 대표적인 저술이라 할 수 있다. 이 저술에서 원효는 특히 다툼(諍)과 다툼이 없는 것(無諍)으로서 부처의 본질을 밝히고 있다.

『열반경종요涅槃經宗要』 2권 1책

『열반경』의 요지를 열반문과 불성문의 일미一味 이문二門의 구조로 해설한 대표적 저술이다. 원효는 먼저 이 경전의 대의大意를 간략히 말한다. 이어서 이 경전을 넓게 분별하여 조직적으로 논술하고 있다. 넓게 분별하는 데에는 다시 ①인연문因緣門, ②열반문涅槃門과 불성문佛性門, ③교체를 밝히다(明敎體), ④종래 교판敎判에 대한 비판인 교적敎迹의 4문으로 크게 나누어 설명하고 있다.

『미륵상생경종요彌勒上生經宗要』 1권

미륵사상의 큰 줄거리를 서술한 것으로 『미륵상생경』의 대의와 종치를 밝히고 있다. 아울러 이 경이 대승과 소승 어디에 속하는지를 밝히고 있다. 나아가 다른 미륵경전들과의 관계 및 이 경의 몇 가지 내용상의 문제에 대하여 해명하고 있다. 원효는 이 종요를 대의大意·종치宗致·이장시비二藏是非·삼경동이三經同異·생신처소生身處所·출세시절出世時節·이세유무二世有無·삼회증감三會增減·발심구근發心久近·증과전후證果前後 등의 10문으로 나누어 해설하고 있다.

『해심밀경소서解深密經疏序』

원효는 안혜安慧 이래 전승되어 온 진제眞諦 계통의 구역 유식학뿐만 아니라 현장玄奘이 새로 전래한 호법護法 이래 계현 계통의 신유식학新唯識學에도 깊은 관심을 가졌다. 이것은 그가 "현장삼장玄奘三藏의 자은문중慈恩門衆을 사모하여"(『宋高僧傳』卷4「元曉傳」) 두 차례 당唐나라에 유학하고자 했다는 기록에서도 잘 드러나고 있다. 유식계의 소의경전인

『해심밀경』의 주석서로 널리 알려진 문아 원측文雅圓測의 『해심밀경소』와 견줄 만한 저작으로 추정되지만 안타깝게도 「서序」만이 전해지고 있다.

『무량수경종요無量壽經宗要』 2권

무량수불의 가르침을 화엄의 입장에 서서 인간의 심성과 부처의 인과 문제를 논한 저술이다. 특히 깨달으려는 마음(菩提心)이 없으면 정토에 날 수 없다고 하는 보리심정인菩提心正因을 주장하고 있다. 대의大意와 경전의 종치(經之宗致), 약인분별約人分別과 취문해석就文解釋의 네 부분으로 나누어 경문을 분석해 가고 있다. 이 중에서도 취문해석은 구별만 하였을 뿐 구체적인 해설은 없다.

『아미타경소阿彌陀經疏』 1권 1책

『아미타경』을 대의大意와 종치宗致, 그리고 해석解釋의 3문으로 나누어 해설한 책이다. 『무량수경종요無量壽經宗要』・『유심안락도遊心安樂道』와 함께 그의 미타정토왕생彌陀淨土往生 사상을 연구하는 데 귀중한 자료이다. 그 대의는 중생들의 심성은 상相이나 성性을 떠난 것으로서 바다와 같고 허공과 같다는 내용과 동정動靜은 다 한바탕 꿈과 같아서 깨닫고 보면 사바나 극락은 본래 한 마음뿐이며, 생사와 열반도 결국 둘이 아니라고 하는 내용으로 구성되어 있다.

『유심안락도遊心安樂道』 1권 1책

『무량수경종요』의 정토사상을 잇는 또 하나의 저술이다. 여러 선행연구에서는 이 저술을 원효의 문체와의 차이점, 원효의 구성 스타일과의 변별점 등을 근거로 하여 원효의 이름을 가탁假託한 저술로 추정하고 있다. 여기에서는 비록 가탁되었다고 하더라도 원효의 저술로 인정되어 오고 있다는 점을 감안하여 원효 저술목록에 넣어두었다. 교기종치문敎起宗致門·피토소재문彼土所在門·의혹환난문疑惑患難門·왕생인연문往生因緣門·왕생품수문往生品數門·왕생난이문往生難易門·해방제의문解妨除疑門의 7문으로 구성하고 있다.

『보살계본지범요기菩薩戒本持犯要記』 1권

대승보살계大乘菩薩戒를 설한 여러 경전을 섭렵한 뒤에 저술한 대표적인 계율 관련 저술이다. 원효는 대승윤리관을 제시하기 위하여 이 저술에 몰두한 것으로 알려져 있다. 여기서는 특히 『달마계본達磨戒本』을 중시하여 논지를 전개하고 있다. 전체를 서문과 본문으로 나누고 본문은 경중문輕重門·심천문深淺門·구경지범문究竟持犯門의 삼문으로 나누어 해설하였다. 원효는 본문 속에서 '스스로에 대한 경책으로 삼기 위하여 이 책을 짓는다'고 토로하고 있다.

『범망경보살계본사기梵網經菩薩戒本私記』 2권 1책

『보살계본지범요기』와 함께 원효의 대표적인 계율 관련 저술이다. 워낙은 상·하 2권이었으나 하권은 없어지고 현재는 상권만 남아 있다. 이 책에는 보살계본의 처음부터 십중금계十重禁戒의 끝까지 수록되어 있다. 그의 『보살계본지범요기』와 대비해 보면 이 저술은 현행 계율의 핵심 부분을 다루고 있다. '제목을 풀이하다(釋題名字)'와 '경문을 풀이하다(入門解釋)'의 두 부분으로 분석해 가고 있다.

『금강삼매경론金剛三昧經論』 3권

『금강삼매경』에 대한 최초의 주석서이자 원효의 대표작 중의 하나이다. 처음에는 광본 5권을 지었으나 도난당하였다. 사흘 말미를 연장 받아 다시 지은 3권의 약소略疏이다. 소疏를 지을 당시 소의 두 뿔 사이에 필묵을 걸어 놓고 지었다 하여 각승角乘이라고도 한다. 해서 원효의 가풍을 '각승'이라고도 한다. 즉 본각本覺과 시각始覺의 이각二覺이 원만히 통하여 보살행을 행하는 것으로 기술되고 있다. 이 논의 사상적 성격은 중국 남북조 시대로부터 이후 당나라 시대에 제기되었던 여러 교리가 포함되어 있고, 당시 유행했던 모든 교설을 회통하고 있는 것이 특징이다.

『대승기신론별기大乘起信論別記』 1권

『기신론해동소起信論海東疏』의 초고草稿에 해당하며『해동별기海東別記』라고 불렸다. 이 책은『기신론』의 5분인 인연분因緣分·입의분立義分·해석분解釋分·수행신심분修行信心分·권수이익분勸修利益分 가운데 일심一心·이문(二門: 心眞如門·心生滅門)·삼대(三大: 體·相·用) 등 이론적인 핵심을 이루는 2분인 '입의분'과 근본 뜻을 해석하는 3분인 '해석분'만을 주석하였다. 원효 일심사상의 이론적 기초를 살필 수 있는 대표적인 저술이라고 평가된다.

『대승기신론소大乘起信論疏』 2권

『대승기신론』에 대한 만년의 주석서이다. 이 책은 예부터 혜원慧遠·법장法藏의 주석과 함께 『기신론』 3대소三大疏의 하나로 불렸다. 『기신론』의 의취를 가장 잘 드러낸 주석서로서 중국의 법장에게 큰 영향을 미친 저술이다. '종체를 드러내다(標宗體)', '제목을 풀이하다(釋題名)', '본문에 따라 뜻을 드러내다(依文顯義)' 등의 셋으로 나누어 해설하였다. 원효는 이 저술의 일심의 기호를 촘촘히 그려내어 자신의 독자적인 철학체계를 구축하였다. 이 저술은 『기신론』에 대한 가장 빼어난 주석으로 평가받았으며, 특히 동아시아 삼국에서 『해동소海東疏』라고 불리며 널리 읽혀졌다.

『대승기신론소기회본大乘起信論疏記會本』 6권 1책

『대승기신론』에 주석을 가한 원효의 소疏와 별기別記를 합쳐서 편찬한 책이다. 중국의 금릉각경처에서 간행한 해인사海印寺 소장본으로서 『대승기신론』에 대한 통회한 원효의 두 주석을 회편하고 있어 『대승기신론』 이해를 위한 가장 빼어난 판본으로 평가된다. 위의 『대승기신론별기』에서는 다루지 않았던 수행신심분修行信心分과 권수이익분勸修利益分을 이 『소기회본』에서는 『소』를 통해 대비시키고 있다. 두 본을 함께 보완해 가며 볼 수 있는 매우 유용한 텍스트라 할 수 있다.

『이장의二障義』 1권 1책

수행 중에 나타나는 미혹의 장애를 번뇌의 장애와 무지의 장애 두 종류로 나누어서 설명한 저술이다. 『기신론』에서 언급하고 있는 수행신심분에 대한 구체적인 답변이라 할 수 있다. 원효는 번뇌장煩惱障과 소지장所知障의 두 가지 장애를 ①명의를 풀이하다(釋明義), ②체상을 드러내다(出體相), ③장애의 공능을 밝히다(明障功能), ④여러 부문의 상호 통섭을 밝히다(明諸門相攝), ⑤치유와 단멸을 밝히다(明治斷), ⑥총괄하여 결택하다(總決擇)의 6문으로 나누어 설명하고 있다. 특히 ②와 ③을 은밀문隱密門과 현료문顯了門으로 분류하여 비판하고 있다. 이 책에서 기술하고 있는 각각의 이론은 『기신론』과 밀접한 관계를 맺고 있어서 흔히 『기신론이장장』이라고도 불린다.

『판비량론判比量論』 1권
인명 삼량因明三量 가운데 비량比量의 형식을 통하여 유식唯識의 교설을 판론判論한 저술이다. 워낙은 25장(절)으로 되어 있었다. 하지만 현재 전하는 것은 후반부의 19장 105행 정도이다. 전체가 일련번호 순서로 되어 있었다. 하지만 1에서 6까지는 없어지고 7에서 14까지와 그 뒤에 발견된 10행 가량이 남아 있어 부분적이나마 내용의 대강을 알 수 있다. 이 저술은 불교 인식논리학認識論理學의 체제상에 매우 중요한 자리를 차지한다. 원효의 방법론인 화회의 논법을 엿볼 수 있는 주요한 저술로 평가된다.

『중변분별론소中邊分別論疏』 4권 1책
불교 유식학唯識學 계통 논서인 『중변분별론』을 주석한 저술이다. 원효는 진제眞諦 한역의 2권본인 『중변분별론』을 근거하여 주석하였다. 진제의 2권본은 상품相品·장품障品·진실품眞實品·대치품對治品·수주

品修住品·득과품得果品·무상품無上品 등의 7품으로 분류되어 있다. 하지만 원효의 대치품·수주품·득과품 소만이 남아 전하고 있다. 원효는 유식사상 위에서 여러 경과 논을 인용하여 간명하고 조직적으로 해설하고 있다.

『십문화쟁론十門和諍論』 2권 1책

불교의 모든 이론을 모아서 10문으로 분류하여 정리한 원효사상의 총결산적인 저술이다. 선행연구에 의하면 여기서 '10문'은 '복수'의 의미를 나타낸다. 원문은 상권 9·10·15·16의 4장과 불분명한 1장만 해인사에 남아 있다. 전체 구성은 ① 삼승일승화쟁문三乘一乘和諍門, ② 공유이집화쟁문空有異執和諍門, ③ 불성유무화쟁문佛性有無和諍門, ④ 인법이집화쟁문人法二執和諍門, ⑤ 삼성이의화쟁문三性異義和諍門, ⑥ 오성성불의화쟁문五性成佛義和諍門, ⑦ 이장이의화쟁문二障異義和諍門, ⑧ 열반이의화쟁문涅槃異義和諍門, ⑨ 불신이의화쟁문佛身異義和諍門, ⑩ 불성이의화쟁문佛性異義和諍門의 10문으로 되어 있다. 원효는 이 책에서 자신의 저술 의도를 "백가의 서로 다른 쟁론을 화해시켜 일미의 법해로 돌아가게 한다(和百家之異諍 歸一味之法海)"라고 밝힘으로써 화쟁의 논리를 천명하였다.

『발심수행장發心修行章』 1권

처음 출가한 수행자를 위하여 발심 수행에 관해 지은 글이다. 『발심수행장』으로 널리 알려진 이 저술은 불교 전문 강원의 사미과沙彌科 교과목의 하나이자 수행인의 필독서로 알려진 책이다. 글의 구성은 ① 애욕을 끊고 수행할 것, ②참된 수행자가 될 것, ③늙은 몸은 닦을 수가 없으니 부지런히 수행할 것 등 서론·본론·유통분의 순으로 구성되어 있으며, 지눌知訥의 『계초심학인문誡初心學人文』, 야운野雲의 『자경문自警文』과 함께 『초발심자경문初發心自警文』으로 유통되었다.

『대승육정참회大乘六情懺悔』 1권

불교를 생활화하고 일반대중에게 불교윤리를 정립시키고자 논술한 책이다. 중생들은 눈, 귀, 코, 혀, 몸, 뜻의 여섯 정情으로 여러 가지 번뇌를 만들어서 괴로워한다. 하지만 근본무명을 버리고 죄업의 근본이 없음을 관찰하면 건강한 생활을 할 수 있음을 밝히고 있다. 아울러 참회하는 자, 참회하여야 할 죄업, 그리고 이것들을 연결하는 참회법 세 가지 모두가 일치되었을 때 올바른 참회가 되고, 참회를 완전히 마치는 것이 됨을 밝히고 있다. 마지막으로 육정참회법을 제시하고 있다.

「미타증성게彌陀證性偈」 2송

아미타불阿彌陀佛을 칭송한 7언言 8구句의 게송이다. 이 짧은 게송을 통해 원효는 아미타 부처의 덕을 포괄적으로 그려내고 있다. 지눌知訥의 『법집별행록절요병입사기法集別行錄節要並入私記』에 인용되어 있다. 지눌의 수선사修禪社와 견주었던 백련사百蓮社의 개조 요세了世도 입적入寂 때에 「미타증성게」를 불렀다 한다. 두 게송이 표현은 다르지만 아미타 부처의 공덕을 그려내고 있는 점에서 서로 통한다.

II. 화회논법의 탐구 지형

1. 『십문화쟁론』의 연구 지형[55]

1) 화두: 문제와 구상

분황 원효(芬皇 元曉, 617~686)는 당대부터 뉴스메이커였다. 일심一心 -화회和會-무애無碍의 기호로 보여준 그의 생평은 여타의 사상가들과는 달랐다.[56] 요석과의 결연과 설총에게 보여준 인간적 면모는 인구에

---

[55] 이 논문은 2006년 8월 15일 조계사 불교역사박물관 대극장에서 있었던 '효당 최범술 스님 추모학술대회'에서 발표한 논문을 수정 보완한 것이다.

[56] 고영섭, 『원효, 한국사상의 새벽』(서울: 한길사, 1997). 논자는 이 평전에서 원효의 생평을 일심-화회-무애의 기호로 평가하였다. 이어 간행한 『원효탐색』(서울: 연기사, 2001)에서도 같은 코드로 원효의 삶과 생각을 조명하였다. 즉 일심의 근원으로 돌아가게 함으로써(歸一心源) 중생을 풍요롭고 이익되게(饒益衆生) 하는 매개항인 '화쟁·회통和諍會通'의 기호는 '상홍불도(上弘佛道, 上求菩提)'와 '하화중생下化衆生'의 구도를 통섭하려는 그의 방법론적 전략이자 논리방식이었다.

회자되어 뉴스거리가 되어 왔다. 특히 주류사회의 인정이라 할 수 있는『금강삼매경론』의 저술 및 강론과정은 그의 성가를 드높였다. 입적 백여 년 뒤에 세워진「고선사서당화상비문高仙寺誓幢和上碑文」으로 원효는 사람들의 시선을 다시 끌었고, 찬녕贊寧의『송고승전』「원효전」(988)과「의상전」(988)에 기술되면서 그의 존재를 환기시켰다.

고려 중기 석후 의천(釋煦 義天, 1055~1201)은 원효를 재발견하여 자신의 사상적 전환을 가져왔으며, 형인 숙종에게 '화쟁국사(和諍國師이나 和靜國師로 적힘)'의 시호를 내려주게 한 뒤「제분황사효성문祭芬皇寺曉聖文」을 지었다. 이후 한동안 원효는 이내 역사의 전면에서 사라졌으나 백운 이규보(白雲 李奎報, 1168~1241)의「소성거사상찬小姓居士像讚」에 의해 다시 거사의 모습으로 기려졌고, 나아가 인각 일연(麟角 一然, 1206~1289)은 그의『삼국유사』「의해」의 '원효불기元曉不羈'조에다 원효의 살림살이를 촘촘히 기술하였다.

조선 초기의 사가정 서거정(四佳亭 徐居正, 1420~1488)은 신라 이래 조선 초기까지의 시문을 모은『동문선』에서 원효의 저술 서문 일부를 수록하였고, 청한 설잠(淸寒 雪岑, 1435~1493)은「무쟁비無諍碑」라는 시를 남겼다.[57] 조선 후기 추사 김정희(秋史 金正喜, 1786~1856)는 분황사를 찾은 뒤「분황사화정국사비芬皇寺和靜國師碑」의 몸돌이 사라진 기단에다 자신의 족적을 남기며 비의 제목을 새겨두고 있다.[58] 선말 한초의

---

[57] 金時習,『매월당시집』권12,『매월당전집』(대동문화연구원, 1985).
[58] 추사가 언제 분황사를 방문했는지는 확실하지 않으나 그는 '화정국사비' 기단부에다 "이것은 화정국사의 비이니 김정희가 여기에 비의 제목을 붙인다"(此和靜國師之碑 金正喜 題之)라고 적고 있다. 이 비는 丁酉再亂(1597) 때 병화로 소실된 것으로

범해 각안(梵海 覺岸, 1820~1896)은 『동사열전』(1894)에서 「원효대사전」을 싣고 있다.[59]

원효의 이름과 살림살이는 신라 이래 고려와 조선 내내 가냘프나마 각종 연희나 무애춤 속에서나마 잊히지 않고 면면히 이어져 왔다. 시절 인연이 다하면 역사의 전면에서 잊혔으나 새로운 시절 인연이 생겨나면 다시 등장하였다. 이처럼 그의 끈질긴 생명력은 우리 역사 속에서 전설과 설화의 형식으로 끊임없이 이어져 왔다. 명산의 봉우리와 사암의 이름 및 마을과 거리 및 다리의 이름으로 거듭 살아나왔다.

주류사회에서 잊혀 왔던 원효가 지난 세기 초에 역사의 전면에 다시 등장하게 된 것은 우리가 일제 식민 통치를 경험하면서부터이다. 역사학자 장도빈張道彬은 64면 분량의 『위인 원효』(신문관, 1917)를 지음으로써 우리 사회에 원효 인식의 부흥을 도모하였다. 이어 김영주金瑛周는 「제서諸書에 현현現現한 원효『화엄소』교의」(1918)를 발표함으로써 원효 연구에 첫걸음을 내딛었다.[60] 뒤이어 정황진鄭滉鎭은 같은 잡지에 「대성화정국사 원효저술일람표」(1918)[61]를 실음으로써 원효 저술의 다면을 보여주었다. 독립운동가이자 정치인으로 널리 알려진 삼균 조소앙(三均 趙素昻, 1887~1958) 역시 「신라국 원효대사전 병서」를 지어 원효를 크게 선양하고 있다.[62]

추정된다. 「화쟁국사비」의 탁본 단편은 『大東金石書』에 수록되어 있다.
59 梵海 覺岸, 「元曉大師傳」(『韓國佛敎全書』, p.996중하).
60 金瑛周, 「諸書에 現한 元曉 『華嚴疏敎義』, 『조선불교총보』 제12, 13집, 1918.
61 鄭滉鎭, 「大聖和靜國師 元曉著述一覽表」, 『조선불교총보』 제12, 13집, 1918.
62 趙素昻, 『趙素昻文集全』 上卷(三均學會刊, 1979), pp.359~364).

총 103종 202(208)여 권에 이르렀던 원효의 저서는 오랜 세월의 소용돌이 속에서 산일되고 결락되면서 현재 20(22)종 남짓 남아 있다. 이들 이외에도 원효를 흠모했던 몇몇 학자들이 원효 저술을 재구하기 위해 기울인 진지한 노력 덕분에 많은 저술이 복원되었다.[63] 그 중에서도 거의 산일된 저술임에도 불구하고 재구성을 시도한 대표적인 것들이 최범술의 『반야심경복원소』와 『십문화쟁론』[64] 복원을 위한 수집자료 및 그의 안목을 계승한 이영무(雲際 李英茂, 1922~2002)[65]의 원효 저작 『판비량론』에 대한 고찰 등이다.

이 글 역시 그의 대표 저작 중의 하나로서 해인사에서 발견된 『십문화쟁론』[66] 단간과 몇몇 선학들의 복원문에 기초해 논구해 볼 것이다.

---

[63] 崔凡述, 『元曉大師 般若心經復元疏』, 『동방학지』 제12호, 연세대 동방학연구소, 1971; 李英茂, 「元曉著 判比量論에 대한 考察」, 『학술지』, 건국대학교 학술연구원, 1973.; 金相鉉, 「元曉師逸書輯編」, 『신라문화』 제10, 11 합권, 신라문화연구소, 1995; 김상현, 「輯逸 金光明經疏」, 『불교학보』, 동국대학교 불교문화연구원, 1993; 김상현, 「輯逸 勝鬘經疏」, 『동양학』, 단국대학교 동양학연구소, 1994; 申賢淑, 『원효의 인식과 논리』(민족사,1988); 金星喆, 『원효 판비량론의 기초적 연구』 (지식산업사, 2004) 등이 있다.

[64] 元曉의 『十門和諍論』 2권에 대해서는 義天의 『新編諸宗敎藏總錄』(3권), 일본 永想의 『東域傳燈目錄』, 凝然의 『華嚴宗經論章疏目錄』, 圓超의 『華嚴宗章並因明錄等目錄』 등에 제명과 권차가 실려 있다.

[65] 李英茂, 「元曉著 判比量論에 대한 考察」, 『학술지』, 건국대학교 학술연구원, 1973.

[66] 본디 2권본으로 지어졌던 것으로 추정되지만 1937년 해인사 장경각에서 발견된 현존본은 단락 및 결락본으로, 발견 당시 完全한 것은 제9장, 제10장. 제15장, 제16丁장의 4枚였다. 그 뒤 1943년 해인사 주지였던 최범술이 2/3 이상 부패한 제31丁장을 고심 끝에 복원하여 현재는 판본 5枚분(1600餘字)으로나마 원본을

잔문의 일부가 있을 뿐 전문을 알 수 없기 때문에 선학들의 안案들은 모두 원효의 여타 저술과 통일기의 견등見登 및 고려 초기의 균여(均如, 932~982), 중기의 의천(義天, 1055~1101) 등등의 저술에 인용된 부분을 근거로 하여 재구하고 있다. 이러한 재구와 복원이 원문과의 거리를 어떻게 좁히고 있는가를 살펴보는 것이 논자의 몫이다.

이 저술이 처음 주목받게 된 것은 효성 조명기(曉城 趙明基, 1905~1989)에 의해서였다.[67] 그는 '십문'을 '복수의 다多'의 의미를 지니고 있다고 주장하였고 이 저술을 '원효사상의 결론'이라 보았다. 이어 효당 최범술(曉堂 崔凡述, 1904~1979)은 해인사 고려대장경의 인경불사를 동감(董監, 國刊 藏經 2부를 간행하여 한 부는 만주에, 한 부는 북한 묘향산 보현사 봉안)하던 기회에 해인사에 보장寶藏된 국간 장경 이외의 판본을 조사하여 사간루판목록寺刊鏤板目錄을 작성하였다.[68] 이 과정에서 장경각에 보존된 『십문화쟁론』 단간을 발견하고 그 복원을 위해 오랫동안 심혈을 기울였으며, 그동안 수집한 자료를 공개하면서 원효교학 연구에 본격적으로 참여하였다.[69]

뒤이어 법운 이종익(法雲 李鍾益, 1912~1991)은 『십문화쟁론』[70]의

볼 수 있다.

[67] 趙明基, 「원효종사의 『십문화쟁론』 연구」, 『金剛杵』 제22호, 조선불교동경유학생회, 1937. 1. 조명기는 처음으로 『元曉大師全集』 10책을 편집하여 1949년에 자비로 출판하였다. 이 전집을 기초로 하여 원효학 연구가 본격적으로 이루어질 수 있었다.

[68] 崔凡述, 「海印寺寺刊鏤板目錄」, 『東方學志』 제11집, 연세대 동방학연구소, 1970.

[69] 崔凡述, 「『十門和諍論』 復元을 위한 蒐集資料」, 『원효연구논총』, 국토통일원 조사연구실, 1987.

'십문'을 '화쟁 과제의 열 가지 종류'로 해명하면서 원효의 각 저서 속에 인용된 구절과 다른 이들의 저술 속에서 적출하여 재구성하였다. 이만용(李晚鎔, 1922~?)은 최범술 복원문을 참고하면서 자신의 생각을 덧붙여『십문화쟁론』의 십문을 설정하고 논구하였다.[71] 논자는 여기에서 이들 네 사람의 복원문을 검토하여 원효『십문화쟁론』연구의 지형도를 탐구해 보고자 한다.

2) 원효 저서에서 이 논의 위상

원효사상의 핵심은 '일심一心'에 집중되어 있다. 그는 이 일심의 벼리(綱) 위에서 진여眞如와 생멸生滅 혹은 은밀隱密과 현료顯了 등의 이문의 그물(網)과 각 조목(目) 및 추錘를 당기며 자기 사상의 지형도를 그려냈다. 때문에 원효의 키워드가 일심이라는 것은 이제 통설이 되어 있다. 그 일심은 때로는 '일승一乘' 혹은 '일미一味'로도 설명되고, '중도中道' 또는 '실제實際', 그리고 '환중環中' 내지 '일각一覺' 등으로도 해명된다. 하지만 그럼에도 불구하고 여전히 원효사상의 핵심이 '화쟁'에 있다는 주장 역시 적지 않다. 여기에는 방법(논법)과 주제(종지)를 어떻게 구분해 볼 것인가라는 관점 차이가 전제되어 있다.

원효의 여타 저술과 달리『십문화쟁론』은 그 제목에서부터 '화쟁'을 사용하고 있다. 때문에 이 저서는 그의 많은 저술 속에서도 나름대로의

---

70 李鍾益,「원효의『십문화쟁론』연구」,『동방사상논총』, 동방사상연구원, 1977.
71 鎌田茂雄,「『十門和諍論』의 思想史的 意義」,『佛敎學』11, 불교학연구회, 동경, 1981. 4. 여기서 논자는 吉藏과 그 窺基의 영향으로 空有論을, 吉藏과의 관련 아래 佛性論을 살펴보고 있다.

독자성을 지니고 있다. 『십문화쟁론』은 그의 103종 202(208)여 권 가운데에서 『금강삼매경론』, 『대승기신론소』, 『대승기신론별기』, 『화엄경소』, 『열반경종요』, 『법화경종요』 등과 함께 대표작으로 자리 매김 되어 있다. 『열반경종요』 역시 '화쟁' 혹은 '화회'의 키워드를 담고 있어 원효사상에서 이들 기호는 '일심'의 기호 못지않게 주요한 의미를 지니고 있다. 그리고 그의 많은 저술 가운데에서 '논論'이란 명칭을 붙이고 있는 몇몇 저술[72]에서처럼 이 저술은 대자적인 입장에서 자신의 확고한 주장을 드러내 보이고 있다.

원효의 많은 저술에는 주석적인 의미가 강한 즉자적인 '소疏'류와 창작적인 의미가 강한 대자적인 '장章'류가 함께 있다. 하지만 즉자적인 '소'류라 하더라도 '대의문'이나 '종체문'을 통해 대자적인 그의 안목을 강하게 보여주고 있다. 또 대자적인 '장'류라 하더라도 그 내용이나 형식은 종래의 삼장의 형식을 원용하는 즉자적인 태도를 보여주고 있다. 때문에 의천에 의해 교장敎藏으로 포섭된 '장'류와 '소'류는 상호 보완적 의미를 지니고 있어 한쪽 면만으로 조명하기에는 한계가 있다.

의천(1055~1101)의 주청에 의해 원효가 고려 숙종 계사 6년 가을 8월에 칙어로서 '화쟁국사'라고 시호諡號를 받았던 것[73]이나, 의천이 지은 「제분황사효성문祭芬皇寺曉聖文」에서 '백가의 상이한 주장의 단서를 화해시켜 일대의 지극히 공정한 이론을 얻었다(和百家之異諍之端,

---

72 이를테면 현존하는 그의 『金剛三昧經論』, 『判比量論』 등에서처럼 말이다.
73 『高麗史』 제10권 肅宗 6년 癸巳; 『東史會綱』 제5. "詔曰: 元曉義相東方聖人也, 無碑記諡號, 厥德不暴(露), 朕甚悼之, 其贈元曉大聖和靜(諍)國師, 義相大聖圓敎國師, 詔有司, 卽所住處, 立石紀德, 以垂無窮."

得一代至公之論)'는 구절,[74] 그리고 고려 고종(1214~1259)조의 하천단河千旦이 지은 해동종수좌모海東宗首座某에게 주는 관고官誥의 '백가의 다양한 주장을 조화하고 선교를 다함께 귀일시켜 회통하였다(和百家之異諍, 會二門之同歸)'는 기록[75] 등에서 '화쟁'의 기호를 엿볼 수 있다. 따라서 우리는 당시나 지금이나 원효 하면 떠오르는 이미지의 대표적인 기호는 '화쟁'임을 알 수 있다. 시호는 그 사람의 생평 가운데에서 제일 커다란 업적을 영원히 기리기 위하여 내려주는 것이다. 그가 내려받은 시호가 '화쟁국사'였다는 점도 그의 삶과 생각의 역정 속에서 '화쟁'의 기호는 그의 공헌과 아우라를 가장 잘 드러내는 코드라 할 수 있다.

그의 103종[76] 저술 가운데에서 '화쟁'이란 명칭을 드러낸 저술은 『십문화쟁론』이 유일하다. 이와 달리 그의 사상적 핵어인 '일심'의 명칭을 드러낸 저술명은 없다. 실천적 핵어인 '무애'의 명칭을 드러낸 저술도 없다. 때문에 만일 우리가 그의 사상적 키워드를 '일심'이 아니라 '화쟁'이라 한다면 이 저술의 의미는 여타의 저술과는 달리 바라볼 수밖에 없게 된다. 그러면 원효는 무엇을 '화쟁'하려고 했는가? 다시 말해서 화쟁의 대상은 무엇인가? 이 대목에 대해서는 이미 언어와 소통에 대한 바른 인식 등 여러 주장들이 제시되어 있어 여기서 구체적인 논의는 생략한다.

---

74 義天, 『大覺國師文集』 권16, 「祭芬皇寺曉聖文」.
75 徐居正, 『東文選』 권27. 「海東宗首座官誥」.
76 高榮燮, 「분황 원효 저술의 서지학적 분석」, 『한국불교사연구』 제2호, 한국불교사연구소, 2013. 2.

경주 덕동댐에 수몰된 고선사지에 서 있던 「고선사서당화상비」는 "여래가 살아 계실 때에는 이미 원음을 따라 중생들이 한결같이 이해하였으나"라고 전제하면서도, (세월이 지나 말법이 되면서부터) 헛되고 헛된 이론들이 구름같이 치달아 자기는 옳고 타인은 그르다고 말하여 마침내 그 이론이 황하나 한강의 물처럼 크게 늘어났다"고 전제하고 있다. 정법의 시대가 아니라 상법 혹은 말법의 시대가 되면서 헛된 이론들이 쏟아져 나와 혼탁한 현실이 생겨났음을 자각하고 진단하고 있다.

그런 뒤에 '청색과 쪽풀이 한 몸체이며, 얼음과 물의 근원이 하나인 것처럼, 거울은 모든 형상을 받아들이고, 물은 통섭하고 융통하여 나눈다'며 치유와 처방의 지혜를 열어 보이고 있다. 그리고 이에 대한 서술이 '십문화쟁론'이라 하였다.[77] 이 논과 나란히 대비되는 『열반경종요』 역시 다양한 주장을 조화시키는 화쟁의 의미를 가장 잘 머금고 있는 것으로 평가되고 있다. 여기에서 그가 힘주어 설하는 화회게和會偈 역시 화쟁의 대상과 내용에 대해 다음과 같이 서술하고 있다.

즉 "여러 경전들의 부분적인 면을 통합하여(統衆典之部分), 온갖 물줄기로 한 맛의 바다로 돌아가게 하고(歸萬流之一味), 불법의 지극히 공변됨을 열어(開佛意之至公), 여러 사상가들의 상이한 주장을 화해시킨다(和百家之異諍)"고 하였다. 다시 말해서 원효는 화쟁 혹은 화회의 대상을 '뭇 경전의 부분'을 통합하여, '온갖 흐름의 한 맛'으로 귀의하게 하고, '부처의 뜻의 지극히 공정함'을 전개하여, '백가의 다양한 주장'을 조화시

---

[77] 「高仙寺誓幢和上碑文」.

킨다고 언표하고 있다.

 말 그대로 화쟁의 내용은 '부분의 통합'과 '일미의 귀의' 및 '불의佛意의 전개'와 '이쟁의 조화'라고 할 수 있다. 이것을 좀 더 정리해 보면 '부분'과 '일미' 및 '불의'와 '이쟁'이 화쟁의 대상이자 내용인 것이다. 원효는 바로 이 '부분'의 안목과 '이쟁'의 발현으로 인해 진실을 있는 그대로 보지 못하는 이들에게 '일미'와 '불의'로의 활로를 열어줌으로써 갈등과 소외를 극복하고자 하였다. 그리하여 원효는 부분을 보고 전체를 보았다고 주장하고, 나는 옳고 남은 그르다는 이쟁으로 가득 찬 당시 사회의 현실을 넘어서고자 하였다. 이러한 문제의식 위에서 원효는 다양한 주장을 조화시키고 이를 다시 도리에 맞게 회통시킬 수 있었다.

 '화쟁' 혹은 '화회'는 바로 조화와 회통의 방법이자 논법이다. 그것은 의사소통, 즉 커뮤니케이션의 문제였다. 소통의 통로를 중시했던 원효의 사상적 역정에서 볼 때『십문화쟁론』의 화쟁 혹은 회통적 방법론은 그의 전 저작 속에 깔려 있는 방법론적 전략이었다고 할 수 있다. 그런 의미에서 이 저작은 그의 저술 속에서 뚜렷한 위상을 확보하고 있다고 할 수 있다. 그러므로 저서 이름에 '화쟁'을 담고 있는 이 텍스트는 그의 역정을 표현하는 다른 기호인 '일심'과 '무애'의 기호를 내용적으로 담고 있는 여타의 저술과는 다른 각도에서 파악해야만 할 것이다.

 고려시대에 인쇄 간행된 『십문화쟁론』은 『주본화엄경』, 『기신론소』, 『화엄경소』 등과 함께 요나라 수창 4년(1098)에 해인사 승 성헌成軒이 발원하여 대각국사 대장화사大藏化士 이거인李居仁에게 찬동을 구하여 조판했던 것이다. 우리가 보고 있는 판본은 대략 그 이후 900여 년 뒤(1937)에 발견한 판목에서 인간한 것이다. 수창본에는 "가야산 해인사에 의지했던 승 성헌이 특별히 하늘이 크고 땅이 오래되기를 발원하면서 재물을 베풀어 이 책을 개판하여 널리 보시하였다"고 적혀 있다.

『십문화쟁론』 잔간이 발견된 이래 이 저술은 상하 총 2권으로 저술된 것으로 알려져 있다. 『십문화쟁론』은 현재 1권 분량 정도만이 남아 있으며 그것도 1,600여 자에 지나지 않는다. 현존하는 제9장, 제10장, 제15장, 제16정丁장이 모두 상권에 분포되어 있고, 일실逸失된 하권에 분속分屬되었을 것으로 추정되는 제31정을 미루어 본다면 이 저술은 모두 32장 정도로 구성되지 않았을까라고 논자는 추정해 보고 있다.

최범술의 『십문화쟁론』 조사 연구는 1970년까지 공개되지 않아 긴 세월이 연구의 대상이 되지 못하였다. 해인사 판고에 수장된 이 판목 역시 효당을 통해서만 자료를 이용할 수 있었다. 이 때문에 원효의 대표작임에도 불구하고 이 저술이 널리 알려지지 못하였다. 효당은 1937년 발견 이래 오랜 세월 동안 독파하여 원효의 다른 저작의 사용례使用例 및 용어법用語法을 기초로 하여 해멸解滅한 판목을 7년간이나 골똘히 검토한 노력의 결과, 제31장의 상당 부분을 복원하였다.

최범술이 2/3 이상 부패한 제31정丁장을 복원하여 보전補塡한 것도 사실은 하권에 분속된 31장으로 보인다. 그러므로 이 저술의 상하 전체는 모두 32장 정도로 구성된 저술로 추정해 볼 수 있다. 여기서 '정丁'의 의미는 아무래도 판목을 세는 단위 정도로 보아야 할 것이다. 최범술은 상권에 분속된 제9장, 제10장, 제11장은 일부분(小分) 마멸되었다고 하였고 마모된 판목 수(壞丁數)를 각기 1정丁으로 비정하고 있다. 이와 달리 최범술에 의해 복원된 제16장은 완전하며, 판의 상태는 이상이 없으나 마모된 판목 수를 1정으로 비정하고 있다.[76]

따라서 이것으로 미루어 볼 때 『십문화쟁론』은 상하 두 권으로 구성되어 있으며, 상권 16장, 하권 16장으로 구성된 총 32장의 형식을 갖추고 있었을 것으로 미루어 볼 수 있다. 그렇게 되면 『십문화쟁론』은 선학들의 연구처럼 반드시 '십문'으로만 구성된 것으로 단정할 수 없다. '십문'의 '십'의 의미가 '복수의 많음'을 뜻하고 있고, 복원문 1장이 적어도 현존하는 제9장과 제10장, 제15장과 제16장 두 장 속에서 화쟁 일문一門을 해명하고 있는 구조적 특성을 감안해 볼 때, 이 텍스트에 내재하는 화쟁문의 구조 역시 오히려 15문 내지 16문 정도로 상정해 볼 수 있을 것이다.

3) 십문의 의미와 명칭 및 순서

『십문화쟁론』의 복원을 시도하여 세운 십문의 의미와 순서 및 명칭은 각기 다르다. 용수龍樹의 제자인 제바提婆의 『백론』에서 '백'의 의미는 반드시 숫자 '백'의 의미를 나타내는 것은 아니다. 제바의 『백론』의 경우는 20품 각 품이 모두 5게로 구성되어 있어 모두 100게가 되기 때문이라고 말하고 있다. 하지만 범어본이나 서장본이 현존하지 않아 한역으로 된 것만을 살피더라도 게송의 숫자는 확실하지 않다.

무착無著의 동생인 세친世親의 유식무경唯識無境설을 담고 있는 범본 『유식이십송』의 경우도 사실은 20송이 아니라 22송으로 된 저술이다. 여기서 알 수 있는 것처럼 숫자는 하나의 '범주'나 '경계'를 나타낼 뿐 반드시 숫자 표기 자체에 매여 구애받을 필요는 없다. 그러면 십문의

---

78 崔凡述,「海印寺寺刊鏤板目錄」,『東方學志』제11집, 연세대 동방학연구소, 1970, p.22.

의미와 순서 및 명칭에 대해 논구해 보기로 하자.

(1) 십문의 의미

종래 십문十門이 어떤 것이냐에 대해서는 여러 주장들이 있다. 조명기는 "십문의 '십'은 복수의 다多를 표表함이요 결코 일정한 수량을 지시함이 아니다. 그러므로 백가나 십문이나 동의同意일 것이다. 이문二門은 선禪과 교敎를 가리킴이니 선교를 다시 합하여 일원화一元化 하고자 하는 것"[79]이라고 하였다.

나아가 조명기는 "신라시대부터 오교구산五敎九山이 성립되었으나 교파敎派는 신라 초에 분열이 되었고, 선파禪派는 중엽 이후이다. 혼돈에서 분열에의 과정과 분열 직후의 풍기세력風紀勢力은 가히 짐작할 수 있다. 이 기미氣味를 추지推知한 위인에게는 반드시 신운동이 기립起立할 것이다. 고로『십문화쟁론』은 이에 응함이요, 원효사상의 결론이다. 이 논은 원효와 동시대 학자는 별로 알지 못하고, 조금 후대인이 애독 인용한 것을 보면 원효 만년의 저작임을 추측할 수 있다"[80]고 하였다.

이렇게 본다면 십문은 열 개의 문이 아니라 '화쟁의 대상이 되는 모든 것들'이라는 의미가 된다. 아울러 이 논이 조명기의 주장처럼 '원효사상의 결론'이라는 관점에 선다면 원효에게 있어 이 저술의 위상은 남다르다고 할 수 있다. 이러한 관점은 화쟁을 원효사상의 핵심 기호로 보는 조명기의 시각이지만, '일심의 근원으로 돌아가게 하는(歸

---

79 조명기, 앞의 글, p.31.
80 조명기, 앞의 글, p.31.

一心源)' 매개항이 '화쟁'이라는 점에서 보더라도 시사하는 바가 있다. 아울러 중생들을 풍요롭고 이익되게 하는 무애행으로 나아가게 하는 매개항이 '화쟁'이라는 점에서도 동일한 시사를 받을 수 있다.

이와 달리 이종익은 십문을 '화쟁 과제의 가장 핵심이 되는 열 가지 종류'[81]라고 주장하였다. 이것은 원효가 이 저술에서 보여주고 있는 것처럼 십문은 그가 화쟁하고자 하는 열 가지 대상의 주제라는 말이다. 그는 공유空有의 이집, 아법我法의 이집을 비롯한 모든 시비是非와 쟁론諍論을 조정, 화회하여 일승성불一乘成佛의 길로 인도하기 위해 이 저술을 지었다고 하였다. 그 근거는 원효의 『법화경종요』에서 '삼승즉일승三乘卽一乘 무량승즉일승無量乘卽一乘'이라는 선언이 화쟁의 대원칙인 동시에 십문의 총總이 된다는 것을 자신하게 되었다[82]는 주장으로 이어진다.

이렇게 본다면 십문의 '십'의 의미는 '복수의 많음'으로 보든, 열 가지 종류로 보든 모두가 화쟁의 대상이 되는 것들에 대한 범주로 볼 수 있다. 다만 '복수의 많음'으로 볼 때 화쟁의 주제는 '열 가지'에 한정되지 않는다는 의미를 지니며, '열 가지 종류' 볼 때 화쟁의 대상은 열 가지 주제로 한정된다는 차이를 지닌다. 완본이 몇 장으로 이루어진 것인지 알 수 없지만, 잔문 9, 10장이 공유空有 이집의 화쟁을, 15, 16장이 불성佛性 유무의 화쟁을, 잔결문 31장(최범술 복원문)이 아법我法 이집의 화쟁을 논하고 있듯이, 전체 장 중에서 각 두 장이 하나의

---

81 李鍾益, 「원효의 『십문화쟁론』 연구」, 高榮燮 편, 『한국의 사상가 10인: 원효』(예문서원, 2002), p.270.

82 李鍾益, 위의 글, pp.270~271.

주제를 일화쟁문一和諍門으로 설정하여 논하는 것으로 미루어 볼 때, 각 10문에 각 두 장(二張)이 배치된다고 본다면 이 저술은 적어도 20장 이상의 분량이 될 것은 분명해 보인다.

다시 말해서 현존하는 총 10문의 화쟁문이 각기 두 장 정도의 길이 속에서 논의되고 있다는 것을 전제로 할 때 『십문화쟁론』의 전체는 적어도 20장 이상은 될 것이다. 뿐만 아니라 현존하는 31장을 전제로 할 때 1장에서부터 31장까지 2장 1화쟁문씩 배치한다고 하더라도 적어도 상·하권 모두 15문 내지 16문은 되었지 않았겠는가라고 짐작해 보고 있다.

따라서 이 논서의 완결본이 적어도 몇 가지의 화쟁문을 시설하고 있는지는 알 수 없다. 다만 현존하는 31장에 이르기까지 화쟁문이 시설되고 있는 점을 미루어 볼 때, 이 텍스트의 10문은 이종익의 '열 가지의 종류'라기보다는 조명기의 '복수의 많음'을 나타내는 것으로 보는 것이 더 설득력이 있어 보인다.

(2) 십문의 명칭과 순서

『십문화쟁론』이 사실은 '십육문' 내지 '십오문'을 다루고 있는 것인지, 선학들에 의해 복원된 십문만을 다루는 것인지 확정할 수는 없다. 선학들의 연구에만 의지한다면 '복수의 의미'를 간과하고 먼저 '십문'으로 전제한 뒤 모든 논의를 십문의 재구성 위에서 전개하는 어리석음을 범할 지도 모를 것이다. 다만 여기서는 십문 이상 십오문 내지 십육문의 가능성을 열어둔 뒤에 선학들의 논의에 의거하여 순서와 명칭을 검토해 보고자 한다.

선학들의 복원문들에 근거한 십문의 순서와 명칭을 살펴보면 대동소이하다. 우선 완본이 전해지지 않는 지금, 전체의 규모를 알 수 없기 때문에 각 화쟁문을 복원하는 근거가 된 텍스트를 어떻게 배치하느냐에 따라 달라질 수 있다. 이들은 원효의 『기신론(해동)별기』에 의거하여 삼성 일이三性一異의 화쟁문을 복원하였고, 그의 『열반경종요』에 근거하여 불성 이의佛性異義의 화쟁문과 삼신 이집三身異執의 화쟁문을 재구하였다.

또 그의 『이장의』를 통하여 이장 이의二障異義의 화쟁문을 복원하였고, 『법화경종요』에 의지하여 삼승 일승三乘一乘의 화쟁문을 재구하였다. 나머지는 견등의 『기신론起信論동이약집』에 의거해서는 보화 이신報化二身의 화쟁문과 삼신 이집三身異執의 화쟁문을 복원하였고, 의천의 『원종문류』의 화쟁론에 근거하여 진속 이집眞俗異執의 화쟁문을 재구하였다. 때문에 십문의 명칭이나 복원은 아직까지 고정된 것이 아니라 열려진 상태로 보아야 할 것이다.

먼저 십문의 명칭을 살펴보면 선학마다 조금의 차이가 있다. 조명기는 구체적으로 화쟁문을 입론하고 있지는 않지만, 여타의 저술에 근거하여 1) 보화 이신報化二身, 2) 오성 성불五性成佛, 3) 불성 이의佛性異義의 화쟁문 세 문 정도로 비정하고 있다. 최범술의 논의를 이은 이만용은 1) 공유 이집空有異執, 2) 무성 유성無性有性, 3) 인법 이집人法二執, 4) 보화 이신報化二身, 5) 진속 이집眞俗異執, 6) 삼성 일이三性一異, 7) 불성 이의佛性異義, 8) 삼신 이집三身異執, 9) 이장 이의二障異義, 10) 삼승 일승三乘一乘의 화쟁문을 십문으로 비정하고 있다.

이와 달리 이종익은 1) 삼승 일승三乘一乘, 2) 공유 이집空有異執,

3) 불성 유무佛性有無, 4) 아법 이집我法異執, 5) 삼성 이의三性異義, 6) 오성 성불의五性成佛義, 7) 이장 이의二障異義, 8) 열반 이의涅槃異義, 9) 불신 이의佛身異義, 10) 불성 이의佛性異義의 화쟁문으로 비정하고 있다.

이들 모두는 현존하는 『십문화쟁론』 잔간의 제9장과 10장은 공유 이집을, 제14장과 제15장은 무성 유성을, 나머지 복원된 31장은 인법 이집의 화쟁문을 다루고 있다는 사실은 이미 공유하고 있다. 다만 '인법 이집'을 '아법 이집'으로, '불성 유무'를 '무성 유성'으로, '불신 이의'를 '삼신 이집'의 화쟁문으로 표기한 차이가 보인다. 불신을 삼신으로 한 것이나 불성을 무성과 유성으로 한 것, 그리고 인법을 아법으로 한 것은 같은 의미의 다른 표현이므로 차이라고 볼 필요는 없다.

하지만 이 두 복원문에서 보이는 큰 차이는, 이종익의 경우 균여의 『교분기원통초』에 의거한 '오성 성불의'와 원효의 『열반경종요』 및 견등의 『기신론동이약집』에 근거하여 '열반 이의'의 화쟁문을 설정하고 있음과 달리, 이만용은 의천의 『원종문류』의 화쟁론에 의거하여 '진속 이집'의 화쟁문을 설정하고, 견등의 『기신론동이약집』에 근거하여 '보화 이신'의 화쟁문을 시설하고 있다는 점이다.

이 점은 위에서 전제한 것처럼 십문이 열 개의 문이라는 틀 속에서 볼 때 동의할 수 있는 점이지만, 만일 실제로 이 텍스트에서 거론하는 화쟁문의 이름이 열다섯 내지 열여섯 문일 경우 이들의 이름 차이는 오히려 나머지 문들을 보완해 주는 개별 화쟁문들이 될 가능성도 있다. 이러한 의미에서 『십문화쟁론』 완본의 출현이나 새로운 복원문의 시도를 기대해 본다.

4) 『십문화쟁론』 복원문의 구조

(1) 조명기 복원문의 특징

효성 조명기(曉城 趙明基, 1905~1988)는 부산 동래에서 태어나 1926년 동래고등보통학교를 졸업하고 1928년까지 울산남목보통학교 훈도를 지냈다. 1931년 중앙불교전문학교를 졸업하고 1934년까지 이 학교 사서를 지냈다. 그 뒤 일본으로 건너가 1937년 일본 동양대학 문학부 불교학과를 졸업하고 귀국하여 같은 해 9월 경성제국대학 법문학부 종교학연구실 전공과에 입학하였다. 1939년부터 이듬해까지 중앙불교전문학교 강사를 지냈으며, 1941년부터 1945년까지 경성제국대학 법문학부 종교학연구실 부수副手와 조수를 맡았다.

1945년 9월 혜화전문학교 교수로 취임하여 불교학과장을 역임했으며, 1952년에는 서울대학교 문리과대학 강사를 하기도 하였다. 1954부터 1960년까지 동국대학 불교대학장을 맡았으며, 1960년 11월부터 1년간 동국대학교 부총장을 역임하였다. 1962년부터 1964년까지 동국대학교 불교문화연구소 초대소장을 맡았으며, 1962년 3월에 일본 동양대학에서 문학박사 학위를 받았다. 1964년에는 경기대학 학장을 역임하였다. 1964년부터 1968년까지 동국대학교 총장을 역임하였다. 이후 불교문화연구원장과 문화재 보급협회 이사장 및 경기학원 이사장을 지냈다.

그의 아호가 원효의 성채를 연구하고 보급한다는 다짐이 투영된 '효성曉城'인 것처럼, 일찍부터 그는 원효 저술의 복원과 교학의 연구에 몰두하여『원효대사전집』(10책)을 간행하였다. 그리고『장외잡록』, 『신라불교의 이념과 역사』,『고려 대각국사와 천태사상』,『불교복지론』, 『법화경신초』, 『법화경과 나』, 『조화의 원리』, 『한국불교관계 잡지 논문목록』, 『한국불교사학논집』 등을 간행하였다. 효성은 원효『십문화쟁론』 연구를 점화시켰고 이를 기초로 원효 교학 연구에 헌신했었다. 효성의 「원효종사의『십문화쟁론』 연구」는 소략한 글이기는 하지만 원효 교학과『십문화쟁론』 연구에 불을 당긴 글이라는 점에서 그 의미가 적지 않다.

이 글에서 효성은 십문에서 '십'은 '복수의 다多'를 의미한다고 밝히면서 각 화쟁문의 명칭을 자세히 밝히지는 않았다. 이는 아직 해인사 잔간본이 드러나기 이전의 논구여서 그러기도 하려니와, 그가 십문을 '복수의 많음'을 나타낸다고 했으므로 굳이 열 개의 화쟁문을 복원할 필요를 느끼지 않았을 수도 있을 것이다. 동시에 그가 좀 더 구체적인 복원의 시도를 도모하지 않아서이기도 할 것이다.

때문에 그가『십문화쟁론』 연구에 점화를 시켰음에도 불구하고 이를 좀 더 진전시키지 못했다는 것은 매우 아쉬운 점이다. 그가 해인사 사간본『십문화쟁론』을 기초로 연구를 했다면 보다 진전된 연구를 기대할 수 있었을 것이다. 하지만 효성은 신라 및 고려시대 불학자들의 저술 중에 인용된 것을 근거로 원효의 몇몇 화쟁문의 순서와 명칭을 아래와 같이 제시하고 있다.

1. 보화이신화쟁문報化二身和諍門 — 견등의 『기신론동이약집』에 의함
2. 오성성불의화쟁문五性成佛義和諍門 — 균여의 『교분기원통초』에 의함

3. 불성이의화쟁문佛性異義和諍門 - 원효의 『열반경종요』에 의함

효성은 이상의 화쟁문을 시설하는 것에 그치고 있지만 이들 화쟁문의 복원은 다른 복원자들과 겹치는 화쟁문과 별도의 화쟁문으로 대별되고 있다. 하지만 '십문'이 '복수의 의미'로 확정될 경우 이들 화쟁문의 이명들은 오히려 나머지 화쟁문의 시설을 보완해 줄 수도 있을 것이다. 이들 이명들은 열 개로 정한 기존 화쟁문의 이명인지, 아니면 원효의 화쟁 실례에 따른 다른 화쟁문의 시설인지의 여부에 따라 『십문화쟁론』 연구의 일대 진전을 기약할 수 있는 접점이 될 것이다. 이 점은 앞으로 좀 더 연구가 필요한 지점이라 할 수 있다.

완본이 현존하지 않는 현실에서 볼 때 새로운 복원은 쉽지 않은 것이다. 또 복원된 것이라 하더라도 원본에 얼마만큼 가까이 다가갈 수 있는가라는 물음은 여전히 남아 있을 수밖에 없는 것이다. 따라서 효성이 '복수의 많음'으로 푼 '십문의 의미'는 상당한 통찰의 함의를 담고 있으며, 아직 『십문화쟁론』의 단간이 발견되기 전임에도 불구하고 다른 이들의 저술 속에서 복원을 시도하여 원효 『십문화쟁론』 연구의 활로를 열어 주었다는 점에서 그의 연구는 큰 의의가 있다고 할 수 있다.

(2) 최범술 복원문의 특성

효당 최범술(曉堂 崔凡述, 英煥은 젊은 시절 이름, 1904~1979)은 경남 사천에서 태어나 1915년 곤양보통학교를 졸업하고 13세에 사천 다솔사로 출가하였다. 1917년 해인사 지방학림(해인사 승가대학의 전신)에

입학하였고 환경(林幻鏡, 1887~1983) 화상을 은사로 계를 받았다. 1919년 3·1독립운동 때 해인사에서 독립선언서 1만 매를 등사하여 영남 지역에 배포하다가 일본 경찰에 붙잡혀 모진 고문을 당하였다.

1922년 6월에 일본으로 건너가 고학하면서 1923년 박열(朴烈, 爀植, 準植, 1902~1774),[83] 박흥곤朴興坤, 육홍균陸洪均 등과 함께 불령선인사 不逞鮮人社를 조직하여 잡지『불령선인』을 간행하였다. 박열은 일본 황태자 히로히토(裕仁)의 결혼식에 폭탄을 던져 천황과 황태자 및 일본 정부 고관을 암살하려는 계획을 돕고자 상해로 잠입하여 폭탄을 운반하여 왔으며, 이 대역大逆사건에 연루되어 8개월 동안 옥고를 치루며 29일씩 피검당하기를 3년 동안 하였다. 당시 일본에서 인신 구속 기간이 29일이었으므로 29일째마다 다른 경찰서로 옮겨 검속하는 '다라이마시'를 당하였다. 한 경찰서 유치장에서 석방되면 다른 경찰서 형사가 문 앞에 기다리고 있다가 다른 경찰서 유치장에 수감하고는 또 심문을 계속하는 형벌이었다.[84]

---

[83] 야마다 쇼지 지음,『가네코 후미코』, 정선태(산처럼, 2003), p.128. 어린 시절 그의 이름은 爀植이었는데 1909년 호적법 시행에 맞추어 準植으로 개명하였다. 서당에 다니던 7, 8세 무렵 마음먹은 것은 반드시 실천으로 옮기는 자신의 성격에 걸맞게 스스로 통칭 '烈'이라는 이름을 붙였다.(〈재판기록〉, p.264); 金三雄,『박열평전』(가람기획, 1996), p.210. 박열은 1948년 8월 15일 정부수립 기념행사에 초청되어 신생정부에 참여할 기회를 기다리다가 6.25전쟁이 나고 3일 후에 납북되었다. 북한에서 재북평화통일촉진위원회의 책임을 맡아 활동하던 박열은 1974년 1월 18일 73세를 일기로 북한에서 사망하였다. 그의 묘소는 현재 평양의 애국열사릉에 안장된 것으로 전해지고 있다.

[84] 최범술,『국제신보』(1975. 1. 25~4. 5.)「청춘은 아름다워라」39회(1975. 3. 20.) 연재분. 그는 일본 보천사 주지 판호스님의 신원보증으로 '다라이마시'를

이후 출옥한 그는 1930년 김법린金法麟 등과 만당卍堂을 조직하여 항일독립운동을 했으며, 1933년 동경의 대정대학 불교학과를 졸업하였다. 귀국한 그는 조선불교청년동맹 중앙집행위원장으로 활동했고 이 해에 명성여자학교(현 동대 부속중여고)를 설립하고 교장에 취임하였다. 일본 유학시절 인도의 달마바라達磨婆羅 화상으로부터 건네받은 부처님 진신사리 3과를 범어사에 기증하여 탑을 세웠다. 1934년에는 사천에 광명光明학원을 설립했고, 1936년에는 다솔사 전문강원을 세웠다. 김법린, 김범부와 함께 강의를 하며 독립운동을 지속하다가, 1939년 9월부터 13개월 동안 일본 경찰에 잡혀 경남도경찰국에 구검되었다.[85]

1947년 대한불교단체 대표로서 미소공동위원에 위촉되었고 이 해에 해인사 주지가 되었다. 해공 신익희(海公 申翼熙, 1894~1956)와 국민대학을 창설하고 이사장에 취임했으며, 1948년 5·10선거 당시 사천·삼천포에서 출마하여 제헌국회의원에 당선되었다. 1951년에 해인고등학교를 창설하였고, 이듬해에 해인대학(마산대학에 이어 현 경남대학)을 설립하여 학장 및 이사장에 취임하였다. 1960년 이후 다솔사의 조실로 주석하며 원효교학 및 다도연구에 전념하여 「원효성사 반야심경 복원소」, 「십문화쟁론 복원을 위한 수집자료」, 「해인사 사간장경루판목록」, 「해인사와 3·1운동」 등과 『한국의 차도』, 『사람은 어떻게 살아야 하나』,

---

마치고 다시 고학을 하며 입정중학교에서 학업을 계속해 1926년 3월에 무사히 졸업을 할 수 있었던 것으로 보인다.

[85] 효당의 독립운동에 대해서는 김태신의 『라후라의 사모곡』상(한길사, 1991)의 pp.177~181, pp.208~214, pp.221~225와 김상현의 「효당 최범술(1904~1979)의 독립운동」, 『동국사학』, 제40집, 동국사학회, 2004. pp.405~432에 자세히 언급되어 있다.

『청춘은 아름다워라』 등을 남겼다.[86]

효당은 생평을 승려, 교육자, 독립운동가, 정치인, 차인의 1인 5역을 했으며 모든 분야에서 선구적인 역할을 하였다. 이들 분야에서 모두 두각을 나타냈지만 승려와 차인 및 교육자로서 괄목할 만한 성과를 남겼다. 이들 여러 분야에서의 선구적인 노력은 그에게 다른 사심이 없었기에 가능했던 것으로 보인다. 하지만 자신의 사사로운 마음을 이기고 해당 분야의 기본을 마련해야겠다는 효당의 생각은 그의 일생을 고난과 역경 속에 던지게끔 하였다.

그가 원효교학의 복원에 평생을 바칠 것을 서원하여 스스로 지은 법호가 '효당'인 것처럼 그는 원효의 저술을 복원하기 위해 애썼다. 특히 이 글에서 다루고 있는 효당의 원효『십문화쟁론』의 복원문은 현존하는 제9장, 제10장, 제15장, 제16장 이후에 남아 있는 제31장의 복원에 집중되어 있다. 하지만 그렇다고 해서 31장의 엄밀한 복원이 이 저술 복원의 완결태라고 할 수는 없다.

다만 그가 이 저술의 복원을 위해 수집한 자료[87]는 열암 박종홍(烈巖

---

[86] 효당은 이 외에도 의상의『백화도량발원문』,『대각국사문집』,『만해선사한시고』,『초의선사문집』 등의 영인본을 보관하여 학인들에게 연구의 길을 열어주었다.
[87] 효당의 유고를 부록으로 전재하던 편집자(金知見)는 '더러는 미처 정리의 손길이 가지 못한 듯한 構文體系와 漢文 句讀點 등의 問題點도 눈에 뜨이는 데가 있었습니다'라는 소회를 적어두고 있어 유고의 상태를 짐작할 수 있다. 아울러 처범술의 유고의 목차(1. 성사 전기, 2. 찬술서명목록, 3. 현존 부분 중에 색출된 제 문헌 목록)에 대해 편집자는 '고인은 생전에 위와 같은 구도로 집필하셨으나 실제로 그대로 完結치 못하고 他界하셨다. 고인의 構想을 알리는 뜻에서 이를 原稿대로 밝힐 뿐, 本文이 目次대로 展開된 것은 아님을 일러둔다'라고 주석을 붙이고 있다.

朴鍾鴻, 1905~1976)에 전달되었고, 그것에 기초하여 이만용은 『십문화쟁론』의 십문 구조를 나름대로 복원하였다. 이만용은 효당의 복원문에 의거하여 『십문화쟁론』의 십문 구조를 복원했기에 여기에서는 최범술 복원문으로 표현하지만, 최범술 복원문에는 이만용의 시각이 함께 투영되어 있다고 전제하지 않으면 아니 될 것이다.

우선 효당의 복원문에 따르면 원효의 각종 저술과 다른 이들의 문헌 속에서 십문에 상응할 수 있는 여러 문장들을 뽑아 배대하고 있다. 조명기와 이종익 및 이만용이 재구하는 근거로 삼은 몇몇 텍스트 이외에도 원효의 『열반경종요』 서문, 『대혜도경종요』 서문, 『보살계본사기』 서문, 『해심밀경』 서문, 『영락본업경소』 서문, 『미륵상생경종요』 서문, 『화엄경소』 서문, 『미륵상생경종요』, 『금강삼매경론』 서문, 『유심안락도』 종치문, 『판비량론』 등을 근거로 하여 복원을 시도하였다.

효당은 우선 '방침'과 '목차'와 '문증의 유형'으로 삼분한 뒤 세세하게 복원 계획을 세우고 있다. 첫 번째의 방침에서는 1. 충실한 조사와 2. 정확한 보고로 나눈 뒤 이를 다시 1) 이미 수획收劃된 부분이 뜻하는 내용과 2) 포착捕捉된 부분에 있어 앞과 뒤의 추정으로 구분하고 있다. 두 번째의 목차에는 1. 성사 전기와 2. 찬술 서명목록 및 3. 현존 부분 중에 색출된 제 문헌 목록으로 분류하고 있다. 세 번째의 문증의 유형에서는 '복원 작업의 편의상 다음과 같은 가설 방안을 정한다'고 전제하면서 문증의 유형을 갑, 을, 병, 정, 무, 기, 경의 7가지로 분류하고 있다. 그러면서 병, 정, 무, 경 등은 화쟁론의 내용이 개괄적으로 표현 지적되었다 할 것임이라는 단서를 달아두고 있다. 문증의 유형을 복원하기 위해 그가 설정한 일러두기 형식은 아래와 같다.

甲: 화쟁론 殘闕 상권 제 9호
상권 제10호
상권 제15장
상권 제16장
和諍論 殘闕 卷 及張의 未詳을 補墳(이상 해인사 寺刊)

乙: 諸家의 文獻 중에서 和諍論을 인용한 부분에 符節되는 文證을 考證 索出하고

丙: 誓幢和上碑銘 중에 보이는 十門和諍論 서문이 지시하는 雨驟空空之論雲奔 或言我是, 言他不是 或說我然, 他不然과 憎有愛空의 諍을 會하여
通融함으로써 十門和諍論이라 名稱함이라는대 依據하여 發見된 部分

丁: 大覺國師 文獻에 나타난
1. 圓宗文類 12권 중 제2(題和諍論下 '和諍論旨를 說示한 것이니'[88])에서 지적된 同異・眞俗・色空・探幽와 罔象
2. 祭曉聖文에서 和百家異諍之端을 주로 한 문증

戊: 甲類型 문헌 중의 중단된 곳의 추정과 이에 대한 空白部分을

---

88 '和諍論旨를 說示한 것이니'란 구절 역시 효당의 수고본에서는 확인되지만 편집자의 글에서는 삭제되어 있다.

考證 補充한다.

己: 戊의 決定結果에서 聯關된 內容으로부터 乙類型과 丙類型의 내용부분을 검토한 후에 다시 丙類型과 丁類型이 뜻하고 있는 論旨에 契合되게 先後부분을 체계적으로 編成키로 한다.

庚: 如上의 結果에서 얻은 十門和諍論의 解說[89]

均如師 教分圓通鈔 卷3 34면 右[90]

〈和諍論中 依瑜伽顯揚等 立依持門依涅槃等立緣起門 然不通取瑜伽等文句 但依五性差別之文 立依持門 亦不通取涅槃經文 但依皆有佛性之文 立緣起門의 指摘된 바와 같은 十門論 내용의 一端片貌임의(이) 감안되는 것.〉

以上 丙, 丁, 戊, 庚 등은 和諍論의 내용이 槪括的으로 表現 指摘되었다 할 것임.

이러한 방침과 목차 및 문증의 유형을 시설한 뒤 최범술은 『십문화쟁

---

89 효당의 手稿本에는 '庚' 부분에 구절이 위와 같이 적혀 있다.
90 均如, 『釋華嚴教分記圓通鈔』 권3(『韓佛全』 제4책, p.326상). 그런데 편집자가 적은 '庚' 부분에는 庚 이하 수고본에 나오는 '화쟁론을 말하는 사람들' 중 均如 저술에 인용된 부분 일부를 덧붙이고 있다. 아마도 이것은 편집자의 착오로 보인다.

론』복원에 착수하였다. 왼쪽에 '갑류형에 부절된 문증'을 싣고 오른쪽에는 '제가의 문헌 중에서 『십문화쟁론』에 인용한 부분에 부절되는 문증을 고증 색출해 내고 있다. 그 결과 각 텍스트별 인용문의 출처를 파악하여 내용의 동이를 밝혀내고 있다.

그는 자신이 세운 각 유형별 기준에 대응하는 여타 저술 속의 동일한 문장을 찾아 『십문화쟁론』 원문을 복원하려고 시도하였다. 그 결과 하권에 분속되었던 것으로 추정되는 이 저술의 제31장 일부를 복원하기에 이르렀다.[91] 이 부분은 이미 이종익이 원효 『이장의』의 끝부분(末尾分)이라고 지적한 것처럼 원효 『이장의』 속에서 확인된다.[92]

하지만 효당의 「『십문화쟁론』 복원을 위한 수집자료」에 의하면 '십문' 혹은 그 이상의 화쟁문에 대한 언급은 구체적으로 드러나 있지 않다. 동시에 효당이 십문의 의미와 명칭 및 순서에 대해서 어떻게 이해하였는지에 대해 구체적인 언급을 하지 않고 있어 십문의 시설 혹은 그 이상의 문의 시설을 확정하기가 쉽지 않다. 다만 그가 복원한 자료를 원용하여 십문을 재구성한 이만용의 복원안에 근거해 볼 때, 이만용 복원안과의 상통성은 어느 정도 추정해 볼 수 있다.

현존 『십문화쟁론』의 단간에서 보이는 앞의 3문은 이미 공유되고 있는 화쟁문들이다. 이들 삼문에 대해서는 이미 연구자들에 의해 공유되어 있다. 문제는 그 이하의 7문 혹은 그 이상의 화쟁문들이 어떻게

---

91 元曉, 『十門和諍論』(『韓佛全』 제1책, p.840하). 효당이 복원한 제31장 원문이 각주로 실려 있다.
92 元曉, 『二障義』(『韓佛全』 제1책, pp.813하~814상). 여기에는 효당이 복원한 '二空之理' 이하부터 '何況當有色受相行'까지 그대로 실려 있다.

확보될 수 있겠느냐는 것이다. 그것이 십문이든 그 이상이든 아직까지 확정하기 어렵다. 효당의 복원안은 그 자신의 시안에서 확인하여야겠지만 그에게 영향을 받은 것으로 보이는 이만용 복원안을 원용하여 논의할 수밖에 없다.

물론 효당의 복원문과 이만용 복원문의 접점이 어디인지를 밝혀내기는 매우 어렵다. 일단은 그 접점 역시도 이만용이 효당의 자료를 대부분 원용하여 자신의 안案을 내고 있다는 지점에서 찾을 수밖에 없다. 그러기 위해서는 이만용 자신이 효당의 안에 기초하여 도움을 받았다고 인정하고 있는 대목에 근거하여 그것을 좀 더 구체적으로 밝혀내야만 가능한 일이다. 선행 연구와 후행 연구 사이의 영향관계를 밝히는 이러한 노력은 학문적 진전과 성장을 위한 필요충분조건이라고 할 수 있다. 이들 사이의 영향관계 부분에 대한 논구는 앞으로의 과제로 삼을 예정이다.

하여튼 효당은 원효의 『보살계본지범요기』와 균여의 『교분기원통초』 및 의천의 『원종문류』 화쟁론 등 다량의 자료에 기초하여 화쟁문을 복원하려고 시도하고 있다. 따라서 이만용 복원문에 전적으로 의지하지 않더라도 이미 십문의 명칭과 순서에 대한 실마리는 그의 복원문에 어느 정도 내재해 있다고 할 수 있다. 또 이만용 복원문에 나온 것처럼 효당의 십문 복원안도 아래와 크게 다르지 않았을 것으로 보인다.

1. 공유이집화쟁문空有異執和諍門 — 원효의 『십문화쟁론』 단간에 의함
2. 무성유성화쟁문無性有性和諍門 — 원효의 『십문화쟁론』 단간에

의함
3. 인법이집화쟁문人法二執和諍門 – 원효의『십문화쟁론』단간에 의함
4. 보화이신화쟁문報化二身和諍門 – 견등의『기신론동이약집』에 의함
5. 진속이집화쟁문眞俗二執和諍門 – 의천의『원종문류』화쟁론에 의함
6. 삼성일이화쟁문三性一異和諍門 – 원효의『기신론(해동)별기』에 의함
7. 불성이의화쟁문佛性異義和諍門 – 원효의『열반경종요』에 의함
8. 삼신이집화쟁문三身異執和諍門 – 견등의『기신론동이약집』,『열반경종요』에 의함
9. 이장이의화쟁문二障異義和諍門 – 원효의『이장의』에 의함
10. 삼승일승화쟁문三乘一乘和諍門 – 원효의『법화경종요』에 의함

효당의 십문 복원안은『십문화쟁론』단간에서 3문을, 그리고 제가의 문헌들에게 적출한 나머지 7문의 화쟁문을 입론하고 있으나 구체적인 명칭과 순서를 확정하기 어렵다. 위의 십문은 이만용 복원문에 기초한 명칭이자 순서이다. 효당과 이만용의 자료 공유의 접점이 어디냐에 따라 위 십화쟁문의 안案은 어느 정도 달라질 수 있을 것이다.

따라서 효당의『십문화쟁론』복원안이 구체적으로 10문이 될지 그 이상이 될지 확정할 수는 없다. 다만 효당의 복원 노력은 해인사 사간루판에 근거하여 논구하고 있다는 점에서 상당한 의의를 지니고

있다. 하지만 안타깝게도 해인사 사간루판이 완본 형태로 남아 있지 않아 10문 혹은 그 이상의 화쟁문의 시설이 계획대로 이루어지지 못하는 점이 무척 아쉽다고 하지 않을 수 없다.

(3) 이종익 복원문의 성격

법운 이종익(法雲 李鍾益, 1912~1991)은 강원도 양양에서 태어나 18세인 1929년 금강산에서 운악雲岳을 은사로 득도하였다. 1937년 일본 경도의 화원중학 3학년에 편입하여 임제전문학교와 대정대학 불교학과를 졸업하였다. 1945년 귀국하여 불교혁신운동과 청년운동을 주도하면서 경기상고 교사와 단국대학 교수 및 건국대학 교수를 역임하였다. 1967년부터 동국대학교 교수가 되어 12년간 재직하고 1974년 일본 대정대학에서 '보조 지눌 연구'로 박사학위를 받았다.

불교학과 동양학 및 사학 관계 논문과 소설 및 전기를 집필하면서 불교의 대중화에 공헌하였다. 그는 주로 조계종사와 조계종학 및 보조 지눌 연구에 매진하면서 많은 연구 성과를 쌓았다. 이어 그는 원효대사 연구에서 뛰어들어 『십문화쟁론』 복원에 이바지하였다.

법운 복원본의 성격은 우선 종래의 효당 복원본에 나름대로 이의를 제기하고 자신의 논의를 전개하고 있는 점에 있다. 『십문화쟁론』의 '십문'의 의미를 '화쟁 과제의 열 가지 주제'로 파악하는 그이기에 법운은 기존의 논의를 종합하면서도 가장 포괄적으로 십문을 재구성하고 있다. 그가 복원한 십문은 아래와 같다.

1. 공유이집화쟁문空有異執和諍門 - 『십문화쟁론』에 의함

2. 불성유무화쟁문佛性有無和諍門 - 『십문화쟁론』에 의함
3. 인법이집화쟁문人法二執和諍門 - 『십문화쟁론』에 의함
4. 불신이의화쟁문佛身異義和諍門 - 『열반경종요』에 의함
5. 열반이의화쟁문涅槃異義和諍門 - 『원종문류』 화쟁론에 의함
6. 불성이의화쟁문佛性異義和諍門 - 『기신론동이약집』, 『열반경종요』에 의함
7. 오성성불의화쟁문五性成佛義和諍門 - 『교분기원통초』에 의함
8. 삼성이의화쟁문三性異義和諍門 - 『기신론소』, 『기신론별기』에 의함
9. 이장이집화쟁문二障異執和諍門 - 『이장의』에 의함
10. 삼승일승화쟁문三乘一乘和諍門 - 『법화경종요』에 의함

법운은 위와 같이 『십문화쟁론』의 십문을 종합[93]한 뒤에 우선 『법화경종요』에서 밝힌 삼승 일승의 회통은 원효 화쟁사상의 원천이 되기 때문에 반드시 십문의 총總이 되지 않을 수 없다며, 자신이 검정한 십문을 그 선후와 경중의 순으로 재배정하여 아래와 같이 확정하고 있다. 이것은 10여 년 동안 그가 자기의 기존 복원본을 새롭게 광정한 결과라 할 수 있다. 물론 십문의 복원을 도출한 근거도 부분적으로 변하였다.[94]

---

[93] 李鍾益, 「원효의 근본사상: - 『십문화쟁론』 연구」, 『동방사상논총』, 동방사상연구원, 1977. 약 400매에 이르는 이 논구를 기초로 하여 요약하고 수정하여 1987년 국토통일원 조사연구실에서 개최한 「성 원효 대심포지엄」에서 발표하였다.
[94] 李鍾益, 「원효의 『십문화쟁론』 연구」, 高榮燮 편, 『한국의 사상가 10인: 원효』(예문서원, 2002), pp.229~272. 이 원고는 국토통일원이 주관한 '성 원효 대심포지엄'

1. 삼승일승화쟁문三乘一乘和諍門 －『법화경종요』에 의함
2. 공유이집화쟁문空有二執和諍門 －『십문화쟁론』에 의함
3. 불성유무화쟁문佛性有無和諍門 －『십문화쟁론』에 의함
4. 인법이집화쟁문人法異執和諍門 －『십문화쟁론』에 의함
5. 삼성이의화쟁문三性異義和諍門 －『기신론소』, 『기신론별기』에 의함
6. 오성성불의화쟁문五性成佛義和諍門 －『교분기원통초』에 의함
7. 이장이의화쟁문二障異義和諍門 －『이장의』에 의함
8. 열반이의화쟁문涅槃異義和諍門 －『원종문류』화쟁론에 의함
9. 불신이의화쟁문佛身異義和諍門 －『열반경종요』에 의함
10. 불성이의화쟁문佛性異義和諍門 －『기신론동이약집』, 『열반경종요』에 의함

법운은 '모든 교의와 이설을 총회통總會通하여 화쟁귀일和諍歸一하는 것을 그 주취主趣로 하여' 원효의 『십문화쟁론』을 탐구하고 있다. 그리고 그 근거를 원효의 『법화경종요』에서 선언한 '묘법연화는 시방삼세 제불이 세상에 나온 큰 뜻이요, 구도九道 사생四生이 모두 불법(一道)의 큰 문에 들어가는 것'이라며 화쟁의 종강宗綱을 세우고 있다.

따라서 법운 복원문에서 십문 시설의 근거는 『법화경종요』에서 밝히고 있는 삼승과 일승의 회통의 정신이며, 그 위에서 그는 원효의 화쟁·회통의 축을 세워가고 있다. 이것은 '삼승－별교/통교'와 '일승－분교/만

자료를 수록한 『원효연구논총: 그 철학과 인간의 모든 것』에 실린 원고를 재수록한 것이다.

교'의 구도⁹⁵로 짠 원효의 교판과 그가 마주보고 있는 불교 인식과 궤를 함께하는 것이라 할 수 있다.

(4) 이만용 복원문의 얼개

이만용(李晩鎔, 1922~?)은 일본 대정대학 대학원 문학연구과에서 불교학을 전공하여 문학석사학위를 받고 현재 서울 대원大圓선원 원장으로 주석하고 있다. 앞의 세 사람에 견주어 볼 때 가장 늦게『십문화쟁론』연구에 뛰어들은 이만용은 최범술이 박종홍에게 건네준 제9, 제10, 제15, 제16의 사본 및 제31정의 자필 복원본을 증여받고⁹⁶『십문화쟁론』의 십문을 복원하였다.

그는 선학들의 연구를 참고하면서 원효의 저술과 그 이후의 저술 속에서 십문을 찾아 복원하고 있다. 복원의 근거로서 확보하는 텍스트들은 앞의 세 사람과 동일하지만 십문으로 세운 순서와 명칭은 좀 다르다. 위에서 살펴본 것처럼 이만용의 복원안이 기존의 십문 복원안과 다른 점은 의천의『원종문류』화쟁론에 의거하여 '진속 이집'의 화쟁문을 설정하고, 견등의『기신론동이약집』에 근거하여 '보화 이신'의 화쟁문을 시설하고 있다는 점이다.

이 점은『십문화쟁론』시설 화쟁문을 '복수의 많음'이란 관점에서

---

95 원효는 三乘과 一乘의 구도로 자신의 四教判을 입론하고 있다. 여기에 따르면 삼승별교에는『연기경』과『사제경』을, 삼승통교에는『반야경』과『해심밀경』을, 일승분교에는『보살영락본업경』과『범망경』을, 일승만교에는 보현교로서『화엄경』을 비정하고 있다.
96 李晩鎔,『元曉의 思想: 화쟁사상을 중심으로』(전망사, 1983), p.78.

파악할 때 여타의 화쟁문의 이명 혹은 십문 이외 화쟁문의 시설을 상정할 수 있는 근거가 될 수 있다. 이 부분에 대해서는 앞으로 본격적인 화쟁문의 복원을 통해 규명해야 할 과제라 할 수 있다. 선행연구와 부분적으로 구분되는 이만용 복원문의 십문은 아래와 같다.

1. 공유이집화쟁문空有二執和諍門 － 『십문화쟁론』 단간에 의함
2. 무성유성화쟁문無性有性和諍門 － 『십문화쟁론』 단간에 의함
3. 인법이집화쟁문人法二執和諍門 － 『십문화쟁론』 단간에 의함
4. 보화이신화쟁문報化二身和諍門 － 『기신론동이약집』에 의함
5. 진속이집화쟁문眞俗異執和諍門 － 『원종문류』 화쟁론에 의함
6. 삼성일이화쟁문三性一異和諍門 － 『기신론(해동)별기』에 의함
7. 불성이의화쟁문佛性異義和諍門 － 『열반경종요』에 의함
8. 삼신이집화쟁문三身二執和諍門 － 『기신론동이약집』, 『열반경종요』에 의함
9. 이장이의화쟁문二障異義和諍門 － 『이장의』에 의함
10. 삼승일승화쟁문三乘一乘和諍門 － 『법화경종요』에 의함

이 십문은 이종익이 균여의 『교분기원통초』에 의거한 '오성 성불의'와 원효의 『열반경종요』 및 견등의 『기신론동이약집』에 근거하여 '열반이의'의 화쟁문을 설정하고 있는 점과 다르다. 이종익은 『법화경종요』의 종요의 삼승과 일승의 관계 위에서 십문을 재구성하고 있지만, 이만용은 『십문화쟁론』 단간을 중심에 놓고 기타 문헌을 통해서 보완하는 형식을 취하고 있다.

이만용의 복원안의 얼개는 최범술 복원안의 연속 위에서 재구성되고 있다고 할 수 있다. 하지만 그렇다고 해서 최범술과 변별되는 이만용 복원문의 독자성이 없는 것은 아니다. 오히려 이만용 복원문은 가장 현실적이고 구체적인 면을 터치하여 섬세하게 재구성한 것이라고 할 수 있다. 다시 말해서 최범술이 매듭짓지 못한 십문을 가장 구체적인 내용으로 보완하고 있어 『십문화쟁론』의 십문 복원은 이만용이 어느 정도 매듭짓고 있다고 할 수 있기 때문이다.

하지만 십문의 의미가 '복수의 많음'이란 의미에서 이해할 때는 이만용 복원문 역시도 여전히 과제를 남겨두고 있을 수밖에 없다. 따라서 이만용 역시 십문 이상의 화쟁문 시설에 대한 여지를 전혀 남겨두지 않고 있다는 점에서 보면, 이만용의 복원안 역시 『십문화쟁론』의 화쟁문 복원작업으로서는 아직 미진하다고 하지 않을 수 없는 것이다.

5) 원문과 네 복원문의 거리

제 아무리 복원이 잘 되었다 하더라도 완본이 온전히 존재하지 않는 남은 원문과 복원문 사이에는 출입이 내재할 수밖에 없다. 동음과 이의를 구분하는 것도 쉽지 않거니와 또 그것이 근거로 삼은 텍스트가 어느 것이며 누구에 의해 기술되었느냐에 따라 크게 달라지기 때문이다. 동시에 십문이 온전히 열 개의 문이라는 전제 위에서 복원을 시도한 경우에도 여전히 문제가 내재되어 있는 것이다.

이미 언급해 둔 것처럼 십문의 십이 '복수의 많음'이라는 의미를 지니고 있음을 전제해 둘 때, 『십문화쟁론』에서 말한 십문은 사실상 15문 내지 16문의 화쟁문이 시설되었을 수도 있기 때문이다. 그런

개연성을 전제해 두지 않고 십문을 그냥 그대로 열 개의 문이나 주제로만 한정해 두고 복원을 시도한다면 저자의 의도에 보다 가까이 다가서기 어렵게 된다.

우선 조명기의 경우는 십문의 '십'을 '복수의 많음'이라고 전제하면서도 해인사 사간에서 발견된 『십문화쟁론』 단간본을 보지 못한 탓인지 몰라도 화쟁문들을 온전히 복원하지 않고 있다. 그가 언급하고 있는
1. 보화이신화쟁문(報化二身和諍門: 견등의 『기신론동이약집』에 의함),
2. 오성성불의화쟁문(五性成佛義和諍門: 균여의 『교분기원통초』에 의함),
3. 불성이의화쟁문(佛性異義和諍門: 원효의 『열반경종요』에 의함) 등 삼문의 시설은 십문의 의미를 복수의 많음이라는 관점에서 볼 때 아주 일부에 지나지 않는다.

최범술의 경우는 『십문화쟁론』 잔간본을 기초로 복원에 노력하였지만 십문의 의미와 명칭 및 순서에 대한 문제의식은 그다지 없었던 것 같다. 많은 자료를 참고로 하여 현존하는 제9장, 제10장, 제15장, 제16장과 그가 심혈을 기울여 복원한 제31장을 중심으로 십문의 검토를 거쳤지만 십문을 구체적으로 시설하지는 않았다. 다만 그가 복원을 위해 수집한 자료가 박종홍을 통해 이만용에게 전해지게 됨으로써 이만용에 의해 비로소 십문의 복원이 이루어질 수 있었다.

이종익의 경우는 조명기와 최범술의 선행연구를 섭렵한 뒤 나름대로 십문을 재구성하였다. 그는 십문의 의미를 '화쟁 과제의 가장 핵심이 되는 열 가지 종류'로 규정짓고 『법화경종요』에 기초하여 십문의 명칭과 순서를 설정하였다. 특히 이종익의 경우, 균여의 『교분기원통초』에 의거한 '오성 성불의'와 원효의 『열반경종요』 및 견등의 『기신론동이약

집』에 근거하여 '열반 이의'의 화쟁문을 설정한 것은 조명기의 주장을 이으면서도 나름대로 새롭게 해석해 나간 경우라 할 수 있다.

이만용의 경우는 기존의 논의를 종합하면서도 의천의 『원종문류화쟁론』에 의거하여 '진속 이집'의 화쟁문을 설정하고, 견등의 『기신론동이약집』에 근거하여 '보화 이신'의 화쟁문을 시설하는 점이 다르다고 할 수 있다. 바로 이러한 점에서 이만용 복원안은 현 단계 『십문화쟁론』 연구의 지형도에서 가장 나아간 연구라고 평가할 수 있다. 이렇게 볼 때 이종익과 이만용의 경우는 십문을 열 개의 주제 혹은 종류라는 전제 위에서 복원을 시도하고 있다는 공통점이 발견된다.

하지만 이와 달리 『십문화쟁론』 연구에서 십문은 열 개의 문이 아니라 화쟁해야 될 모든 대상이라는 '복수의 많음'이란 의미로 해석될 수 있다는 관점은 간과해서는 아니 될 것이다. 이때 이들 연구자들이 제시한 복원안들의 차이점은 오히려 15문 내지 16문을 채우는 화쟁문으로 수렴될 수 있다는 사실을 간과할 수 없다는 점이다.

따라서 『십문화쟁론』 연구에서 요청되는 것은 원문과 네 복원문과의 거리를 어떻게 좁혀나갈 것인가라는 인식의 전환이다. 그리고 바로 이러한 인식 위에서 비로소 '집일'을 넘어 '복원'의 의미로 나아갈 수 있는 길을 열어갈 수 있을 것이다. 이제 우리의 과제는 이 텍스트의 좀 더 완전한 집일 혹은 복원을 위해 매진하는 것이다.

6) 보림: 정리와 과제

우리 민족의 부처로 여겨지고 있는 원효는 103종 202(208)여 권의 저술을 남겼다.[97] 현존하는 것은 약 20(22)종 남짓에 지나지 않지만,

이들 이외에도 원효를 흠모했던 몇몇 학자들의 원효 저술을 재구하기 위해 기울인 진지한 노력 덕분에 많은 저술이 복원되었다. 그 가운데에서 거의 산일된 저술임에도 불구하고 재구를 시도한 대표적인 것들이 최범술의 「원효대사『반야심경』복원소」(1972)와 「『십문화쟁론』복원을 위한 수집자료」(1987년 인쇄 공간) 및 그의 안목을 계승한 이영무의 「원효 저『판비량론』에 대한 고찰」(1973) 등이다.

이 가운데에서 이 글의 주제가 되는『십문화쟁론』은 여타 저술과 달리 그 제목에서부터 '화쟁'을 사용하고 있어 원효 당대부터 동아시아에서 깊은 주목을 받아온 저술이다. 특히 이 저술은 원효 사상의 핵어인 '일심'을 '무애'로 귀결시키는 매개항인 '화쟁'이라는 기호가 저술 명에 붙어 있어 그의 많은 저술 속에서 그 독자성이 인정되어 왔다.

『십문화쟁론』은『금강삼매경론』,『대승기신론소』,『대승기신론별기』,『화엄경소』,『열반경종요』,『법화경종요』 등의 대표작과 함께 주요한 저술로 자리매김되어 있다.『열반경종요』역시 '화쟁' 혹은 '화회'의 키워드를 담고 있어 원효사상에서 '화쟁' 혹은 '화회'의 의미는 '일심'의 기호 못지않게 주요한 의미를 지니고 있다. 그리고 그의 많은 저술 가운데에서 '논論'이란 명칭을 붙이고 있는 몇몇 저술에서처럼 이 저술은 자신의 확고한 주장을 드러내 보이고 있다.

이 저술이 몇 개의 화쟁문을 주축으로 구성되었는지를 확정하기는 어렵다. 다만 현존하는 제9장, 제10장, 제15장, 제16장이 상권에 분속되어 있고, 최범술에 의해 복원된 31장이 하권에 분속되었던 것으로

---

97 고영섭,『원효탐색』(서울: 연기사, 2001), 원효저술목록 참조.

추정해 볼 때, 적어도 이 저술은 30장 내지 32장으로 구성되었을 것으로 짐작해 볼 수 있다. 동시에 재구된 하나의 화쟁문이 9장과 10장 및 15장과 16장 등 각기 2장에 하나의 화쟁문을 기술하고 있음으로 미루어 볼 때, 적어도 이 텍스트는 15문 내지 16문의 화쟁문으로 구성되었을 가능성이 있다고 할 수 있다.

종래 이 저술에 대한 몇몇 선학들의 연구와 복원을 통해 십문의 의미와 명칭 및 순서의 재구성 노력이 있어 왔다. 조명기는 십문의 십의 의미를 복수의 많음이라고 하면서도 1. 보화이신화쟁문(報化二身和諍門, 견등의『기신론동이약집』에 의함), 2. 오성성불의화쟁문(五性成佛義和諍門, 균여의『교분기원통초』에 의함), 3. 불성이의화쟁문(佛性異義和諍門, 원효의『열반경종요』에 의함) 삼문의 시설에 그치고 있어 충실한 복원을 매듭짓지 못하였다.

최범술은『십문화쟁론』단간본을 기초로 이 텍스트의 복원에 노력하였지만 십문의 의미와 명칭 및 순서에 대한 복원의식은 그다지 없었던 것 같다. 많은 자료를 참고로 하여 현존하는 제9장, 제10장, 제15장, 제16장과 그가 심혈을 기울여 복원한 제31장을 중심으로 십문의 검토를 거쳤지만 구체적으로 십문의 복원을 완수하지는 않았다. 다만 그가 복원을 위해 수집한 자료를 박종홍을 통해 이만용에게 전해지게 함으로써 이만용에 의해 십문이 복원될 수 있게 하였다.

이종익은 조명기의 연구를 이으면서 균여의『교분기원통초』에 의거한 '오성 성불의'와 원효의『열반경종요』및 견등의『기신론동이약집』에 근거하여 '열반 이의'의 화쟁문을 설정하였다. 그는 원효의『법화경종요』의 '삼승즉일승三乘卽一乘 무량승즉일승無量乘卽一乘'이라는 선언이 화쟁의 대원칙인 동시에 십문의 총總이 된다는 것에 기초하여 삼승 일승의 화쟁문을 필두로 하여 십문을 재구성하였다.

이만용은 최범술 복원문을 기초로 하면서 의천의 『원종문류』 화쟁론에 의거하여 '진속 이집'의 화쟁문을 설정하고, 견등의 『기신론동이약집』에 근거하여 '보화 이신'의 화쟁문을 시설함으로써 이종익과는 달리 십문을 설정하고 있다. 이만용이 찾은 화쟁문의 명칭이 이종익과 다른 점은 그것이 여타의 화쟁문의 이명 혹은 독자적인 화쟁문으로 확정될 경우, 오히려 종래 연구의 복원안인 십문의 구조와 명칭 이외의 복수의 화쟁문으로 재구성될 수 있는 가능성을 열어두고 있다고 할 수 있다.

종래 연구자들이 복원한 십문의 명칭이 보다 저변화되기 위해서는 좀 더 활발한 논의가 이루어져야만 할 것이다. 지금까지 이루어진 원효의 『십문화쟁론』 연구의 지형도는 아직 완수된 것이라 할 수 없다. 전체 분량을 확정할 수는 없으나 여러 근거를 통해 적어도 상권 16장, 하권 16장 정도로 구성된 32장의 구조로 본다면 적어도 십오문 내지 십육문 정도의 화쟁문이 시설될 것이라 미루어 볼 수 있을 것이다.

따라서 『십문화쟁론』 연구는 이제부터 새롭게 시작되어야만 할 것이다. 무엇보다도 결락된 원문의 복원 및 화쟁문의 집일과 재구성이 시급히 요청된다. 그런 뒤에 비로소 이 저작에 대한 연구뿐만 아니라 원효 대표저술에 대한 본격적인 연구가 이루어질 수 있을 것이라고 논자는 생각하고 있다. 이 논구를 통해 논자는 보다 진전된 『십문화쟁론』의 집일과 화쟁문의 복원을 위한 새로운 과제를 떠안게 되었다.

2. 원효불학의 고유성[98]

1) 문제와 구상

사상사에서 '전통傳統'이란 개념은 '근대近代'라는 용어와 맞물려 정의해 왔다. 전통은 "어떤 집단이나 공동체에서 과거로부터 이어 내려오는 바람직한 사상이나 관습 또는 행동 따위가 계통을 이루어 현재까지 전해진 것"을 가리킨다. 이에 대응하는 '근대'는 역사서술에서 전제되는 시대구분의 하나로서 '전통'에 맞서는 개념으로 통용되고 있다. 근대는 봉건시대 혹은 봉건사회 단계가 끝난 뒤에 전개되는 시대를 일컫는다. 때문에 전통은 근대의 이전시대를 가리키는 개념일 뿐만 아니라 근대 이전의 사상, 관습 및 행동의 계통이 현재까지 전해지는 것을 의미한다.

반면 세계사에서 '전통'에 대응하는 '근대'란 개념은 "공동체에 대한 '나'라는 개인의식의 성립이나 개인 존중 등의 '개인우월 사상'이 이루어지는 15~16세기 유럽의 르네상스나 종교개혁의 시기 이후"를 일컫는다. 동시에 "자본주의의 형성과 시민사회의 성립이 이루어지는 17~18세기 이후의 유럽사회"를 가리킨다. 다시 말해서 전통이란 사농공상士農工商과 같은 신분적 구분에 의해 지배되지 않는 '근대 이전의 사회'를 일컫는 표현이라고 할 수 있다.[99]

---

[98] 이 논문은 동국대학교 불교문화연구원 인문한국(HK) 연구단이 2014년 5월 9(금)~10(토)일에 교내 문화관 학명세미나실에서 개최한 '제1회 동아시아 4개 대학 불교학 국제학술대회: '동아시아 불교 전통과 근대 불교학'에서 발표한 것을 수정 보완한 글이다.

[99] '당대' 혹은 '동시대'를 나타내는 '현대'의 시점 이전을 '근대'라고 한다면 100년 또는 200년 이후의 사람들은 자기시대인 '현대' 이전을 일반명사로서 '근대'라고

고조선의 해체 이후 삼한을 거쳐 삼(사)국시대로 전개된 이래 한민족 의식이 회복된 것은 신라의 삼(사)국통일이었다. 한국인들은 당(唐)이라는 타자(외세)의 개입을 통해 비로소 주체성과 자내성을 지니게 되었다. 동시에 불교 전래 이후 인도불교와 중국불교 및 일본불교와 변별되는 한국불교의 전통을 주체화하고 자내화할 수 있게 되었다. 나아가 한국 유교와 한국도교와 구분되는 한국불교의 고유성도 확보하였다. 해서 반만년의 유구한 역사를 이어온 한국인의 모국어인 국어가 인도말과 중국말 및 일본말과 서로 다르듯이, 한국인의 사유체계 또는 관념체계 혹은 가치체계는 인도인과 중국인 및 일본인의 것과 다를 것이다. 그렇다면 '근대'에 대응하는 한국불교의 '전통'은 무엇이며 한국불교의 '고유성'에는 어떤 것이 있을까? 세계 여러 나라들은 서로 다른 전통과 고유성이 분명히 있을 것이다. 한국인들은 전법승들에 의해 '전래'된 불교를 어떻게 '수용'하였을까? 황(왕)실은 어떠한 맥락에서 불교를 '공인'하였을까? 그리고 한국불교인들은 불교를 어떻게 '유통'시켜 나갔을까? 아마도 그 유통과정 속에는 한국불교가 오랫동안 자연스럽게 온축해 온 전통과 고유성이 있을 것이다.

새로운 문명인 불교가 전래되자 고구려와 백제 및 가야와 달리 신라인들은 종래의 무속(神敎) 사상에 입각하여 배타와 공격을 거듭하였다. 한동안 그들은 두 사상 사이에서 갈등하다가 점차 보편적 진리를 주장하는 불교를 자신들의 신념체계로 받아들였다. 동시에 그들은 불교를

할 것이다. 때문에 최근 아시아권에서는 '전통'에 상응하는 '근대'는 일반명사 혹은 보통명사일 수밖에 없지 않느냐고 반문한다. 그러나 개념의 적절성에 대해 문제제기를 하면서도 별다른 대안 없이 원용해 쓰고 있다.

변용하여 자신의 세계관과 가치관으로 만들어 나갔다. 이 때문에 한국
불교 속에는 대륙과 반도와 열도에 걸친 한국이라는 지리적, 문화적,
정치적, 사회적 토양 속에서 이루어진 특유의 성장과정과 독특한 성취
결과가 어우러져 있다.[100] 이 글에서는 화쟁·회통의 논리를 통해 인도불
교와 중국불교 및 일본불교와 변별되는 한국불교의 전통[101]과 고유성[102]

---

100 高榮燮, 「한국불교의 보편성과 특수성」, 『대학원연구논집』 제6집, 중앙승가대학교 대학원, 2013, p.13.
101 한국불교의 '특성' 혹은 '성격'을 '통불교'로 파악하는 선행연구(최남선, 조명기, 김동화, 이기영, 안계현, 우정상, 김영태, 고익진, 이봉춘, 김상현 등)에 대한 비판적 입장(유동식, 심재룡, 길희성, 오지섭, 로버트 버스웰, 존 요르겐센, 조은수 등)과 '호국불교'로 파악하는 기존연구(김동화, 홍정식, 이기영, 이재창, 김영태, 고익진, 목정배, 서윤길 등)에 대한 비판적 시각(심재룡, 최병헌, 김종명, 김종만, 헨릭 소렌슨 등)이 제기되어 있다. 반면 '통불교론'과 '호국불교'론의 순기능과 역기능에 대한 전관적 성찰에 대한 논구는 매우 적다. 이봉춘, 「회통불교론은 허구의 맹종인가 - 한국불교의 긍정적 자기인식을 위하여」, 『불교평론』 제5호, 2004년 겨울; 高榮燮, 「한국불교사 기술의 방법과 문법」, 『한국불교사연구』 제1호, 한국불교사학회/한국불교사연구소, 2012년 봄·여름; 高榮燮, 「국가불교의 '호법'과 참여불교의 '호국' - 호국불교의 전개와 의미」, 『불교학보』 제64집, 동국대학교 불교문화연구원, 2013.
102 한국불교의 보편성과 특수성을 구명한 선행연구들은 다음과 같은 것들이 있다. 권상로, 「조선불교사의 이합관」, 『불교』, 제62호, 불교사, 1929. 4.; 최남선, 「조선불교-동방문화사상에 있는 그 지위」, 『불교』 제74호, 불교사, 1930; 조명기, 『신라불교의 이념과 역사』(신태양사, 1960); 이기영, 「한국불교의 근본사상과 새로운 과제」, 『한국불교연구』(한국불교연구원, 1982); 심재룡, 「한국불교연구의 한 반성」, 「동양의 智慧와 禪」(세계사, 1990); 김영호 엮음, 『한국불교의 보편성과 특수성』(한국학술정보㈜, 2008); 고영섭, 「한국불교의 보편성과 특수성-생태관, 평등관, 여성관」, 『한국불교사연구』(한국학술정보㈜, 2012); 최병헌, 「한국불교사의 체계적 인식과 이해방법론」, 『한국불교사연구입문』 상(지식

을 확보하여 종파성을 초월하고 통합불교를 지향해 간 분황 원효(芬皇元曉, 617~686)의 사유체계와 인식방법에 대해 살펴보고자 한다.[103]

2) 인印·중中 불교의 주체적 수용

고타마 붓다에 의해 천축에서 탄생한 가르침, 즉 불교는 서역과 동방으로 널리 전해졌다. 그의 가르침은 실크로드, 즉 초원과 오아시스(사막) 및 해양의 세 갈래 비단길을 통해서 동아시아로 퍼져 나갔다. 전한前漢 애제哀帝 때 전래된(기원전 2년) 불교는 전법승들인 위진 남북조시대의 축법호(竺法護, 231~308?)와 불도징(佛圖澄, 232~348) 및 구마라집(鳩摩羅什, 350~409)과 불타발타라(佛馱跋陀羅, 覺賢, 359~429) 등의 수많은 경전 번역과 '격의格義'불교의 터널을 오고간 상인들에 의해 대중화되었다. 그들 중 일부는 한국으로 건너와 '아도(我道/阿道)' 혹은 '묵/흑호자(墨/黑胡子)'라는 이름으로 불렸다.[104]

산업사, 2013); 김상영, 「한국불교의 보편성과 특수성」, 한국불교연구원, 『2013년 불교학술세미나자료집: 불교의 특수성과 보편성』(한국불교연구원).

[103] 한국불교사에서 원효는 會通과 和諍의 기호로 一心의 철학을 펼쳤다. 高榮燮, 「원효 一心의 神解性 연구」, 『불교학연구』 제20호, 불교학연구회, 2008; 高榮燮, 「분황 원효 本覺의 決定性 탐구」, 『불교학보』 제67집, 동국대학교 불교문화연구원, 2014. 4.; 高榮燮, 「분황 원효의 和諍會通 논법 탐구」, 『한국불교』 제71집, 한국불교학회, 2014. 9.

[104] 한편 중국의 東晋의 法顯(339~420?), 唐의 玄奘(602~664)과 義淨(635~713)과 한국 고구려의 阿離耶跋摩와 백제의 謙益(526~531, 인도 유학) 및 신라의 慧超(704~?) 등은 佛典과 佛法의 입수를 위해 天竺으로 구법을 떠난 뒤 돌아와 格義를 넘어 本義로 경전을 한역함으로써 漢譯大藏經의 기초를 다졌다. 중국 隋唐시대에는 天台 智顗(538~597)와 嘉祥 吉藏(549~623) 및 慈恩 窺基(632~

Ⅱ. 화회논법의 탐구 지형 115

고구려는 북조의 전진前秦왕 부견符堅이 파견한 순도順道에 의해 교학教學불교를 받아들였다(372). 불상과 경문을 가지고 온 순도는 고구려인들에게 '인과로 교시하고(示以因果) 화복으로 설유'하였다(誘以禍福). 하지만 '당시 사람들이 질박했기에 그가 교학적인 온축이 깊고 학해가 넓었지만 그 교화를 많이 펴지 못했다.'[105] 또 고구려는 남조의 동진(東晋/魏)에서 건너온 아도 계통의 인과화복因果禍福의 교설에 입각한 업설業說 중심의 신행神行불교도 받아들였다(374).

순도와 달리 아도는 '신승神僧이어서' 질박한 세인들에게 신이한 현상과 영험의 교화를 적극적으로 폈다. 그 결과 고구려 초기불교는 순도 계통의 교학불교와 아도 계통의 신행불교 두 갈래를 모두 수용하여 널리 연구하고 신행하였다. 이윽고 중대 이후에 들어서자 승랑僧朗과 의연義淵 및 보덕普德 등이 삼론학과 지론학 및 열반학과 방등교를 받아들여 주체적으로 소화하면서 자생적인 불교로 정착하였다.

백제는 남조의 동진에서 건너온 인도 서역승 마라난타摩羅難陀에 의해 교학불교를 받아들였다. 이후 겸익謙益[106]의 계율학과 비담학,

---

(682)와 賢首 法藏(643~712) 등이 세운 '敎判'에 의해 많은 종파가 형성되었다. 達摩(?~529) 이래 大鑑 慧能(638~713)과 그의 법자 법손들은 인도의 요가 명상 등의 수행법을 정비하여 '禪法'의 수행체계를 완성시켰다.

105 覺訓,「釋順道」,『海東高僧傳』(『韓佛全』 제6책, p.90중). "示以因果, 誘以禍福."
106 역사학계에서는 李能和가『朝鮮佛教通史』(1918) 내의「彌勒佛光寺史蹟」에서 謙益의 印度 유학(526~531)을 기술하고 있지만 100여 년도 안 된 이 저술 이외에 다른 어떤 기록에도 겸익의 인도 유학에 대해 기술하고 있지 않기 때문에 그의 인도 유학을 인정할 수 없다고 주장하고 있다. 하지만 당대 일급의 한국학자인 이능화가 사료에도 없는 기록을 마치 역사적 사실인 것처럼 견강부회하여 기술하였다고만 볼 수는 없다. 논자는『논어』의 '(부정하는) 증거가 없는 한

현광玄光과 혜현慧顯의 법화학과 연광(緣光, 신라인)의 천태학, 혜총惠聰과 관륵觀勒 및 혜균慧均과 도장道藏 등의 삼론학과 성실학을 받아들여 주체적으로 소화하고 능동적으로 변용하였다. 그리고 전기 가야연맹을 이끌었던 금관가야는 허황옥의 오빠인 장유長遊화상을 통해서 인도의 부파불교를 수용하였고, 후기 가야연맹을 이끌었던 대가야는 백제를 통해 중국 남조의 대승불교를 수용하였다.[107]

인도 서역 및 중국의 전법승이 전래하고 백성들이 수용하자, 고구려와 백제 왕실은 '불법을 높이 받들어 믿고 복을 구하라(崇信佛法求福)'는 교지를 내려 불교를 공인하였다. 이에 당시 사람들은 불교 사찰을 '복을 닦고 죄를 멸하는 곳(修福滅罪之處)'으로 인식하였고,[108] 불법을 믿으면 복을 구할 수 있다는 소박한 믿음을 지니게 되었다. 동시에 백성들은 불교를 '이익(求福)'과 '평안(修福)' 및 '해탈(滅罪)'을 주는 가르침으로 이해하였다.

반면 신라는 미추왕 대에 입국(263)한 아도我道와 눌지왕(訥祇王, 417~458) 대의 묵호자墨胡子 그리고 비처(毗處/炤知王, 479~499)왕 대의 아도화상阿道和尙 외 시자 3인과 법흥왕法興王 대의 아도阿道를 통해[109] 불교를 수용하였다. 이어 이차돈의 순교殉敎와 원종(原宗, 법흥)의

믿지 않는다(無證不信)'는 것과 『史記』의 '(오랫동안) 많이 들어왔던 것은 의심하지 않는다(多聞闕疑)'는 동양적 역사관을 따라 이능화의 『조선불교통사』에 실린 겸익의 인도 유학 기록을 역사적 사실로서 보고자 한다.

107 高榮燮,「부파불교의 전래와 전통 한국불교」,『한국선학』제24집, 한국선학회, 2008.
108 一然,『三國遺事』,「興法」(『韓佛全』제6책).
109 一然,『三國遺事』「興法」, '阿道基羅' 條. 高榮燮,『三國遺事』「興法」편 '阿道基羅'

멸신滅身에 의해 불교를 공인[110]한 뒤 비로소 고대국가로서 공고히 설 수 있었다.

이와 맞물려 진흥왕 대인 천가天嘉 6년(565)에 진陳나라 사신 유사劉思와 명관明觀이 불경과 논장 1천 7백여 권을 실어왔다. 또 정관貞觀 17년(643)에는 자장慈藏이 삼장 4백여 상자를 싣고 와서 통도사에 안치하였다. 이후에도 중국으로부터 전해온 여러 경교經教 서적을 기반으로 하여 불교연구에 더욱 집중할 수 있었다.[111]

이처럼 고구려는 요동 출신으로서 남경 일대를 중심으로 활동한 승랑僧朗의 삼론학과 재상 왕고덕의 후원으로 후연에 유학하고 돌아온 의연義淵의 지론학 및 보덕普德의 열반학과 방등교로 열어갔다. 백제는 겸익謙益의 비담율학 사상과 현광玄光의 법화삼매 사상 및 요서백제에서 활동한 혜균慧均의 삼론학과 일본에서 활동한 도장道藏의 성실학으로 이어갔다. 신라는 원광圓光의 성실학과 섭론학, 안함安含의 참서사상 및 자장慈藏의 여래장학과 계율사상 등에 의해 그 길이 다져졌다. 이들이 확립한 삼론학과 열반학 및 비담율학과 법화삼매, 그리고 섭론학과 여래장학 등의 불교학적 논구의 토대 위에서 비로소 신라 원효의 일심법一心法과 화회론和會論이 창출될 수 있었다.

이처럼 원효의 화회和會,[112] 즉 화쟁·회통 논법은 인도 용수龍樹의

조 고찰」,『신라문화제학술논문집』제35집, 경주시 신라문화선양회, 2014.
110 一然,『三國遺事』「興法」,'原宗興法 猒髑滅身'條.
111 一然,『三國遺事』,「興法」,「塔像」,「義解」.
112 金暎泰,「『열반경종요』에 나타난 和會의 세계」, 高榮燮 編,『한국의 사상가 원효』(예문서원, 2002).

회쟁廻諍, 중국 길장吉藏/혜사慧思의 무쟁無諍과 변별되는 독특한 사유 체계라고 할 수 있다.[113] 그것은 이론 중심의 틀에 서서 쟁론을 전회시키는 용수의 '회쟁'과 쟁론 자체를 인정하지 않으려는 길장/혜사의 '무쟁'과 달리, 쟁론을 인정하면서 화회시켜 가는 '화쟁·회통'은 원효의 독자적인 방법론이라고 할 수 있다. 그의 이러한 방법론은 널리 확장되어 한국불교의 보편적인 방법론으로 자리를 잡았다. 따라서 한국불교의 고유성은 곧 원효가 확립한 전통에 영향 받아 '물리적 비빔'으로 '발효'되고 '화학적 달임(고움)'으로 '숙성'되어[114] 한국불교의 특성 혹은 성격으로 나타났다.

한국불교는 원효를 기점으로 이전의 수용기와 이후의 자생기로 나눠 볼 수 있다. 원효는 붓다의 중관中觀, 용수의 공관空觀, 승랑의 정관正觀,[115] 천태의 묘관妙觀[116]에 이어 두 극단에 치우치지 않는 화관和觀을

---

113 김영호, 「원효 和諍 사상의 독특성 – 廻諍(인도) 및 無諍(중국)과의 대조」, 앞의 책, pp.47~79.
114 高榮燮, 「한국불교의 보편성과 특수성」, 앞의 책, pp.11~14.
115 高榮燮, 「섭령 승랑의 無得正觀 사상」, 『문학 사학 철학』 제30호, 대발해동양학한국학연구원/한국불교사연구소, 2012년 가을. 승랑의 철학적 입장은 '約敎二諦說', '中道爲體說', '二諦合明中道說', '橫竪並觀說' 등 여러 가지로 정의되고 있지만 이들은 '無得正觀' 사상으로 총괄할 수 있다.
116 南嶽 慧思의 三種止觀을 전한 天台 智顗의 사상은 여러 가지로 정의되고 있지만, 龍樹의 空觀에 대응하여 天台의 '妙觀'으로 총괄할 수 있다. 그의 三種止觀, 즉 점차적으로 단계를 올려가는 漸次지관을 설하는 『석선바라밀차제법문』, 낮은 단계의 지관에서 높은 단계의 無生法忍을 깨달아 들어가는 不定지관을 설하는 『六妙法門』, 처음부터 실상을 관조하는 圓頓지관을 설하는 『마하지관』을 통해서도 알 수 있는 것처럼, 『묘법연화경』을 '妙經', 천태종을 '妙宗', 천태학을

제시하였다. 즉 그는 존재에 대한 두 극단의 인식을 넘어 '바른 관찰'을
의미하는 인도의 '중관'과 '공관' 및 중국의 '정관'과 '묘관'에 상응하는
'화관'을 역설하였다.[117] 당시 원효는 구마라집鳩摩羅什-진제眞諦 삼장
등의 구역舊譯 이후 현장玄奘 삼장의 신역新譯과 함께 중국에서 새롭게
제기된 여러 불교 이론들이 전해져 오자 이들 사유체계를 정리할 필요성
을 느끼고 있었다.

3) 통일성과 개체성의 화쟁

원효는 당시 사상가들의 삼론三論과 유가(瑜伽/唯識), 법화法華와 화엄華
嚴, 계율戒律과 정토淨土 등의 다양한 주장들을 통섭하여 불설佛說의
핵심인 중도, 즉 '일심一心'과 '일미一味'의 틀 위에서 종합과 통합을
시도하였다. 그 중에서도 법장(643~712)은 전체(一)와 부분(多), 본체
(一)와 현상(多)의 단일한 관계를 보여준 반면, 원효는 전체가 아니면서
도 부분이 아니고(不一而不二), 부분이 아니면서도 전체가 아닌(不二而不
[守]一) 복합적 관계를 보여주었다. 원효의 복합적 관계는 통일성과
개체성을 모두 살려나가는 대긍정의 화쟁과정이라고 할 수 있다.

원효는 거울이 온갖 형태를 다 받아들이고, 바다가 온갖 물줄기들을
다 받아들이듯, 붓다의 올바른 진리에 근거하여 화쟁·회통의 논법이라
는 독특한 방법론을 제시하였다. 이를 통해 그는 동아시아 불교사상사

'妙學', 천태 수행관을 '妙觀'이라 하는 이유도 바로 여기에 있다.
117 二邊, 즉 待對인 팽팽함/느슨함을 넘어서는 中觀, 無/有를 넘어서는 空觀, 無所得/
有所得을 넘어서는 正觀, 空/假 또는 單/兼을 넘어서는 妙觀, 破/立 혹은 奪/與를
넘어서는 和觀이다.

에서 이루어진 삼론학과 열반학, 비담학과 성실학, 지론학과 섭론학, 밀학과 율학 및 법상학, 법화학과 화엄학, 정토학과 선(법)학 등의 다양한 사유들을 '일심一心'의 철학으로 꿰어내었다.[118] 특히 그의 『열반경종요』는 당시 동아시아 지론학통의 맹주였던 정영사 혜원慧遠의 '열반涅槃' 이해를 주체적으로 활용하고 있다.[119]

원효는 화쟁·회통의 논법을 통해 붓다의 근본 가르침을 올곧게 이해할 수 있도록 하였다. 그리고 붓다의 근본 가르침에 근거하여 온갖 주장들(異諍)을 화쟁·회통시켜 내고자 하였다.

여러 경전의 부분적 이해를 통합하여
온갖 흐름의 한 맛(一味)으로 돌아가게 하고,
부처의 뜻의 지극히 공정함(至公)을 전개하여
백가百家의 다양한 주장을 화회和會시킨다.[120]

---

[118] 元曉에 앞서 고구려의 僧朗, (요서)백제의 慧均, 신라의 圓測 등의 성취가 있었다. 하지만 그들의 활동무대가 중국과 遼西百濟였다는 점을 고려하면 국내에서 활동한 元曉의 존재감은 한층 더 부각된다.

[119] 금강대학교 불교문화연구소 편, 『지론사상의 형성과 변용』(씨아이알, 2010). 여기에는 서장(1편)을 비롯하여 제1장 지론사상의 형성과 그 주변(5편), 제2장 지론종 관련 문헌의 제문제(5편), 제3장 지론사상과 여타 교학(3편), 제4장 지론사상에서 화엄사상으로의 변용(3편) 등 17편의 논문이 수록되어 있다. 아울러 『藏外地論宗文獻』(씨아이알, 2012); 『藏外地論宗文獻續集』(2013)을 간행하여 이 분야 연구에 크게 도움을 주고 있다.

[120] 元曉, 『涅槃經宗要』, 『韓國佛敎全書』 제1책, p.524상. "統衆典之部分, 歸萬流之一味, 開佛意之至公, 和百家之異諍."

널리 알려진 원효의 '화회게'는 『열반경』이 그렇다는 것이지만 그 함의는 『열반경』에만 국한되지 않는다. 이 경전이 부처가 가장 나중 설한 경전이라는 점, 이전에 시설한 수많은 경전의 지공至公적 관점을 제시하는 점, 그리고 그가 대립과 갈등을 화쟁하고 회통하기 위해 일미一味로 화회和會시키는 점 등에서 이 게송의 함의는 모든 경전에게로 확장되고 있기[121] 때문이다.

원효의 화회논법은 그의 일심사상을 이해할 수 있는 중심축이다. 이 때문에 원효는 '화쟁국사和諍國師'[122] 또는 '화회논사和會論師'로 일컬어졌고, 화쟁·회통의 논법은 그 이후의 한국불교의 전통과 고유성이 되었다. 그러므로 원효에게 화쟁과 회통은 '일심의 근원으로 돌아가게 하는(歸一心源) 논법이자 '중생을 풍요롭고 이익되게 하는(饒益衆生)' 논리였다. 「고선사서당화상비高仙寺誓幢和上碑」잔편殘片에는 그의 화쟁론의 근거가 되는 『십문화쟁론』의 내용이 실려 있다.

부처님이 세상에 있었을 때는 온전한 가르침(圓音)에 힘입어 중생들이 한결같이 이해했으나 …… 쓸데없는 이론들이 구름 일어나듯 하여 혹은 말하기를 '나는 옳고 남은 그르다' 하며, 혹은 '나는 그러하나 남들은 그렇지 않다'고 주장하여 드디어 하천과 강을 이룬다. …… 유有를 싫어하고 공空을 좋아함은 나무를 버리고 큰 숲에 다다름

---

121 高榮燮,「芬皇 元曉의 和會論法 탐구」,『한국불교학』제71집, 한국불교학회, 2014. 9, p.104.
122 義天,「祭芬皇寺曉聖文」, "和百家之異諍, 得一代至公之論."; 河千旦,「海東宗乘統官誥」, "曉公, 挺生羅代, 和百家之異諍, 合二門之同歸."

과 같다. 비유컨대 청靑과 남藍이 같은 바탕이고, 얼음과 물이 같은 원천이고, 거울이 만 가지 형태를 다 용납함과 같다.[123]

붓다가 살아 있을 때는 원만한 가르침(圓音)이 진리임을 확고히 믿었으므로 교단 내에는 이설異說이 없었다. 그러나 붓다가 열반에 든 뒤로는 많은 이설이 횡행하였다. 이 때문에 각기 자신만이 옳고 남은 그르다고 주장하였다. 계율의 해석 문제에 의하여 교단이 분열된 것처럼, 원효시대에도 이미 정립된 다양한 불교학파들이 자신의 주장만이 옳고 다른 학파의 주장들은 잘못되었다고 하였다. 여기에서 화쟁과 회통이 요청되었다.

원효는 현존하는 『열반경종요』[124]에서 '화쟁문'[125]과 '회통문'[126]의 작은 항목을 통해 화회 논리에 대해 보여주고 있다. 그의 다른 저술인

---

123 元曉, 『十門和諍論』 『韓國佛教全書』 제1책, p.838상. "十門論者, 如來在世, 已賴圓音, 衆生等 …… 雨驟, 空空之論雲奔. 或言我是, 或他不是, 或說我然, 說他不然, 遂成河漢矣. 大 …… 山而投廻谷, 憎有愛空, 猶捨樹以赴長林. 譬如靑藍共體, 氷水同源, 鏡納萬形."
124 元曉는 慧嚴과 慧觀 및 謝靈運 등이 6권 『大般泥洹經』(法顯 譯)과 北本 『大般涅槃經』(曇無讖 譯)을 손질하여 완성시킨 南本 36권 『열반경』을 저본으로 삼아 저술하였다.
125 元曉는 『涅槃經宗要』를 저술하면서 전체 4문 중 Ⅱ. 廣開分別門, 2. 明敎宗, 1) 涅槃門, (6) 四德門, ④ 和諍門으로 科文을 펼치고 있다. 화쟁문은 다시 '次第4. 明和相諍論'으로 시설하여 풀고 있다.
126 元曉는 『涅槃經宗要』를 저술하면서 전체 4문 중 Ⅱ. 廣開分別門, 2. 明敎宗, 2) 佛性(義)門, (6) 會通門으로 科文을 펼치고 있다. 會通門은 다시 ① 通文異와 ② 會義同으로 나누어 풀고 있다.

『금강삼매경론』, 『대승기신론소』, 『십문화쟁론』(斷簡本[127]), 『본업경소』, 『미륵상생경소』 등에서는 '화회和會'의 용례를 볼 수 있다.

화쟁에서 '화和'는 회통會通, 화합和合, 화해和解, 화회和會, 화통和通의 뜻이다. '쟁諍'은 '주장'이며, '이쟁異諍'은 상이한 혹은 다양한 주장을 가리킨다. 화쟁은 '상이한 주장'을 해명(이해)하고 '경문을 모아' 조화(융화)시키는 것이다. 그런데 이들 주장들은 그 나름대로 도리道理를 지니고 있다. 이 때문에 모든 주장은 모두 화쟁의 대상이 될 수 있다.[128] 그런데 몇몇 불학자들은 논사들이 보여주는 주제나 쟁점이 경전들의 내용과 서로 충돌된다고 지적해 왔다. 하지만 원효는 이러한 지적에 대해서 경론들이 의도하는 뜻이나 관점이 다를 뿐 '그렇지 않다'고 말하였다.

여기서 화쟁과 회통은 시작된다. 원효의 저술 속에서 만나는 화쟁과 회통의 표현은 몇 가지 특징을 지니고 있다. 즉 '유시(차)도리由是(此)道理', '유시의고(개/리)불상위(배)由是義故(皆/理)不相違(背)', '불위도리不違道理 고무과실故無過失 고무취사故無取捨', '개(구)도리皆(具)道理' 등으로 정형화해서 나타난다. 여기서 도리道理는 인식방법(量) 상 추리(比量)와 경전, 즉 깨친 성인의 증언(聖言量) 속에 내재되어 있다. 원효의 일관된 주장과 논리는 그 자신의 진리와 실상에 대한 직접지각(現量)이

---

[127] 高榮燮,「원효『십문화쟁론』연구의 지형도」, 앞의 책, 참조. 崔凡述이 조사한 현존 『十門和諍論』 단간본에는 '空有異執和諍門'과 '佛性有無和諍門' 및 '我法異執和諍門' 3문밖에 남아 있지 않다. 李鍾益과 崔凡述 및 李晩容은 10문으로 복원하고 있다.

[128] 元曉, 『大乘起信論別記』(『韓佛全』 제1책, p.621하). "百家之諍, 無所不和也."

뒷받침되어 있다. 그리고 이 도리에 상응하는 말은 "무량한 경문과 법문은 오직 한 가지 맛을 가지고 있으며,"[129] "마치 수많은 냇물이 큰 바다로 들어가서 한 가지 맛이 되는 것과 같다."[130]

이렇게 본다면 화쟁의 대상은 '두 가지(二說, 二義, 二師所說)', '세 가지(三義)' 혹은 여러 가지(諸難, 諸師所說) 또는 무량한 법문들의 주장 혹은 개념 또는 의취(義趣, 義, 意)라고 할 수 있다. 원효는 그의 저술에서 '문'과 '논'을 시설하여 다양한 주장들을 화쟁·회통하고 있다.[131] 여기서 '문'은 '교문' 혹은 '법문' 또는 '양상'을 가리킨다. '측면' 또는 '계통' 혹은 '계열'[132]을 가리키기도 한다. 그는 『대승기신론』의 이문 일심의 구조에 의해 『대승기신론소』에서 일심을 생멸연기적 전개(開)와 환멸연기적 수렴(合)으로 갈라서 설명한다. 『이장의』에서는 현료문과 은밀문으로, 『열반경종요』[133]에서는 '화쟁문'과 '회통문'으로, 그리고 그 하위에서는 취심론就心論과 약연론約緣論 등으로 나누어 해명하고 있다.[134]

---

129 元曉, 『涅槃經宗要』(『韓佛全』 제1책, p.545상하).
130 元曉, 『金剛三昧經論』(『韓佛全』 제1책, p.638중).
131 高榮燮, 「芬皇 元曉의 和會論法 탐구」, 『한국불교학』 제71집, 한국불교학회, 2014. 9, p.109.
132 박태원, 『원효의 十門和諍論』(세창출판사, 2013), p.21. 저자는 '門'의 개념을 '견해/관점/이해를 성립시키는 조건들의 인과 계열', '견해 계열의 의미 맥락'이라고 풀고 있다.
133 元曉는 慧嚴과 慧觀 및 謝靈運 등이 6권 『大般泥洹經』(法顯 譯)과 北本 『大般涅槃經』(曇無讖 譯)을 손질하여 완성시킨 南本 36권 『열반경』을 底本으로 삼아 저술하였다.
134 김영일, 「원효의 和諍論法 연구」, 동국대학교 박사논문, 2008, p.138. 논자는 원효 저술의 宗要類(47개), 註疏類(16개), 創作類(4개)의 全數調査를 통하여

원효가 두 문으로 범주화한 것은 화회, 즉 화쟁하고 회통하기 위해서이다. 그의 『십문화쟁론』이 온전히 남아 있지 않아 '문'의 용례를 자세히 알 수는 없다. 하지만 이 저술을 인용하고 있는 후대 불학자들의 '문'의 사용례에서도 그가 사용한 교문의 모습을 그려볼 수 있다.[135]

그런데 신라의 견등은 『대승기신론동이약집』에서 원효, 즉 구룡丘龍이 불지佛智의 만덕萬德을 '원인에 따라서 생겨나고 일어나는 교문(從因生起之門)'과 '(생멸하는) 조건을 그치고 근원으로 돌아가는 교문(息緣歸原之門)'으로 풀이했음을 전해 주고 있다.[136] 여기에 의거하면 원효는 '문'의 시설을 통해 불지의 만덕을 '생겨나고 일어나는 관점'과 '근원으로 돌아가는 관점'의 두 계열로 나누어 두 주장을 화회하고 있음을 알 수 있다.[137]

뿐만 아니라 고려의 균여는 『석화엄교분기원통초』에서 효공曉公, 즉 효사曉師의 『십문화쟁론』에서 오성차별설과 개유불성설의 두 가지 교문을 시설하여 화회하였음을 전해 주고 있다. 여기에 의하면 원효는

〈주장〉, 〈논란〉, 〈회통〉의 3가지 부분으로 나누고 원효의 각 저술에 나타난 화쟁 사례를 67개로 정리한 뒤, 이 중 26개 사례에서 이러한 二門을 설정하여 회통하였다고 하였다.

135 高榮燮, 앞의 논문, p.108.
136 見登, 「大乘起信論同異略集」本(『韓佛全』 제3책, p.695상). 이 『대승기신론동이약집』이 見登의 저술이 아니라는 崔鈆植, 「신라 견등의 저술과 사상경향」, 『한국사연구』 제115권, 한국사연구회, 2001, pp.1~37의 주장이 있으나 아직 그렇게 확정할 수 없는 몇 가지 점이 남아 있어 여기에서는 견등의 저술로 보고자 한다. 이정희, 「『大乘起信論同異略集』의 저자 문제에 대하여」, 『한국불교학』 제41집, 한국불교학회, 2005, 참고.
137 高榮燮, 앞의 논문, p.108.

'다섯 가지 성품이 차별되는 가르침(五性差別之敎)'은 '차이가 의존하는 관계로 수립되는 교문(依持門)'과 '모두 불성이 있다는 주장(皆有佛性之說)'은 '연기의 통찰에 의해 하나로 보는 교문(緣起門)'[138]으로 파악하면서 이들 두 가지 쟁론(兩家之諍)을 '이와 같이 모아서 통하게(如是會通)' 하고 있다.[139]

원효는 『열반경종요』의 열반문에서는 화쟁문和諍門 항목을 시설하여 열반涅槃의 사덕四德에 대한 서로 다른 쟁론을 화쟁하고, 불성문에서는 회통문會通門 항목을 시설하여 불성佛性의 문의文意에 대한 서로 다른 것을 회통하고 있다. 따라서 그의 화쟁·회통 논리에서 화쟁和諍은 회통會通을 성립시키는 근본 원리가 된다. 화쟁의 논법에는 '해(異諍)의 과정'과 '화(會文)의 과정'이 전제되어 있다. 그리고 회통의 논법에도 '통(文異)의 과정'과 '회(義同)의 과정'이 전제되어 있다.

(1) 해(解; 異諍)의 과정

원효의 『열반경종요』에 나타난 이쟁異諍의 대표적 사례는 다음과 같다. (1) 경교의 종지에 대한 두 설, (2) 열반의 성품에 대한 두 설, (3) 왕복결택의 두 설, (4) 불신의 상주와 무상에 대한 두 설, (5) 불성의 몸체에 대한 두 설이 있다. 특히 다섯 번째의 불성의 몸체에 대한 두 설에서 ① 백마사 애愛 법사의 도생竺道生公의 설, ② 장엄사 승민僧旻 법사의 설, ③ 광택사 법운法雲 법사의 설, ④ 양무제 소연천자蕭衍天子의 설, ⑤ 신사新師 현장玄奘의 설, ⑥ 진제眞諦 삼장의 설을 제시한다.

---

138 均如,『釋華嚴敎分記圓通鈔』권3(『韓佛全』제4책, p.3 11하; p.325중하; p.326상).
139 高榮燮, 앞의 논문, pp.108~109.

그리고 이들 이설異說들에 대해 해명(이해)한 뒤 이들을 조화(융화)시키고 있다.[140] 원효는 먼저 앞의 두 설의 차이에 대한 '해명(이해)의 마당'을 연 뒤의 세 설의 소통을 위한 '조화(융화)의 지평'을 열어 나간다.

(1) '경교의 이설에 대한 해명'에서는 '그 견해가 주장하는 이마다 다르다(諸說不同)'고 전제한 뒤, 곧 '유사설언有師說言'과 '혹유설자或有說者'로 해명해 간다. 원효는 여섯 법사(六師)의 주장을 제시하면서 '여섯 법사의 견해 중 어떤 주장이 옳은가'라고 반문하며, 질문에 대한 대답의 형식으로 이쟁異諍에 대해 해명해 나간다.

"어떤 이는 '여러 설이 다 옳다. 부처님의 뜻은 특정한 방소方所가 없어서 해당되지 않음이 없기 때문이다'라고 하였다. 어떤 이는 '나중에 말한 것이 옳다. 여래는 방소가 없다는 뜻에 잘 들어맞았기 때문이다. 그러므로 두 설이 또한 틀리지 않음을 알 수 있다"고 하였다. 여기에서 원효는 『열반경』의 종지에 대한 여러 법사들의 견해를 판명한 뒤, 두 가지 설을 원용하여 두 설이 서로 틀리지 않음을 밝혀내고 있다.

(2) '열반의 체성 두 설에 대한 해명'에서는 앞의 두 가지 설을 옮긴 다음에 그 두 견해를 화해시키고 있다. "그러한 설에는 두 가지가 있다. 그 까닭은 열반과 보리는 공통됨이 있고 구별됨이 있다. 구별되는 부문에서 말하자면 보리는 곧 과위로 (열반을) 능히 증득하는 덕德에 있으므로 도제道諦에 섭수된다. 열반은 과위의 증득될 바의 법法이므로 멸제滅諦에 섭수된다. 공통되는 부문에서 말하자면 과지果地의 도제 또한 열반이며, 증득될 진여眞如 또한 보리菩提인 것이다"[141]고 하였다.

---

140 元曉, 『涅槃經宗要』(『韓佛全』 제1책, p.538상중).

141 元曉, 위의 글, 위의 책, p.528상.

그런 뒤에 원효는 문답형식으로 서술해 나가고 있다.

"'만일에 시각始覺이 갖는 공덕 또한 열반이라고 한다면, 이것은 곧 열반에도 생인生因이 있게 된다'며 「가섭품」의 '삼해탈문三解脫門과 삼십칠조도품三十七助道品은 능히 일체의 번뇌를 다시 내지 않는 생인生因이 되지만, 또한 열반에서는 요인了因이 된다. 선남자여, 번뇌를 멀리 여의면 곧 또렷또렷(了了)하게 열반이 드러남을 얻게 된다. 그러므로 열반에는 오직 요인만 있고 생인은 없다'는 설을 원용하여 '위아래의 여러 경문에는 오직 요인만 있음을 말씀하셨을 뿐, 또한 생인이 있다고 말씀하시지 않았는가?'"[142]라고 원효는 질문한다.

"시각始覺에 있는 공덕이 비록 열반이지만 열반의 뜻은 적멸寂滅에 있다. 적멸의 덕은 요달하는 바에 따라 계합되는데, 그러므로 말씀하시기를 오직 요인了因만 있다고 하는 것이다. 마치 보리는 생인에서 나왔지만 또한 요인으로 요달了達한 바라고 하는 것과 같다. 곧 이러한 뜻에 준하여 마땅히 열반은 요인으로 나타난 것임을 알 수가 있다. 그러나 또한 생인에서 일어난 것이라고도 말할 수가 있다. 이러한 도리道理이기 때문에 서로 틀리지 않는 것이다"[143]라고 원효는 대답한다.

이처럼 원효는 두 설 모두 도리가 있으며 생인에서 나왔지만 요인으로 요달하고 바라는 것이라며, 생인이라 해도 도리가 있고, 요인이라고 해도 도리가 있다고 해명한다. 이러한 '다양한 주장'에 대한 해명(이해) 의 과정을 거쳐 원효는 다시 '경문의 회석會釋'에 대한 조화(융화)의 과정으로 나아간다.

---

142 元曉, 앞의 글, 앞의 책, p.533상.
143 元曉, 앞의 글, 앞의 책, p.533중.

(2) 화(和; 會文)의 과정

원효는 이러한 '이쟁'에 대한 해명(이해)의 과정(解異諍)을 거쳐서 다시 '회문'에 대한 조화(융화)의 과정(和會文)'으로 이어간다. 여기서는 '왕복결택往復決擇 두 설의 개실구득의 조화', '불신佛身의 상주와 무상 두 설의 조화', '불성佛性의 몸체에 대한 제설의 옳고 그름의 조화'로 제시된다.

"이들 법사들의 주장은 다 옳고도 다 그르다. 그러한 까닭은 불성은 그렇지 않으면서도 그렇지 않음이 없는 것이기 때문이다. 그렇지 않기 때문에 모든 주장이 모두 그릇되며, 그렇지 않음이 없기 때문에 모든 주장이 모두 옳은 것이다.[144] 때문에 "불성은 있는 것도 아니고 없는 것도 아니며, 있기도 하고 없기도 하다."[145] 이것은 불성의 존재 유무를 존재론적으로 해명하는 대목에서 제기되는 문제이다.

(1) '왕복결택 두 설의 개실 구득의 조화'에서 원효는 '두 법사의 견해 중에 누가 그르고 누가 옳은가'를 물으며, 왕복 결택의 두 가지 설에 대한 득실得失 판단을 문답 형식으로 풀이한다. "결정적으로 한쪽 가장자리만 취하면 두 설이 모두 틀린 것이다. 만일 실다운 것으로 집착하지 않는다면 두 주장이 모두 옳다. 어째서 그러한가 하면 불지佛地의 만덕萬德은 대략 두 부분이 있다. 만일 상相을 버리고 일심으로 돌아가는 문門에 나아간다면, 일체의 덕상德相은 같은 법계이기 때문에 오직 제일의신第一義身이라 색상色相의 차별된 경계는 없다고 말하게

---

144 元曉, 『涅槃宗要』(『韓佛全』 제1책, p.538중). "此諸師說皆是非, 所以然者, 佛性非然非不然故, 以非然故諸說悉非, 非不然故諸義悉是."

145 元曉, 위의 글, 위의 책, p.542하.

된다.

만일 성성性을 따라 만덕을 이루는 문門에 의한다면 색상과 심법心法의 공덕을 갖추지 아니한 것이 없기 때문에 무량한 상호相好 장엄을 말하게 되는 것이다. 비록 그러한 두 가지 문이 있으나 다른 모양(異相)은 없다. 그러므로 제설이 모두 장애가 없으며, 이러한 무애의 법문을 드러나게 한다."[146] 여기에서 원효는 상대되는 두 설을 모두 틀리고 모두 옳다고 하여 불의佛意의 진실에 의거하여 조화시켜 간다.

(2) '불신의 상주와 무상의 이쟁에 대한 조화'에서 원효는 '두 법사가 설한 것 중 누가 옳고 누가 그런가?'라고 물으며 문답의 형식으로 이해해 간다. 그는 '혹유설자或有說者'라고 하여 두 법사(二師 혹은 二家)의 주장에 대한 득과 실을 서술한다. 또 "모두 옳고 모두 틀렸다. 그 까닭은 만일 결정적으로 한쪽 가장자리만을 고집한다면 모두 과실이 있다. 마치 그 무장애설과 같이 그 도리가 있는 것이다"[147]고 하였다.

원효는 "쟁론이 일어남에는 많은 사단事端이 있다"고 전제하고 "여기에 법신法身이 상주常住하고 화신化身이 기멸起滅한다는 이쟁이 치우쳐 일어난다. 이 '두 가지 불신(二身)'에 대한 제설이 동일하지 않다. 오직 보신報身에 대해서 두 가지 집론執論이 일어났으며, 그 따로 일어난 쟁론은 두 갈래에 지나지 않는다. 이를테면 첫 번째의 보신불은 상주常住한다고 고집하는 설과 두 번째의 무상無常하다고 고집하는 설이다. 두 번째의 주장은 보신불의 무상無常이라는 두 가지 고집이 따로 일어난

---

146 元曉, 앞의 글, 앞의 책, p.533상.
147 元曉, 앞의 글, 앞의 책, p.537중. "若決定執一邊, 皆有過失. 如其無障碍說, 俱有道理."

다고 언표한다. 그리고 상주를 고집하는 데에도 두 가지의 주장이 있다"[148]고 전제한다. 첫 번째의 주장은 "보신불의 공덕은 생生은 있으나 멸滅은 없다. 그것은 생인生因이 멸한 것이기 때문에 생이 없음을 얻을 수 없다. 그리고 이치를 증득한 것이 구경究竟이기 때문에 모양을 벗어났고 모양을 벗어났기 때문에 상주하여 변하지 않는다"[149]고 한다.

두 번째의 주장은 "'보신불'의 공덕은 비록 생인으로 얻었지마는, 그러나 생의 모양을 벗어난다. 그러기에 비록 '본래 없었던 것이 비로소 있는 듯'하지만, 그러나 '본래 없었던 것이 지금에 있는 것'이 아니다. 이미 '지금에 있는 것'이 아니라면 또한 '뒤에 없어지는 것'도 아닐 것이다. 이러한 도리로 말미암아 삼제(三際, 三世)를 멀리 초월하는 것이요, '삼제를 초월'하기 때문에 응연凝然히 상주하는 것이다."[150]

또 "그러나 도를 성취한 뒤에야 비로소 '보신의 공덕'이 성취되는 것이므로 본디 시초가 있는 것이 아니며, 삼제三際를 초월하였으므로 생이 있는 것이 아니며, 생이 있는 것이 아니기 때문에 또한 멸이 없다. 생도 멸도 없으므로 결정코 이는 무위無爲이어서 상주하여 변하지 않는다. 만일 이와 같은 정견正見을 얻지 못하면 결정코 '유위有爲니 무위니 하는 말을 할 수 없다'고 하였다."[151] 이렇게 전제한 원효는 '붓다의 보신이 무상하다고 고집하는 이들'의 관점을 소개하면서 옳지 못한 것들에 대해서 비판한다.

---

148 元曉, 앞의 글, 앞의 책, p.531하.
149 元曉, 앞의 글, 앞의 책, p.532상.
150 元曉, 앞의 글, 앞의 책, p.532중.
151 元曉, 앞의 글, 앞의 책, p.532중.

그런 뒤에 "'무상'을 고집하는 사람들(執無常家)의 주장에는 미진한 뜻이 있다. 이를테면 '법신을 결정코 상주'라고 말하는 것이다. '법신'을 결정코 상주로만 주장하면 이는 곧 작위하는 법이 안 될 것이다. 작위하는 법이 아니고서는 '보신과 화신'의 두 몸을 지을 수가 없다. 그러기에 법신이 또한 무위인 것만은 아니다"[152]라고 조화시킨다. 원효는 『능가경』의 경증經證과 『섭대승론』의 해석을 원용하여 논증論證을 삼는다. 그런 뒤에 다시 "'상주'를 고집하는 이들이 비록 상주를 좋아하지마는 '상주'의 정의에 부족한 것이 있다"[153]고 하였다.

"또 '상주'를 고집하는 사람들(執常家)은 비록 상주를 좋아하기는 하지만 그 상주의 주장 또한 부족한 뜻이 있다. 말하자면 비로소 간직된 공덕은 그 앞의 위계에 두루하지 못하기 때문이다. 만일 이 공덕이 두루하지 못한 바가 있다면 곧 법계를 증득하지 못한 것이 있게 된다. 법계에 있어서 증득하지 못한 것이 없어야만 곧 평등한 법성法性이 두루하지 못하는 바가 없는 것이다"[154]고 하였다. 다시 원효는 『화엄경』의 교설을 덧붙이고 있다.

원효는 "여래께서 정각하시어 보리를 성취하셨을 때에 불방편佛方便에 머물러서 '일체중생등신一切衆生等身'을 얻고, '일체법등신一切法等身'을 얻으며, '일체찰등신一切刹等身'을 얻고, '일체삼세등신一切三世等身'을 얻으며, '일체법계등신一切法界等身'을 얻고, '허공계등신虛空界等身'을 얻으며 내지 '적정열반계등신寂靜涅槃界等身'을 얻으셨다. 불자여,

---

152 元曉, 앞의 글, 앞의 책, p.537중.
153 元曉, 앞의 글, 앞의 책, p.537중.
154 元曉, 앞의 글, 앞의 책, p.537중.

여래의 얻으신 몸을 따라서 마땅히 음성音聲과 무애의 마음(無碍心) 또한 이와 같은 줄을 알아야 한다. 여래는 이러한 세 가지의 청정무량함을 다 갖추셨다"[155]고 하였다.

따라서 원효는 "이것은 '여래께서 성도하신 뒤에 얻으신 색신과 음성 및 무애심이 평등하지 못한 것이 없고 두루하지 못한 데가 없음'을 밝힌 것이다. 이미 '일체삼세에 평등하다'고 말씀하셨는데 어찌 금강金剛 이전의 지위에는 두루하지 못하였겠는가? 그러나 이 도리는 제불의 비장秘藏이어서 사량하는 것으로 능히 헤아릴 수가 없다. 다만 여래의 말씀에 의하여 우러러 믿음을 일으킬 뿐이다"[156]라고 조화시켜 낸다.

(3) '불성의 몸체에 대한 제설의 옳고 그름의 조화'에서 원효는 앞에서 불성의 몸체에 대한 여러 이설을 보았다고 언급한다. 그런 뒤에 그 다양한 주장들(異諍)에 대해 옳고 그름을 가려서(判是非) 화해和解하고 있다. 이어 '옳고 그름을 가려서'라는 항목 아래에서 "이들 법사의 주장은 모두 옳기도 하고 모두 그르기도 하다"[157]고 총괄적인 평가를 하고 다음과 같이 서술하고 있다.

"그 까닭은 불성佛性이 그러한 것도 아니고 그러하지 않은 것도 아니기 때문이다. 그러하지 않음으로써 여러 주장이 모두 옳지 않으며, 그러하지 않은 것도 아닌 까닭으로 여러 견해가 다 옳은 것이다. 그 의미가 무엇인가 하면, 여섯 법사의 주장은 두 갈래에서 벗어나지 않는다. 처음의 하나는 당래에 있을 불과(當有之果)를 가리킨 것이고,

---

155 元曉, 앞의 글, 앞의 책, p.537하.
156 元曉, 앞의 글, 앞의 책, p.537하.
157 元曉, 앞의 글, 앞의 책, p.538중. "此諸師說, 皆是皆非."

나중의 다섯은 지금에 있는 원인(今有之因)을 근거로 하였다. 이들 다섯 주장 중에서도 또한 두 갈래가 되는데, 맨 나중의 하나는 진제眞諦에 머물렀고, 그 앞의 네 가지는 속제俗諦에 따른 것이다. 속제에 따른 4설은 인人과 법法을 벗어나지 않았다. 앞의 1설은 인人을 들었고, 나중의 3설은 법을 근거하였다. 법을 근거로 하는 세 주장도 기起와 복伏에 지나지 않는다. 뒤의 1설은 종자種子(伏)요, 앞의 2설은 상심上心(起)으로서, 상심을 의거한 것에도 주장(義)을 따라 설을 달리한다."[158] 이처럼 원효는 여섯 법사의 주장을 평석한 뒤, 자신의 견해를 총설로 덧붙이고 있다.

"불성의 몸체는 곧 일심이다. 일심의 바탕은 여러 가장자리(諸邊)를 멀리 여읜다. 여러 가장자리를 멀리 여의기 때문에 도무지 해당하는 것이 없고, 해당하는 것이 없기 때문에 해당되지 않는 것도 없다. 이를 마음에 의거하여 논한다면(就心論) 일심은 인因도 아니고 과果도 아니며, 진眞도 아니고 속俗도 아니다. 따라서 인人도 아니고 법法도 아니며, 기起도 아니고 복伏도 아니다. 그러나 조건(緣)에 입각하여 논한다면(約緣論) 마음은 기起도 되고 복伏도 되며, 법法도 되고 인人도 되며, 속俗도 되고 진眞도 되며, 인因도 짓고 과果도 짓는다. 그래서 그러한 것도 아니고 그러하지 않은 것도 아니라는 뜻(義)이므로 여러 주장(諸說)이 모두 옳지 않기도 하고 옳기도 하다는 것이다."[159] 이어 원효는 각론으로 자신의 생각을 마무리하고 있다.

"일심법에는 두 가지의 뜻이 있으니 하나는 더럽히지 않아도 더럽혀

---

158 元曉, 앞의 글, 앞의 책, p.538중.
159 元曉, 앞의 글, 앞의 책, p.538중하.

지는 것(不染而染)이고, 하나는 더럽혀도 더럽혀지지 않는 것(染而不染)이다. 뒤의 것, 즉 '염이불염'은 일미一味의 적정寂靜이며, 앞의 것, 즉 '불염이염'은 육도六道의 유전流轉이다. 이 경의 아래 글에 이르시기를 '한 맛(一味)의 약은 그 흐름의 처소에 따라 갖가지의 맛이 있으나, 그 참 맛(眞味)은 산에 머무르고 있다'고 하셨다. 『부인경』에서는 '자성의 청정한 마음은 확실하게 알기가 어렵다. 그 마음이 번뇌에 더럽히는 것도 또한 확실하게 알기가 어렵다'라고 말했으며, 『기신론』 가운데서도 이 뜻을 자세히 드러내었다. 이것은 진제眞諦 삼장의 주장으로 여섯 번째 법사가 설한 진여불성眞如佛性이니 염이불염染而不染의 문門에 해당한다."[160]

"앞의 다섯 주장은 모두 염문染門에 있게 된다. 왜냐하면 염染을 따르는 마음은 하나의 성품을 지키지 못하고, 연緣을 상대하여 과果를 바라보면 반드시 생함이 있게 된다. 가히 생하게 되는 성품은 훈습으로 인하여 이루어지는 것이 아니므로 이름을 법이종자法爾種子라고 말하는 것이니, 다섯 번째 법사의 주장이 이 문에 해당한다. 또 이와 같은 염을 따르는 마음이 변전하여 생멸하는 식위識位를 짓는 데까지 이르게 되지만, 언제나 신해神解하는 성품은 잃지 않는다. 잃지 않음으로 말미암기 때문에 끝내는 심원心原으로 돌아가게 된다. 네 번째 법사의 주장이 또한 여기에 해당한다."[161]

"또 염染을 따르는 생멸의 마음이 안에서 훈습하는 힘에 의해 두 가지의 업業을 일으키게 된다. 이를테면 염고厭苦와 구락求樂의 능인能

---

[160] 元曉, 앞의 글, 앞의 책, p.538하.
[161] 元曉, 앞의 글, 앞의 책, p.538하.

因이다. 이를 근본으로 하여 당래의 극과極果에 이르게 되니, 세 번째 법사의 주장이 여기에 해당한다. 그와 같은 일심一心이 염染을 따라 변전할 때 이르는 곳을 따라 제법을 모두 부려서 곳곳에 생生을 받으니 이를 일컬어 중생衆生이라고 한다. 두 번째 법사의 설이 여기에 부합한다. 그러한 중생은 본각本覺이 변전한 것이므로 반드시 대각大覺의 과果에 이르게 된다. 하지만 지금은 나타나지 않았으므로 당과當果라고 일컫는다. 첫 번째 법사의 주장이 여기에 해당한다."[162] 이처럼 원효는 여섯 법사의 설을 각기 따로 평석評釋하여 자리매김을 시킨다. 그런 뒤에 불성의 체상에 대해 마무리하며 전체를 화해시킨다.

"이러한 의미로 말미암기 때문에 여섯 법사의 주장은 비록 불성의 실체에는 모두 미진하나, 각기 그 부문에서 설명한다면 모두 그 뜻에 부합한다. 때문에 경설에서 마치 장님들의 코끼리에 대한 설명이 비록 그 실체를 적중하지는 못하였으나 코끼리를 설명하지 않은 것은 아니듯이, 불성을 설명한 것도 또한 그와 같아서 여섯 법사의 주장 그대로도 아니고 그 여섯 가지를 벗어난 것도 아님을 알아야 할 것이다."[163]

위에서 살펴온 것처럼 화쟁의 사례는 '이쟁의 해명' 위에서 '회문의 조화'가 이루어지고 있다. 즉 앞의 두 가지 '해(이쟁)의 과정'을 거쳐 뒤의 세 가지 '화(회문)의 과정'으로 전개시켜 가는 화쟁의 사례를 통해 불교의 '다양한 주장을 해명'하며, 다시 '경문의 회석會釋을 조화'시키는 과정 속에서 화쟁의 실제를 보여주고 있다. 즉 장님들의 코끼리에 대한 설명과 여섯 법사의 불성에 대한 설명 모두가 본의에 적중한

---

162 元曉, 앞의 글, 앞의 책, pp.538하~539상.
163 元曉, 앞의 글, 앞의 책, p.539상.

것도 아니지만 그렇다고 해서 그것을 벗어난 것도 아니듯이 말이다. 이처럼 마지막의 불성의 체상을 밝히는 부분에서 화쟁의 논법은 비교적 정연하게 드러나고 있다. 원효는 이러한 화쟁의 기반 위에서 다시 회통의 활로를 열어가고 있다.

4) 공통성과 유사성의 회통

원효는 '불성의 뜻(佛性之義)'을 설명하는 대목에서 종래 백가百家의 해석을 여섯 가지로 축약하고 대표적인 여섯 법사(六師)의 주장을 요약하여 시비是非를 가리고 있다. 그러면서 하나하나의 주장들이 나온 근거를 경전을 인용하여 화쟁하고 회통하여 간다. 화쟁의 논법에 이은 회통會通의 논리에서 '회會'는 '뜻이 서로 같은 것에 맞추는 것(會義同)'이며, '통通'은 '글이 서로 다른 것에 통하는 것(通文異)'이다.

이 회통의 논법은 '글이 서로 다른 것을 통해서' '뜻이 서로 같은 것에 맞추는' 것이라고 할 수 있다. 그리고 이것은 공통성과 유사성 모두를 살려나가는 대통합의 회통과정이라고 할 수 있다.

(1) 통(通; 文異)의 과정

원효는 경전을 분석하면서 먼저 다양한 방편적인 언교들을 모아내고(先會權敎) 뒤에 실제적인 도리들과 소통한다(後通實理)[164]고 풀이한다. 그러면서도 그는 언교와 도리가 회통하여 어긋나지 않는다[165]고 말한다.

---

164 元曉, 『本業經疏』(『韓佛全』 제1책, pp.511하~512상). "先會權敎, 後通實理, 此是會敎, 次通道理."
165 元曉, 위의 글, 위의 책, p.511중. "會通敎理不違."

때문에 원효의 논의과정에서 '언교언敎'와 '도리(理)' 대신에 '글(文)'과 뜻(義)을 대응시키면 글(文)은 '통'의 대상이 되고, 뜻(義)은 '회'의 대상이 된다.[166] 때문에 논리 전개 방식은 '서로 다른 글'을 '통합하는 과정(通文異)'을 거쳐 '서로 같은 뜻'을 '회합하는 과정(會義同)' 순으로 이루어진다.

'문의文意가 다른 것을 회통한다는 것'은 1) 글이 서로 다른 것을 통합하고, 뒤에는 2) 뜻이 공통되는 것을 회합한다는 것이다. 경문을 보면 '아직 가장 높은 보리菩提를 얻지 못하였을 때의 일체의 선善과 불선不善과 무기無記의 법을 들어서 다 부처의 성품이라 한다'고 하였다. 만일 이 경문에 의하여 보면 보리의 마음과 육바라밀의 행이 모두 '부처의 성품'이라 하리라"[167]고 하였다. 이에 대해 원효는 이 경문은 "성性으로서는 포섭되지만 행행에서는 포섭되지 않음을 나타낸 것이다. 그것은 '성으로 보아 일체를 다 부처의 성품'이라 이름한다는 것이다"[168]고 하였다.

원효는 "일체를 깨달으신 분을 '부처의 성품'이라 이름한다. 보살은 아직 '일체를 깨달은 분'이라고 이름할 수 없다. 그러기에 '부처의 성품'을 보지마는 밝고 뚜렷하지 못하다"[169]고 하였다. 또 그는 경문에서 "보살은 아직 일체를 깨달은 부처라 할 수 없다. 그러하기에 비록 '부처의 성품'을 보기는 하였지마는 밝고 뚜렷하지는 못하다'고 하였다.

---

166 元曉, 『涅槃宗要』(『韓佛全』 제1책, p.543하). "初通文異, 後會義同."
167 元曉, 앞의 글, p.538하.
168 元曉, 앞의 글, p.539하.
169 元曉, 앞의 글, p.540상.

그 나머지의 다른 경문들이 서로 맞지 않는 것도 이를 기준하여서 통합해야 한다"[170]고 하였다.

원효는 "'십지보살이 비록 일승一乘은 보지마는 부처의 상주하는 법을 알지 못한다' 함은 이는 인위因位와 과위果位를 들어서 어렵고 쉬움을 나타낸 것이다. '일승'이라 말한 것은 주가 되는 정인正因의 불성佛性을 말씀한 것이요, '부처의 상주常住하는 법'이라 말한 것은 과위果位의 불성을 말씀한 것이다. 십지의 보살은 인행因行의 지위가 원만히 성취되었다. 그러기에 인위의 불성을 보는 것이다. 그러나 아직 부처의 원만한 과위는 얻지 못하였다. 그러기에 과위의 불성을 보지 못한다고 말한 것이다"[171]고 하였다.

이처럼 원효는 불성佛性에 대하여 왜 두 경문의 주장이 다른가에 대하여 서로 가리키는 측면이 다르기 때문이며, 이러한 도리(道理, 實理)로 말미암아 서로 어긋나지 않는다[172]고 답하고 있다. 다만 나머지 글은 서로 어긋나지만 자신이 제시한 기준에 의거하면 통할 수 있다[173]고 하였다. 여러 경전은 글은 다르지만 취지는 같다[174]고 하였다. 이것은 원효의 회통 논법 중 '통(文異)의 과정'을 보여주는 것이다.

---

170 元曉, 앞의 글, p.540중.
171 元曉, 앞의 글, p.540하.
172 元曉, 위의 글, p.543하. "由是道理, 故不相違故也."
173 元曉, 앞의 글, p.544중. "餘文相違, 準此可通."
174 元曉, 앞의 글, 위의 책, p.511중. "諸經異文同旨."

(2) 회(會; 義同)의 과정

'회(의동)의 과정'은 서로 같은 뜻을 회통하여 서로 다른 글을 통합하면서 이루어지는 논리의 단계이다. 즉 같은 종류의 뜻을 가졌으면서도 표현된 문구가 서로 다른 것들은 뜻이 같은 종류대로 묶어서 여러 경문들을 회통하는 것이다. 이를테면 '부처의 성품'이라는 뜻에는 헬 수 없는 부문이 있지만, 그것을 뜻이 같은 종류로 묶어보면 5종을 벗어나지 않는다. 다시 말해서 수많은 시냇물이 큰 바다로 모여드는 '통(文異)의 과정' 이후에 한 가지 짠맛으로 전개되는 '회(義同)의 과정'이 이루어진다고 할 수 있다.

즉 '뜻이 서로 같은 것에 맞추는 것'의 근거는 "같은 류의 뜻인데도 다른 문구가 있고, 뜻의 동류성으로 인하여 여러 문구의 만남이 있다."[175] 이것은 언교敎와 취의義가 회통의 근거와 매개가 됨을 보여준다. "부처의 성품'이라는 뜻에는 헬 수 없는 부문이 있지만 그것을 뜻이 같은 종류로 묶어 보면 다섯 가지를 벗어나지 않는다. 첫째는 자성이 청정한 부문이요, 둘째는 물듦을 따르는 부문의 무상한 불성이다. 셋째는 현재의 과위果位이니 이는 모든 부처가 얻은 것이다. 넷째는 당래當來에 있을 부처의 과위이니 이것은 중생들이 머금고 있는 것이다. 다섯째는 부처의 성품은 바로 일심一心이어서 인위因位도 아니요 과위도 아닌 것이다."[176] 앞의 첫째와 둘째 부문은 인위의 불성을, 셋째와 넷째의 두 부문은 당래에 있을 붓다의 과위를 말한다.

원효는 이와 같은 5종의 부문에 의하여 여러 경문들에 의거하여

---

175 元曉, 앞의 글, 앞의 책, p.544하. "會義同者, 於同類義有移文句, 以義類而會諸文."
176 元曉, 앞의 글, 앞의 책, p.545중.

논증하고 있다. 이어 첫 번째와 두 번째 부문의 2종의 인因과 세 번째와 네 번째 부문의 2종의 과果는 그 성품이 둘이 아니어서 오직 일심—心이라고 회통한다. 뒤이어 "일심의 성품은 오직 부처만이 몸소 증득한다'며 이 마음을 일러 '부처의 성품(佛性)'이라 한다. 다만 여러 부문을 의지하여 일심의 성품을 나타낸 것이어서 다른 부문을 따라 따로 성품이 있는 것은 아니다"고 하였다.

원효는 염정(染/淨) 2인因과 당현(當/現) 2과果의 "4종 부문이 다른 것이 아니라면 무엇 때문에 새삼 일심이라고 하는가? 일심이라 할 것이 따로 없다면 능히 여러 부문에 해당하는 것이며, 다른 것이 아니기 때문에 여러 부문이 모두 일미평등—味平等한 것"이라고 회통한다. 이것은 통(文異)의 과정 위에서 이루어지는 회(義同)의 과정이다. 이처럼 화쟁, 즉 해(이쟁)의 과정과 화(회문)의 과정을 통해 회통, 즉 통(문이)의 과정과 회(의동)의 과정이 완성된다. 원효가 모색한 화쟁·회통의 논리는 해당 주제나 쟁점의 부분성, 해당 교학과 종학의 국부성을 뛰어넘어 불교 전체의 맥락에서 통합 지향과 초종파 지향의 성격을 지니고 있다.

5) 초종파성과 통합불교 지향

한국인, 즉 한국불교인들은 인도불교와 중국불교를 원용하고 변용하여 한국불교의 전통과 고유성을 만들어 내었다. 그 과정에서 인도의 교학과 중국의 종학을 아우르며 한국의 불학으로 자리매김시켰다. 이 때문에 한국불교는 인도불교를 종학적으로 받아들인 중국불교와 강렬한 종파성을 유지해 오면서 정치·사회적 구조와 긴밀하였던 일본

불교와 달리, 종파성이 없으며 있어도 종파적 성격이 매우 엷다. 왜냐하면 한국불교는 교학의 제약과 종파의 구애에서 벗어나려고 해 왔기 때문이다.

이러한 선학禪學과 교학敎學의 팽팽한 '긴장'과 종파宗派의 '탄력'이 한국불교의 원동력이 되었다. 그리하여 한국불교는 인도와 서역의 '교학'과 중국에서 열반, 삼론, 비담, 성실, 지론, 섭론, 율, 밀, 법상, 천태, 화엄, 정토, 선법 등으로 꽃을 피운 '종학'을 받아들여 한국의 '불학'으로 열매를 맺었다.[177] 이들의 사상은 원효의 불학 속에 잘 화쟁되고 회통되어 있다.

한국불교는 원효가 보여준 것처럼 종파를 넘어서는 초종파성과 부분을 넘어서는 통합성을 지향하고 있다. 원효가 보여준 화회和會와 보법普法에서처럼 초종파성과 통합 지향은 원효 이전 고구려 승랑僧朗의 진제와 속제를 '통합하여 (중도를) 밝히는 합명合明'과 횡관橫觀과 수관竪觀을 '나란히 살피는 병관倂觀', 신라 원측(文雅圓測)의 공空이면서도 또한 유有를 이루면 이제二諦를 '수순하여 이루는 순성順成'과 비공非空이면서도 또한 비유非有를 이루며 중도中道와 '계합하여 만나는 계회契會' 등의 이론적 논법과 실천적 관법에서도 확인된다.

또 원효는 의상이 전해온 화엄학 텍스트의 입수와 화엄학 연구의 지형에 일정한 영향을 받았지만 그 나름대로의 독자성은 분명히 존재한다. 원효 이후의, 의상義湘의 주인과 손님이 '서로 (다라니법을) 이루는 상성相成'과 균여均如의 횡진법계橫盡法界와 수진법계竪盡法界를 '원만

---

177 高榮燮,「한국불교의 보편성과 특수성」, 앞의 책, pp.73~74.

히 통섭하는 원통(圓通)', 지눌의 선과 교를 '겸하여 닦는 겸수兼修'와 휴정의 불도유 삼교를 '모아서 통합하는 회통會通' 등에서도 확인된다.[178] 유교를 숭상하고 불교를 억제했던 조선 정부가 교단을 통폐합하고 승과僧科와 도승度僧 조목까지 폐지하여 형식적으로 개별 종파는 단절되었지만, 내용적으로 참선-간경-염불-주력 등을 겸수하는 통합 사상은 계승되어 지금까지 이어지고 있다.

이처럼 한국불교 사상가들은 부분적인 종파성보다는 전체적인 통합성을 선호했음을 보여준다. 그리고 이러한 관점은 한국불교사상가들이 해당 명제에 대한 논의의 양 극단을 넘어서서 전체를 종합적으로 인식하려는 사상적 노력이자 통합적으로 이해하려는 학문적 태도에서 비롯된 것이라고 할 수 있다. 이것은 곧 다양한 이질적 개물들에 대한 물리적 비빔을 통한 발효와 화학적 달임을 통한 숙성의 과정과 상통한다.[179] 다양한 이질적 개물들을 비비고 달이는(고는) 노력은 대륙과 열도를 잇는 '반도半島'라는 지리적 특성도 있겠지만, 그보다는 원효의 화쟁·회통의 논법과 긴밀하게 이어진다고 보아야 할 것이다.

일심의 철학을 구축한 원효의 최종적 교판인 4교판은 삼승三乘과 일승一乘의 구도로 조직되었다. 즉 그는 성문聲聞과 연각緣覺과 보살菩薩, 즉 삼승이 함께 배우는 것인 '삼승교三乘敎'와 이승과 함께하지

---

[178] 高榮燮, 위의 글, 위의 책, pp.74~75.
[179] 高榮燮, 앞의 글, 앞의 책, p.75. 義天이 均如와 그 계통을 수용하지 않은 것은 의천의 모범이 중국에 있었기 때문이며, 均如 등이 화엄 외의 종파에 대해서는 관심이 없었던 것이 아니라 화엄 속에는 이미 여러 교학이 융섭되어 있었기 때문이다.

않는 수분교(隨分敎, 瓔珞經/梵網經) 및 보법普法을 완전히 밝힌 원만교(圓滿敎, 華嚴經, 普賢敎)를 아우르는 '일승교一乘敎'로 분류하였다. 그는 이들을 다시 연기된 제법의 공성을 밝히지 못한 삼승의 별(상)교〔別(相)敎, 四諦經/緣起經〕와 제법의 공성을 두루 설하는 삼승의 통교(通敎, 般若經/解深密經)로 구분하였다.[180]

원효는 이승과 함께하지는 않지만 보법이 드러나지 않은 것을 수분교라 하고, 보법을 밝게 궁구한 것을 원만교라 하였다. 여기서 주목되는 것은 '보법을 완전히 밝혔다'는 기준에서처럼 원효의 화엄 이해는 매우 구체적인 관점이 있었다. 원효는 일승을 설정하는 기준에 별상으로서의 '보법'뿐만 아니라 총상으로서의 '광엄廣嚴'을 제시하였다.[181]

이러한 교판 아래서 원효는 화쟁과 회통의 논법을 통해 동아시아 불교사상사의 얽힌 난맥을 풀고자 하였다. 그는 먼저 동아시아 불교사상사의 주요한 쟁점인 1) 경교의 종지에 대한 두 설, 2) 열반의 성품에 대한 두 설, 3) 왕복 결택에 대한 두 설, 4) 불신의 상주와 무상에 대한 두 설, 5) 불성의 몸체에 대한 여러 설의 옳고 그름에 대해 '해명(이해)'과 '조화(융화)'를 모색하였다.

원효는 '소통하여 풀이함(通解)'과 '회합하여 밝혀냄(會明)'을 '통(文異)의 과정'과 '회(義同)의 과정'으로 파악하였다. 이어서 글이 서로

---

[180] 法藏, 『華嚴經探玄記』 권1(『大正藏』 제35책, p.111상); 李通玄, 『新華嚴經論』 권3(『大正藏』 제36책, p.734상); 慧苑, 『續 華嚴經刊定記』 권1(『卍續藏』 제5책, p.18상); 澄觀, 『大方廣佛華嚴經疏』 권3(『大正藏』 제35책, p.510상); 表員, 『華嚴經文義要決問答』 권4(『韓佛全』 제2책, p.385중).

[181] 高榮燮, 「원효의 화엄학」, 『한국의 사상가 10인: 원효』(예문서원, 2002), pp.515~517.

다른 것을 통합하여(通文異) 뜻이 서로 같은 것으로 회합했다(會義同). 이 과정을 통해 원효의 화쟁과 회통의 논리는 단지 『열반경종요』의 주석에 나타난 논법을 넘어 불교사상사에서 가장 중요한 주제인 열반과 불성에 대한 깊은 천착으로 자리매김되었다.

원효의 이러한 사상적 편력과 성취는 고스란히 한국불교사상가들의 성취로 계승되어 왔다. 즉 한국불교는 인도불교의 공유空有체계와 중국불교의 이사理事체계의 종합적 인식 위에서 성상性相체계 또는 선교禪敎체계의 통합적 이해를 도모해 왔다. 한국불교사상가들의 사유체계와 인식방법 속에 중국불교 13종 등의 다양한 종학들에 대한 물리적 비빔과 화학적 닮임의 노력이 지속되는 것은 바로 이러한 학문적 태도에서 비롯된 것이었다. 그리고 그러한 결과가 곧 초종파성과 통합불교 지향으로 나타난 것이라 할 수 있다. 따라서 원효의 일심법에 기초한 화쟁·회통의 논리는 이러한 한국불교의 전통과 고유성을 보여주는 구체적인 사례이자 실제적인 기제라고 할 수 있다.

6) 정리와 맺음

한 나라의 전통은 "어떤 집단이나 공동체에서 과거로부터 이어 내려오는 바람직한 사상이나 관습, 또는 행동 따위가 계통을 이루어 현재까지 전해진 것"을 가리킨다. 해서 한국의 역사문화, 나아가 한국불교의 전통은 한국불교인들의 사상과 관습 및 행동 따위 계통이 지금까지 실마리(統)로 전해져 오는(傳) 역사이자 문화이다. 한국에 불교가 처음 전래되자 종래의 한국인들은 종래의 무속(神敎) 사상에 입각하여 배타와 공격을 더하였다. 한동안 그들은 두 사상 사이에서 갈등하다가 점차 불교를 자신들의 신념체계로 받아들였다. 동시에 그들은 불교를 변용하여 자신의 세계관과 가치관으로 만들어 나갔다.

때문에 한국불교 속에는 대륙과 반도와 열도에 걸친 한국이라는 지리적, 문화적, 정치적, 사회적 토양 속에서 이루어진 특유의 성장과정과 독특한 성취결과가 어우러져 있다. 그렇다면 인도불교와 중국불교 및 일본불교와 변별되는 한국불교의 전통은 무엇인가? 또 여타의 불교와 변별되는 한국불교의 고유성은 어떤 것인가? 종래의 선학들은 한국불교의 특성 혹은 성격을 '호국불교론'과 '통불교론'으로 제시하였다. 그런데 '호국불교는 국가불교 시절의 호법護法에 대응하는 참여불교 내지 실천불교의 기제였다. 때문에 호국불교'는 한국의 전통과 고유성을 온전히 담보하고 있다고 보기는 어렵다. 반면 무종파성과 통합불교를 지향하는 통불교론은 호국불교론과 달리 한국불교의 전통이자 고유성이 되어 왔다. 이러한 전통은 동아시아 불교사상사를 화쟁·회통의 논리로 종합과 통합을 시도한 분황 원효를 기점으로 본격화되어 왔다.

원효는 화쟁을 통해 '다양한 주장'에 대한 해명(이해)의 과정을 거쳐 다시 '경문의 회석會釋'에 대한 조화(융화)의 과정으로 나아갔다. 먼저 앞의 두 가지 '해(異諍)의 과정'을 거쳐 뒤의 세 가지 '화(會文)의 과정'으로 전개하였다. 이어 불교의 '다양한 주장을 해명'하고 다시 '경문의 회석會釋을 조화'시켜 나갔다. 특히 마지막의 불성의 체상을 밝히는 부분에서 화쟁의 논법은 비교적 정연하게 드러나고 있다. 원효는 회통을 통해 글이 서로 다른 것에 통하는 '통(文異)의 과정'과 뜻이 서로 같은 것에 맞추는 '회(義同)의 과정'으로 나아갔다. 그는 염정(染/淨)

2인因과 당현(當/現) 2과果의 '4종 부문'이 다른 것이 아니라면 무엇 때문에 새삼 '일심一心'이라고 하는가. 일심이라 할 것이 따로 없다면 능히 여러 부문에 해당하는 것이다. 다른 것이 아니기 때문에 여러 부문이 모두 일미평등一味平等한 것이라며 회통한다. 이것이 '통(文異)의 과정' 위에서 이루어지는 '회(義同)의 과정'이다. 여기에서 화쟁, 즉 '해(이쟁)의 과정'과 '화(회문의 과정'을 통해 회통, 즉 '통(문이)의 과정'과 '회(의동)의 과정'이 완성되는 것이다.

 원효의 화회和會, 즉 화쟁·회통 논법은 인도 용수龍樹의 회쟁廻諍, 중국 길장吉藏/혜사慧思의 무쟁無諍과 변별되는 독특한 사유체계라고 할 수 있다. 한국불교의 고유성은 곧 원효가 확립한 전통에 영향 받아 '물리적 비빔'으로 '발효'되고 '화학적 달임(고움)'으로 '숙성'되어 한국불교의 특성 혹은 성격으로 나타났다. 원효는 화쟁·회통의 논리를 통해 해당 주제나 쟁점의 부분성, 해당 교학과 종학의 국부성을 뛰어넘고자 하였다. 그리하여 불교 전체의 맥락에서 통합 지향과 무종파 지향의 성격을 보여주었다. 그것은 교학의 제약을 넘어서고 종파의 구애를 뛰어넘는 초종파성과 선교禪敎를 종합하고 제종諸宗을 통합하여 이해하려는 통합불교 지향으로 나타났다. 이처럼 초종파성과 통합불교 지향은 분황 원효芬皇元曉의 화쟁·회통의 논리를 통해 보다 구체화되어 왔다. 그리고 그것은 한국불교의 전통과 고유성으로 자리매김되었다.

3. 화쟁·회통 논법[182]

1) 문제와 구상

분황 원효(芬皇元曉, 617~686)는 존재를 있는 그대로 파악하는 '바른 견해(正見)'와 존재 인식의 두 극단에 치우치지 않는 '바른 통찰(和觀)'을 실천한 철학자였다. 그는 바른 통찰과 바른 견해를 통해 사람들의 치우친 견해를 넘어 중도 지혜의 활로를 열어 나갔다. 원효는 바른 통찰에 의해 인문의 고전학을 제시하였고, 바른 견해를 통해 철학의 대중화를 도모하였다. 해서 그의 삶과 저술은 당대를 넘어 후대까지 큰 영향을 끼치고 있다.

원효의 입적 120여 년 뒤에 신라 애장왕(800~809년 재위)은 「고선사서당화상비高仙寺誓幢和上碑」를 세웠다. 또 송나라의 국사였던 찬녕贊寧은 『송고승전』에 「원효전」(988)과 「의상전」(988)을 수록하면서 원효의 존재감을 동아시아 전역으로 확장시켰다. 고려의 석후 의천(釋煦義天, 1055~1101)은 숙종 6년(癸巳 8월, 1101)에 왕에게 주청하여 칙어勅語로서 원효대성元曉大聖에게 '화쟁국사和諍國師'의 시호를 추증追贈하게 하였다.[183] 또 의천은 「제분황사효성문祭芬皇寺曉聖文」을 지어 그를 '백가의 상이한 주장의 단서를 화해시켜 일대의 지극히 공정한

---

182 이 논문은 2014년 5월 29일(목)에 대구 계명대학교의 개교 60주년 기념 '제8회 계명대학교 한국학 국제학술대회 2014'에서 발표한 글을 수정 보완한 글이다.
183 『高麗史』제10권 肅宗 6년 癸巳; 『東史會綱』제5. "詔曰: 元曉義相東方聖人也. 無碑記諡號, 厥德不暴(露), 朕甚悼之. 其贈元曉大聖和靜(諍)國師, 義相大聖圓教國師, 詔有司, 卽所住處, 立石紀德, 以垂無窮."

이론을 얻었다(和百家異諍之端, 得一代至公之論)'고 평가하였다.[184]

김부식(金富軾, 1075~1151)은 「화쟁국사영찬和諍國師影贊」을 통해 원효의 학문을 크게 찬양하였으며,[185] 명종(1170~1197년 재위)은 그의 업적과 개성을 기려서 「화쟁국사비和諍國師碑」를 추립追立하였다. 백운 이규보(白雲 李奎報, 1168~1241)는 「소성거사찬小姓居士贊」을 통하여 거사의 모습으로 원효를 기렸다. 또 고려 고종(1214~1259) 때의 하천단河千旦은 '해동종수좌모海東宗首座某'에게 주는 관고官誥에서 원효에 대해 '백가의 상이한 주장들을 화해시키고, 선교를 다함께 귀일시켜 회통하였다(和百家之異諍, 會二門之同歸)'[186]고 하였다. 인각 일연(麟角一然, 1206~1289)은 『삼국유사』 속에서 '거리낌이 없는 원효(元曉不羈)'로 그의 가풍을 평가하였다.

대개 시호는 해당 인물의 생평 가운데에서 가장 커다란 업적과 개성을 영원히 기리기 위하여 내려주는 것이다. 해서 원효의 삶과 생각의 역정 속에서 '화쟁'은 그의 공헌과 특징을 제일 잘 드러내는 기호라고 할 수 있다.[187] 원효가 '화쟁국사'라는 시호를 내려받은 것은 '화쟁'이

---

[184] 義天, 『大覺國師文集』 권16, 「祭芬皇寺曉聖文」.

[185] 金富軾, 「和諍國師影贊」, 徐居正 編, 『東文選』 권50. "넓고도 넓은 하나의 길(恢恢一道)/ 크고도 큰 그 사자후(落落其音)/ 듣는 사람마다 절로 달라(機聞自異) 크고 작고 깊고 얕네(大小深淺)/ 세 척 배의 달과 같고(如三舟月)/ 잘 부는 바람 같으니(如萬竅風)/ 지인의 큰 거울에는(至人大鑒), 다른 것과 하나로 통하네(卽異而同)/ 유가의 명상(瑜伽名相)과 방광의 원융(方廣圓融)을/ 저절로 살펴서(自我觀之)/ 통하지 않은 곳이 없으시네(無住不通)/ 온 냇물이 모두 바다에 이르듯(百川共海)/ 온 만물이 함께 하늘에 있듯이(萬像一天)/ 넓고도 크셔라(廣矣大矣)/ 존함을 붙이기 어렵네(莫得名焉)."

[186] 徐居正, 『東文選』 권27. 「海東宗首座官誥」.

그의 대표적 개성이자 상징이었기 때문이었다. 또 조선 초기의 사가정 서거정(四佳亭 徐居正, 1420~1488)은 원효의 저술 8편의 서문을 『동문선東文選』에 수록하였다. 이어 청한 설잠(淸寒雪岑, 1435~1493)은 「무쟁비無諍碑」라는 시로 그를 기렸다. 나아가 조선 후기 추사 김정희(秋史 金正喜, 1786~1856)는 '화쟁국사비'의 기단부에 제기題記를 덧붙여 그의 정체성을 다시 환기시켜 주었다.[188]

이처럼 이들 제왕들과 학자들은 원효를 '일심보살一心菩薩' 또는 '무애성사無碍聖師'가 아니라 '화쟁국사', 다시 말해서 대립과 갈등을 화쟁·회통한 '화회논사'로서 자리매김하였다. 이것은 '화쟁'이 그를 상징하는 가장 강력한 기호였기 때문이었다. 그렇다면 원효가 당시 사람들에게 '일심국사一心國師' 또는 '무애논사無碍論師'가 아니라 '화쟁국사' 혹은 '화회논사和會論師'로서 인식되었던 근거는 어디에 있을까? 그의 저술에서 '화쟁' 또는 '화회'가 가장 대표적인 기호였기 때문이었을까? 아니면 원효가 불교사상사에 기여한 가장 중요한 업적이 '화쟁' 혹은 '화회'였기 때문이었을까?

그의 103종[189] 저술 가운데에서 '화쟁'이란 명칭을 드러낸 저술은

---

187 高榮燮, 「원효『十門和諍論』 연구의 지형도」, 『문학 사학 철학』 제10호, 대발해동양학한국학연구원 한국불교사연구소, 2007.

188 이후 나라를 잃은 시대와 새로운 건국시대에도 원효를 기리는 논저들이 간행되었다. 張道彬, 『위인 원효』(신문관, 1917), pp.1~64; 金瑛周, 「제서諸書에 현현한 원효『華嚴疏』교의」, 『조선불교총보』 제12, 13집, 1918; 鄭滉鎭, 「대성화정국사 원효저술일람표」, 『조선불교총보』 제12, 13집, 1918; 三均 趙素昻(1887~1958), 「신라국 원효대사전 병서」, 『趙素昻文集全』 上卷(三均學會刊, 1979), pp.359~364.

『십문화쟁론』이 유일하다. 반면 그의 사상적 핵어核語인 '일심'의 명칭을 드러낸 저술명은 없다. 실천적 핵어인 '무애'의 명칭을 드러낸 저술도 없다. 때문에 우리가 그의 사상적 키워드를 '일심'이 아니라 '화쟁'이라 한다면 이 저술의 의미는 여타의 저술과 달리 바라볼 수밖에 없게 된다.[190] 그렇다면 그를 '화쟁국사' 혹은 '화회논사'로 규정한 '화회', 즉 화쟁과 회통은 무엇이며 어떤 함의를 지니고 있을까?

당시 동아시아사상계는 구마라집鳩摩羅什-진제眞諦 삼장의 구역舊譯 이후 현장(玄奘, 602~664)-의정(義淨, 635~713) 삼장의 신역新譯과 함께 중관(空)과 유식(有)의 상이한 교문, 구역(無相)과 신역(有相) 유식의 갈등, 일승一乘과 삼승三乘의 대립, 불성佛性 유무의 대립 등 여러 불교 이론들이 새롭게 제기되었다. 그리하여 이들 불교 이론들에 대한 사상가들의 견해가 서로 길항하면서 쟁론이 일어났다. 이에 원효는 이들 사유체계를 부처의 일심一心에 의해 정리할 필요를 느끼고 있었다.

이 과정에서 그는 동아시아 불교 이론에서 제기된 쟁론의 극복을 위해 화쟁·회통의 논법과 논리를 창안하였다. 원효의 화회논법에서는 '문門'의 설정 혹은 '논論'의 시설을 통해 각 문과 각 논들의 '주장'과 '논란'과 '회통'의 과정을 통해 화쟁하고 회통하였다. 즉 화회는 해 → 화 → 통 → 회의 과정, 다시 말해서 '다양한 주장을 화해시키고(解異諍)' '경문의 회석을 조화시키며(和會文)', '글이 서로 다른 것을 통합하

---

189 高榮燮,「분황 원효 저술의 서지학적 분석」,『한국불교사연구』제2호, 한국불교사연구소, 2013. 2.
190 高榮燮,「원효『十門和諍論』연구의 지형도」, 앞의 책, p.137.

여(通文異)' '뜻이 서로 같은 것에 회합하는(會義同)' 것으로 완성시켜 나갔다.[191] 분황 원효는 이 과정을 통해 동아시아 불교 이론에서 제기된 쟁론을 극복할 수 있었다.

2) 화회가 필요한 까닭
(1) '다툼(諍)'의 해소

사람들이 사는 곳에는 쟁론이 있다. 쟁론은 나와 남을 가르는 배타성을 갖는다. 배타성은 나는 옳고 남은 그르다고 주장하는 속성이다. 이것은 '나'와 '대상'이 실체로서 존재한다는 생각에서 비롯된다. 여기에서 고정된 실체로서의 '나'가 있다는 아집我執과 불변하는 실체로서의 '대상'이 있다는 법집法執이 생겨난다. 살아온 시간이 다르면 그 시대에 대한 경험이 달라진다. 동시에 살아온 공간이 다르면 그 무대에 대한 인식이 달라진다. 아집과 법집은 저마다 다른 경험의 시간에 붙들리고 다른 인식의 공간에 머무르며 자신들의 견해를 고착화하여 생겨나는 것이다.

그리하여 '나' 대한 인식과 '대상'에 대한 경험에서 서로 다른 이해가 생겨나게 된다. 동시에 사건들과 사물들에 대한 서로 다른 견해도 생겨나게 된다. 그 결과 우리는 고착된 소견과 고정된 견해에 의해 다투게 된다. 이것은 불교의 여러 종파 내지 여러 주제에 대한 이해와 인식에서도 동일하게 나타난다. 원효의 행장을 담은 「고선사서당화상

---

191 高榮燮, 「한국불교의 전통과 고유성: 원효의 화쟁·회통 논법과 관련하여」, 『동아시아 불교전통과 근대 불교학』, 동국대학교 불교문화연구원 인문한국(HK) 연구단, 2014. 5.

비高仙寺誓幢和上碑」잔편殘片은 이러한 대립에 대한 그의 생각을 『십문화쟁론』의 문장을 소개하여 보여주고 있다.

> 부처님이 세상에 있었을 때는 온전한 가르침(圓音)에 힘입어 중생들이 한결같이 이해했지만, 중생들이 …… 쓸데없는 이론들이 구름 일어나듯 하여 혹은 말하기를 '나는 옳고 남은 그르다' 하며, 혹은 '나는 그러하나 남들은 그렇지 않다'고 주장하여 드디어 하천(黃河)과 한수漢水를 이룬다. 중생들이 …… 유有를 싫어하고 공空을 좋아함은 나무를 버리고 큰 숲에 다다름과 같다. 비유컨대 청靑과 남藍이 같은 바탕이고, 얼음과 물이 같은 원천이고, 거울이 만 가지 형태를 다 용납함과 같다.[192]

부처가 살아 있을 때는 다툴 것이 없었다. 그는 한결같이 상호 의존(緣起)과 상호 존중(慈悲)의 가르침을 통해 평등과 화합의 공동체(상가)를 이끌었다. 중생들은 부처의 전체에 대한 통찰에서 우러나오는 온전한 가르침(圓音)에 힘입어 건강(행복)한 삶을 살 수 있었다. 하지만 붓다가 열반에 든 이후에는 그 역할을 대신해 줄 수 있는 이가 거의 없었다.

해서 쓸데없는 이론들이 구름처럼 일어나 황하와 한수를 이루었다. 7세기 동아시아 사상계 역시 마찬가지였다. 원효는 당시 불학자들의

---

[192] 元曉, 『十門和諍論』(『韓國佛敎全書』 제1책, p.838상). "十門論者, 如來在世, 已賴圓音, 衆生等 …… 雨驟, 空空之論雲奔. 或言我是, 或他不是, 或說我然, 說他不然, 遂成河漢矣. 大 …… 山而投廻谷, 憎有愛空, 猶捨樹以赴長林. 譬如靑藍共體, 氷水同源, 鏡納萬形."

불교 이론에 대한 대립과 갈등을 해소하기 위해 화쟁 논법과 회통 논리를 모색하였다. 그 근거와 방향은 뭇 경전의 '부분部分적 이해의 통합'과 '만류의 일미一味적 귀결' 및 '부처 뜻의 지공至公적 전개'와 '백가百家적 이쟁의 조화(和會)'였다.

> 여러 경전의 부분部分적 이해를 통합하여
> 온갖 흐름의 한 맛(一味)으로 돌아가게 하고,
> 부처의 뜻의 지극히 공정함(至公)을 전개하여
> 백가百家의 뭇 주장을 화회和會시킨다.[193]

원효의 '화회게'는 『열반경』이 그렇다는 것이지만 그 함의는 『열반경』에만 제한되지 않는다. 이 경전이 부처가 가장 나중 설한 경전이라는 점, 이전에 시설한 수많은 경전의 지공至公적 관점을 제시하는 점, 그리고 그가 대립과 갈등을 화쟁하고 회통하기 위해 일미一味로 화회和會시키는 점 등에서 이 게송의 함의는 모든 경전에게로 확장되고 있다.

원효는 먼저 여러 경전의 부분적 이해를 통섭하여 온갖 흐름의 한 맛으로 돌아가게 하였다. 이어 부처 취의趣意의 지극히 공정함을 전개하여 온갖 상이한 주장을 화회시켰다. 이 화회논법은 일심사상을 이해할 수 있는 중심축이라 할 수 있다. 화회는 화쟁과 회통의 약칭으로서 다른 불학자에게서 찾아볼 수 없는 독특한 논법이자 논리이다. 이 때문에 원효는 '화쟁국사和諍國師'[194]로 일컬어졌으며, 이것은 나라로부

---

193 元曉, 『涅槃經宗要』(『韓佛全』 제1책, p.524상). "統衆典之部分, 歸萬流之一味, 開佛意之至公, 和百家之異諍."

터 대립과 갈등을 화쟁하고 회통시킨 '화회논사和會論師'[195]로서 인정받았다는 것을 의미한다.

당시 동아시아의 사상적 쟁점을 극복하기 위해 시설한 화쟁과 회통은 '일심의 근원으로 돌아가게 하는(歸一心源)' 논법이자 '중생을 풍요롭고 이익되게 하는(饒益衆生)' 논리였다. 그리고 원효가 제시한 화쟁·회통의 논법이 지향하는 '통합적 인식' 내지 '종합적 이해'의 방식은 원효 이후 한국불교의 전통과 고유성이 되었다.

이러한 논리와 논법이 가능한 근거는 유(然), 무(不然), 역유역무(亦然亦非然), 비유비무(非不然) 4구 논리의 성립과 4구 논리의 극복에서 출발한다. 즉 존재를 '유有'와 '공空'으로 판정할 때에 제1구의 유有는 정립, 제2구의 공(空, 無)은 반정립, 제3구의 역유역무(亦有亦無, 俱有)는 긍정종합, 제4구의 비유비무(非有非無, 俱無)는 부정종합이다. 앞의 두 구를 양단兩單이라 하고, 뒤의 두 구를 구시구비俱是俱非 또는 쌍조쌍비雙照雙非라고 한다. 이것은 어떠한 형상을 취하지 않는 그렇고 그러한 (如如) 진리에서 무엇인가를 보태고 더하는 소견(增益)과 그렇고 그러한 진리에서 어떤 형상을 빼어내고 덜어내는 소견(損減) 및 증익과 손감이 동거하는 소견(相違)과 증익과 손감이 배제된 소견(戱論, 愚癡)으로도 설명된다. 원효는 『무량수경종요』에서 4구에 대해 자세히 거론

---

[194] 義天,「祭芬皇寺曉聖文」, "和百家異諍之端, 得一代至公之論."; 河千旦,「海東宗乘統官誥」, "曉公, 挺生羅代, 和百家之異諍, 合二門之同歸."

[195] 법장은 자신의 『대승기신론의기』(『大正藏』 제44책, p.268중)에서 "和會如別記中說"이라는 표현을 통해 원효의 별칭으로 '和會'(논사)를 거론하고 있다. 법장은 『대승기신론의기』를 쓴 뒤에 『대승기신론의기별기』를 썼기 때문에 여기서의 『별기』는 원효의 『대승기신론별기』를 일컫는 것으로 추정할 수 있다.

하고 있다.

1) 혹 어떤 이는 다른 것에 의지하고 있다는 생각에 얽매여 실제로 있다고 여겨 증익의 극단(增益邊)에 떨어진다.
2) 혹 어떤 이는 인연으로 생긴다는 생각에 얽매여 텅 비어서 있는 것이 없다고 여겨 손감의 극단(損減邊)에 떨어진다.
3) 혹 어떤 이는 방편적으로 있지만 진실하게는 없다고 헤아려 모두 두 극단을 등지고 상위의 담론(相違論)에 떨어진다.
4) 혹 어떤 이는 있는 것도 아니요 없는 것도 아니라고 헤아려 중간이라는 극단 하나에 집착해 우치의 담론(愚癡論)에 떨어진다.[196]

부처가 살아 있을 때는 사람들은 불설만이 진리임을 확고히 믿었다. 때문에 교단 내에는 이설異說이 없었다. 하지만 부처가 열반에 든 뒤로는 이러한 4구 논리에 입각한 이설들이 횡행하였다. 그리하여 그들은 각기 '증익'과 '손감' 등의 '양단兩單'에 매여 결정적으로 자신의 주장만이 옳고, 결정적으로 남의 주장은 그르다고 주장하였다. 이러한 견해들이 쟁론을 일으켜 다투고 싸웠다. 불교사에서 계율의 해석 문제에 의해 교단이 분열되었듯이, 원효 시대에도 이미 정립된 다양한 불교 종파들이 자신의 불교 이론이 옳고 다른 불교 이론은 옳지 않다고 하였다.

원효는 각 주장들을 화쟁하기 위해 이들의 4구 논리의 주장을 범주화하여 '문門'을 시설하였다. 이 과정에서 그는 부처의 중도의 교설에

---

[196] 元曉, 『無量壽經宗要』(『韓佛全』 제1책, p.516중).

입각하여 각 '문門'들, 즉 각 '교문' 혹은 각 '계통'의 서로 다른 주장들을 화쟁하고 회통하는 논법을 제시하였다. 원효는 현존『십문화쟁론』의 제2문인 불성유무화쟁문에서 연기문과 의지문을 원용하여 화쟁하고 있다.[197]『열반경종요』에서는 취심론과 약언론을 원용하여 회통하고 있다.

(2) '방식(門)'의 지형

원효의 화쟁·회통의 논법을 제목 이름에 담고 있는 저술은『십문화쟁론』이다. 그의『십문화쟁론』상하 2권은 온전히 남아 있지 않다. 현재 원본 일부만이 해인사 국간장國刊藏 경판과 구분되어 사간장寺刊藏 경판으로 봉안되어 있다. 1937년에 해인사에서『고려대장경』2부를 인간印刊할 때 국간장뿐만 아니라 사간장 장경도 인쇄 간행(印刊)하면서 정리하는 과정에서『십문화쟁론』잔간 2판 4장이 발견되었다. 현재는 상권의 2판 4장(9, 10, 15, 16장)이 남아 있다. 이 상권에 의하면 현재 2문의 '화쟁문'이 확인되고 있다. 나머지 문과 관련된 것으로 보이는 하권의 말미에 해당하는 31장이 남아 있다고 하지만 원본 경판은 확인되지 않고 있다.[198]

---

197 원효,『涅槃經宗要』(『韓佛全』제1책, p.541하). 특히 원효는『열반경』「가섭품」을 종요하면서 1) 二門으로 드러내기 위해서, 2) 因果로 구별하기 위해서, 3) 四意를 나타내기 위해서, 4) 二邊을 가리기 위해서 4구의 차별을 네 가지 뜻으로 간략히 구별하고 있다.

198 원효,『十門和諍論』(『韓佛全』제1책, p.840); 최범술,「『十門和諍論』復元을 위한 蒐集資料」,『원효연구논총』(국토통일원, 1987), p.969; 채원화,『효당 최범술 문집』1권(민족사, 2013), pp.217~312. 여기서 효당은『십문화쟁론』복원을

이 원본의 용례와 다른 원효의 저술에서 '문'은 '교문' 혹은 '법문' 또는 '양상'을 가리킨다. '측면' 또는 '계통' 혹은 '계열'[199]을 가리키기도 한다. 그는 『대승기신론』의 이문 일심의 구조에 의해 『대승기신론소』에서 일심을 생멸연기적 전개(開)와 환멸연기적 수렴(合)으로 갈라서 설명한다. 『이장의』에서는 현료문과 은밀문으로, 『열반경종요』[200]에서는 '화쟁문'[201]과 '회통문'[202]으로, 그리고 그 하위에서는 취심론就心論과 약연론約緣論 등으로 나누어 해명하고 있다.[203] 이렇게 두 문으로

시도하면서 맨 마지막에 실려 있는 1페이지의 마멸된 판목(31장)을 '화쟁론 殘闕 장의 未詳을 補塡'이라고 하여 단간 본문의 말미에 이 殘卷 편목을 편입시키고 있다.

199 박태원, 『원효의 十門和諍論』』(세창출판사, 2013), p.21. 저자는 '門'의 개념을 '견해/관점/이해를 성립시키는 조건들의 인과 계열', '견해 계열의 의미 맥락'이라고 풀고 있다.

200 元曉는 慧嚴과 慧觀 및 謝靈運 등이 6권 『大般泥洹經』(法顯 譯)과 北本 『大般涅槃經』(曇無讖 譯)을 손질하여 완성시킨 南本 36권 『열반경』을 底本으로 삼아 저술하였다.

201 元曉는 『涅槃經宗要』를 저술하면서 전체 4문 중 Ⅱ. 廣開分別門, 2. 明教宗, 1) 涅槃門, (6) 四德門, ④和諍門으로 科文을 펼치고 있다. 화쟁문은 다시 '次第4. 明和相諍論'으로 시설하여 풀고 있다.

202 元曉는 『涅槃經宗要』를 저술하면서 전체 4문 중 Ⅱ. 廣開分別門, 2. 明教宗, 2) 佛性(義)門, (6) 會通門으로 科文을 펼치고 있다. 會通門은 다시 ①通文異와 ②會義同으로 나누어 풀고 있다.

203 김영일, 「원효의 和諍論法 연구」, 동국대학교 박사논문, 2008, p.138. 논자는 원효 저술의 宗要類(47개), 註疏類(16개), 創作類(4개)의 전수조사를 통하여 〈주장〉, 〈논란〉, 〈회통〉의 3가지 부분으로 나누고 원효의 각 저술에 나타난 화쟁 사례를 67개로 정리하였다. 이 중 26개 사례에서 이러한 二門을 설정하여 회통하였다고 하였다.

범주화해서 나눠 보는 것은 화회, 즉 화쟁하고 회통하기 위해서이다. 그의 다른 저술인 『금강삼매경론』, 『대승기신론소』, 『십문화쟁론』(斷簡本[204]), 『본업경소』, 『미륵상생경소』 등에서는 각 '문'을 통해 화쟁하고 회통하는 '화회和會'의 용례를 볼 수 있다.

원효의 『십문화쟁론』이 온전히 남아 있지 않아 '문'의 용례를 자세히 알 수는 없다.[205] 하지만 이 저술을 인용하고 있는 후대 불학자들의 '문'의 사용례에서도 그가 사용한 교문의 모습을 그려볼 수 있다. 신라의 견등은 『대승기신론동이약집』에서 원효, 즉 구룡丘龍이 불지佛智의 만덕萬德을 '원인에 따라서 생겨나고 일어나는 교문(從因生起之門)'과 '(생멸하는) 조건을 그치고 근원으로 돌아가는 교문(息緣歸原之門)'으로 풀이했음을 전해 주고 있다.[206] 원효는 불지의 만덕을 '생겨나고 일어나는 관점'과 '근원으로 돌아가는 관점'의 두 계열로 나누어 두 주장을 화회하고 있다.

또 견등은 원효, 즉 구룡화상丘龍和尙이 신훈新熏/성종자成種子와 본유本有/성종자性種子의 관계를 '원인을 지어서 과보를 받는 교문(作因

---

[204] 현존하는 『十門和諍論』 단간본에는 '空有異執화쟁문'과 '佛性有無화쟁문' 및 '我法異執화쟁문' 3문밖에 남아 있지 않다. 하지만 崔凡述의 제3문의 복원에 대해서는 이성희의 문제제기가 있다. 이징희, 「『십문화쟁론』과 관련된 몇 가지 문제점」, 『제4차 한국불교학결집대회논집』 별집, 2008. 5, pp.329~332; 한편 李鐘益과 崔凡述 및 李晚容은 10문으로 복원해 놓았다.

[205] 『十門和諍論』에서 '門'의 함의에 대해 '열 가지 部門' 정도의 의미로 볼 수도 있을 것이다. 하지만 원효의 글에 나타난 '門'의 의미와 관련시켜 해석해 보면 '門'은 '部門'의 의미를 넘어 '敎門' 혹은 '法門' 등의 의미로도 확장되고 있어, '부문' 정도의 제한적 의미보다는 '方式'의 의미가 더 가까울 것으로 생각된다.

[206] 見登, 「大乘起信論同異略集」本(『韓佛全』 제3책, p.695상).

受果之門)'과 '본성에 따라 과보를 이루는 교문(從性成果之門)', 그리고 '과보를 받는 교문'과 '과보를 이루는 교문'의 둘을 '종합해서 보는 교문(和合生果門)'으로 시설하였음을 알려주고 있다.[207] 이것은 원효가 신훈 종자와 본유 종자의 관계에 대한 쟁론을 각기 신훈(生)과 본유(果)와 이 둘을 아우르는 합생과合生果의 교문으로 화회하였음을 알려주는 것이다.

또 고려의 균여는 『석화엄교분기원통초』에서 효공曉公, 즉 효사曉師의 『십문화쟁론』에서 오성차별설과 개유불성설의 두 가지 교문을 시설하여 화회하였음을 전해 주고 있다. 여기에 따르면 원효는 '다섯 가지 성품이 차별되는 가르침(五性差別之教)'은 '차이가 의존하는 관계로 수립되는 교문(依持門)'과 '모두 불성이 있다는 주장(皆有佛性之說)'은 '연기의 통찰에 의해 하나로 보는 교문(緣起門)'[208]으로 파악하면서 이들 두 가지 쟁론(兩家之諍)을 '이와 같이 모아서 통하게(如是會通)' 하고 있다.

이처럼 원효는 생멸연기적 전개(開: 심생멸문)와 환멸연기적 수렴(合: 심진여문), 현상적 관점(顯了門)과 근본적 관점(隱密門), 마음에 의거한 관점(就心論)과 조건에 입각한 관점(約緣論), 종인생기지문과 식연귀원지문, 작인수과지문과 종성성과지문, 상호지지의 교문(依持門)과 상호작용의 교문(緣起門) 등과 같은 '문'의 시설을 통하여 종래의 다양한 주장들을 범주화하고 개념화하여 화쟁과 회통을 시도하고 있

---

207 見登, 「大乘起信論同異略集」本(『韓佛全』 제3책, p.709상); 균여, 『釋華嚴教分記圓通鈔』 권3(『韓佛全』 제4책, p.315상).
208 均如, 『釋華嚴教分記圓通鈔』 권3(『韓佛全』 제4책, p.311하; p.325중하; p.326상).

다. 따라서 그의 『십문화쟁론』에서 나타나는 '공유이집화쟁문'과 '불성유무화쟁문' 등에서 보이는 '문'은 '교문' 혹은 '계열' 또는 '계통'으로 보여준 화쟁의 방식이자 화쟁의 지형이라고 할 수 있다.

3) 화쟁의 대상과 방식

화쟁에서 '화和'는 융화, 조화, 화합, 화해, 화통을 의미하며, '쟁諍'은 주장, 견해, 다툼, 대립, 불통을 뜻한다. 화쟁은 먼저 '해(異諍)', 즉 '상이한 주장을 화해和解시키고', '화(會文)', 즉 '경문을 모아 융화融和시키는 것이다. 다시 말해서 화쟁은 '상이한 주장을 화해시켜서', '경문을 모아 조화시키는 것'이다. 여기서 화쟁의 대상은 원효 이전에 형성된 공유空有의 이집二執, 불성佛性의 유무有無 등과 같은 '불교 이론에 대한 다툼'이라 할 수 있다. 다툼은 주장과 주장 사이의 대립과 충돌을 의미한다. 해서 다툼은 충분한 숙지를 통해 사전에 예방하지 못하면 쟁론이 일어난 사후에 납득할 논리를 통해 해소시킬 수밖에 없다.

예방과 해소는 고정된 것이 아니기 때문에 대화의 맥락(상황)에 따라 서로 통할 수 있다. 예방과 해소는 불변의 실체를 설정하는 유한한 마음을 벗어나 실체가 없는 무한한 교법을 바라볼 때 이루어진다. 즉 실체에 집착하는 유한한 마음에서 벗어나 실체가 부재하는 무한한 진리를 터득할 때 비로소 자유로워지는 것이다. 그렇지 않으면 『십문화쟁론』에서 역설하는 것처럼 '유한한 마음으로 무한한 교법을 헤아리기 때문에 대립과 충돌이 일어날 수밖에 없다.'

유한한 마음으로 무한한 교법을 헤아려서는 아니 되는 것이니, (불변의 실체를 설정하는 유한한 마음으로 실체가 없는 무한한 교법을 향해) '항상 있다(增見)'고 하거나 '전혀 없다(減見)'고 하는 견해를 일으키면 (성불의 길이 막힌) 일천제─闡提의 그물에 떨어진다. 경전에서 말하는 것처럼 "만일 재가자이건 출가자이건, 만일 '항상 있다'고 하는 견해를 일으키거나 '전혀 없다'고 하는 견해를 일으킨다면 여러 부처와 여래는 그의 스승이라고 할 수 없다. 이런 사람은 부처와 여래의 제자가 아니다." 이런 사람은 (불변의 실체를 설정하여) '항상 있다'와 '전혀 없다'의 두 가지 견해를 일으킨 인연 때문에 미혹한 세상에서 다시 미혹한 세상으로 들어간다. 나는 이러한 사람을 '성불의 길이 막힌 일천제라고 부른다."[209]

여기서 알 수 있는 것처럼 화쟁의 대상은 불교 이론에 대한 그릇된 인식과 잘못된 견해라고 할 수 있다. 이들에게서 벗어나기 위해서는 인식의 전환과 화회의 방식이 필요하다. 원효는 불변의 실체를 설정하는 '유한한 마음을 벗어나 실체가 없는 무한한 교법을 바라보라'고 역설하였다. 그러기 위해서는 무엇보다도 두 극단인 '증(익)견'과 '(손)감견'을 넘어서야만 한다.

일본의 고선사에 머물렀던 명혜 고변(明惠高辨, 1173~1232)은 『금사자장광현초』에서 원효의 『십문화쟁론』을 인용하여 '증견'과 '감견'의 견해로 일천제─闡提에 떨어지지 않도록 경계하고 있다. 원효는 이러한 극단을 화쟁의 방식인 '문門' 혹은 '논論'의 시설을 통해 화회해 간다. 고려 균여의 『석화엄교분기원통초』에서 실린 원효의 『십문화쟁론』의

---

[209] 明惠, 『金獅子章光顯鈔』(『대일본불교전서』 제13책, p.207상).

교문은 '의지문'과 '연기문'의 존재를 알려주고 있다.

『십문화쟁론』에서는『유가론』,『현양론』등에 의거하여 의지문依持門을 세우고,『열반경』등에 의거하여 연기문緣起門을 세운다. 그러나 언제나『유가론』등의 문구를 취하지는 않고 다만 오성차별五性差別을 밝히는 문구에 의하여 의지문을 세울 뿐이다. 또한 언제나『열반경』의 문구를 취하지는 않고 다만 개유불성皆有佛性을 밝히는 문구에 의하여 연기문을 세울 뿐이다.[210]

원효가 의지문과 연기문을 시설한 것은 아마도 오성각별설과 개유불성설의 대립을 해소하기 위해 고안한 것으로 보인다. 그는 유가유식 계통의 논서인『유가사지론』과『현양성교론』에 의지해 의지문을 세우고, 여래장 계통과 연속되는『열반경』등에 의지해 연기문을 세우고 있다. 원효는 아뢰야연기설을 향하고 있는 현장玄奘계의 유가유식계 논서를 의지문으로 시설하고, 진여연기설을 지향하고 있는 혜원慧遠계의 여래장 계통의 경론들을 연기문으로 시설하고 있다. 하지만 그는 이러한 현장과 혜원 등의 관점을 모두 일면적이라 비판하고 있다.[211]

원효는『열반경종요』에서도『열반경』의 4구를 의지문과 연기문의 이문으로 해석하면서 앞의 2구를 오성각별설에 배대하고, 뒤의 2구를 개유불성설에 배대하고 있다. 이어 그는 종래의 오성각별설과 개유불

---

210 均如,『釋華嚴教分記圓通鈔』권3(『한불전』제4책, p.326상).
211 木村宣彰,「元曉大師の涅槃思想」, 국토통일원 조사연구실,『원효연구논총』(1980), p.835.

성설의 두 입장을 근원적인 관점에서 화해하고 있다. 이들 두 관점에 의거하여 원효의 현존 『십문화쟁론』의 제1교문인 공유이집화쟁문과 제2교문인 불성유무화쟁문에 대응시켜 보면 공집空執은 상호 지지의 교문(依持門)으로, 유집有執은 상호 작용의 교문(緣起門)으로 풀 수 있다.

(1) 상호 지지의 교문(依持門)

상호 지지(慧學)의 교문은 생멸연기적 전개이며, 이것은 상호 작용(定學)의 교문에 대응하는 유전연기적 측면이다. 원효는 현존 『십문화쟁론』의 제1문인 공유이집화쟁문에서 유설(증익), 공(무)설(손감), 역유역무설(상위), 비유비무설(우치)의 4구의 논리를 대입시켜 논의를 진행한다.

> ①여기에서 허용된 '있는 것(有)'은 '텅 빈 것(空)'과 다르지 않다. 그러므로 비록 앞에서와 같이 말한다고 하더라도 증익增益은 아닌 것이다.
> ②임의로 이렇게 '있는 것'이라고 허용한 것(假許是有)은 실제로 '있는 것(有)'에 떨어지지 않는다(實非墮有). 여기에서 허용된 '있는 것(有)'은 '있는 것(有)'에 떨어지지 않기 때문에(此所許有非不墮/不墮於有)²¹² 비록 뒤에서와 같이 말한다고 하더라도 손감損減은 아닌

---

212 '此所許有非不墮有'라는 문구는 '此所許有不墮於有'의 誤記로 보인다. 이렇게 보면 이 문구와 대구를 이루는 '此所許有不異於空'과도 어울릴 뿐만 아니라 내용상으로도 앞의 문구인 '假許是有實非墮有'와 어울리고, 뒤의 문구인 '後說不

것이다.[213]

③ 앞에서 말한 '진실로 이것은 있는 것(實是有)'이라고 말할 때 이것은 '텅 빈 것(空)'과 다른 '있는 것(有)'이 아니고, 뒤에서 '있는 것에 떨어지지 않는다(後說不墮於有)'고 말할 때 '텅 빈 것(空)과 다른 '있는 것(有)'에 떨어지지 않는다(不墮異空之有)는 것이다. 이러한 까닭으로 '있는 것(有)'과 '텅 빈 것(空)'을 모두 허용(俱許)하지마는, 그렇다고 서로 위배되는 것은 아니다(不相違).

④ '그러하지 아니함이 없는(非不然)' 까닭에 '있는 것(有)'과 '텅 빈 것(空)'을 모두 허용(俱許)하지만, 또한 '그러하지 아니한 것(非然)'이기에 '있는 것(有)'과 '텅 빈 것(空)'을 모두 허용하지도 않는 것이다(俱不許). 여기서 말하는 '그렇지 아니하다(不然)'는 것은 저기서 말하는 '그러하다(然)'는 것과 다르지 않으니, 비유하자면 저 '있는 것(有)'은 '텅 빈 것(空)'과 다르지 않는 것과 같다. 이런 까닭에 비록 '있는 것(有)'과 '텅 빈 것(空)'을 모두 허용(俱許)하지 않지만 또한 근본 종지를 잃지 않는다(愚癡).

⑤ 이런 까닭에 사구四句가 함께 수립되더라도(幷立) 모든 과실에서 벗어날 수 있는 것이다.[214]

유설인 '증익견'은 어떠한 형상을 취하지 않는 그렇고 그러한(如如)

墮有者, 不墮異空之有'에도 어울리기 때문이다. 김영일, 「원효의 空有和諍論」, 『한국불교학』 제 제64집, 한국불교학회, 2012, p.231의 주16) 참조.
213 元曉, 『十門和諍論』(『한불전』 제1책, p.838상).
214 元曉, 『十門和諍論』(『한불전』 제1책, p.838상).

진리에서 무엇인가를 보태고 더하는 소견(增益)이다. 반면 공설인 '손감견'은 그렇고 그러한 진리에서 어떤 형상을 빼어내고 덜어내는 소견(損減)이다. 원효는 이들 증익과 손감이 동거하는 소견(相違)과 증익과 손감이 배제하는 소견(戱論)으로 범주화시킨 뒤, 이들 공설과 유설을 회통시키고 있다.

이들 공유의 이집을 정리해 보면, ①에서는 '여기에서 허용된 유는 공과 다르지 않기 때문에 증익이 없다'고 하였다. ②에서는 '여기에서 허용된 유는 유에 떨어지지 않기 때문에 증익의 손감이 없다'고 하였다. ③에서는 '유는 공과 다르지 않고 유는 공과 다른 유에 떨어지지 않기 때문에 유와 무를 모두 허용하지만 서로 위배되지 않는다'고 하였다. ④에서는 '유와 공이 다르지 않기 때문에 모두 허용되지 않지만 또한 근본 종지를 잃지 않는다'고 하였다.

원효는 이렇게 4구의 논리로 공집과 유집을 제시한 뒤에 비록 네 구를 병합해 세우더라도 모든 과실을 떠날 수 있다고 결론을 내린다. 이에 질문자는 소뿔(牛角)과 토끼뿔(兎角)의 비유를 들어 이러한 주장에 대해 힐문한다. 원효는 이에 대한 대답에서 소뿔과 토끼뿔의 비유를 원용하여 질문에 대답한다.

그대가 비록 교묘한 방편으로 여러 가지로 여기에 대한 질문을 내세웠지만은 결정코 그러한 말들은 그 근본 뜻의 취지에 미치지를 못하고 있고, 인용한 비유도 다 거기에 맞지 않는다. 왜냐하면 소뿔은 '있는 것이 아니며(非有)' 토끼뿔은 '없는 것'이 아니기(不無) 때문이다. 그것은 그대가 질문하기 위해서 취한 것인데 그것은 다 이 이름과 언설뿐이기 때문이다. 그러므로 나는 언설을 가지고서(我寄言說) 언설이 끊어진 법을 내어 보이고자 한다(以示絶言之法). 그것은 마치 손가락을 가지고서(如寄手指) 손가락을 떠난 달을 내보이는 것과 같은 것이다(以示離指之月).[215]

질문자는 "비록 그러한 증거를 갖다 대어서 모든 방난(妨難, 의문)을 벗어나려고 하지마는 말로써 가히 표현할 수 없는 그 깊은 뜻(言下之志)은 그럴수록 더욱더 알 수 없게 된다"며, 답변자가 하는 말과 같이 "'있는 것'은 '텅 빈 것'과 다르지 아니하다고 한 것에 대해 아무리 비유를 갖다 대어도 그 근본된 뜻은 이해가 가지 않는다"고 하였다. "왜냐하면 만일 진실로 이것이 '있는 것'이라고 하면 그것은 곧 서 '없는 것'이라고 하는 것과는 다른 것이기 때문이다"고 하였다. 그러면서 그는 "'소뿔은 토끼뿔과는 다른 것'이라는 비유를 들고 있다."[216]

이에 대해 원효는 "소뿔은 있는 것이 아니며, 토끼뿔은 없는 것이 아니기 때문"이라고 대답한다. 그것은 "그대가 질문하기 위해서 취한 것인데 그것은 다 이름과 언설일 뿐이기 때문"이다. 그러면서 "나는 언설을 가지고서 언설이 끊어진 법(因言遣言)을 내어 보이고자 한다"며, "그것은 마치 손가락을 가지고서(如寄手指) 손가락을 떠난 달을 내보이는 것과 같은 것이다(以示離指之月)"고 하였다.

그대가 지금 말한 것은 마치 '말로써 뜻을 취하고(如言取義) 말하기

---
215 元曉, 『十門和諍論』(『한불전』 제1책, p.838중).
216 元曉, 『十門和諍論』(『한불전』 제1책, p.838상중).

쉬운 비유를 들어(引可言喩) 언설을 떠난 법을 힐난'하는데(難離言法), 그것은 다만 '손가락 끝을 보고(但看指端) 그것이 달이 아니라고 문책하는 것(責其非月)' 같은 것이다. 그렇기 때문에 '그러한 문책은 이 문제를 더욱 더 어렵게 만들어(責難彌精) 그 근본 이치를 잃게 만들고 거기서 더욱 더 멀어지게 하는 것(失理彌遠)'이다. 그러나 이제 나는 다시 부처님께서 말씀하신 언설을 떠난 비유를 인용하여 그것에 대해 설명하고자 한다.[217]

원효는 질문자가 '말로써 뜻을 취하고 말하기 쉬운 비유를 들어 언설을 떠난 법을 힐난하는 것'을 '손가락 끝을 보고(但看指端) 그것이 달이 아니라고 문책하는 것(責其非月)'이라고 하였다. 그리고 '그러한 문책은 이 문제를 더욱 더 어렵게 만들어 그 근본 이치를 잃게 만들고 거기서 더욱 더 멀어지게 하는 것이라고 역설한다.

이러한 공집과 유집의 예는 『범망경보살계본사기』[218]에서도 제시되어 있다. 이는 '삼보를 비방하는 계(謗三寶戒)'에서 '어째서 중생들은 미혹에 빠지게 되었는가?'에 대한 원효의 답변 부분에서 제시되어

---

217 元曉, 『十門和諍論』(『한불전』 제1책, p.838중).
218 손영산, 「『범망경보살계본사기권상』 원효 진찬여부 논쟁에 대한 재고」, 『한국불교학』 제56집, 한국불교학회, 2008. 이 저술에 대한 원효 진찬여부가 제기되어 있지만, 좀 더 검토되어야 할 부분이 적지 않다. 이에 대해 한명숙의 반론이 있다. 한명숙, 「元曉『梵網經菩薩戒本私記』 진찬여부 논쟁에 대한 연구(1)」, 『불교연구』 제42집, 한국불교연구원, 2015; 한명숙, 「원효『범망경보살계본사기』 진찬여부 논쟁에 대한 연구(2)-진찬의 근거를 제시함-」, 『불교학보』 제75집, 동국대학교불교문화연구원, 2016.

있다.

①대승에는 공과 유의 두 가지 집착이 있다. 이를테면 그 사태를 들어 그 모습을 설명해 보면, 이제 말한 것과 같이 스승과 부처가 '무가 아닌 교문(非無門)'에 의지하여 임시로 '제법은 있는 것이다'고 말하였다(說諸有). 이것을 놓고 말 그대로 그 뜻을 취한 까닭에 '진실로 있는 것이다'고 헤아려 집착한다.
②또한 스승과 부처가 '유가 아닌 교문(非有門)'에 의지하여 임시로 '제법은 없는 것이다'고 말하였다(說爲無). 이것을 놓고 말 그대로 그 뜻을 취한 까닭에 '진실로 없는 것이다'라고 헤아려 집착한다.[219]

부처는 본디 '비유비무非有非無'의 중도를 나타내기 위해서 먼저 '비무의 관점'에서 임시로 "모든 존재는 있는 것이다"며 '유'를 말하였다. 하지만 중생들은 부처의 깊은 뜻을 살피지 못하고 문자에 얽매여 유론에 집착하게 되었다. 마찬가지로 부처는 중도를 나타내기 위해서 먼저 '비유의 관점'에서 임시로 "모든 존재는 없는 것이다"며 '공'을 말하였다. 그러나 "중생들은 부처의 깊은 뜻을 살피지 못하고 문자에 얽매여 공론에 집착하게 되었다"고 원효는 해명하고 있다.

그러면 부처는 어떠한 의도와 어떠한 방법으로 중생에게 공과 유를 설하였을까? 『범망경보살계본사기』에서 "그렇다면 부처님이 공유를 말하는 모습은 어떠한가?"라는 물음에 대한 원효의 답변을 통해 알 수 있다.

---

219 元曉, 『梵網經菩薩戒本私記』(『한불전』 제1책, pp.602하~603상).

①무의 형상을 얻을 수 없기 때문에 유가 된다고 설하였지만, 유의 형상도 얻을 수 없기 때문에 유가 된다고 설하신 것이다. 그러므로 실제實際는 변화시키지 않은 채 제법諸法을 건립한 것이다.
②또한 여래께서 제법은 공하다고 설하신 것은, 유의 형상을 얻을 수 없기 때문에 공을 설하였지만, 공의 형상 또한 얻을 수 없기 때문에 이름을 공이라고 하신 것이다. 그러므로 가명假名을 무너뜨리지 않은 채 실상實相을 설하신 것이다.[220]

여기에서는 부처가 공과 유를 설한 의도를 잘 보여주고 있다. ①에서는 "실제를 변화시키지 않고 제법을 세우려는 것"이다. 원효는 이것은 "이 세상의 모든 존재는 유이다"고 할 때, 이 "유는 단지 무만 아닌 것이 아니라 유도 아닌 것"이라는 의미로 사용하고 있다는 것이다. ②에서는 가명을 무너뜨리지 않고 실상을 세우려는 것이다. 원효는 이것은 "이 세상의 모든 존재는 공이다"고 할 때, 이 "공은 단지 유만 아닌 것이 아니라 공도 아닌 것"이라는 의미로 사용하였다는 것이다.

이처럼 부처는 실제를 변화시키지 않은 채 제법을 건립하고, 가명을 무너뜨리지 않은 채 실상을 설하고 있다. 원효는 부처의 공유에 대한 관점을 잘 드러내주고 있다. 이것은 그가 부처의 중도에 입각하여 화쟁과 회통을 하고 있음을 시사해 주는 것이다.

(2) 상호 작용의 교문(緣起門)

상호 작용(定學)의 측면은 환멸연기적 수렴(合), 즉 현상보다는 본질을

---

220 元曉,『梵網經菩薩戒本私記』(『한불전』 제1책, p.603상).

긍정하는 관점에서 접근하는 것이다. 여기에서는 환멸연기의 측면, 즉 본질 긍정의 입장에서 화쟁을 시도하는 것이다. 먼저 원효는 '허공의 비유'를 들어 '언설을 떠난 비유'를 드러낸다.

> 허공은 모든 길고(長) 짧은 것(短) 등의 모든 형색들(長短等色)과 굽히거나 펴는 등의 모든 행위들(屈申等業)을 다 수용한다. 만일 모든 형색들과 그 행색들의 행위들을 제거할 때에는 형색 없는 허공이 그 제거된 형색만큼 드러난다. 이를테면 한 길 크기의 나무를 제거한 곳에는(除丈木處) 곧 한 길 만큼의 허공이 나타나고(卽丈空顯), 한 자 크기의 나무를 제거한 곳에는(除尺木處) 곧 한 자 만큼의 허공이 나타나며(卽尺木處), 구부러진 것을 제거한 곳에는 구부러진 만큼의 허공이 나타나고(除屈屈顯), 펴진 것을 제거한 곳에는 펴진 만큼의 허공이 나타나는 것(除申申顯)과 같다.[221]

원효는 허공과 형색들과 행위들의 관계를 통해 '언설을 떠난 비유'를 보여주고 있다. 그는 "모든 장단의 형색들과 굴신의 행위들을 모두 수용하지만 형색들과 행위들을 제거할 때는 형색 없는 허공이 그 제거된 형색 그대로 드러난다"며 존재에 대한 집착과 행위에 대한 고착을 경계하고 있다. 형색이 실체가 아니듯이 실체라는 인식이 사라지면 그곳에 비실체라는 허공이 생겨나는 것이다.

그러므로 "이렇게 해서 나타난 허공(卽此顯現之空)은 긴 것 같기도

---

[221] 元曉, 『十門和諍論』(『한불전』 제1책, p.838중).

하고 짧은 것 같기도 하니(似長似短), 그것은 언어를 떠난 일들도(離言之事) 이와 같이 허공의 일과 같다(如是空事)"고 알아야 한다. 이와 같이 허공의 묘용妙用은 원래 텅 빈 것이지마는 그 앞에 대면하는 물상物像에 따라 그대로 받아들여 길고 짧은 것 등의 형색을 갖게 되는 것이다. 하지만 그대로 받아들인 것의 형색을 허공과 다르다고 하니, 그것은 범부가 삿되게 상상하고 분별하여 취한 것이기 때문이다.[222]

허공은 본래부터 언어와 형색과 행위를 떠나 그대로 있다. 다만 갖은 형색들과 갖은 행위들에 의해 장단의 형색과 굴신의 행위가 있을 뿐이다. 때문에 형색과 행위를 규정하는 언어가 사라지게 되면 언어를 떠난 이치에 그대로 있게 된다. 이처럼 원효는 허공의 본래성에 대해 언급하고 있다.

비유하자면 '두루 헤아려 집착한 것들(遍計所執諸法)'이 비록 '있는 것'이 없다 하여도 그것이 '텅 빈 것'과 다르다는 것을 계탁하기 때문이며, 능히 그대로 받아들이는 일은 허공과 다르지 않기 때문에 모든 범부가 그것을 분별해서 알 수가 없기 때문이다. 비유하자면 타자를 의지하여 생겨난 것들(依他起相諸法)이 비록 진실로 있다 하여도 그것은 '텅 빈 것'과 다르지 않은 것이다. 또 저 '두루 헤아려 집착한 자성(遍計所執自性)'은 의지할 것이 없이 스스로 성립하는 것이 아니라 타자를 의지하여 생겨나는 모습으로 두루 헤아려 집착

---

[222] 元曉, 『十門和諍論』(『한불전』 제1책, p.838중).

한 것(遍計所執)이 비로소 시설된 것이다.[223]

범부는 그 앞에 대면하는 물상에 의해 일어나는 삿된 망상에 의해 분별하고 소취所取한다. 해서 범부는 의타기성에 기초하여 변계소집의 삶을 영위해 나간다. 반면 보살은 모든 망상의 분별을 떠나고 변계소집의 모습을 다 없애버릴 때 언설을 떠난 법을 관조할 수 있게 된다.

보살이 만일 모든 망상과 분별을 떠나고(離妄想分別) 변계소집의 모습을 다 없애버리면(除遣遍計所執相時) 그때에 곧 언설을 떠난 법이 앞에 나타나 그것을 관조할 수 있게 된다(便得現照離言之法). 그때는 모든 법이 언설을 떠난 모습 그대로 나타나게 된다. 비유하자면 마치 모든 형색의 모습들을 제거해 없애버리게 되면, 그때 그 없앤 곳을 따라 색상을 떠난 허공이 나타나는 것과 같은 것이다. 이와 같은 것을 비량比量의 도리道理로써 견주어 보아 응당히 모든 법이 모두 다 허공과 같다는 것을 알아야 한다.[224]

보살은 변계소집을 다 없애어 언설을 떠난 법이 앞에 나타나게 되면 관조할 수 있게 된다. 이때는 모든 법이 언설을 떠난 모습 그대로 나타나게 되어 그 모두가 허공과 같다는 것을 알게 된다. 원효는 비량의 도리로써 견주어 모든 법이 모두 다 허공과 같음을 알아야 한다며 『금고경』과 『혜도경』으로 경증經證을 하고, 『중관론』과 『유가론』을

---

223 元曉, 『十門和諍論』(『한불전』 제1책, p.838중).
224 元曉, 『十門和諍論』(『한불전』 제1책, p.838하).

원용하여 논증論證을 덧붙이고 있다.

그리하여 원효는 보살은 모든 유정들을 위하여 '이치에 맞게 회통하고(如理會通)' '진실에 맞게 화합하여(如實和會)' 그렇게 생각하는 중생을 다 원만히 포섭하고 있다. 이것은 상호 작용의 교문인 환멸연기의 측면, 즉 본질 긍정의 입장이라고 할 수 있다.

이러한 유집과 무집의 예는 균여의『석화엄교분기원통초』에 실린 원효의『십문화쟁론』을 통해 확인할 수 있다. 현존『십문화쟁론』에서 충분히 확인할 수 없지만, 균여의 저술을 통해서나마 원효는 불성의 유론과 무론에 대해 모두 옳다고 수용하였을 것으로 짐작된다.

『십문화쟁론』에서 말하였다. 질문: "모든 중생은 불성이 있는가? 마땅히 불성이 없는 중생이 있다고 말해야 하는가?" 대답: "어떤 사람은 말하기를 '중생의 세계에는 반드시 불성이 없는 중생이 있으니, 모든 세계가 차별이 있기 때문이고, 무시이래로 그러하기 때문이다'고 말한다. 또 어떤 사람은 말하기를 "모든 중생은 불성을 가지고 있다"는 등으로 말한다.[225]

유성론에서는 모든 중생은 인식과 사유와 판단 능력을 갖추고 있기 때문에 불성을 가지고 있다고 말한다. 반면 무성론에서는 무시이래로 모든 세계에 차별이 있기 때문에 중생의 세계에는 반드시 불성이 없는 중생이 있다고 주장한다. 이러한 유성론과 무성론의 대립에 대해 원효는 어떠한 답변을 하였을까?

---

225 均如,『釋華嚴教分記圓通鈔』권3(『한불전』제4책, p.325중).

질문: "두 논사의 주장 가운데 어떤 것이 맞는가?" 어떤 이가 답하였다: "두 논사의 주장이 모두 맞다. 왜 그런가 하면 모두 성스러운 가르침에 의지하여 세워졌기 때문이고, 진리에 들어가는 문은 하나가 아니어서 서로 걸림이 없기 때문이다."[226]

여기에서는 불성의 유론과 무론의 주장에 대해 논란이 제기되고 있다. 질문자는 유성론과 무성론 가운데에서 어느 것이 맞느냐고 묻는다. 이에 답변자는 두 주장이 모두 성스러운 가르침에 의지하여 세워졌기 때문에 '맞다'고 회통하고 있다. 그리고 그는 "진리에 들어가는 문은 하나가 아니어서 서로 걸림이 없기 때문"이라고 덧붙이고 있다. 이것은 원효의 회통으로 짐작된다. 계속해서 원효는 의지문과 연기문을 통해 불성의 유론과 무론에 대해 회통하고 있다.

이것은 무슨 뜻인가? 진과 속의 상호 관계(相望)에 따라서 두 문이 있으니, 이를테면 의지문依持門과 연기문緣起門이 그것이다. 의지문이라는 것은 마치 큰 허공이 바람 등을 의지하는 것과 같고(猶如大虛持風輪等), 연기문이라는 것은 마치 큰 바다가 파도의 물결 등을 일으키는 것과 같다(猶如巨海起波浪等).
의지문에 의거하면, 진眞과 속俗이 같지 않아서(非一) 중생이 본래 그러하듯 서로 차별된다(衆生本來本爾差別). 이 때문에 무시이래로 생사에 즐겨 집착하여 구제해 낼 수가 없는 중생이 있다. 이 문에서는 중생이 살아가는 곳에서 출세간법을 생겨나게 할 수 있는 성품을

---

[226] 均如,『釋華嚴敎分記圓通鈔』권3(『한불전』제4책, p.325중).

구하지만 끝내 얻을 수가 없다. 그러므로 이 문에 의거하여 불성이 없는 중생을 주장하는 것이다.

연기문에 입각하면, 진眞과 망妄이 둘이 아니어서(無二), 일체법이 모두 일심을 몸체로 삼는다(一切法同一心爲體). 그러므로 모든 중생이 무시이래로 이 진리세계의 흐름과 같지 않음이 없다. 이 문에서는 모든 중생의 마음 가운데서 자신의 근원으로 돌아가지 못하는 자를 구하려 하여도 끝내 얻을 수가 없다. 그러므로 이 문에 의거하여 '모든 중생에게 불성이 있다'고 주장하는 것이다. 이와 같은 두 문은 본래 서로 방해함이 없다(本無相妨).[227]

원효는 두 가지 문의 의미를 비유를 통해 나타낸다. 즉 의지문은 큰 허공이 바람 등을 의지하는 것과 같고, 연기문은 큰 바다가 파도의 물결 등을 일으키는 것과 같다. 의지문에서는 '진'과 '속'의 관계를 차별(非一)의 관점에서 바라보기 때문에 이 문에 의하면 불성이 없는 중생이 존재하게 된다. 하지만 연기문에서는 '진'과 '망'의 관계를 동일(無二)의 관점에서 바라보기 때문에 모든 중생에게는 불성이 있게 된다. 결국 의지문에 의하면 무성론이 주장되고, 연기문에 의하면 유성론이 주장된다. 원효는 이들 무성론과 유성론의 두 입장을 서로 방해함이 없이 모두 옳다고 하여 회통시키고 있다.

4) 회통의 대상과 방식

원효에게서 화쟁과 회통은 상호 긴밀한 관계 속에서 이루어진다. 그의

---

227 均如, 『釋華嚴敎分記圓通鈔』 권3(『한불전』 제4책, p.325중하).

『열반경종요』의 형식에 의하면 회통의 방식에서 '회會'는 '뜻이 서로 같은 것에 맞추는 것(會義同)'이며, '통通은 '글이 서로 다른 것에 통하는 것(通文異)'이다. 회통은 먼저 글의 통합이 이루어진 뒤에 뜻의 회합이 이루어진다. 다시 말해서 회통은 '글이 서로 다른 것을 통해서' '뜻이 서로 같은 것에 맞추는 것'이다. 하지만 회통에 대한 부분은 자세히 기술되어 있지 않다. 현존『십문화쟁론』단간에서도 회통의 부분은 잘 드러나 있지 않다. 이 때문에 화쟁과 회통의 구분 근거가 명확하지 않다[228]고 보기도 한다. 하지만 화쟁과 회통의 범주와 단계는 설정해 볼 수 있다.

(1) 마음에 의거한 관점(就心論)

원효는『열반경종요』에서 화쟁문과 회통문을 시설하여 화회하고 있다. 그런데 여기에서 이쟁의 대표적 사례로 ①경교의 종지에 대한 두 설, ②열반의 성품에 대한 두 설, ③왕복결택, 즉 두 법사의 견해 중에 누가 그르고 누가 옳은가의 득실 판단, ④불신의 상주와 무상에 대한 두 설, ⑤불성의 몸체에 대한 두 설의 5가지 범주를 제시한다. 이어 여기의 다섯 번째 '불성의 몸체에 대한 두 설'에서 불성에 관한 대표적 이론을 제시한 6사의 설을 제시하면서 전체적으로 화회하고 있다.

마음에 의거한 관점은 견등의『대승기신론동이약집』에 실린 원효의 교문에 의하면 '원인에 따라 생겨나고 일어나는 교문(從因生起之門)'과

---

[228] 金暎泰,「『涅槃經宗要』에 나타난 和會의 세계」, 高榮燮 編,『한국의 사상가 원효』(예문서원, 2002).

'생멸하는 조건을 그치고 근원으로 돌아가는 교문(息緣歸原之門)' 중에서 뒤의 '식연귀원지문'에 상응한다. 또 견등의 이 저술과 균여의 『석화엄교분기원통초』에 실린 원효의 교문에 의하면 '본성에 따라 과보를 이루는 교문(從性成果之門)'과 '연기의 통찰에 의해 하나로 보는 교문(緣起門)'에 해당된다.

'불성의 몸체에 대한 제설의 옳고 그름의 조화'에서 원효는 앞에서 불성의 몸체에 대한 여러 이설을 보았다고 언급한다. 그런 뒤에 그 다양한 주장들(異諍)에 대해 옳고 그름을 가려서(判是非) 화해和解하고 있다. 이어 '옳고 그름을 가려서'라는 항목 아래에서 "이들 법사의 주장은 모두 옳기도 하고 모두 그르기도 하다"[229]고 총괄적인 평가를 하고 다음과 같이 서술하고 있다.

"그 까닭은 불성佛性이 그러한 것도 아니고 그러하지 않은 것도 아니기 때문이다. 그러하지 않음으로써 여러 주장이 모두 옳지 않으며, 그러하지 않은 것도 아닌 까닭으로 여러 견해가 다 옳은 것이다. 그 의미가 무엇인가 하면, 여섯 법사의 주장은 두 갈래에서 벗어나지 않는다. 처음의 하나는 당래에 있을 불과(當有之果)를 가리킨 것이고, 나중의 다섯은 지금에 있는 원인(今有之因)을 근거로 하였다. 이들 다섯 주장 중에서도 또한 두 갈래가 되는데, 맨 나중의 하나는 진제眞諦에 머물렀고, 그 앞의 네 가지는 속제俗諦에 따른 것이다. 속제에 따른 4설은 인人과 법法을 벗어나지 않았다. 앞의 1설은 인을 들었고, 나중의 3설은 법을 근거하였다. 법을 근거로 하는 세 주장도 기起와

---

[229] 元曉, 앞의 글, 앞의 책, p.538중. "此諸師說, 皆是皆非."

복伏에 지나지 않는다. 뒤의 1설은 종자(種子, 伏)요, 앞의 2설은 상심(上心, 起)으로서, 상심을 의거한 것에도 주장(義)을 따라 설을 달리한다."[230] 이처럼 원효는 여섯 법사의 주장을 평석한 뒤 자신의 견해를 총설로 덧붙이고 있다.

"불성의 몸체는 곧 일심이다. 일심의 바탕은 여러 가장자리(諸邊)를 멀리 여읜다. 여러 가장자리를 멀리 여의기 때문에 도무지 해당하는 것이 없고, 해당하는 것이 없기 때문에 해당되지 않는 것도 없다. 이를 마음에 의거하여 논한다면(就心論) 일심은 인因도 아니고 과果도 아니며, 진眞도 아니고 속俗도 아니다. 따라서 인人도 아니고 법法도 아니며, 기起도 아니고 복伏도 아니다." 이처럼 원효는 마음에 의거한 관점, 즉 취심론에 의하여 불성의 유론과 무론의 차별적 입장을 정리하고 있다.

(2) 조건에 입각한 관점(約緣論)

취심론에 이어 원효는 '조건에 입각한 관점'에 의하여 현상을 긍정하고 있다. 이것은 견등의 『대승기신론동이약집』에 실린 원효의 교문에 의하면 '원인에 따라 생겨나고 일어나는 교문(從因生起之門)'과 '생멸하는 조건을 그치고 근원으로 돌아가는 교문(息緣歸原之門)' 중 앞의 '종인생기지문'에 상응한다. 약연론은 견등의 이 저술과 균여의 『석화엄교분기원통초』에 실린 원효의 교문에 의하면 '원인을 지어서 과보를 받는 교문(作因受果之門)'과 '차이가 의존적 관계로 수립되는 교문(依持門)'

---

230 元曉, 앞의 글, 앞의 책, p.538중.

에 해당된다. 해서 원효는 불성의 몸체에 대한 화회논법 중에서 약연론에 의거하여 회통을 시도해 간다.

"그러나 조건(緣)에 결부시켜 논한다면(約緣論) 마음은 기起도 되고 복伏도 되며, 법法도 되고 인人도 되며, 속俗도 되고 진眞도 되며, 인因도 짓고 과果도 짓는다. 그래서 그러한 것도 아니고 그러하지 않은 것도 아니라는 뜻(義)이므로 여러 주장(諸說)이 모두 옳지 않기도 하고 옳기도 하다는 것이다."[231] 이어 원효는 각론으로 자신의 생각을 마무리하고 있다.

"일심법에는 두 가지의 뜻이 있으니 하나는 더럽히지 않아도 더럽혀지는 것(不染而染)이고, 하나는 더럽혀도 더럽혀지지 않는 것(染而不染)이다. 뒤의 것, 즉 '염이불염'은 일미一味의 적정寂靜이며, 앞의 것, 즉 '불염이염'은 육도六道의 유전流轉이다. 이 경의 아래 글에 이르시기를 '한 맛(一味)의 약은 그 흐름의 처소에 따라 갖가지의 맛이 있으나, 그 참 맛(眞味)은 산에 머무르고 있다'고 하셨다. 『부인경』에서는 '자성의 청정한 마음은 확실하게 알기가 어렵다. 그 마음이 번뇌에 더럽히는 것도 또한 확실하게 알기가 어렵다'라고 말했으며, 『기신론』 가운데서도 이 뜻을 자세히 드러내었다. 이것은 진제眞諦 삼장의 주장으로 여섯 번째 법사가 설한 진여불성眞如佛性이니, 염이불염染而不染의 문門에 해당한다."[232]

"앞의 다섯 주장은 모두 염문染門에 있게 된다. 왜냐하면 염染을 따르는 마음은 하나의 성품을 지키지 못하고 연緣을 상대하여 과과를

---

231 元曉, 앞의 글, 앞의 책, p.538중하.
232 元曉, 앞의 글, 앞의 책, p.538하.

바라보면 반드시 생함이 있게 된다. 가히 생하게 되는 성품은 훈습으로 인하여 이루어지는 것이 아니므로 이름을 법이종자法爾種子라고 말하는 것이니 다섯 번째 법사의 주장이 이 문에 해당한다. 또 이와 같은 염을 따르는 마음이 변전하여 생멸하는 식위識位를 짓는 데까지 이르게 되지만, 언제나 신해神解하는 성품은 잃지 않는다. 잃지 않음으로 말미암기 때문에 끝내는 심원心原으로 돌아가게 되니, 네 번째 법사의 주장이 또한 여기에 해당한다."[233]

"또 염染을 따르는 생멸의 마음이 안에서 훈습하는 힘에 의해 두 가지의 업業을 일으키게 된다. 이를테면 염고厭苦와 구락求樂의 능인能因이다. 이를 근본으로 하여 당래의 극과極果에 이르게 되니 세 번째 법사의 주장이 여기에 해당한다. 그와 같은 일심一心이 염染을 따라 변전할 때 이르는 곳을 따라 제법을 모두 부려서 곳곳에 생을 받으니 이를 일컬어 중생衆生이라고 한다. 두 번째 법사의 설이 여기에 부합한다. 그러한 중생은 본각本覺이 변전한 것이므로 반드시 대각大覺의 과果에 이르게 된다. 하지만 지금은 나타나지 않았으므로 당과當果라고 일컫는데, 첫 번째 법사의 주장이 여기에 해당한다."[234] 이처럼 원효는 여섯 법사의 설을 각기 따로 논하여 자리매김을 시킨다. 그런 뒤에 불성의 체상에 대해 마무리하며 전체를 화해시킨다.

"이러한 의미로 말미암기 때문에 여섯 법사의 주장은 비록 불성의 실체에는 모두 미진하나 각기 그 부문에서 설명한다면 모두 그 뜻에 부합한다. 때문에 경설에서 마치 장님들의 코끼리에 대한 설명이 비록

---

[233] 元曉, 앞의 글, 앞의 책, p.538하.
[234] 元曉, 앞의 글, 앞의 책, pp.538하~539상.

그 실체를 적중하지는 못하였으나 코끼리를 설명하지 않은 것은 아니듯이, 불성을 설명한 것도 또한 그와 같아서 여섯 법사의 주장 그대로도 아니고 그 여섯 가지를 벗어난 것도 아님을 알아야 할 것이다."[235]

원효는 '이쟁의 해명'의 과정 위에서 '회문의 조화'의 과정으로 전개하고 있다. 앞의 두 가지 '해(이쟁)의 과정'을 거쳐 뒤의 세 가지 '화(회문)의 과정'으로 전개되는 화쟁의 사례는 불교의 '다양한 주장을 해명'하고 다시 '경문의 회석會釋을 조화'시키는 과정 속에서 화쟁의 실제를 보여주고 있다. 즉 장님들의 코끼리에 대한 설명과 여섯 법사의 불성에 대한 설명 모두가 적중한 것도 아니지만 그것을 벗어난 것도 아니듯이 말이다. 이처럼 마지막의 불성의 체상을 밝히는 부분에서 화쟁의 논법은 비교적 정연하게 드러나고 있다. 원효는 이러한 화쟁의 기반 위에서 다시 회통의 활로를 열어가고 있다.[236] 이처럼 원효는 연기문, 즉 조건에 입각한 관점에 의하여 불성의 유론과 무론의 동일적인 입장을 정리하고 있다. 그러고 나서 이 두 입장은 본래 서로 방해하지 않는다고 회통한다.

5) 화회로 천명한 과녁
(1) 갈등의 단멸

불교의 목표는 생사윤회의 고통에서 벗어나 해탈 열반에 이르는 데에 있다. 생사는 반복되는 삶이며 해탈은 그 반복에서 벗어난 삶이다. 윤회의 삶은 반복된 일상을 통해서 고통이 재생산된다. 반면 열반의 삶은 나날이 새로운 자유의 삶이다. 이러한 삶에 머무르기 위해서는

---
[235] 元曉, 앞의 글, 앞의 책, p.539상.
[236] 高榮燮, 앞의 글, 앞의 책, p.166.

실체에 대한 집착, 소유에 대한 집착에서 벗어나야 한다. 실체는 언어와 존재를 동일시하면서 생겨난다. 우리는 언어가 기호임에도 불구하고 언어를 존재와 동일시하여 실체화한다. 해서 불변의 실체를 설정하여 '항상 있다'와 '전혀 없다'는 두 가지 견해를 일으킨 인연에 의해 미혹한 세상에서 다시 미혹한 세상으로 들어간다. 여기에서 갈등의 화쟁과 회통을 통한 갈등의 단멸과 처방이 요청된다.

화쟁과 회통은 '상이한 주장들을 화해시켜' 대화하고 통합하는 논법이자 논리이다. 뿐만 아니라 화회는 자유로워지는 단멸 행위이자 평화로워지는 처방과정이다. 자유는 불변의 실체, 즉 경직된 언어에서 벗어날 때 얻어지는 것이다. 마찬가지로 평화는 언어와 존재의 동일시에서 벗어날 때 이뤄지는 것이다. 그것은 곧 상호 의존에 대한 통찰에서 이루어지는 것이기도 하다. 『십문화쟁론』에서 보이는 공유 이집의 화쟁과 불성 유무의 화쟁 역시 존재가 지니고 있는 상호 의존성에 대한 통찰로부터 이루어지는 갈등의 단멸과정이자 처방과정이다.

화회는 이 단멸과정과 처방과정을 통해 우리 스스로가 언어 갈등의 감옥으로부터 벗어날 때 비로소 완성되는 것이다. 즉 우리 일상에서 부딪치는 존재와 언어의 동일시에서 벗어날 때 가능한 것이다. 다시 말해서 언어 갈등으로부터 비롯되는 긍정과 부정 및 긍정종합과 부정종합이 보여주는 4구의 논리와 집착에서 벗어날 때 이루어지는 것이다. 그리하여 우리 스스로가 언어 갈등으로부터 벗어나고 인식 갈등으로부터 벗어날 때 이루어지는 것이다. 고정된 인식으로부터 비롯된 언어와 존재의 동일시에서 자유로워질 때 평화로운 삶이 실현되는 것이다.

화쟁에서 '쟁'은 '서로 다른 견해들의 배타적 대립과 불통'이며 '서로 다른 견해들의 비생산적 소모적 관계'라고 할 수 있다. 때문에 화쟁은 '배타적 언어 다툼을 누그러뜨리는 일종의 치유 행위로 간주'[237]할 수 있다. 그런데 그 치유는 언어 갈등으로부터 비롯되는 다툼의 해소로부터 이루어진다. 때문에 서로가 살아온 세월의 시간적 지연과 서로가 누려온 무대의 공간적 차이를 인정하고, 배려하고, 대화하고, 소통해야만 행복하고 건강한 삶을 살 수 있게 된다.[238] 이러한 갈등의 단멸과정을 통해 비로소 건강하고 행복한 삶이 이루어질 수 있다.

원효는 화쟁의 논법과 회통의 논리를 통하여 우리에게 상호 의존의 원리와 상호 존중의 실제를 제시해 주었다. 상호 의존의 원리는 '이것에 의해 이루어지는 속성', 즉 '차연성'에 대한 깊은 통찰에서 구현되는 것이다. 즉 공과 유의 집착이 서로 의지해 있고, 불성의 무론과 유론이 서로 관계해 있다는 통찰에서 비로소 두 문의 종합적 이해와 통합적 인식이 가능해지는 것이다. 이러한 종합적 인식과 통합적 이해 위에서 비로소 나누는 실천, 즉 더불어 사는 삶이 현실화되는 것이다. 따라서 전체를 본 사람만이 통합을 얘기할 수 있고, 본질을 본 사람만이 화회를 구현할 수 있다. 원효가 통합과 화회를 시도한 것은 바로 이러한 맥락에서라고 할 수 있다.

(2) 공존의 큰 삶

보살은 머리와 가슴을 넘어 온몸으로 상호 의존의 원리를 체득한 존재이다. 그는 자신이 온몸으로 체득한 상호 의존의 원리로 상호 존중의

---

[237] 박태원, 『원효의 십문화쟁론』(세창출판사, 2012), p.39.
[238] 고영섭, 「분황 원효의 평화 인식」, 『한국불교학』 제62집, 2012. 2, pp.132~137.

실제를 사는 존재이다. 때문에 보살적 인간의 삶은 상호 의존의 원리에 의한 통찰이 머리와 가슴을 넘어 온몸으로 체감할 때 비로소 나타나게 된다. 그리하여 범부와 다른 보살적 인간의 삶은 상호 의존의 통찰로부터 상호 존중의 실천으로 드러나게 되는 것이다. 따라서 언어 갈등으로부터 비롯되는 다툼의 삶과 다툼을 극복해 가는 지혜의 삶은 둘이 아니다. 이러한 상이한 삶의 통합은 '전체에 대한 통찰'에 의해서 비로소 가능하다. 아래의 부도浮圖 비유는 이것을 잘 보여주고 있다.

> 어떤 이는 말한다. 청변淸辯과 호법護法은 '말은 다투지만 뜻은 함께 한다(語諍意同).' 마치 부도浮圖의 '밑의 큼직함(下麤)'과 '위의 섬세함(上細)'을 두고 다투는 것처럼 반드시 상대를 인정해야만 자신이 비로소 성립하기 때문이다. 호법종護法宗은 반드시 집착하는 것(所執)을 거론하지만, 사구四句를 여읨을 밝히지 못한다. 공空과 유有 등의 두 성性은 모두 집착하는 것이기 때문이며, 공성과 유성의 두 성은 '묘하게 있음(妙有)'이지 '완전한 없음(全無)'이 아닌 까닭이다. 이로 말미암아 말하기를 "두 가지 다 공하다는 것은 진리가 아니다. 공은 한편으로는 또한 불공不空이라고 말하기 때문이며, 공과 유의 길이 끊어진 길을 진여眞如라고 하기 때문이다"라고 하였다. 청변보살은 세속의 유(世俗有)를 거론하여 모든 무(諸無)를 여의고 모든 '참다운 없음(眞無)'을 가려내니, 세속도 무無이기 때문이다. 공성과 유성의 두 성은 '묘하게 없음(妙無)'이니, 얻을 것이 없기(無所得) 때문이다. 만일 오직 유有를 버리면 곧 무無를 얻게 되는데, 무無 또한 버리기 때문에 얻을 것이 없다고 말한다. 얻을 것이 없다는

것은 사구를 여읜다는 뜻이니, 무착無著의 『반야론』에서 말하기를 "사구는 모두 법에 대한 집착에 해당하는 것이기 때문이다"고 하였다. 이러한 바른 도리로 말미암아 원효법사(元曉師) 등이 "말은 다투지만 뜻은 함께한다(語諍意同)"고 한 것이니, 지금 말세의 둔한 근기들이 이 쟁론에 의하여 교묘하게 알음알이를 내기 때문이다."[239]

우리가 고승의 무덤인 부도를 볼 때는 그 '윗면의 섬세함'만 보아서도 아니 되고, '밑면의 큼직함'만 보아서도 아니 된다. 만일 윗면만 보게 되면 밑의 큼직함이 보이지 않게 되고, 밑면만 보게 되면 위의 섬세함이 보이지 않게 된다. 마치 코끼리의 전체를 보아야만 코끼리를 말할 수 있듯이, 청변종과 호법종의 관계에서도 마찬가지이다. 청변종을 오해하게 되면 '전무'만 볼 뿐 '묘무'를 보지 못하게 되고, 호법종을 오해하게 되면 '소집'만 볼 뿐 '묘유'를 보지 못하게 된다. 따라서 '전무'에 붙들리지 아니하고 '묘무'를 볼 수 있어야 하며, '소집'에 머무르지 아니하고 '묘유'를 볼 수 있어야 한다.

원효는 화쟁과 회통을 통해 '갈등의 단멸'과 '공존의 큰 삶'이 실천될 때 비로소 새로운 세계가 열릴 수 있다고 하였다. 범부에서 보살로 태어나는 것은 치유와 처방을 받는 환자에서 벗어나 새로운 의사로 환골탈태하는 과정이다. 그것은 곧 공존의 큰 삶이자 공감의 온 삶이다. 원효는 화쟁과 회통의 논법과 논리를 통해 범부가 보살로 태어나는 길을 보여주었다. 나아가 그는 이러한 화쟁과 회통의 논법을 통해 갈등의 단멸과 처방의 실천을 통해 우리에게 언어 갈등과 인식 갈등을

---

[239] 太賢, 『成唯識論學記』(『韓佛全』 제3책, p.484상).

넘어서는 길을 열어주었다.

6) 정리와 맺음

7세기 동아시아의 신라에 살았던 분황 원효芬皇元曉는 존재를 있는 그대로 파악하는 '바른 견해(正見)' 위에서 두 극단에 치우치지 않는 '바른 통찰(和觀)'을 실천한 철학자였다. 그는 불교의 여러 종파 내지 여러 주제에 대한 부분적 이해와 치우친 인식을 타파해 주었다. 원효는 화쟁의 대상은 불교 이론에 대한 그릇된 인식과 잘못된 견해이며, 그릇된 인식과 잘못된 견해를 벗어나기 위해서는 인식의 전환과 화회의 방식이 필요하다고 역설하였다. 해서 그는 "불변의 실체를 설정하는 유한한 마음을 벗어나 실체가 없는 무한한 교법을 바라보라"고 역설하였다.

원효는 당시 동아시아 불교학계에서 제기된 상이한 불교의 이론들, 즉 중관(空)과 유식(有)의 상이한 교문, 구역(無相)과 신역(有相) 유식의 갈등, 일승一乘과 삼승三乘의 대립, 불성 유무의 대립 등의 문제들을 깊이 검토하였다. 그는 쟁론의 원인이 불교 이론들에 대한 견해가 서로 다름에 있음을 확인하였다. 동시에 그는 불교 이론들에 대한 서로의 다른 견해를 극복하기 위해 화쟁의 논법과 회통의 논리를 창안하였다. 원효가 대립과 갈등을 해소하기 위해 세운 화쟁 논법과 회통 논리의 근거와 방향은 '부분적 이해의 통합'과 '만류의 일미적 귀결' 및 '불의의 지공적 전개'와 '백가적 이쟁의 조화' 여부에 있었다.

원효는 사람들의 아집과 법집 및 오해와 편견을 불식시키기 위해 이를 4구 논리로 범주화 한 뒤 각 주장들을 화회하는 '문門' 혹은 '논論'을 시설하였다. 이 과정에서 그는 부처의 중도의 교설에 입각하여 각 '문門'들, 즉 각 '교문' 혹은 각 '계통'의 서로 다른 주장들을 화쟁하고 회통하는 논법을 제시하였다. 원효는 현존 『십문화쟁론』의 제2문인 불성유무화쟁문에서 의지문과 연기문을 원용하여 화쟁하고 있다. 『열반경종요』에서 그는 취심론과 약연론을 원용하여 회통하고 있다. 원효는 의지문에서는 '진'과 '속'의 관계를 큰 허공과 바람의 차별(非一)의 관점에서 바라보기 때문에 이 문에 의하면 불성이 없는 중생이 존재하게 된다. 하지만 연기문에서는 '진'과 '망'의 관계를 큰 바다와 파도의 동일(無二)의 관점에서 바라보기 때문에 모든 중생에게는 불성이 있게 된다. 결국 의지문에 의하면 무성론이 주장되고, 연기문에 의하면 유성론이 주장된다. 원효는 이들 무성론과 유성론의 두 입장을 서로 방해함이 없이 모두 옳다고 하여 회통시키고 있다. 그리하여 원효는 두 문에 대한 종합적 인식과 통합적 이해 위에서 비로소 공존의 큰 삶, 즉 더불어 사는 온 삶이 현실화될 수 있음을 보여주었다. 이것은 '전체'를 본 사람만이 통합을 얘기할 수 있고 '본질'을 본 사람만이 화회를 실현할 수 있음을 보여주는 대목이다.

원효에 의하면 화쟁과 회통을 통해 갈등의 단멸과 공존의 큰 삶이 실천될 때 비로소 새로운 세계가 열릴 수 있다. 범부에서 보살로 태어나는 과정은 치유와 처방을 받는 환자에서 완치되어 치유와 처방을 하는 의사로 환골탈태하는 역정이다. 원효는 이러한 화쟁과 회통의 논리와 논법을 통해 공존의 큰 삶과 공감의 온 삶을 보여주었다. 그는 해탈의 자유로운 삶을 살기 위해서는 실체에 대한 집착, 소유에 대한 집착에서 벗어나야 한다고 강조하였다. 나아가 그는 고정된 인식에서 이루어진 언어와 존재의 동일시를 넘어서서 지극한 현실의 실현을 통해 비로소 평화로운 삶이 이루어질 수 있다고 역설하였다.

III. 일심과 본각의 성격과 특징[240]

1. 일심의 신해성

1) 문제와 구상

분황 원효(芬皇 元曉, 617~686)는 한국 신라의 철학자이다. 그는 일심一心-화회和會-무애無碍의 기호로 붓다의 지혜로운 생각과 자비로운 삶을 계승하였다. 그의 일심一心의 철학은 인간의 심연과 세계의 본질의 탐구에 새로운 활로를 열었다. 그리고 무애의 교화는 많은 사람들로 하여금 광대한 불법의 바다 속에 살게 하였다. 때문에 원효의 생각과 삶은 시대와 민족, 그리고 종교와 철학을 넘어 독창적이면서도 보편적인 지평을 열었다.

원효는 『대승기신론大乘起信論』의 '일심' 개념을 자신의 사유를 떠받

---

[240] 이 논문은 한국의 불교학연구회가 펴내는 『불교학연구』 제20호(2008. 8)에 실린 「元曉 一心의 神解性 분석」을 수정 보완한 것임을 밝혀 둔다.

치는 기둥으로 삼았다. 그리고 이 '일심의 몸체를 본각本覺으로 규정하고 무명에 따라서 움직여 생멸을 일으키기 때문에 여래장如來藏이라고 한다'면서 일심을 여래장과 연결시키고 있다. 여기서 원효의 일심은 '일미一味', '일각一覺', '일성一性', '일제一諦'로도 대체된다. 그런데 주목할 것은 그는 자신의 일심 이해의 지평에 '신해神解' 혹은 '신해성神解性'의 의미를 끌어들임으로써 종래의 일심 이해에 역동성을 부여하고 있는 점이다.[241]

원효는 자신의 주요 저술인 『대승기신론소』와 『열반종요』 등의 일심 설명에서 일심 본성의 '신해성神解性'이란 개념을 사용하고 있다. '신해'란 '영묘하게 이해함' 혹은 '신령스럽게 알아차림'의 뜻이다. 그렇다면 일심이 '이해' 혹은 '알아차림'을 신령스럽게 또는 영묘하게 한다는 것은 무엇을 말하는가. 바로 이 부분이 원효의 일심을 이해하는 관건이 된다.

원효가 '본성이 스스로 신해하다(性自神解)'고 한 것은 일심 자체의 본성이 지닌 영묘성인가. 혹은 『대승기신론』이 말하는 일심과 중생심 및 여래장과 제8아라야식[242]의 철학적 기반을 일컫는 것인가. 또는

---

[241] 원효는 『대승기신론별기』에서 '神解'에 상응하는 표현으로서 '神慮'란 표현도 쓰고 있다.

[242] 제8아라야식에 대한 音譯으로는 『大乘起信論』 등의 '阿黎耶識', 『섭대승론』 등의 '阿梨耶識', 『성유식론』 등의 '阿賴耶識' 세 가지가 있다. 여기서 쓴 '아라야식'은 '아라야(Ālaya)'의 산스크리트 표기에다 '識(vijñāna)'을 덧붙인 것이다. 短音 '阿'에다 '滅失' 혹은 '沒失하지 않는다'는 의미를 덧붙인 것으로 본 眞諦 등은 '無沒識'이라고 飜譯했고, 長音 '阿'에다 '家' 혹은 '住所' 또는 '貯藏所'의 의미를 덧붙인 것으로 본 玄奘은 '藏識'이라고 飜譯하였다. 『대승기신론』의

그것과 변별되는 제9아마라식을 말하는 것인가. 그것도 아니면 아라야식과 아마라식 사이를 넘나드는 역동적인 의미를 지칭하는 것인가.

원효는 『금강삼매경론』과 『대승기신론소』 등에서 '일심一心'과 '일심지원一心之源'을 함께 사용하고 있다. 문제가 되는 것은 그가 곳곳에서 강조해 쓰고 있는 '일심지원'에서 '지之'를 '지시대명사'로 볼 것인가. 아니면 '일심'과 '일심지원'을 가르는 '소유격'으로 볼 것인가이다. 적어도 원효의 여타 저술에 의하는 한 '지'를 일심을 가리키는 대명사로 보기에는 무리가 있다.

그렇다면 원효는 암암리에 '일심'과 '일심의 원천'으로 갈라보고 있다고 읽을 수밖에 없다. 그리고 일심과 일심지원을 구분하면서도 이들 사이를 잇는 '신묘한 성질'을 상정하고 있다. 그것이 바로 '신해성'이다. 그는 팔식설과 구식설 모두를 수용하고 있다. 그 때문에 원효는 이 '신해성'을 제9아마라식과 제8아라야식을 넘나드는 매개 개념으로 활용하고 있다.

논자는 원효 철학의 키워드인 '일심'과 '일심지원' 사이에서 보이고 있는 '신해성'의 의미를 7~8세기 동아시아 사상계에서 치열하게 논의하였던 팔식八識과 구식九識의 담론과 관련시켜 살펴보고자 한다. 원효는 '일심의 신해성'이라는 영묘한 성질을 상정함으로써 일심 이해에 새로운 지평을 열고 있다. 그리하여 그는 일심 자체의 본성이 지닌 신해성을 통해 일심의 역동성과 일심지원의 철학적 기반을 마련하고 있다.

아라야식은 唯識家의 아라야식과 달리 '眞妄和合識'으로 규정되고 있으며, 이것은 覺義와 不覺義로 해명되고 있다.

따라서 '일심'과 '일심지원' 사이의 관계를 해명해 주는 '신해성'의 규명은 원효의 일심 개념을 이해하는 길잡이가 될 것으로 보인다. 이를 위해 먼저 원효가 자신의 저술에서 일심을 어떻게 인식하고 있는지를 검토한 뒤, 일심과 아려야식 및 암마라식과의 관계 위에서 일심의 역동성과 일심의 신해성을 살펴보기로 한다.

2) 일심의 역동성
(1) 일심과 아라야식

원효는 자신의 철학을 정립하기 위해 『대승기신론』의 일심－이문의 구조를 적극적으로 원용한다. 그렇다고 해서 그가 일심을 진망화합식眞妄和合識으로 파악하는 『대승기신론』의 정의에만 묶여 있는 것은 아니다. 그는 오히려 일심을 대원경지大圓鏡智의 진식眞識으로만 이해하는 유식가의 아라야식 이해와 달리 진망화합식으로 해명하는 이 논서의 일심 구조를 적절히 활용하고 있다. 이 때문에 그의 일심 이해는 매우 역동적이고 탄력적이다.

이러한 역동성과 탄력성은 일심을 해맑고 깨끗한 모습(心眞如門)과 때 묻고 물들은 모습(心生滅門) 두 측면으로 파악하는 『대승기신론』의 이원 구조가 그렇게 만들고 있기도 하다. 범부와 부처의 경계를 갈라 보느냐, 함께 보느냐를 고민했던 원효 역시 일심을 제8식으로만 한정하지 않고 제9식을 향한 지향성을 설정해 두었던 것이다. 그리고 그 근거가 바로 그가 제시하는 일심의 역동성과 신해성을 이해하는 과녁이 된다.

우선 원효는 자신의 주요 저술에서 일심 개념을 다양하게 쓰고 있다.

즉 일심을 삼보三寶, 일각一覺, 일성一性, 일제一諦, 일미一味, 일승一乘, 여래장如來藏, 아라야식阿黎耶識, 중생심衆生心, 대승법大乘法, 열반涅槃, 적멸寂滅, 불성佛性, 법성法性, 중도中道, 실제實際 등으로 확장하여 쓰고 있는 것이다. 물론 이들 개념 사이에는 나름대로의 맥락이 전제되어 있다.

이 때문에 이들 개념 사이의 맥락을 고려하면서 각 개념 사이의 상통성과 상관성을 온전히 꿰어내지 못하면 대단히 혼란스럽게 된다. 이렇게 되면 불교의 주요 개념이 모두 '일심'이라고 강변하게 될 위험이 있게 되기 때문이다. 뿐만 아니라 일심과 일심지원 사이의 역동성과 신해성이 오히려 다른 개념과 개념 사이의 스펙트럼을 차단할 수도 있기 때문이다. 그러면 우선 그가 일심에 대해 규정하는 대목들을 살펴보자.

'귀명歸命'이란 근원에 돌아가는 뜻이니, 왜냐하면 중생의 육근六根이 일심一心에서부터 일어나 스스로의 근원을 등지고 육진六塵을 흩어져 달려가는 것인데, 이제 목숨을 들어 육정六情을 총섭總攝하여 그 본래의 일심의 근원에 돌아가기 때문에 '귀명'이라고 말하는 것이며, 이 귀명의 대상인 일심은 곧 삼보三寶이기 때문이다.[243]

여래의 설한 바 일체의 교법은 일각一覺이 맛에 들지 않음이 없다. 일체중생이 본래 일각이었지만 다만 무명으로 말미암아 꿈 따라 유전하다가 모두 여래의 일미一味의 말씀에 따라 일심의 원천(一心之

---

243 元曉, 『大乘起信論疏』卷上(『韓國佛教全書』 제1책, p.700상).

源)으로 돌아오지 않는 자가 없음을 밝히고자 한다.[244]

원효는 『대승기신론』의 일심一心 이문二門의 구도를 원용하면서 자신의 논의를 전개하고 있다. 마음은 하나이지만 심진여문과 심생멸문, 즉 불변하는 마음과 변화하는 마음의 구도로 파악하는 측면을 적극적으로 활용하고 있는 것이다. 진여는 '일체의 사물과 현상을 총체적으로 포괄'한다. 이와 달리 생멸심은 '일체의 사물과 현상을 개별적으로 수용'하고 있다.

모든 경계가 무한하지만 모두 일심의 안에 들어가고, 부처의 지혜는 모양을 떠나 마음의 원천(心原)으로 돌아가고, 지혜와 일심은 혼연히 같아서 둘이 없는 것이다.[245]

이와 같이 일심一心은 통틀어 일체의 물들고 깨끗한 모든 법의 의지하는 바가 되기 때문에 제법의 모든 근본인 것이다.[246]

그러므로 총상總相은 별상別相과 상대되는 통상通相과 상통하는 개념이다. 진여는 생기거나 없어지는 것이 아니며, 일체의 구별이 사라진 세계이며, 변화도 없고 파괴도 없는 세계이다. 때문에 진여는 모든 현상과 사물을 총괄한다. 하지만 진여는 생멸심과 달리 불변의 측면인

---

244 元曉, 『金剛三昧經論』권上(『韓國佛教全書』 제1책, p.610상).
245 元曉, 『無量壽經宗要』(『韓國佛教全書』 제1책, p.562상).
246 元曉, 『金剛三昧經論』권上(『韓國佛教全書』 제1책, p.615하).

정적인 측면을 띠는 것으로 비춰진다.

> 티끌의 통상通相을 완전히 파악하므로 이름하여 심왕心王이라 한다.
> 그것은 본래의 일심一心이 모든 법의 근본적인 원천(諸法之總源)이기
> 때문이다.[247]

여기에는 여래장을 근거로 생멸심을 낳는 작용을 한다는 점에서 동적인 측면도 있다. 즉 진여가 비록 움직여서 생멸을 낳는다고 하더라도 불생불멸不生不滅로서의 진여의 측면은 여전히 남아 있는 것이다. 이처럼 진여는 인간의 의식을 초월하여 존재하는 마음이면서도 불변의 측면만이 아니라 변화의 측면을 동시에 지니고 있다. 『대승기신론』은 진여에 불변의 의미뿐만 아니라 변화의 의미를 부여하고 있으며, 동시에 생멸심에도 변화의 의미뿐만 아니라 불변의 의미를 부여하고 있다.

그런데 진여와 생멸심이 별도로 존재하는 것이 아니라 오직 개념상으로만 구분되는 것이라면, 진여의 동적 측면과 생멸심의 변화 또한 별도로 존재하는 것이 아니라 오직 개념상으로만 구분되는 것으로 보지 않으면 아니 된다. 보다 정확히 말하여 우리에게 의식되는 것은 생멸심의 변화밖에 없으며, 진여의 동적 측면은 생멸심의 단서로 하여 머릿속으로 추론해 낸 것으로 보아야 하는 것이다.[248] 이와 같은 진여의 동적 측면을 원효는 일심의 역동성 혹은 신해성으로 파악한 것으로

---

247 元曉, 『大乘起信論疏』권上:(『韓國佛敎全書』 제1책, p.750하).
248 이미종, 「대승기신론 연구동향에 나타난 교육의 종교적 측면: 국내 석박사학위논문을 중심으로」, 『한국종교교육학연구』 제26집, 한국종교교육학회, 2008, p.77.

보인다.

  사실 진여의 운동은 차별이 배제된 상태에서 모든 운동과 변화를 포괄한다. 때문에 진여의 운동은 멸滅이면서 생生이며 정靜이면서 동動인 변화이다. 이것은 현상의 세계에서 일어나는 물체의 운동과는 다른 방식으로 일어나는 움직임이다. 그러므로 진여의 동정은 어떠한 힘도 움직이게 하거나 멈추게 할 수 없는 운동이면서 동시에 머물러 있는 운동이라고 할 수 있다. 이러한 운동은 진여의 불변적 의미와 생멸심의 불변적 특성과는 어떻게 변별되는지가 중요한 관건이 된다.

  그런데 『대승기신론』은 진여의 자체상自體相이란 용어를 통해 이를 해명하고 있다. 이 말은 이미 입의문立義文 서두에 보이고 있다. 일심은 심진여문과 심생멸문 두 측면에서 파악되며, 진여는 대승(마음)의 본체(大乘體)를 나타내고 생멸문은 마음의 자체상용自體相用을 나타낸다고 말한다.[249] 원효는 체體는 진여에 있으며 상相과 용用은 생멸심에 해당하며, 생멸심 안에 체가 있다 하더라도 그 체는 상에 종속된 체이므로 별도로 말할 필요가 없다고 보고 있다.[250] 하지만 법장은 진여는 대승(마음)의 본체를 나타내지만 생멸심 안에는 체와 상과 용이 갖추어져 있다고 말한다.[251]

---

249 馬鳴, 『대승기신론』(『大正新脩大藏經』 제32책, p.575하).
250 元曉, 『大乘起信論疏』卷 上(『韓國佛敎全書』 제1책, p.704중 면; 『大正新脩大藏經』 제44책, p.206중). "大義中, 體大者在眞如門, 相用二大在生滅門, 生滅門內亦有自體, 但以體從相, 故不別說也." 이 부분에 대해 元曉는 "體大는 진여문에 있고 相大와 用大는 생멸문에 있으며, 생멸문 안에도 체가 있지만 다만 그 體는 상에 종속된 것이므로 별도로 말할 필요가 없다"고 말한다.
251 法藏, 『大乘起信論義記』(『大正新脩大藏經』 제44책, p.250하). "眞如門中示大乘

이러한 맥락 속에서 원효는 생멸심의 불변적 특성과 진여의 불변적 특성의 상호 관련성을 해명하기 위해서 아라야식 개념을 제기하게 되는 것이다. 원효는 이 아라야식을 여래장이라고 규정하고 있다. 그런데 여래장은 현상계에 머물고 있는 인간이 어떻게 진여로 돌아갈 수 있는가에 관한 해답은 제시하지만, 본성상 진여를 특징으로 하는 인간이 어떻게 미혹한 상태에 놓여 있게 되는가에 관한 해답은 제시하지 못한다. 그러므로 『대승기신론』에서는 여래장과 동일한 의미를 지니면서도 그와는 강조점을 달리하는 또 하나의 개념으로서 아라야식을 제시한 것이다.[252]

원효는 이러한 측면을 고려하여 일심과 아라야식의 관계를 촘촘히 해명하고 있다. 그 과정에서 일심의 신해성 문제는 자연스럽게 암마라식과의 관계로 옮겨가게 된다. 그러면 일심과 암마라식에 대해 살펴보기로 하자.

(2) 일심과 암마라식

인간의 의식을 여덟 개로 볼 것인가, 아니면 아홉 개로 볼 것인가라는 문제는 구역舊譯 유식唯識과 신역新譯 유식의 주요한 특징이 된다. 이것은 범부와 부처를 갈라볼 것인가, 아니면 범부와 부처를 함께 볼 것인가의 문제로 귀결된다. 때문에 부처와 범부를 함께 보려고

體, 生滅門中具宗三大." 法藏은 진여문은 대승의 체를 나타내며 생멸문 안에는 體相用 삼대가 갖추어져 있다고 주장한다.
[252] 박진옥, 「대승기신론 아알라야식의 진망화합식 특징 연구」, 충남대학교 석사논문, 2001. p.77.

하면 8식설을 취하게 되고, 부처와 범부를 갈라 보려고 하면 9식설을 취하게 된다. 7~8세기 동아시아 사상 논변의 가장 큰 주제는 바로 이 문제였다.

원효는 『대승기신론』의 구조에 따라 팔식설을 수용하면서도 일심의 신해성을 상정함으로써 구식설에 대한 지향을 보여주고 있다. 특히 그는 『금강삼매경론』에서 일체 정식을 여덟 가지 식으로 규정하고, 암마라식을 제9식으로 상정함으로써 구식설을 수용하고 있다. 물론 그가 구역 유식 논서를 통해 불교를 접한 뒤에 다시 신역 유식 논서를 접한 까닭도 있을 것이다. 하여튼 그가 일심에다 역동성과 신해성의 의미를 부여하여 일심을 팔식으로 규정하면서도 구식의 존재를 수용하고 있는 점은 주목되는 것이다.

> 합해서 말하면 생生은 곧 적멸寂滅이나 멸滅을 지키지는 않고, 멸이 곧 생이 되나 생에 머무르지는 않는다. 생과 멸은 둘이 아니고, 동動과 적寂에는 다름이 없다. 이와 같은 것을 이름하여 일심一心의 법法이라 한다. 비록 실제로는 둘이 아니지만(雖實不二) 하나를 고수하지는 않고(而不守一) 전체로 연을 따라 생하고 동하며, 전체로 연을 따라 적멸하게 된다. 이와 같은 도리로 말미암아 생이 적멸이고 적멸이 생이며, 막힘도 거리낌도 없으며, 하나도 아니고 다른 것도 아니다.[253]

불성의 몸체는 바로 일심一心이며, 일심의 본성은 모든 극단에서

---

253 元曉, 『金剛三昧經論』권下(『韓國佛敎全書』 제1책, p.659상).

멀리 벗어나 있다. 모든 극단에서 멀리 여의었기에 모두 해당될 것도 없고, 해당될 것도 없기에 해당되지 않을 것도 없다.[254]

더러운 국토와 깨끗한 나라가 본래 일심一心이고, 생사와 열반이 끝내 둘이 아니다.[255]

원효는 일심을 동과 적, 생과 멸의 구분을 넘어선 자리로 파악하고 있다. 하지만 동과 적, 생과 멸이 둘이 아니라고 하면서도 하나라고 고집하지도 않는다. 이러한 화쟁·회통의 인식 위에 있기 때문에 적멸은 일심이며 불성의 체가 된다. 그리고 예토와 정토는 본래 일심에서 생겨나는 것이며 생사와 열반은 같은 것이 되는 것이다. 여기서 특히 주목해야 될 것은 '하나이지도 않지만 다르지도 않다(不一不異)'는 대목이다.

바로 이 대목이 있기에 동과 적, 생과 멸은 '둘이 아니지만 하나를 고수하지 않으며', 전체를 연을 따라 생하고 동하며, 전체로 연을 따라 적멸하게 되는 것이다. 불교의 모든 주제가 머물지 않고 머물며, 떠나지 않고 떠나는 것에 있는 것처럼 서로 떨어지지 않고(不相離) 서로 섞이지도 않는(不相雜) 역동성을 확보할 수 있는 것이다. 마찬가지로 8식과 9식의 관계 역시 섞이지도 않고(不雜) 떨어지지도 않는(不離) 관계에 있는 것이다.

---

254 元曉, 『涅槃宗要』(『韓國佛敎全書』 제1책, p.538중하).
255 元曉, 『無量壽經宗要』(『韓國佛敎全書』 제1책, p.553하).

'일체의 정식'은 바로 여덟 가지 식이고, '암마라'라는 것은 제9식이다. 진제眞諦 삼장의 구식九識의 뜻은 이 글에 의하여 일어났으니, 저 장章에서 말한 것과 같다.²⁵⁶

'저 중생으로 하여금 모두 본각本覺을 얻게 한다'고 한 것은 '교화하는 대상이 전변하여 들어간다'는 구절을 해석한 것이니, '본각'은 바로 암마라식唵摩羅識이다. '본각을 얻는다'는 것은 '들어간다'는 뜻을 해석한 것인데, 본각에 들어갈 때에 모든 식이 일어나지 않으니, 그러므로 '모든 식이 적멸寂滅하여 일어남이 없다'고 한 것이다. 이 글은 본각과 시각始覺을 모두 나타낸 것이니, '모든 중생은 본래 깨달았다'는 것은 바로 본각의 뜻이고, '모든 정식이 적멸하여 일어남이 없음을 깨달았다'고 한 것은 바로 시각의 뜻으로서, 이것은 시각이 곧 본각과 같음을 나타낸 것이다. '어째서인가' 아래는 두 번째 전개하여 해석한 것이니, 앞에서 시각이 깨닫는 대상이 적멸임을 해석한 것이다. 비록 모든 여덟 가지 식이 연에 따라서 움직여 전변한 것이지만 결정성을 추구하면 모두 얻을 것이 없으니, 그러므로 '결정의 본성은 본래 움직임이 없다'고 한 것이며, 본래 움직임이 없기 때문에 본래 적멸한 것이다.²⁵⁷

'암마라'에 들어간다는 것은, 일심의 체가 두 변을 떠나서 이 마음의 근원에 돌아가기 때문에 '들어간다'고 하였다. 이와 같이 머무름이

---

256 元曉, 『金剛三昧經論』권중(『韓國佛敎全書』제1책, p.630하).
257 元曉, 『金剛三昧經論』권중(『韓國佛敎全書』제1책, p.631상).

없어야지 해탈을 얻으니, 열반에 머물면 속박을 떠나지 못한다.[258]

'이 식에 두 가지 뜻이 있으니, 첫째는 각覺의 뜻이고, 둘째는 불각不覺의 뜻이다'라고 말한 것과 같다. 그러니 다만 생멸심만을 취해서 생멸문을 삼는 것이 아니라, 생멸자체와 및 생멸상을 통틀어 취하여 모두 생멸문 안에 둔다는 뜻임을 알아야 할 것이다. 두 문이 이러한데 어떻게 일심이 되는가? 더러움과 깨끗함(染淨)의 모든 법은 그 본성이 둘이 없어, 진실함과 망녕됨(眞妄)의 두 문이 다름이 있을 수 없기 때문에 '일'이라 이름하며, 이 둘이 없는 곳이 모든 법 중의 실체인지라 허공과 같지 아니하여 본성이 스스로 신해神解하기 때문에 '심'이라고 이름함을 말한 것이다. 그러나 이미 둘이 없는데 어떻게 '일一'이 될 수 있는가? '일一'도 있는 바가 없는데 무엇을 '심'이라 말하는가? 이러한 도리는 말을 여의고 생각을 끊은 것이니 무엇이라고 지목할지를 모르겠으나, 억지로 이름 붙여 일심一心이라 하는 것이다.[259]

『대승기신론』은 심진여문과 심생멸문의 두 문 중에서 생멸문에 다시 각의 뜻과 불각의 뜻을 시설하고 있다. 원효는 이 생멸문에 염정생멸染淨生滅과 염정훈습染淨熏習으로 나눈 뒤 염정생멸을 다시 '심생멸心生滅'과 '생멸인연生滅因緣'과 '생멸상生滅相'으로 구분하여 일심의 자체自體와 상과 용을 배대하고 있다. 이는 앞에서 살펴본 것처럼 체體는 진여에

---

258 元曉, 『金剛三昧經論』권중(『韓國佛敎全書』제1책, pp.634하~635상).
259 元曉, 『大乘起信論疏記會本』권1(『韓國佛敎全書』제1책, p.741상중).

있으며 상相과 용用은 생멸심에 해당하며, 생멸심 안에 체가 있다 하더라도 그 체는 상에 종속된 체이므로 별도로 말할 필요가 없다고 본 원효의 일심관을 잘 보여주고 있다.

이러한 구조의 시설은 그의 일심관이 아라야식에만 머물러 있지 않고 제9아마라식으로 향해갈 가능성을 보여주고 있다. 그것은 '이 둘이 없는 곳이 모든 법 중의 실체인지라 허공과 같지 아니하므로' 그런 것이다. 또 일심의 본성이 스스로 신해하기 때문에 '심'이라고 이름한다는 대목이나, 말을 여의고 생각을 끊은 것이니 억지로 이름 붙여 일심이라고 하는 대목에서도 드러나고 있다.

이처럼 원효는 일심을 고정적으로 말하는 것이 아니라 그 일심의 본성이 스스로 신해하다고 규정하고 있다. 일심에 대한 원효의 이러한 규정은 아라야식의 범주를 뛰어넘어 암마라식으로 나아갈 가능성을 보여주는 것이다.

3) 일심의 신해성
(1) 일심과 일심지원

원효는 『대승기신론』의 정의처럼 일심을 중생심으로 보고 있다. 그의 지향은 '일심의 원천으로 돌아가는 것'과 '중생을 풍요롭고 이익되게 하는 것'에 있었다. 그리고 이 둘을 화회시키기 위한 매개항(和諍會通)을 설정하여 '일심의 원천으로 돌아가게 함으로써' 궁극적으로는 '중생들이 그들 스스로를 풍요롭고 이익되게 하는 것'에 있었다. 때문에 화회의 매개항은 일심의 주체와 풍요롭게 이익되게 하는 주체를 중생들 스스로에게 되돌려주고 있는 것이다.

III. 일심과 본각의 성격과 특징

이러한 '주체의 회복'은 『대승기신론』의 심진여문과 심생멸문의 근거로서 일심을 이해하는 원효의 인식 속에서 이미 확인되고 있다. 그의 오도송悟道頌[260]은 이러한 점을 극명하게 드러내 주고 있다. 원효는 어젯밤 잠자리의 '해맑고 깨끗한 마음의 측면'과 오늘밤 잠자리의 '물들고 때 묻은 마음의 측면'의 대비를 통해 깨달음을 얻었다. 그 결과 마음의 두 모습을 아우르는 '우주적 마음'인 '일심'의 발견을 통해 그는 새롭게 태어났다. 그러면 원효가 역설한 일심법一心法에 대해 살펴보기로 하자.

원효는 일심을 여래장이라 하고 아라야식이라고 하였다. 다시 이것을 일심의 생멸문을 나타낸 것이라고 하였다. 그리고 이 생멸문에는 두 가지 뜻이 있으니 하나는 각覺의 뜻이요, 다른 하나는 불각不覺의 뜻이라고 하였다. 그러면서 이 식은 생멸심만을 취해서 생멸문을 삼는 것이 아니라, 생멸자체와 및 생멸상을 통틀어 취하여 모두 생멸문 안에 둔다는 뜻을 밝히고 있음을 알아야 한다고 역설한다.

---

[260] 贊寧, 「唐新羅國義湘傳」, 『宋高僧傳』 권4(북경: 중화서국, 1987), p.75. "어젯밤 잠자리는 땅막(土龕)이라 일컬어서 또한 편안했는데(前之寓宿, 謂土龕而且安)/ 오늘밤 잠자리는 무덤(鬼鄉)이라 내세우니 매우 뒤숭숭하구나(此夜留宿, 託鬼鄉 而多崇)/ 마음이 생겨나므로 갖가지 현상이 생겨나고/ 마음이 사라지므로 땅막과 무덤이 둘이 아님을 알겠도다!(則知心生故種種法生, 心滅故龕墳不二)/ 또 온갖 현실은 오직 내 마음이 만들어 내고(又三界唯心), 모든 현상은 오직 내 인식이 만들어 낸다(萬法唯識)/ 마음 밖에 현상이 없는데(心外無法)/ 어디에서 따로 구하랴?(胡用別求)/ 나는 당나라에 들어가지 않겠다(我不入唐)." / 물러나 바랑을 메고 고국으로 돌아왔다(却携囊返國).

처음 중에 '일심법에 의하여 두 가지 문이 있다'는 것은 『능가경』에서 "적멸이라는 것은 일심이라 이름하며, 일심이란 여래장이라 이름한다"고 말한 것과 같다. 이 『기신론』에서 심진여문이라고 한 것은 곧 저 『능가경』의 '적멸이라는 것은 일심이라 이름한다' 함을 해석한 것이며, 심생멸문이란 『능가경』 중의 '일심이란 여래장을 이름한다'고 한 것을 해석한 것이다. 왜냐하면 일체법은 생함도 없고 멸함도 없으며 본래 적정하여 오직 일심일 뿐인데, 이러한 것을 심진여문이라고 이름하기 때문에 '적멸이란 일심이라 이름한다'고 한 것이다. 또 이 일심의 체가 본각이지만 무명에 따라서 움직여 생멸을 일으키기 때문에 이 생멸문에서 여래의 본성이 숨어 있어 나타나지 않는 것을 여래장이라 이름한 것이다. 이는 『능가경』에서 말하기를 "여래장이란 선과 악의 원인으로서 일체의 취생趣生을 두루 잘 일으켜 만든다. 비유하자면 환술사가 여러 가지 취를 변화시켜 나타내는 것과 같다"고 한 것과 같다. 이러한 뜻이 생멸문에 있기 때문에 그래서 '일심이란 여래장이라 이름한다'고 하였다. 이는 일심의 생멸문을 나타낸 것으로, 아래 글에서 '심생멸이란 여래장에 의하기 때문에 생멸심이 있으며……'라고 하고, 이어 '이 식에 두 가지 뜻이 있으니 첫째는 각의 뜻이고, 둘째는 불각의 뜻이다'라고 말한 것과 같다. 그러니 다만 생멸심만을 취해서 생멸문을 삼는 것이 아니라, 생멸자체와 및 생멸상을 통틀어 취하여 모두 생멸문 안에 둔다는 뜻임을 알아야 할 것이다. 두 문이 이러한데 어떻게 일심이 되는가? 더러움과 깨끗함(染淨)의 모든 법은 그 본성이 둘이 없어, 진실함과 망녕됨(眞妄)의 두 문이 다름이 있을 수 없기 때문에 '일'이라고 이름하며, 이 둘이 없는 곳이 모든 법 중의 실체인지라 허공과 같지 아니하여 본성이 스스로 신해神解하기 때문에 '심'이라고 이름함을 말한 것이다.[261]

원효는 일심이 지니고 있는 더러움과 깨끗함은 본성이 다르지 않고 진실함과 망녕됨이 다를 수 없기 때문에 '일'이라고 한다고 전제한다. 그러면서 이 둘이 없는 곳이 모든 법 중의 실체인지라 허공과 같지 아니하여 본성이 스스로 신해하기 때문에 '심'이라고 한다고 역설한다. 그는 또 『본업경소』에서도 일심의 신해성에 대해 언급하고 있다.

> 마음이라고 말하는 것은 본성(自相)의 마음이 스스로 신해神解하기 때문에 '심'이라고 일컫는다.[262]

여기서 원효가 일심의 '본성이 스스로 신해하다'고 한 것은 '심'의 영묘성을 절묘하게 드러내는 표현이다. 그러면 '영묘하게 이해하는 '심'의 속성은 '일심인 본성'인가, 아니면 '일심의 원천'인가. 원효는 이 일심을 진여의 불변의 의미보다는 오히려 생멸심의 불변의 의미로 환원시킨다. 그리하여 생멸의 상이 영묘한 알음알이가 아닌 것이 없기 때문에 생멸이 심상을 여의지 않는 것이라고 말한다.

---

261 元曉, 『大乘起信論別記』本(『韓國佛教全書』 제1책, p.679중); 『大乘起信論疏記會本』 권1(『韓國佛教全書』 제1책, p.741상중).
262 元曉, 『本業經疏』 권下(『韓國佛教全書』 제1책, p.511상). "所言心者 謂自相心(心想)神解爲性."

불생불멸不生不滅이란 위에서의 여래장을 말하며, 이 생멸하지 않는 마음이 움직여서 생멸을 일으켜 서로 버리거나 여의지 않음을 '더불어 화합한다'고 이름하니, 이는 아래의 글에서 '마치 큰 바닷물이 바람에 의하여 물결이 일어나지만 물의 모양(水相)과 바람의 모양(風相)이 서로 버리거나 여의지 아니함과 같다'고 하고 내지 널리 설한 것과 같다. 이 중에서 바닷물의 움직임은 풍상風相이요, 움직일 때의 젖어 있는 것은 수상水相이다. 바닷물 전체가 움직이므로 바닷물이 풍상을 여의지 않았고, 움직이는 것마다 젖어 있지 않음이 없기 때문에 움직이는 물결이 수상을 여의지 않는다. 마음도 이와 같아서 생멸하지 않는 마음 전체가 움직이기 때문에 마음이 생멸상을 여의지 않고, 생멸의 상이 영묘한 알음알이(神解)가 아닌 것이 없기 때문에 생멸이 심상心相을 여의지 아니하는 것이니, 이와 같이 서로 여의지 않기 때문에 '더불어 화합한다'고 이름하는 것이다.[263]

또한 이렇게 물듦을 따르는 마음이 내지 유전하여 생멸하는 의식의 상태를 짓지만 신묘하게 이해(神解)하는 성품은 결코 잃지 않는다.[264]

물듦을 따라 동요하는 마음이 비록 세 가지 속성에 통하긴 하여도 신묘하게 이해(神解)하는 성품은 또한 잃지 않나니, 그래서 이를 보신불의 속성이라 말하는 것이다. 단지 법신불의 속성이 일체 유정 무정에 두루한 것과 구별하기 위함이니, 이 때문에 보신불의

---

263 元曉, 『大乘起信論』 권上(『韓國佛教全書』 제1책, p.707하).
264 元曉, 『涅槃宗要』(『韓國佛教全書』 제1책, p.538하).

속성에서는 무정물을 취하지 않는 것이다.[265]

원효는 무정물을 취하지 않는 보신불報身佛의 속성 위에서 신해성을 설명하고 있다. 이것은 원효의 일심은 진여의 변화의 의미를 드러낸 것이면서도, 한편으로는 생멸심의 불변의 의미를 드러낸 것이라는 점을 보여주는 대목이다. 원효는 진여의 불변의 측면이 아닌 진여의 변화의 측면과 생멸의 변화의 측면이 아닌 생멸의 불변의 측면을 설명하기 위해 신해성의 개념을 원용하였다.

이 신해성의 개념은 일심과 일심지원을 이어주면서도 이 둘과는 섞일 수 없는 것이다. 하지만 그렇다고 해서 생멸의 변화의 측면을 소홀히 하고 있지는 않다. 그에게서 생멸심의 불변의 측면은 당시 사상계에 필요한 개념이었기 때문이다. 그것은 진망화합식인 아라야식의 진여적 측면만이 아니라 아라야식의 생멸적 측면의 불변의 측면을 부각시킬 필요가 있기 때문이었다고 여겨진다.

(2) 아라야식과 암마라식

원효 사상에 있어 아라야식과 암마라식은 매우 주요한 식으로 다뤄지고 있다. 진망화합식인 아라야식과 달리 자성청정심인 암마라식은 아라야식과 서로 구분되는 의식이다. 원효는 이 둘 사이의 상관성을 해명하기 위해 신해성이란 개념을 원용하고 있다. 만일 이 두 식이 구분되기만 한다면 더 이상 논의의 아무런 진전을 꾀하기 어렵게 된다. 그렇게

---

[265] 元曉, 『涅槃宗要』(『韓國佛教全書』 제1책, p.539중).

되면 부처와 범부의 측면이 상통될 가능성이 사라지기 때문이다. 그러므로 이 두 의식 사이를 매개하는 노력이 요청되는 것이다.

원효가 제시한 일심 본성의 신해성은 바로 이 대목에 대한 고민의 소산에서 비롯된 것으로 보인다. 중생심인 일심을 어떻게 해명하여야 팔식이면서도 구식과 상응하고, 구식이면서 팔식과 상응할 수 있는가. 이러한 물음으로부터 이 두 의식 사이를 관통하는 지름길이 열릴 수 있게 될 것이다. 마치『대승기신론』의 심생멸문과 심진여문이 보여주는 이문 일심의 구도에서처럼 원효는 일심을 역동적이고 영묘하게 해명하고 있다.

> 이 식이란 다만 일심의 수연문 내에 원리(理)와 사태(事)가 둘이 아니고 오직 하나의 신려神慮인 점에서 일식一識이라고 이름한 것이니, 이 아라야식의 몸체에 각覺과 불각不覺의 두 뜻이 함유되어 있기 때문에 '이 식에 두 가지 뜻이 있다'고 한 것이다. 이리하여 심心은 넓고 식識은 좁은 것이니, 이문二門 내의 식을 포함하고 있기 때문이다.[266]

불교의 목표는 '번뇌가 있는 의식을 전환시켜 번뇌가 없는 지혜를 얻는 것(轉識得智)'이 목표이다. 여기서 식은 전오식과 제6식과 제7식과 제8식을 의미한다. 수행을 통해 전오식前五識은 성소작지成所作智로, 제6식은 묘관찰지妙觀察智로, 제7식은 평등성지平等性智로, 제8식은 대원경지大圓鏡智로 전환하는 것이 유식唯識의 수행위이다. 여기서

---

[266] 元曉,『大乘起信論疏記會本』권2(『韓國佛教全書』제1책, p.747하).

대원경지는 진식으로서 불지佛智이자 불심佛心이 된다. 때문에 심은 의미가 넓고 식은 의미가 좁은 것이다. 제8아라야식이 제9암마라식인 자성청정심으로 전환하는 것도 같은 맥락이다.

이것은 『십권능가경』에서 "여래장이 바로 아라야식이니, 칠식과 함께 나는 것을 전멸상이라 한다"는 말과 같다. 따라서 전상轉相이 아라야식에 있음을 알 수 있다. 자진상自眞相이란 『십권능가경』에서 "중진中眞을 자상自相이라 이름한다" 하였으니, 본각심本覺心이 허망한 연緣에 의뢰하지 않고 본성이 스스로 신해神解함을 자진상自眞相이라 하는 것이며, 이는 불일의문不一義門에 의하여 말한 것이다. 또 무명의 바람에 따라서 생멸을 일으킬 때 신해神解한 성질이 본심과 다르지 않기 때문에 또한 자진상이라 이름하게 된 것이니, 이는 불이의문不異義門에 의하여 말한 것이다.[267]

'심지가 멸한 것이 아니다'라는 것은 신해神解의 성질을 심지心智라고 이름하는 것이며, 위의 글에서 지성智性은 무너지지 않는다고 한 것과 같으니, 이는 자상自相의 멸하지 않는 뜻을 밝힌 것으로, 나머지 글도 알 수 있을 것이다.[268]

원효가 주로 의지한 『십권능가경』에 따르면 본각의 마음이 허망한 인연에 의지하지 않고 본성이 스스로 신해함을 자진상自眞相이라고

---

[267] 元曉, 『大乘起信論』 권上(『韓國佛敎全書』 제1책, p.70하중).
[268] 元曉, 『大乘起信論疏記會本』 권4(『韓國佛敎全書』 제1책, p.767중).

한다. 원효는 이 '자진상'을 '심지心智'라고 규정하며 이것을 지성智性과 연결시킨다. 그러면서 신해하는 성품은 사라지지 않는다고 말한다. 이처럼 원효는 사라지지 않는 신해성의 의미를 일심에 부여함으로써 일심과 일심지원 사이를 유연하게 이어가고 있다.

따라서 원효가 말하는 일심 본성의 신해성은 본각의 마음 본성이 스스로 신해하며 그 신해의 의미가 제8아라야식에만 한정되지 않고 제9암마라식으로까지 지향하고 있음을 보여주고 있다. 그리하여 원효는 일심의 역동성과 신해성을 통해 『대승기신론』의 8식설과 『금강삼매경』의 9식설을 윤활시키고 있다. 그 결과 원효는 종래의 해석과 달리 일심에 역동성과 신해성의 의미를 부여함으로써 일심 이해의 외연을 확장시켰다고 할 수 있다.

4) 정리와 맺음

원효의 일심학은 『대승기신론』의 일심-이문의 구조를 적극적으로 원용하면서 구축되었다. 그는 진망화합식眞妄和合識으로 규정하는 『대승기신론』의 아라야식 정의에 묶여 있지 않았다. 오히려 원효는 이 아라야식을 대원경지大圓鏡智의 진식眞識으로만 이해하는 유식가의 아라야식 이해와 달리 진망화합식으로 해명하는 이 논서의 일심 구조를 적절히 활용하고 있다. 때문에 그의 일심 이해는 매우 역동적이고 탄력적이다.

이러한 역동성과 탄력성은 일심을 해맑고 깨끗한 모습(心眞如門)과 때 묻고 물들은 모습(心生滅門) 두 측면으로 파악하는 『대승기신론』의 이원 구조에서 비롯된 것이다. 범부와 부처의 경계를 갈라 보느냐

함께 보느냐를 고민했던 원효 역시 일심을 제8식으로만 한정하지 않고 제9식으로까지 열어두고 있다. 그 근거는 바로 그가 부여하는 일심의 역동성과 신해성에 기초한다.

원효는 이 '일심의 몸체를 본각本覺으로 규정하고, 무명에 따라서 움직여 생멸을 일으키기 때문에 여래장如來藏이라고 한다'면서 일심을 여래장과 연결시키고 있다. 이를 위해 그는 '영묘하게 이해함' 혹은 '신령스럽게 알아차림'이란 뜻을 지닌 신해의 표현을 사용하고 있다. 그리하여 원효는 자신의 일심 이해의 지평에 '신해神解' 혹은 '신해성神解性'의 의미를 끌어들여 종래의 일심 이해에 탄력성을 부여하고 있다. 원효는 무정물을 취하지 않는 보신불의 속성 위에서 신해성을 설명하고 있다. 이것은 원효의 일심은 진여의 변화의 의미를 드러낸 것이면서도, 한편으로는 생멸심의 불변의 의미를 드러낸 것이라는 점을 보여주는 대목이다. 원효는 진여의 불변의 측면이 아닌 진여의 변화의 측면과 생멸의 변화의 측면이 아닌 생멸의 불변의 측면을 설명하기 위해 신해성의 개념을 원용하였다.

결국 원효가 말하는 일심 본성의 신해성은 본각의 마음 본성이 스스로 신해하며 그 신해의 의미가 제8아라야식에만 한정되지 않고 제9암마라식으로까지 나아가고 있음을 보여주고 있다. 그리하여 원효는 일심의 역동성과 신해성을 통해 『대승기신론』의 8식설과 『금강삼매경』의 9식설을 윤활시키고 있다. 그 결과 원효는 종래의 해석과 달리 일심에 역동성과 신해성의 의미를 부여함으로써 일심 이해의 외연을 확장시켰다고 할 수 있다.

2. 본각의 결정성

–분황芬皇 원효元曉 본각本覺의 결정성決定性 탐구–

1) 문제와 구상

불교의 깨침 혹은 깨달음은 어떤 것일까? 고타마 붓다가 얻은 '자내증自內證'은 분황 원효(芬皇[269] 元曉, 617~686)의 일심(神解性)과 본각(決定性)과 어떻게 이어질 수 있을까? '언어의 길이 끊어지고', '마음의 작용이 사라진' 붓다의 깨침 또는 깨달음을 우리는 과연 온전히 이해할 수 있을까? 붓다 역시 스스로 깨친 법에 대해 말하기를 주저하였다. "내가

---

[269] 高榮燮, 「분황 원효의 평화 인식」, 『한국불교학』 제62집, 한국불교학회, 2012. 2. 주1) 참고. 고승은 법호와 법명을 아울러 쓴다. 법호는 흔히 1) 주석 산 이름(攝山僧朗, 天台智顗 등), 2) 주석 사찰 이름(慈恩玄奘, 西明文雅(圓測), 淨衆無相 등], 3) 지명 이름(曹溪慧能, 迦智道義 등), 4) 별호(牧牛子知訥, 無衣子慧諶), 5) 자신의 사상적 키워드 원용(圓通均如), 6) 속성 원용(杜順, 馬祖 등) 7) 교리 원용(鏡虛惺牛 등), 8) 기타 등에 의해 명명한다. 의천은 시 到盤龍山延福寺禮普德聖師飛方舊址(大覺 國師文集 권19, HD4, p.563b. "飛方靈迹瞻南地, 舊隱遺蹤禮此間, 浮石芬皇曾問道, 慨然長想未知還")에서 '원효'를 '芬皇'으로 '의상'을 '浮石'으로 명명한 적이 있다. 또 그는 皇龍寺와 高仙寺 등에도 머물렀지만 의천은 유독 '분황사'에 주석하는 원효성사를 추모하여 祭芬皇寺曉聖文을 지었고, 또 兄王인 고려 숙종에게 주청하여 이곳 분황사에 「芬皇寺和諍國師碑」(大覺國師文集 권16, HD4, p.455a)도 세웠다. 이것은 원효가 머문 사찰 중 특히 분황사를 그의 대표적인 주석 사찰로 인증한 것이며 의천은 '芬皇'을 法號로 명명하였다. 또 일연 역시 '芬皇之陳那(『三國遺事』 권3, 「興法」 '元宗興法 猒髑滅身' 조목)'라는 표현을 통해 원효를 '芬皇寺'에 머무는 인도논리학의 대가인 '陳那'(보살의 後身으)로 칭송하고 있다. 동양의 전통에서 尊長·尊賢 先賢·先哲 등의 銜字를 함부로 부르지 않는다는 점을 고려하여 논자는 논문 내에서 법명인 원효와 법호인 '분황'을 혼용할 것이다.

얻은 바른 법(正法)은 너무나도 깊고 미묘하여 비록 저들을 위하여 설명하더라도 저들은 반드시 그것을 알아듣지 못할 뿐 아니라 도리어 어지러움을 느낄 것이니, 나는 차라리 잠자코 있어 법을 설하지 않으리라."[270] 붓다는 자신의 깨달음이 너무나 그윽하여 갈애와 무명에 찌든 중생들에게는 도저히 그의 가르침이 전달될 수 없다고 생각하였다.[271] 그러자 범천은 붓다에게 다가와 깨친 법을 설하기를 권하고 청하였다. "오직 바라건대 세존이시여! 때를 보아 법을 베푸소서. 지금 이 중생들은 업장이 엷고 모든 감각기관은 영리하고 공경하는 마음이 있어 교화하기 쉽습니다. 그리고 뒷세상에서 구제할 수 없는 죄를 두려워하여 모든 악한 법을 멸하고 착한 도를 나게 해 주시기를 바라나이다."[272] 하지만 붓다는 범천의 권청을 받아들이지 않았다. 그러자 범천은 거듭 권하고 청하였다. "세존이시여! 만일 세존께서 설법하시지 않는다면 이 세상은 무너질 것입니다. 그것은 참으로 가엾은 일입니다. 오직 원컨대 세존께서는 지금 곧 설법하시어 저 중생들로 하여금 악한 세계로 떨어지지 않게 하소서."[273] 붓다는 범천이 재삼 권하고 청하자 부처의 눈으로 세계를 관찰한 뒤에, 중생들을 가엾이 여겨 감로의 법문을 펴고 있다. 붓다가 감로의 법문인 이제二諦의 도리와 무이無二의 중도를

---

[270] 『長阿含經』 제1분, 「대본경」 제1(『高麗藏』 제17책, p.813중; 『大正藏』 제1책, p.8하).
[271] 高榮燮, 『불교경전의 수사학적 표현』(경서원, 1996; 2003), p.88.
[272] 『長阿含經』 제1분, 「대본경」 제1(『고려장』 제17책, p.813중; 『대정장』 제1책, p.8중).
[273] 『長阿含經』 제1분, 「대본경」 제1(『고려장』 제17책, p.813하; 『대정장』 제1책, p.8하).

설한 것처럼, 원효 역시 일심一心의 신해성과 본각本覺의 결정성 개념을 통해 깨침 혹은 깨달음에 대해 해명하고 있다

이 경전은 전법을 단념하고 싶을 정도로 번민하는 붓다의 뇌리 속을 보여주고 있다. 동시에 범천의 권청이 얼마나 처절하였는지도 보여주고 있다. "오직 바른 법이 있어서 여래는 스스로 깨달아 평등한 깨달음을 성취하셨으니, 여래께서는 그것을 마땅히 공경하고 존중하며 받들어 섬기고 공양하시며 그것에 의지해 살아가셔야 할 것이옵니다."[274] 범천은 재삼 권하고 청하면서 '그것을' 공경하고 존중하며 받들어 섬기고 공양하시며 그것에 의지하여 살아가야 한다는 '다짐'까지 요청하고 있다. 이것은 당시의 종교계에서 바른 종교의 출현이 얼마나 절실하게 요청되고 있었던가를 극화劇化한 것으로 볼 수가 있다.[275] 뒤집어 말하면 당시 종교의 대표적인 유형이었던 바라문교와 일반사상계의 교설이 얼마나 형이상학적이고 번쇄하며 비현실적이었는지를 읽을 수 있는 부분이기도 하다.[276] 그러면 동아시아 사상계의 길항 속에서 사상적 통합을 모색한 원효의 고뇌는 무엇이었을까?

붓다가 깨친 바른 법(正法)은 십이연기와 사성제, 즉 연기법과 중도행이었다. 이 중도행은 이론적 중도인 십이연기설과 실천적 중도인 팔정도를 통일시키는 사성제라는 하나의 체계를 이루며, 고락苦樂중도와 자작타작自作他作중도, 단상斷常중도와 유무有無중도 및 일이一異중도

---

274 『雜阿含經』 제44; 1188경(『고려장』 제18책, p.1153상; 『대정장』 제2책, p.322상).
275 불교교양교재편찬위원회편, 『불교학개론』(서울: 동국대학교출판부, 1984), p.49.
276 高榮燮, 앞의 책, p.90.

의 흐름으로 실천적 중도를 꿰고 있다.[277] 이러한 중도에 대해 원효는 『중론』과 『십이문론』 등의 이론적 중도와 『유가론』과 『섭대승론』 등의 실천적 중도를 아우르는 『대승기신론』과 『금강삼매경』 등의 해석을 통해 일심一心의 신해성神解性과 본각本覺의 결정성決定性 개념으로 확립하고 있다. 그리하여 그는 이론적 중도인 십이연기설과 실천적 중도인 팔정도를 통일시키는 사성제를 아울러 꿰어 일심一心과 일심지원一心之源의 개념으로 깨침 혹은 깨달음에 대해 해명하고 있다. 종래의 선행연구에서는 이런 탐구가 거의 없었으므로 논자는 원효에게서 깨침 또는 깨달음이 어떤 것인지, 그리고 어떤 의미를 지니고 있는지, 나아가 붓다의 자내증과 어떻게 이어지는지에 대해 살펴보기로 한다.

2) 본각의 청정성
(1) 의혹과 사집의 제거

붓다의 입멸 이후 불자들은 붓다의 깨달음이 무엇인지, 그리고 그의 가르침이 무엇인지에 대해 다양한 해석을 해왔다. 경전들은 각기 붓다의 자내증이 무엇인지를 명료하게 설하거나 암시해 주고 있지만 후인들은 이것을 제대로 파악하지 못하였다. 때문에 『금강삼매경』에서 '법이 한 가지만 있다고 말한다(說法有一)'면 '아지랑이를 물로 착각하는 것과 같아서 모두가 허망한 것'이고, '법이 없는 것이라고 본다(見於法無)'면 '맹인이 해가 없다고 하는 뒤집힌 견해와 같아서 그 법이 거북의 털과 같다고 말하는 것'[278]이라고 하였다.

---

277 이중표, 『아함의 중도체계』(서울: 불광출판부, 1991), p.73.
278 元曉, 『金剛三昧經論』 권하(『한불전』 제1책, p.663중).

『금강삼매경』의 언급처럼 붓다의 깨달음인 정법正法을 바르게 이해하지 못한 이들은 '법이 한 가지만 있다'는 상견常見과 '법이 없다'는 단견斷見에 떨어지고 말았다. 고구려와 백제와 신라 삼국이 통일전쟁의 막바지에 들어서고 있을 때, 원효는 역사의식과 시대정신을 가진 사상가로서 붓다의 가르침에 대해 명료하게 풀이를 통해 당시 사람들의 상견과 단견의 그릇된 견해를 넘어서게 하고 있다.

그릇된 견해(邪解)가 비록 많지만 크게 그릇된 것(大邪)에는 두 가지가 있으니, 매우 심오한 교법에 의하여 말 그대로 뜻을 취하여 스스로 궁극적인 것이라고 여기니 교화하기 어렵다. 첫째는 부처님께서 움직임과 고요함이 둘이 아니라(動靜無二)고 말씀하신 것을 듣고서 곧 이것은 하나로서(便是謂一) 일실一實이며 일심一心이라고 생각하여, 이로 말미암아 진제 속제의 도리(二諦道理)를 비방하는 것이다. 둘째는 부처님께서 공과 유의 두 가지 문(空有二門)에 대하여 말씀하신 것을 듣고서 두 가지 법이 있고(計有二法) 일실은 없다(而無一實)고 헤아려서, 이로 말미암아 둘이 없는 중도(無二中道)를 비방하는 것이다. 이 두 가지 그릇된 견해는 약을 복용하다가 병을 이룬 것이니, 치료하기가 매우 어렵다.[279]

분황 원효는 사람들의 두 가지 그릇된 견해를 '동정動靜이 둘이 아니라'고 하면 곧 이것을 하나라고 생각하여 '이제二諦의 도리'를 부정하는 견해와 '공유空有의 두 교문'에 말한 것을 듣고서는 곧 둘이 없다고

---

279 元曉,『金剛三昧經論』권하(『한불전』제1책, p.663중하).

헤아려서 '무이無二의 중도'를 비방하는 견해로 정리한다. 다시 말해서 원효는 사람들의 그릇된 견해는 치우친 '단정'과 경직된 '고집'에 근거하여 붓다의 가르침인 이제의 도리와 무이의 중도를 비방하는 것이라고 역설한다. 그리고 이들 두 가지 그릇된 견해는 '약을 복용하다가 병을 이룬 것이니(服藥成病) 치료하기가 매우 어렵다(甚難可治)'고 분명하게 비판하고 있다.

이미 원효는 『대승기신론』에서 "중생으로 하여금 의혹을 제거하고(除疑) 잘못된 집착을 버리게 하여(捨邪執), 대승에 대한 바른 믿음을 일으켜(起大乘正信) 부처의 종자(佛種)가 끊어지지 않게 하고자 한 까닭이다"는 '귀경게歸敬偈'의 풀이에서 자신의 진리관을 보여주고 있다. 즉 그는 "중생이 길이 생사의 바다에 빠져 열반의 언덕에 나아가지 못하는 까닭은 다만 의혹과 사집 때문이다"고 전제한다. 그런 뒤에 원효는 의혹을 없애기 위한 방법을 제시한다.

> 의혹을 널리 논하자면 많은 방법이 있다. 대승을 구하는 자의 의혹에는 두 가지가 있으니, 첫째는 법체를 의심하는 것(疑法體)으로 이것은 발심에 장애가 되며, 둘째는 교문을 의심하는 것(疑敎門)으로 이것은 수행에 장애가 되는 것이다. 법체를 의심하는 것은 '대승의 법체가 하나인가 여럿인가?' 하는 것이며, 교문을 의심하는 것은 여래가 세운 교문이 많으니 '어느 문에 의하여 처음 수행을 시작할 것인가?' 하는 것이다.[280]

---

[280] 元曉, 『大乘起信論疏』 권하(『한불전』 제1책, p.701중).

법체를 의심하면 대승의 법체가 하나인가 여럿인가를 의심하게 된다. 만일 법이 하나라면 다른 법체가 없는 것이 되고, 다른 법이 없기 때문에 모든 중생이 없을 터이니 보살은 누구를 위하여 넓은 서원을 일으킬 것인가 반문하게 된다. 또 만일 법체가 여럿이라면 이것은 일체가 아닌 것이고, 일체가 아니기 때문에 상대와 내가 각기 다를 것이다. 이렇게 되면 어떻게 동체의 대비를 일으킬 수 있겠는가. 이러한 의혹 때문에 발심에 장애가 되는 것이다.[281]

또 교문을 의심하면 여래가 세운 교문은 많은데 어느 문에 의하여 처음 수행을 시작할 것인가 의심하게 된다. 만일 다 함께 그 많은 문들을 의지해야 한다면 어느 것을 버리고 어느 것에 나아가야 하는가. 이러한 의심 때문에 수행에 장애가 된다. 이 때문에 원효는 이러한 두 가지 의심을 제거하기 위하여 일심법一心法을 세워 두 가지 교문敎門을 열었다[282]고 하였다. 그는 또 사집을 버리는 것에 대해서는 인집과 법집의 두 가지를 버리는 것에 대해 말하고 있다.

> 사집邪執을 버린다는 것에는 두 가지의 삿된 집착이 있으니, 인집人執과 법집法執을 말하는 것이다.[283]

즉 오온이 화합하여 이루어진 몸에 상일성常一性과 주재성主宰性을 지닌 실아實我가 있다고 주장하는 집착과 객관적 물심物心 현상을

---

281 元曉, 『大乘起信論疏』 권하(『한불전』 제1책, p.701중).
282 元曉, 『大乘起信論疏』 권하(『한불전』 제1책, p.701중).
283 元曉, 『大乘起信論疏』 권하(『한불전』 제1책, p.701하).

실재인 것처럼 잘못 알고 고집하는 집착이다. 일체의 삿된 집착은 개별 실체로서 대승을 처음 배우는 이가 일으키는 '내가 있다는 견해(我見)', 즉 아집我執에서 비롯된다. 여기에는 '인간에게 내가 있다는 견해(人我見)'와 '세계에 내가 있다는 견해(法我見)', 즉 법집法執이 있다. 인아견을 떨쳐내기 위해서는 공空에 대한 잘못된 집착에서 벗어나야 하고, 유有에 대한 그릇된 인식에서 벗어나야 한다.

이승이 일으키는 법아견, 즉 일체법이 각기 체성이 있다는 계탁을 떨쳐 내기 위해서는 오음법은 자성이 나지 않는 것이고, 멸함도 없으며, 본래 열반이라는 것을 아는 것이다. 이러한 삿된 집착에 의해 그릇된 견해를 지니게 되는 것이다. 때문에 원효는 두 가지 의혹과 두 가지 사집을 끊어내야만 모든 것의 근거인 일심과 일심一心의 원천으로 돌아갈 수 있다 역설하고 있다.

붓다가 법체法體를 의심하여 발심에 장애가 되고 교문敎門을 의심하여 수행에 장애가 되는 '의혹疑惑'과, 동정動靜이 둘이 아니라고 하면 곧 이것을 하나라고 생각하여 이제二諦의 도리를 부정하고 공유空有의 두 교문에 말한 것을 듣고서는 곧 둘이 없다고 헤아려서 무이無二의 중도를 비방하는 '사견邪見'을 경계한 것도 이 때문이다.

따라서 분황 원효에게 일심은 자기 철학의 구심점이자 자기 사상의 원심점이라고 할 수 있다. 그는 일심의 신해성을 통해 구심의 아마라식으로 수렴해 가고, 일심지원인 본각의 결정성을 통해 원심의 아라야식으로 확산해 가려 하였다. 그것은 두 가지 의혹과 두 가지 사집의 제거를 통해 궁극적으로 도달하는 곳이라 할 수 있다.

(2) 결정성의 함의

분황 원효는 『대승기신론소』에서 일심一心의 영묘성靈妙性을 '신해지성神解之性', 즉 '신해성神解性'이란 개념으로 해명하였다. 반면 자성청정심, 즉 아마라식의 체는 제8아라야식과 동일하지만(體同) 그 뜻은 제8아라야식과 구별된다(義別)고 풀었다.[284]

그런데 『금강삼매경』에서는 '결정성決定性'[285]이란 용어로 본각, 즉 제9아(암)마라식의 본성을 설명하고 있다. 경전에서는 '결정성'과 '결정성지決定性地'[286] 또는 '결정처決定處'[287]와 '결정요의決定了義'[288] 혹은 '결정실제決定實際'[289]라는 개념을 곳곳에서 사용하고 있다. 경전에서 거듭 사용하고 있는 '결정성'이란 '결정의 본성'을 가리킨다. 경전에서는 "진실한 법상(實法相)은 부처가 지은 것도 아니고(非佛所作), 부처가 있거나 부처가 없거나(有佛無佛) 그 성질이 스스로 그러한 것(性自爾)"이라고 설하고 있다.

분황 원효는 『경』에서 "각의 이익을 얻은 것은 불가사의하다"고 한 것에 대해 "이미 오는 것도 없고 이르는 것도 없어서 본래 적정하기

---

284 遁倫, 『瑜伽論記』 권1상(『韓佛全』 제2책, p.410중하). 이것은 元曉의 八識九識論에 대한 遁倫의 평가이다. "新羅元曉法師云 自性淸淨心, 名爲阿摩羅, 與第八阿賴耶識, 體同義別."
285 元曉, 『金剛三昧經論』 권중(『한불전』 제1책, p.614상); 원효, 『金剛三昧經論』 권중(『한불전』 제1책, p.623상중).
286 元曉, 『金剛三昧經論』 권중(『한불전』 제1책, p.633상).
287 元曉, 『金剛三昧經論』 권중(『한불전』 제1책, p.623상).
288 元曉, 『金剛三昧經論』 권중(『한불전』 제1책, p.675중).
289 元曉, 『金剛三昧經論』 권중(『한불전』 제1책, p.607중하).

때문"이라고 하였다. 동시에 "이미 본각의 이익을 얻어서 자신을 이롭게 하고 남을 이롭게 하기 때문에 큰 보살마하살이다"고 하였다. 그는 다시 『경』에서 "모든 각은 결정성을 훼손하지도 않고 무너뜨리지도 않으니, 공도 아니고 공이 아닌 것도 아니어서 공함도 공하지 아니함도 없다"고 한 것에 대해 "'결정성'이라는 것은, 진여의 자성은 파괴될 수 없는 것으로서 자성이 스스로 그러함을 말한 것이다. '훼손하지 않는다'고 한 것은 유有의 상을 취하여 공空을 손상하지 않는 것이고, '무너지지 않는다'고 한 것은 무無의 자성을 계탁하여 진眞을 손상하지 않는 것이니, 결정성을 훼손하거나 무너뜨리지 않는 것을 말한다"[290]고 하였다.

또 『경』에서 "저 모든 경계는 자성이 본래 결정성이니, 결정성의 근본은 처하는 곳이 없다"[291]고 한 구절에 대해 분황 원효는 "'자성이 본래 결정성(性本決定)'이라고 한 것은 본래 있지 않기 때문에 공의 상이 아님을 밝힌 것이며, '처하는 곳이 없다(無有處所)'고 한 것은 공이 있는 것이 아니기 때문에 공이 없는 것이 아님을 밝힌 것이다"[292]고 하였다. 이처럼 원효는 '공의 상이 아님(非空相)'과 '공이 없는 것이 아님(非無空)'을 통해 본각의 이익에 대해 본각, 즉 암마라식의 결정성과 관련시켜 해명해 가고 있다.

원효는 『금강삼매경론』의 '본각' 개념과 『대승기신론』의 '일심' 개념을 자신의 사유를 떠받치는 주요 개념으로 원용하고 있다. 그리하여

290　元曉, 『金剛三昧經(論)』 권중(『한불전』 제1책, p.631중하).
291　元曉, 『金剛三昧經(論)』 권중(『한불전』 제1책, p.631하).
292　元曉, 『金剛三昧經(論)』 권중(『한불전』 제1책, p.632상).

본각의 결정성과 일심의 신해성 개념을 통해 자신의 깨침 혹은 깨달음에 대한 정의와 의미를 담아내고 있다. 그리고 이 '일심의 몸체를 본각本覺으로 규정하고 무명에 따라서 움직여 생멸을 일으키기 때문에 여래장如來藏이라고 한다'면서 일심을 여래장과 연결시키고 있다.

따라서 일심과 본각 사이의 관계를 해석해 주는 '결정성'은 원효의 마음 이해를 해명하는 길잡이가 될 것으로 보인다. 동시에 '일심'과 '일심지원' 사이의 관계를 해명해 주는 '신해성'은 원효의 일심 개념을 이해하는 마중물이 될 것으로 보인다.

(3) 일심과 팔식의 전의

분황 원효는 『금강삼매경론』과 『대승기신론소·별기』 및 『보살영락본업경소』와 『열반경종요』 등에서 깨달음의 정의와 의미를 '일심의 신해성'과 함께 '본각의 결정성'으로 해명하고 있다. 그에게 있어 일심의 신해지성神解之性이 일심一心과 일심지원一心之源 사이의 '역동성' 혹은 '영묘성'이라면, 본각의 결정성지決定性地는 있는 곳이 없는 처소(無在之處)인 일심과 본래 적정한 일심지체一心之體를 나타낸다.

즉 원효는 존재함이 없는 처소는 오직 일심一心이고, 본래 적정한 일심의 몸체가 곧 '결정성의 경지'라고 하였다. 여기서 본각은 암마라식唵摩羅識이며, 본각을 얻는다는 것은 본각에 들어간다는 뜻이다. 그리고 본각에 들어갈 때는 모든 여덟 가지 식이 본래 적멸함을 깨닫는다. 깨달음이 완전해졌기 때문에 모든 식이 일어나지 않으니, 이 때문에 모든 식이 적멸하여 일어남이 없다고 하는 것이다.

원효는 세존이 「무생행품」에서 '일어남이 없는 법'을 설해 마친 뒤의 세 가지 게송에 대해 '법法'과 '비유(喩)'와 '합合'으로 분석하여 해설하고 있다. 그는 『경』에서 대중들이 붓다의 말씀을 듣고 나서 모두 '일어남이 없는 무생의 반야(無生般若)를 얻었다'는 구절에 대해 "일체의 유정은 시작도 없는 때로부터 무명의 긴 밤에 들어가 망상의 큰 꿈을 지으니, 보살이 관을 닦아 무생을 얻을 때에 중생이 본래 적정하여 다만 본각일 뿐임을 통달하여, 일여一如의 침상에 누워 이 본각의 이익으로써 중생을 이롭게 한다"고 하였다.

여기서 유정有情은 중생의 다른 이름이며, 일여一如란 진여의 이치는 평등하고 차별이 없기 때문에 붙여진 이름이다. 즉 절대 유일의 '일一'과 다르지 않기에(不異) '여如'라고 하였다. 진여의 세계에서는 중생과 부처의 가명이 없어지고, 평등한 자성 가운데 자타의 형상이 없음을 가리킨다.

원효는 '무생의 행'에 의해 본각을 이해할 수 있어야 일체를 널리 교화할 수 있다고 하였다. 그는 관행을 따로 밝힌 여섯 부분 가운데에서 세 번째의 본각의 이익에 대해 1) '움직임으로 인하여 고요함을 밝혀서 본각의 종체'를 대략 나타낸 뒤, 2) '미세한 것으로부터 드러난 것에 이르기까지 본각의 이익의 뜻'을 널리 설명한다. 그리고 나서 원효는 '움직임으로 인하여 고요함을 밝혀서 본각의 이익의 종체를 대략 나타낸 것'에 대해 1) 본각의 이익을 널리 밝히고, 2) 게송으로써 찬송하였으며, 3) 당시의 대중이 이익을 얻은 것이라고 하였다.

다시 그는 1) 몸의 이동에 의해 본각의 이익을 나타내고, 2) 말의 왕복으로 인하여 본각의 이익을 나타내며, 3) 빛을 발하여 본각의 이익을 찬송하고 있다. 이어 원효는 무주보살은 비록 본각은 본래 일어나 움직임이 없음을 깨달았으나 적정에 머물지 않고서 항상 널리 교화함을 일으키니, 그 공덕에 의하여 명칭을 세운 것으로 풀고 있다. 동시에 "머무름이 없는 공덕이 본각의 이익에 계합하기 때문에 이 사람으로 인하여 그 종체를 나타낸 것"이라고 하였다.

경론에서 본각의 이익은 주로 「본각리품」에서 다뤄지고 있으며 그 내용은 일심의 신해성에 상응하는 본각의 결정성 개념을 중심으로 제시되고 있다. 이 품에서는 원효의 깨달음에 대한 인식이 깊게 자리 잡고 있는 『대승기신론소·별기』의 일심의 신해성과 『금강삼매경론』의 본각의 결정성 개념이 그가 인식하는 깨달음의 정의와 의미임을 잘 보여주고 있다. 원효는 이 '결정성'의 개념을 특히 4지智와 8식識과의 관계 속에서 해명하고 있어 주목된다.

『경』에서 "자성에는 각이 없으니, (이 사실을) 깨달으면 각이 된다. 선남자야, 각이 없음을 깨달아 알면 모든 식이 곧 (근원에) 들어가니, 어찌한 까닭인가? 금강지(大圓鏡智)의 경지에서 해탈도로 끊고, 끊고 나서 머무름이 없는 경지에 들어가 출입함이 없어서, 마음의 처소가 있지 아니하니, 결정성의 경지이기 때문이다. 그 경지는 청정하여 맑은 유리와 같고, 자성이 항상 평등하여 저 대지와 같고, 깨달아 묘하게 관찰함은 지혜로운 햇빛과 같고, 이익이 이루어져 근본을 얻음은 큰 법의 비와 같다. 이 지혜에 들어가는 것은 부처님 지혜의 경지에 들어가는 것이니, 지혜의 경지에 들어가면 모든 식이 일어나지 않는다"[293]고 하였다.

---

293 元曉, 『金剛三昧經(論)』 권중(『한불전』 제1책, p.632중하).

이에 대해 원효는 "'자성에 각이 없으니 깨달으면 각이 된다'고 한 것은 시각始覺이 원만한 것을 나타낸 글(始覺圓滿章)이고, '각이 없음을 깨달아 알면 모든 식이 곧 (근원에) 들어간다'고 한 것은 모든 식이 일어나지 않는 것을 나타낸 글(諸識不生章)"[294]이다. 또 그는 "자성에는 각이 없다'고 한 것은 공한 자성 가운데 단지 식이 없을 뿐만 아니라 또한 시각이 없음을 말하지만, 각이 없는 이치를 깨달아 알면 시각의 지혜가 된다. 그러므로 '깨달으면 각이 된다'고 한 것이다. 시각이 원만할 때에 여덟 가지 식이 일어나지 않으니, 각이 없음을 깨달음에 따라 모든 식이 없어지기 때문이며, 궁극을 깨달음에 따라서 마음의 근원에 돌아가기 때문이다. 그러므로 '모든 식이 곧 (근원에) 들어간다'고 한 것이다"[295]고 하였다.

원효는 다시 또 『경』에서 "열반에 상주하는 것은 열반에 묶이는 것이니, 어찌하여 그러한가? 열반은 본래 각의 이익이고, 각의 이익은 본래 열반이며, 열반의 깨달음의 분량은 곧 본각의 분량이다"[296]고 한 것에 대해, "불변의 깨달음이 있어서 열반에 머무른다고 한다면 곧 이것은 집착으로서 열반에 속박되는 것이니, 어떻게 상주하는 것이 해탈이 될 수 있겠는가?"라고 되묻고 있다. 그는 또 "'암마라唵摩羅에 들어간다'는 것은 일심의 체가 두 변을 떠나서 이 마음의 근원에 돌아가기 때문에 '들어간다'고 하였다. 이처럼 머무름이 없어야지 해탈을 얻으니, 열반에 머물면 속박을 벗어나지 못한다"[297]고 하였다.

---

294 元曉, 『金剛三昧經論』 권중(『한불전』 제1책, p.632하).
295 元曉, 『金剛三昧經論』 권중(『한불전』 제1책, p.632하).
296 元曉, 『金剛三昧經(論)』 권중(『한불전』 제1책, p.634중).

또 『경』에서는 무주보살이 본각의 이익에 대하여 말하였다. "불가사의합니다. 생각이 일어나지 않음을 깨달아 그 마음이 편안하고 태연한 것은 바로 본각의 이익입니다. 그 이익은 움직임이 없어서 항상 존재하여 없어지지 않지만 없어지지 않는 데에 있는 것도 아니며, (깨달음이) 없는 것이 아니나 깨달음이 있는 것도 아닙니다. 깨달음이 없음을 아는 것이 본래의 이익이며 본래의 깨달음이니, 깨달음이라는 것은 청정하여 더러움이 없으며, 변화하지 않고 바뀌지 않으니, 결정성이기 때문입니다. 불가사의합니다."[298]

이에 대해 원효는 "깨달음이 없는 도리를 알면 시각이 본각과 다르지 않다는 것을 알기 때문에 '깨달음이 없음을 아는 것이 본래의 이익이며 본래의 깨달음이다'[299]고 하였다. 그리고 "이와 같이 완전히 깨달아 아는 사람은 무명이 가리우는 것을 멀리 떠나기 때문에 '청정하고 더러움이 없다'고 하였으니, '청정하다'는 것은 본래 깨끗하기 때문이고, '더러움이 없다'는 것은 이제 더러움을 떠났기 때문이다. 영구히 생주이멸生住異滅이 없기 때문에 변화하지 않고 바뀌지 않는다. '바뀌지 않는다'는 것은 생生·주住가 없기 때문이고, '변화하지 않는다'는 것은 이異·멸滅이 없기 때문이다. 만일 이와 같이 된다면 곧 진제眞際와 같아지고 법성法性과 같아지기 때문에 '결정성이다'고 하였으며, 이미 똑같이 평등하여 언설을 떠나고 사려를 끊었기 때문에 '불가사의不可思

---

297 元曉, 『金剛三昧經論』 권중(『한불전』 제1책, pp.634~635상하).
298 元曉, 『金剛三昧經論』 권중(『한불전』 제1책, p.636하).
299 元曉, 『金剛三昧經論』 권중(『한불전』 제1책, p.637상).

議'하다 하였다"[300]라고 풀었다.

이처럼 원효는 일심의 '신해지성神解之性'과 본각의 '결정본성決定本性'을 대비시키며 본각의 이익에 대해 해명하고 있다. 따라서 이들 일심의 신해성과 본각의 결정성의 두 개념은 모두 깨달음에 대한 그의 인식을 보여주는 주요한 용어라고 할 수 있다.

3) 본각의 결정성
(1) 일심과 본각

원효는 『대승기신론』의 정의처럼 일심一心을 중생심으로 보고 있다. 그의 지향은 '일심의 원천으로 돌아가는 것(歸一心源)'과 '중생을 풍요롭고 이익되게 하는 것(饒益衆生)'에 있었다. 그리고 이 둘을 화회시키기 위한 매개항(和諍會通)을 설정하여 '일심의 원천으로 돌아가게 함으로써' 궁극적으로는 '중생들이 그들 스스로를 풍요롭고 이익되게 하는 것'에 있었다. 여기에서 화쟁·회통, 즉 화회는 일심의 근원으로 돌아가는 주체와 풍요롭게 이익되게 하는 주체를 중생들 스스로에게 되돌려주는 매개항이다.

이러한 '주체의 회복'은 『대승기신론』의 심진여문과 심생멸문의 근거로서 일심을 이해하는 분황의 인식 속에서 이미 확인되고 있다. 그의 오도송悟道頌은 이러한 점을 극명하게 드러내 주고 있다. 분황은 어젯밤 잠자리의 '해맑고 깨끗한 마음의 측면'과 오늘밤 잠자리의 '물들고 때 묻은 마음의 측면'의 대비를 통해 깨달음을 얻었다. 그 결과

---

300 元曉, 『金剛三昧經論』 권중(『한불전』 제1책, p.637상).

마음의 두 모습을 아우르는 '우주적 마음'인 '일심'의 발견을 통해 그는 새롭게 태어났다. 그러면 분황이 역설한 일심법一心法에 대해 살펴보기로 하자.

원효는 일심을 여래장이라 하고 아라야식이라고 하였다. 다시 이것을 일심의 생멸문을 나타낸 것이라고 하였다. 그리고 이 생멸문에는 두 가지 뜻이 있으니 하나는 각覺의 뜻이요, 다른 하나는 불각不覺의 뜻이라고 하였다. 그러면서 이 식은 생멸심만을 취해서 생멸문을 삼는 것이 아니라, 생멸자체와 및 생멸상을 통틀어 취하여 모두 생멸문 안에 둔다는 뜻을 밝히고 있음을 알아야 한다고 역설한다.

처음 중에 '일심법에 의하여 두 가지 문이 있다'는 것은, 『능가경』에서 "적멸이라는 것은 일심이라 이름하며, 일심이란 여래장이라 이름한다"고 말한 것과 같다. 이 『기신론』에서 심진여문心眞如門이라고 한 것은 곧 저 『능가경』의 '적멸이라는 것은 일심이라 이름한다'함을 해석한 것이며, 심생멸문心生滅門이라고 한 것은 『능가경』 중의 '일심이란 여래장을 이름한다'고 한 것을 해석한 것이다. 왜냐하면 일체법은 생함도 없고 멸함도 없으며 본래 적정하여 오직 일심일 뿐인데, 이러한 것을 심진여문이라고 이름하기 때문에 '적멸이란 일심이라 이름한다'고 한 것이다.[301]

불생불멸不生不滅이란 위에서의 여래장을 말하며, 이 생멸하지 않는

---

301 元曉, 『大乘起信論別記』本(『韓佛全』 제1책, p.679중); 『大乘起信論疏記會本』 권1(『韓佛全』 제1책, p.741상중).

마음이 움직여서 생멸을 일으켜 서로 버리거나 여의지 않음을 '더불어 화합한다'고 이름하니, 이는 아래의 글에서 '마치 큰 바닷물이 바람에 의하여 물결이 일어나지만 물의 모양(水相)과 바람의 모양(風相)이 서로 버리거나 여의지 아니함과 같다'고 하고 내지 널리 설한 것과 같다. 이 중에서 바닷물의 움직임은 풍상風相이요, 움직일 때의 젖어 있는 것은 수상水相이다. 바닷물 전체가 움직이므로 바닷물이 풍상을 여의지 않았고, 움직이는 것마다 젖어 있지 않음이 없기 때문에 움직이는 물결이 수상을 여의지 않는다. 마음도 이와 같아서 생멸하지 않는 마음 전체가 움직이기 때문에 마음이 생멸상을 여의지 않고, 생멸의 상이 영묘한 알음알이(神解)가 아닌 것이 없기 때문에 생멸이 심상心相을 여의지 아니하는 것이니, 이와 같이 서로 여의지 않기 때문에 '더불어 화합한다'고 이름하는 것이다.[302]

원효는 마치 큰 바닷물이 바람에 의해 생멸의 물결이 일어나듯이 마음도 이와 같이 생멸하지 않는 마음 전체가 움직이기 때문에 생멸상을 여의지 않고, 생멸상이 신령스런 이해(神解) 아닌 것이 없다고 말한다. 그리하여 생멸이 심상을 여의지 않기 때문에 더불어 화합하며, 여래장 역시 생멸이 심상을 여의지 않기 때문에 더불어 화합하여 불생불멸한다고 풀이하고 있다.

또한 이렇게 물듦을 따르는 마음이 내지 유전하여 생멸하는 의식의 상태를 짓지만, 신묘하게 이해(神解)하는 본성은 결코 잃지 않는다.[303]

---

302 元曉, 『大乘起信論疏』 권上(『韓佛全』 제1책, p.707하).

그는 마음이 생멸상을 여의지 않는 것은 생멸하지 않는 마음 전체가 움직이기 때문이며, 생멸이 심상心相을 여의지 않는 것은 생멸의 상이 영묘한 이해(神解)가 아닌 것이 없기 때문이라고 파악하고 있다. 해서 신묘하게 이해하는 본성은 결코 사라지지 않는 것으로 보고 있다.

물듦을 따라 동요하는 마음이 비록 세 가지 속성에 통하긴 하여도 신묘하게 이해(神解)하는 본성은 또한 잃지 않나니, 그래서 이를 보신불의 속성이라 말하는 것이다. 단지 법신불의 속성이 일체 유정 무정에 두루한 것과 구별하기 위함이니, 이 때문에 보신불의 속성에서는 무정물을 취하지 않는 것이다.[304]

원효는 신묘하게 이해하는 본성을 담장(墻)과 벽(壁), 기와(瓦)와 돌(石) 등과 같이 인식, 사유, 판단 능력을 갖추고 있지 못한 무정물을 취하지 않는 보신불報身佛의 속성 위에서 신해성을 설명하고 있다. 그 근거는 일체 유정과 무정에 두루하는 법신불의 속성과 구별하기 위함이라고 하였다. 보신불의 속성에 의거해서 일심의 신해성을 이해하는 것은 일심이 진여의 변화의 의미를 드러낸 것이면서도, 한편으로는 생멸심의 불변의 의미를 드러낸 것이라는 점을 보여주는 대목이다. 원효는 진여의 불변의 측면이 아닌 진여의 변화의 측면과 생멸의 변화의 측면이 아닌 생멸의 불변의 측면을 설명하기 위해 일심의 신해성의 개념을 원용하였던 것이다.

---

303 元曉, 『涅槃宗要』(『韓佛全』 제1책, p.538하).
304 元曉, 『涅槃宗要』(『韓佛全』 제1책, p.539중).

이 일심의 신해성은 본각의 결정성의 개념과 함께 일심과 본각을 이어주면서도 이 둘과는 섞일 수 없는 것이다. 아마도 이것은 당시 동아시아 사상계의 동향으로 볼 때 원효는 진망화합식인 아라야식의 진여적 측면만이 아니라, 아라야식의 생멸적 측면의 불변의 측면까지 부각시킬 필요가 있다고 여겼기 때문이었을 것으로 짐작된다.

(2) 본각의 이익

일찍이 붓다는 "연기법'은 내가 만든 것도 아니요, 또한 다른 사람이 만든 것도 아니다. 그러므로 그것은 여래가 세상에 나오거나 세상에 나오지 않거나 법계法界에 항상 머물러 있다. 저 여래는 이 법을 스스로 깨닫고 바른 깨달음을 이룬 뒤에 모든 중생들을 위하여 분별하고 연설하고 개발하여 드러내 보이신다"[305]고 하였다. 이 연기법은 『금강삼매경』의 '결정성', 즉 '진실한 법상(實法相)'에 상응하는 개념이라고 할 수 있다.

분황은 『대승기신론소』에서 일심一心의 영묘성靈妙性을 '신해지성神解之性', 즉 '신해성神解性'이란 개념으로 해명하였다. 그것은 일심의 체는 제8아라야식과 동일하지만 일심의 뜻은 제9암마라식과 연속된다는 의미로 푼 것이었다.[306] 그런데 『금강삼매경』에서는 '결정성'이란 용어로 본각, 즉 제9암마라식의 본성을 설명하고 있다. 경전에서는 '결정성決定性', '결정성지決定性地' 혹은 '결정처決定處' 또는 '결정요의決定了義' 및 '결정실제決定實際'라는 말을 곳곳에서 사용하고 있다.

---
305 『雜阿含經』제12; 299경(『고려장』제18책, p.826상; 『대정장』제2책, p.85중).
306 高榮燮, 「元曉 一心의 神解性 연구」, 『불교학연구』제20호, 불교학연구회, 2008.

경전에서 거듭 사용하고 있는 '결정성'이란 '결정의 본성'을 가리킨다.

경전에서는 "진실한 법상(實法相)은 부처가 지은 것도 아니고(非佛所作), 부처가 있거나 부처가 없거나(有佛無佛) 그 성질이 스스로 그러한 것(性自爾)"이라고[307] 설한다. 이 경전에서는 '결정의 본성', 즉 "이 결정성은 동일하지도 차이나지도 않으며(不一不異), 단절되는 것도 아니고 상주하는 것도 아니며(不斷不常), 들어가는 것도 아니고 나오는 것도 아니며(不入不出), 생하는 것도 아니고 멸하는 것도 아니니(不生不滅), 모든 네 가지 비방(四謗)을 떠나서 언어의 길이 끊어진 것이다"[308]고 하였다.

또 경전에서는 '진실한 법상'을 일컫는 결정의 본성(決定本性)은 본래 움직임이 없는 것(本無有動)이라고 하였다. 다시 또 "모든 부처님과 여래는 항상 일각一覺으로써 모든 식을 전변시켜 암마라唵摩羅에 들어가게 한다."[309] 왜냐하면 "모든 중생은 본래 깨달았으니, 항상 일각으로써 모든 중생을 깨우쳐 저 중생들로 하여금 모두 본각本覺을 얻게 하고, 모든 정식情識은 공적하여 일어남이 없음을 깨닫게 하기" 때문이다.[310]

해서 원효는 "본각本覺은 바로 암마라식이며, '모든 중생은 본래 깨달았다'는 것은 바로 본각의 뜻이고, '모든 정식이 적멸하여 일어남이 없음을 깨달았다'고 한 것은 바로 시각始覺의 뜻으로서 이것은 시각이 곧 본각과 같음을 나타낸 것이다"[311]고 하였다. 이것은 "시각이 깨닫는

---

307 元曉, 『金剛三昧經(論)』 권상(『한불전』 제1책, p.609하).
308 元曉, 『金剛三昧經(論)』 권중(『한불전』 제1책, p.625중).
309 元曉, 『金剛三昧經(論)』 권중(『한불전』 제1책, p.630하).
310 元曉, 『金剛三昧經(論)』 권중(『한불전』 제1책, p.630하).

대상이 적멸寂滅임을 해석한 것이며, 비록 모든 여덟 가지 식이 연에 따라서 움직여 전변한 것이지만 결정성을 추구하면 모두 얻을 것이 없으니, 그러므로 '결정의 본성은 본래 움직임이 없다'고 한 것이며, 본래 움직임이 없기 때문에 본래 적멸한 것이다"[312]고 하였다.

원효는 경전에서 거듭되는 '결정성'은 '증득하는 도의 항상 고요한 상을 설명한 것'이며 '그 상은 진제眞際와 동일하고 법성法性과 같다'고 하였다. 여기서 진제란 진여실제眞如實際의 줄임말이다. 상대와 차별의 상을 단절하여 평등 일여의 진여법성을 나타내는 이체理體를 가리킨다. '육바라밀은 모두 본각의 이익을 얻어서 결정성에 들어간다'는 경문에 대해서는 "육바라밀을 비로소 닦아서 모두 본각과 같아지고, 본각이 드러나서 본각의 이익이 행하여지기 때문에 여래장에 들어가니, 그 자성은 본래 적정하여 시작도 없고 끝도 없으며 바뀌거나 전변함이 없다"[313]고 푼다. 나아가 그는 "붓다가 있거나 붓다가 없거나 법성은 항상 그러하기 때문"에 결정성이라고 한다.

법성은 우주의 일체 현상이 갖추고 있는 진실 불변의 본성이자 모든 법의 진실한 체성을 의미한다. 이것은 진여법성眞如法性, 진법성眞法性, 진성眞性이라고도 한다. 분황은 결정성이란 "진여의 자성은 파괴될 수 없는 것으로서 자성이 스스로 그러함을 말한 것이다"[314]고 하였다. 경전에서 "저 모든 경계는 자성이 본래 결정성이니, 결정성의 근본은

---

311 元曉, 『金剛三昧經論』 권중(『한불전』 제1책, p.631상).
312 元曉, 『金剛三昧經論』 권중(『한불전』 제1책, p.631상).
313 元曉, 『金剛三昧經論』 권상(『한불전』 제1책, p.621하).
314 元曉, 『金剛三昧經(論)』 권상(『한불전』 제1책, p.609하).

처하는 곳이 없다"[315]고 설하는 것에 대해 원효는 "자성이 본래 결정성'이라고 한 것은 본래 있지 않기 때문에 공의 상이 아님을 밝힌 것이며, '처하는 곳이 없다'고 한 것은 공이 있는 것이 아니기 때문에 공이 없는 것이 아님을 밝힌 것이다"[316]고 하였다.

경전에서 거듭 반복되는 '결정성'은 때로는 '결정성지'와 '결정처', '결정요의'와 '결정실제'로 해명되고 있다. 모두가 '모든 부처의 지혜의 경지(諸佛智地)'인 진실한 법상에 들어가는 것을 일컫지만, 더러는 '법이 참으로 없는 것임을 증득하는 것'을 가리킨다. 또 '결정처'는 '결정성에 들어가 초연히 세간을 벗어나 막힘이 없이 해탈하였으니, 해탈의 상은 상도 없고 행도 없으며, 움직임도 없고 혼란함도 없어서 적절한 열반이지만, 또한 열반이라는 상을 취하지 않는다'고 하였다. 그리고 '결정요의'는 '가장 깊고 가장 지극하여 덧붙일 수 없음'을 나타내고자 하였다. 이렇게 보면 이들 개념은 표현만 조금씩 다를 뿐 모두 '결정성', 즉 본각本覺을 일컫는 개념이라고 할 수 있다.

자성自性에는 각覺이 없으니 (이 사실을) 깨달으면 각이 된다. 선남자야, 각이 없음을 깨달아 알면 모든 식이 곧 (근원에) 들어간다. 왜냐하면 금강지(대원경지)의 경지에서 해탈도로 끊고, 끊고 나서 머무름이 없는 경지에 들어가 출입함이 없어서, 마음의 처소가 있지 아니하니, 결정성決定性이기 때문이다. 그 경지는 청정하여 맑은 유리와 같고, 자성이 항상 평등하여 저 대지와 같고, 깨달아

---

315 元曉, 『金剛三昧經(論)』 권중(『한불전』 제1책, p.631하).
316 元曉, 『金剛三昧經(論)』 권중(『한불전』 제1책, p.632상).

묘하게 관찰함은 지혜로운 햇빛과 같고, 이익이 이루어져 근본을 얻음은 큰 법의 비와 같다. 이 지혜에 들어가는 것은 부처님 지혜의 경지에 들어가는 것이니, 지혜의 경지에 들어가면 모든 식이 일어나지 않는다."[317]

원효는 각이 없는 자성에 대한 경전의 설명에 대해 "존재함이 없는 처소는 오직 일심一心이고, 일심의 체는 본래 적정寂靜하기 때문에 '결정성의 경지(決定性地)'"라고 하였다. 그는 "일심이 나타날 때에 여덟 가지 식이 모두 전의轉依하기 때문에 이때에 네 가지 지혜(四智)가 원만하여진다"[318]고 하였다. 원효는 네 가지 지혜에 의해 그 이유를 해명하고 있다.

왜냐하면 곧 이 일심一心이 어둠을 떠나 밝음을 이루어 밝고 청정하여 비추지 않는 영상이 없기 때문이다. 그러므로 '그 경지는 청정하여 맑은 유리와 같다'고 말하였으니, 이것은 대원경지大圓鏡智의 뜻을 나타낸 것이다. 곧 이 일심은 이변을 멀리 떠나서 자타를 통달하여 평등하여 둘이 없다. 그러므로 '자성이 항상 평등하여 저 대지와 같다'고 말하였으니, 이것은 평등성지平等性智의 뜻을 나타낸 것이다. 이와 같은 일심은 관찰하는 바가 없기 때문에 모든 법의 문에 대해서 관찰하지 않음이 없다. 그러므로 '깨달아 묘하게 관찰함이 지혜로운 햇빛과 같다'고 하였으니, 이것은 묘관찰지妙觀察智의 뜻

---

317 元曉, 『金剛三昧經(論)』 권중(『한불전』 제1책, p.632하).
318 元曉, 『金剛三昧經論』 권중(『한불전』 제1책, p.633상).

을 밝힌 것이다. 이와 같이 일심은 작위하는 바가 없기 때문에 다른 사람을 이롭게 하는 일을 짓지 않는 바가 없다. 그러므로 '이익이 이루어져 근본을 얻음이 큰 법의 비와 같다'고 하였다. 비가 만물을 적셔서 열매를 이루게 하는 것처럼 이 지혜도 다른 사람을 이롭게 하는 일을 이루어 본각을 얻게 하니, 이것은 성소작지成所作智의 뜻을 밝힌 것이다. 네 가지 지혜가 이미 원만해졌으니, 이것이 시각이 원만한 것이다."[319]

이것은 일심이 나타날 때 팔식의 전의를 통해 네 가지 지혜가 원만하여지는 까닭에 대한 해명이다. 경전에서는 '본각의 이익(本覺利)'이란 "생각이 일어나지 않음을 깨달아 그 마음이 편안하고 태연한 것"이며, "그 이익은 움직임이 없어서 항상 존재하여 없어지지 않지만 없어지지 않는 데에 있는 것도 아니고, (깨달음이) 없는 것이 아니나 깨달음이 있는 것도 아니며, 깨달음이 없음을 아는 것(覺知無覺)이 본래의 이익(本利)이며 본래의 깨달음(本覺)이니, 깨달음이라는 것은 청정하여 더러움이 없으며, 변화하지 않고 바뀌지 않으니, 결정성이기 때문이며 불가사의하다"[320]고 하였다.

이에 대해 원효는 "만일 이와 같이 된다면 곧 진제眞際와 같아지고 법성法性과 같아지며, 이미 똑같이 평등하여 언설을 떠나고 사려를 끊었기 때문에 불가사의하다"[321]고 하였다. 그는 "앞의 모든 글에서

---

319 元曉, 『金剛三昧經(論)』 권중(『한불전』 제1책, p.636중).
320 元曉, 『金剛三昧經(論)』 권중(『한불전』 제1책, p.636하).
321 元曉, 『金剛三昧經論』 권중(『한불전』 제1책, p.637상).

'항상 결정성이기 때문이다'고 말하였는데 무엇 때문에 이 가운데에서는 '결정성이 없다'고 하였는가? 하고 되물은 뒤, 이것은 서로 어긋나지 않으니, 왜냐하면 결정성이 없다는 뜻(無決定義)은 개정됨이 없다는 것이기 때문(無改定故)이다"[322]고 하였다.

이 경전에 거듭 사용하는 '결정성'의 개념과 분황이 『논』에서 거듭 해명하는 '결징성'의 개념 사이에는 어떠한 연속성이 보인다. 경전에서 일심에 대해 네 구절로 해명하는 구조나 논서에서 그것을 사지四智로 배대하여 풀어내는 구조도 긴밀하게 상응하고 있다. 이러한 관점은 경전과 원효와의 친연성을 전제로 하고 있기 때문일 수도 있을 것이다. 그런데 이 경전과 논서 사이에는 친연성 이상의 어떠한 유기적 연속성이 보이고 있다.

선학들의 주장대로 이 경전이 신라에서 성립되었고, 그 편찬의 주체가 분황 원효 등이라고 한다면[323] 그 역시 이 용어를 진중하게 선택했을 것으로 이해된다. 경전에서 거듭되는 '결정성'에 대한 풀이와 일심과 팔식의 전의轉依 구조로 풀어가는 과정은 교리적으로나 텍스트적으로나 나아가 컨텍스트적으로나 매우 친밀해 보인다. 이것을 원효의 글쓰기 스타일에서 비롯된 것이라고만 볼 수는 없을 것이다. 따라서 이 문제는 좀 더 연구를 진전해 보면 그 해답을 찾을 수 있을 것이다.

---

322 元曉, 『金剛三昧經論』 권중(『한불전』 제1책, p.639상).
323 金煐泰, 「新羅에서 成立된 金剛三昧經」, 『불교학보』 제25집, 동국대 불교문화연구원, 1988.

(3) 신해성과 결정성

분황 원효의 사유체계에서 일심의 신해성과 본각의 결정성은 아라야식과 암마라식의 관계와 성격을 보여주는 주요 개념으로 다뤄지고 있다. 진망화합식인 아라야식과 달리 자성청정심인 암마라식은 아라야식과 서로 구분되는 의식이다. 원효가 이 둘 사이의 상관성을 해명하기 위해 일심의 신해성과 본각의 결정성이란 개념을 원용하고 있다. 만일 이 두 식이 구분되기만 한다면 더 이상 논의의 아무런 진전을 꾀하기 어렵게 된다. 그렇게 되면 부처와 범부의 측면이 상통될 가능성이 사라지기 때문이다. 그러므로 이 두 의식 사이를 매개하는 노력이 요청되는 것이다.

원효가 제시한 일심 본성의 신해성과 본각의 결정성은 바로 이 대목에 대한 고민의 소산에서 비롯된 것으로 보인다. 중생심인 일심을 어떻게 해명하여야 팔식이면서도 구식과 상응하고 구식이면서 팔식과 상응할 수 있는가. 이러한 물음에서부터 이 두 의식 사이를 관통하는 지름길이 열릴 가능성이 모색될 수 있을 것이다. 해서『대승기신론』의 심생멸문과 심진여문이 보여주는 이문 일심의 구도에서처럼 원효가 일심을 역동적이고 영묘하게 해명하고 있다.

또 이 일심一心의 체體가 본각本覺이지만 무명에 따라서 움직여 생멸을 일으키기 때문에, 이 생멸문에서 여래의 본성이 숨어 있어 나타나지 않는(隱而不顯) 것을 여래장이라 이름한 것이다. 이는『능가경』에서 말하기를 "여래장이란 선과 악의 원인으로서 일체의 취생趣生을 두루 잘 일으켜 만든다. 비유하자면 환술사(伎兒)가

여러 가지 취(諸趣)를 변화시켜 나타내는 것과 같다"고 한 것과 같다.[324]

일심은 본디 그 몸체가 본각이지만 무명에 따라 생멸심을 일으켜 여래장이 된다. 해서 여래장은 일심의 생멸문에서 여래의 본성(如來之性)이 숨어 있어 드러나지 않는(隱而不顯) 것이다. 이 때문에 여래장은 선과 악의 원인으로서 일체의 취생을 두루 잘 일으켜 만드는 주체이기도 하다. 그러므로 여래장은 일심의 숨은 생멸심인 것이다. 여기서 주목할 것은, 일심의 생멸문이 여래장이지만 생멸문은 생멸심만이 아니라 생멸자체와 생멸상을 통틀어 취하여 생멸문 안에 두기 때문에 여래장이라는 것이다. 그렇다면 여래장 안에는 생멸심과 생멸자체와 생멸상이 포함되어 있는 것이다.

이러한 뜻이 생멸문에 있기 때문에 그래서 '일심이란 여래장이라 이름한다'고 하였다. 이는 일심의 생멸문을 나타낸 것으로, 아래 글에서 '심생멸이란 여래장에 의하기 때문에 생멸심이 있으며……' 라고 하고, 이어 '이 식에 두 가지 뜻이 있으니 첫째는 각의 뜻이고, 둘째는 불각의 뜻이다'라고 말한 것과 같다. 그러니 다만 생멸심만을 취해서 생멸문을 삼는 것이 아니라, 생멸자체와 및 생멸상을 통틀어 취하여 모두 생멸문 안에 둔다는 뜻임을 알아야 할 것이다. 두 문이 이러한데 어떻게 일심이 되는가? 더러움과 깨끗함(染淨)의

---

[324] 元曉, 『大乘起信論別記』本(『韓佛全』 제1책, p.679중); 『大乘起信論疏記會本』 권1(『韓佛全』 제1책, p.741상중).

모든 법은 그 본성이 둘이 없어, 진실함과 망녕됨(眞妄)의 두 문이 다름이 있을 수 없기 때문에 '일一'이라 이름하며, 이 둘이 없는 곳이 모든 법 중의 실체인지라 허공과 같지 아니하여 본성이 스스로 신해神解하기 때문에 '심心'이라고 이름함을 말한 것이다.[325]

원효는 일심이 지니고 있는 더러움과 깨끗함은 본성이 다르지 않고 진실함과 망녕됨이 다를 수 없기 때문에 '일一'이라고 한다고 전제한다. 그러면서 이 둘이 없는 곳이 모든 법 중의 실체인지라 허공과 같지 아니하여 본성이 스스로 신해하기 때문에 '심心'이라고 한다고 역설한다. 염정과 진망이 다르지 않기 때문에 '일'이며, 이 둘이 없는 곳이 모든 법의 실체이므로 허공과 같지 아니하여 본성이 스스로 신해하기 때문에 '심'인 것이다. 이러한 일심의 신해성에 대해 그는 『본업경소』에서도 언급하고 있다.

마음이라고 말하는 것은 본성(自相)의 마음이 스스로 신해神解하기 때문에 '심'이라고 일컫는다.[326]

원효가 일심의 '본성이 스스로 신해하다'고 한 것은 '심'의 영묘성을 절묘하게 드러내는 표현이다. 그러면 '영묘하게 이해하는 '심'의 속성은

---

[325] 元曉, 『大乘起信論別記』本(『韓佛全』 제1책, p.679중); 『大乘起信論疏記會本』 권1(『韓佛全』 제1책, p.741상중).
[326] 元曉, 『本業經疏』 권下(『韓佛全』 제1책, p.511상). "所言心者 謂自相心(心想)神解爲性."

'일심인 본성'인가, 아니면 '일심의 원천'인가. 원효는 이 일심을 진여의 불변의 의미보다는 오히려 생멸심의 불변의 의미로 환원시킨다. 그리하여 생멸의 상이 영묘한 이해가 아닌 것이 없기 때문에 생멸이 심상을 여의지 않는 것이라고 말한다.

> 이 식이란 다만 일심의 수연문 내에 원리(理)와 사태(事)가 둘이 아니고 오직 하나의 신려神慮인 점에서 일식一識이라고 이름한 것이니, 이 아라야식의 몸체에 각覺과 불각不覺의 두 뜻이 함유되어 있기 때문에 '이 식에 두 가지 뜻이 있다'고 한 것이다. 이리하여 심心은 넓고 식識은 좁은 것이니, 이문二門 내의 식을 포함하고 있기 때문이다.[327]

불교는 '번뇌가 있는 의식을 전환시켜 번뇌가 없는 지혜를 얻는 것(轉識得智)'을 목적으로 한다. 여기서 식은 전오식과 제6식과 제7식과 제8식을 의미한다. 수행을 통해 전오식前五識은 성소작지成所作智로, 제6식은 묘관찰지妙觀察智로, 제7지는 평등성지平等性智로, 제8지는 대원경지大圓鏡智로 전환하는 것이 유식唯識의 수행위이다. 여기서 대원경지는 진식으로서 불지佛智이자 불심佛心이 된다. 이 때문에 일심이 아라야식이기는 하지만 일심은 의미가 넓고 아라야식은 의미가 좁은 것이다. 제8아라야식이 제9암마라식인 자성청정심으로 전환하는 것도 같은 맥락이다.

---

327 元曉, 『大乘起信論疏記會本』 권2(『韓佛全』 제1책, p.747하).

이것은 『십권능가경』에서 "여래장이 바로 아라야식이니, 칠식과 함께 나는 것을 전멸상이라 한다"는 말과 같다. 따라서 전상轉相이 아라야식에 있음을 알 수 있다. 자진상自眞相이란 『십권능가경』에서 "중진中眞을 자상自相이라 이름한다" 하였으니, 본각심本覺心이 허망한 연緣에 의뢰하지 않고 본성이 스스로 신해神解함을 자진상自眞相이라 하는 것이며, 이는 불일의문不一義門에 의하여 말한 것이다. 또 무명의 바람에 따라서 생멸을 일으킬 때 신해神解한 성질이 본심과 다르지 않기 때문에 또한 자진상이라 이름하게 된 것이니, 이는 불이의문不異義門에 의하여 말한 것이다.[328]

'심지가 멸한 것이 아니다'라는 것은 신해神解의 성질을 심지心智라고 이름하는 것이며, 위의 글에서 지성智性은 무너지지 않는다고 한 것과 같으니, 이는 자상自相의 멸하지 않는 뜻을 밝힌 것으로 나머지 글도 알 수 있을 것이다.[329]

원효가 『대승기신론』 주석 등에서 자주 의거한 『십권능가경』에 따르면 본각의 마음이 허망한 인연에 의지하지 않고 본성이 스스로 신해함을 자진상이라고 한다. 분황은 이 '자진상自眞相'을 '심지心智'라고 규정하며 이것을 지성智性과 연결시킨다. 그러면서 신해하는 성품은 사라지지 않는다고 말한다. 이처럼 원효는 사라지지 않는 신해성의 의미를 일심에 부여함으로써 일심과 일심지원 사이를 유연하게 이어가고 있다.

---

328 元曉, 『大乘起信論』 권上 (『韓佛全』 제1책, p.70하중).
329 元曉, 『大乘起信論疏記會本』 권4(『韓佛全』 제1책, p.767중).

또 분황은 결정성이란 "진여의 자성은 파괴될 수 없는 것으로서 자성이 스스로 그러함을 말한 것이다"[330]고 하였다. 경전에서 "저 모든 경계는 자성이 본래 결정성이니, 결정성의 근본은 처하는 곳이 없다"[331]고 설하는 것에 대해 원효는 "'자성이 본래 결정성'이라고 한 것'은 본래 있지 않기 때문에 공의 상이 아님을 밝힌 것이며, '처하는 곳이 없다'고 한 것은 공이 있는 것이 아니기 때문에 공이 없는 것이 아님을 밝힌 것이다"[332]고 하였다. 결정성은 결정의 본성이자 본각이 지니고 있는 본성이다.

따라서 원효가 말하는 일심 본성의 신해성은 본각의 마음 본성이 스스로 신해하며, 그 신해의 의미가 제8아라야식에만 머무르지 않고 제9암마라식까지 나아가고 있음을 보여주고 있다. 그리고 본각의 결정성은 공의 상이 아님과 공이 없는 것이 아님을 밝힘으로써 자성이 본래 결정성임을 밝히고 있다. 그리하여 그는 일심의 신해성과 본각의 결정성을 통해 『대승기신론』의 8식설과 『금강삼매경』의 9식설을 윤활시키고 있다. 그 결과 분황은 종래의 해석과 달리 일심의 신해성과 본각의 결정성을 원용하여 의미를 부여함으로써 일심 이해의 지형을 확장시켰다.

4) 정리와 맺음

붓다가 깨친 바른 법(正法)은 십이연기와 사성제, 즉 연기법과 중도행이

---

330 元曉, 『金剛三昧經(論)』 권상(『한불전』 제1책, p.609하).
331 元曉, 『金剛三昧經(論)』 권중(『한불전』 제1책, p.631하).
332 元曉, 『金剛三昧經(論)』 권중(『한불전』 제1책, p.632상).

었다. 이 중도행은 이론적 중도인 십이연기설과 실천적 중도인 팔정도를 통일시키는 사성제라는 하나의 체계를 이룬다. 이들 중도의 흐름을 다시 꿰어낸 분황 원효는 『중론』과 『십이문론』 등의 이론적 중도와 『유가론』과 『섭대승론』 등의 실천적 중도를 아우르는 『대승기신론』과 『금강삼매경』 등의 해석을 통해 일심一心의 신해성神解性과 본각本覺의 결정성決定性 개념으로 깨침 혹은 깨달음에 대해 해명하고 있다. 그리하여 그는 이론적 중도인 십이연기설과 실천적 중도인 팔정도를 통일시키는 사성제를 아울러 꿰어 일심一心과 일심지원一心之源의 개념으로 깨침 혹은 깨달음에 대해 설명하고 있다.

그런데 원효는 일심과 일심지원을 구분하면서도 이들 사이를 잇는 '신묘한 성질', 즉 신해성을 상정하고 있다. 그는 일심의 '신해성'을 제9아마라식과 제8아라야식을 넘나드는 매개 개념으로 활용하여 팔식설과 구식설 모두를 수용하고 있다. 그 때문에 '일심'과 '일심지원' 사이의 관계를 해명해 주는 '신해성'의 규명은 원효의 일심 개념을 이해하는 길잡이가 되고 있다. 동시에 본각의 결정성 개념 역시 일심 개념을 이해하는 마중물이 되고 있다.

원효는 이 '일심一心의 몸체를 본각本覺으로 규정하고 무명에 따라서 움직여 생멸을 일으키기 때문에 여래장如來藏이라고 한다'면서 일심을 여래장과 연결시키고 있다. 이를 위해 그는 '영묘하게 이해함' 혹은 '신령스럽게 알아차림'이란 뜻을 지닌 신해神解의 표현을 사용하고 있다. 그리하여 원효는 자신의 일심 이해의 지평에 '신해' 혹은 '신해성神解性'의 의미를 끌어들여 종래의 일심 이해에 탄력성을 부여하고 있다. 원효는 무정물을 취하지 않는 보신불의 속성 위에서 신해성을 설명하고 있다. 이것은 진여의 변화의 의미를 드러낸 것이면서도, 한편으로는 생멸심의 불변의 의미를 드러낸 것이라는 점을 보여주는 대목이다.

원효는 진여의 불변의 측면이 아닌 진여의 변화의 측면과 생멸의 변화의 측면이 아닌 생멸의 불변의 측면을 설명하기 위해 일심의 신해성과 본각의 결정성의 개념을 원용하였다. 무엇보다도 원효는 의혹과 사견을 끊어내야만 모든 것의 근거인 일심과 일심一心의 원천으로 돌아갈 수 있다고 역설하고 있다. 그리하여 원효는 자기 철학의 구심점이자 자기 사상의 원심점인 일심의 신해성을 통해 구심의 아마라식으로 수렴해 가고, 일심지원인 본각의 결정성을 통해 원심의 아라야식으로 확산해 나가려 하였다. 따라서 분황 원효는 종래의 해석과 달리 일심의 신해성과 본각의 결정성을 원용하여 의미를 부여함으로써 붓다의 자내증의 다른 표현인 일심 이해의 지형도를 크게 확장시키고 있다.

3. 여래장심과 화엄 일심
-기신의 진망화합심과 화엄의 일심, 그리고 분단시대-

1) 문제와 구상

우리는 20세기 이래 경제와 정치 등으로 인한 남북문제와 동서문제로 심한 갈등과 분열을 경험해 오고 있다. '남북문제'는 경제학에서 '선진 여러 나라와 후진 개발도상국 간의 심한 경제적 격차와 이에 따른 세계경제의 여러 문제'를 일컫는다. 즉 이것은 선진의 여러 나라들이 주로 북반구를 중심으로 위치하고 있는 반면, 후진의 개발도상국들은 주로 남반구에 위치하고 있음을 강조하여 남북문제라고 명명하면서였다. 한편 '동서문제'는 오래 전에 동구라파 측의 사회주의권과 서구라파 측의 자본주의권 사이에서 발생하는 정치, 군사, 경제적인 여러 사상들을 가리켜 일컫던 용어이다

그런데 한민족의 생활무대인 한반도의 남한과 북한에는 종래의 정치와 경제 등으로 인한 남북문제의 분단과 사회주의권과 자본주의권 사이에 발생하는 정치, 군사, 경제적인 여러 사상들로부터 생겨난 동서문제의 분열까지 공존하고 있다. 이러한 남북의 분단과 동서의 분열은 한반도의 물리적인 분단뿐만 아니라 한국인의 존재의 분열과 인식의 분열까지 초래하였다. 그리하여 우리는 일제에서 해방된 이후부터 해방공간의 분열시대와 이승만 정부 이래 현재의 박근혜 정부까지 분단시대를 살아오고 있다.

지난 20세기 이래 우리가 직면하고 있는 존재의 분열과 인식의 분열은 21세기의 한 데케이드(decade)를 넘어선 지금에 이르기까지 여전히 이어지고 있다. 즉 과학과 기술의 발전으로 인한 도구화된 가치관, 자본과 경제의 극성으로 인한 물상화된 인간성, 환경과 생태의 오염으로 인한 파편화된 생명성, 분단으로 인한 민족의 비통함과 종족의 고통감으로 이어지고 있다. 그러므로 이러한 물리적인 분단과 심리적인 분열을 극복하고 상생과 공존으로 우리를 이끌어갈 수 있는 사상적 대안은 과연 어떤 것일까. 21세기의 한 데케이드를 넘어선 지금, 우리에게 분단과 분열을 넘어설 지혜의 활로는 어떠한 사유로부터 열어나가야 할까. 붓다는 개체와 개체 및 개체와 전체가 상호 의존하고 상호 존중하는 지혜의 길을 제안하고 있다. 동시에 붓다는 사물과 사물의 상호 의존을 통한 공존성과 개체와 개체의 상호 존중을 통한 공생성, 즉

상호 의존성(interdependence)과 상호 존중행(interrespect)의 표현으로서 연기와 자비의 인식틀과 정체성을 제시하고 있다.[333] 우리가 서로 의존하며 살아간다는 자각은 서로 존중하며 살아가야 한다는 실천으로 이어진다. 이러한 자각과 실천이 곧 '나'를 살리고 '너'를 살리고 '우리'와 '모두'를 살린다. 그렇다면 이러한 자각은 어떻게 가능한 것일까. 교육과 과학과 기술을 통해서 가능한 것일까. 아니면 다른 어떠한 지혜의 활로를 모색해야만 가능한 것일까.

붓다의 많은 교설 중 특히 화엄사상은 개체와 개체 및 개체와 전체 사이의 관계를 유기적으로 해명해 주고 있다.[334] 마치 저 제석천의 인드라신(帝釋天, Indra)이 사는 거처에서 모든 방향으로 무한히 뻗어 있는 빼어난 그물 속의 반짝반짝 빛나는 보석들이 반사되는 것처럼 상호동일성(相卽, mutual identity)과 상호투영성(相入, mutual inter-causality/entering)으로 이루어지는 '우주적 생태학'을 보여주고 있다. 7세기에 살았던 신라의 분황 원효(芬皇元曉, 617~686)는 화엄사상[335]을 통해 국토의 분단을 치료하고 존재의 분열을 치유하고자 하였다.[336]

---

333 高榮燮, 『연기와 자비의 생태학』(연기사, 2001); 高榮燮, 『불교생태학』(불교춘추사, 2008).

334 특히 화엄의 뜻과 이치를 밝히고 있는 존재의 세 가지 속성(三性)의 동이, 연기의 인因의 여섯 법문, 열 가지 현묘한 연기무애법, 여섯 가지 총체적 모습(六相)의 교리는 존재와 존재 사이의 관계를 구체적으로 설명해 주고 있다.

335 高榮燮, 「원효의 화엄학: 광엄과 보법의 긴장과 탄력」, 『원효학연구』 제5집, 원효학회/원효학연구원, 2000; 高榮燮, 『한국의 사상가 10인: 원효』(예문서원, 2002).

336 高榮燮, 「원효의 통합사상: 민족통합과 불교통합」, 『문학 사학 철학』 제16호, 대발해동양학한국학연구원 한국불교사연구소, 2009.

그가 화엄사상을 통해 제시한 '화엄 일심'인 진심眞心, 즉 여래성기심如 來性起心[337]은 분단시대의 분열을 통일시대의 통합으로 이끌고 나갈 큰마음이었다. 화엄 일심은 망심妄心, 즉 분열되는 마음인 유식 일심과 분열과 통합이 동거하는 진망화합심眞妄和合心, 즉 여래장심을 넘어선 여래성기如來性起의 넓은 마음이었다. 물론 자기 체제를 고수하는 '작은 나(有我)'와 자기 체제를 해체하는 '큰 나(無我)'를 넘어 '더 큰 나(眞我)'의 영역으로 나아가는 것은 수행상에서 얻어지는 가치관이라고 할 수 있다. 하지만 분단의 근본적인 문제와 남북 분단의 현상을 극복하기 위한 대안은 인간 실존의 심리적 내면적 자각과 반성적 통찰을 통한 존재와 인식의 문제로부터 탐색해야만 할 것이다. 이 글에서는 화엄의 상즉상입적 세계관에 기반한 원효의 화엄 일심으로 분단시대의 분열에 대해 진단하고 통일시대의 통합에 대한 처방을 모색해 보고자 한다.

2) 분단시대의 분열과 소원疎遠

한반도를 제외[338]한 세계의 여러 나라들은 오랜 분단의 시대를 거쳐 통합의 시대를 열어가고 있다. 미국과 소련은 제2차 세계대전을 일으킨 주범인 패전국 일본을 강제 분단시키지 못하고 도리어 한반도를 신탁통 치라는 명분 아래 강제 분단시켰다. 이후 한민족은 반세기 이상 동안 이산의 커다란 고통 속에서 살고 있다. 그 결과 오랜 분단을 경험하고 있는 한반도는 지금 마침내 통일을 이루어낸 베트남과 독일을 통일국가

---

337 全海住, 「원효의 화쟁과 화엄사상」, 『한국불교학』 제24집, 한국불교학회, 1998, p.164.
338 본토와 분리되어 있는 대만의 경우는 한반도와는 상황이 다르다.

의 역할모델로 삼아 통일한국[339]을 모색해 가고 있다.

그런데 이와 달리 이웃 강국에 의해 강제 통합된 시대가 너무 길어 다시 분리 독립을 시도해가는 일부의 나라들도 있다.[340] 물론 그 중에는 애초부터 강국에 의한 통합이었기에 그것이 잘못 되었다고 생각하여 분리를 도모하는 나라들도 있다. 또 종족과 문화가 달라 애초부터 분리 독립을 시도하는 나라들도 있다. 뿐만 아니라 과도한 이념을 주입시켜 국민들을 억압하면서 자기 일가의 왕국처럼 분단을 고착화하는 나라도 있다. 이처럼 세계의 여러 분단국가들 대부분은 오랜 갈등 끝에 분단시대를 졸업하였거나 현재형의 새로운 분단을 모색하고 있는

---

[339] 2014 원코리아 유라시아(One-Korea, New-eurasia) 자전거 원정대는 독일 통일의 상징인 브란덴부르크에서부터 15,000Km를 달려 2014년 8월 13일에서 11월 12일까지의 평화대장정을 마치고 한반도 동해항으로 귀국하였다. 11월 16일 일요일 서울 여의도의 民意의 殿堂인 국회 앞마당에서 열린 원정단 귀국 환영 '원코리아 자전거 평화 대장정' 피날레 라이딩 행사에는 자전거 라이더 1만 여명이 동참하였으며 다음날 아침 17일자 〈조선일보〉 1면에는 '통일이 달려왔다'는 기사로 마무리되었다. 아시아와 유럽을 잇는 '뉴라시아'는 21세기의 평화와 번영 및 통합을 상징하는 뉴프런티어로 떠오르고 있다. 한국으로부터 출발하여 중국, 몽골, 러시아, 카자흐스탄을 거쳐 유럽에 이르는 길 위에서 펼쳐지는 이 신개척의 네트워크는 '세계 경제의 새로운 성장 동력'이자 '동서를 아우르는 미래의 평화안보공동체'로 떠오르고 있다.

[340] 영국 연방으로부터 307년 만에 분리 독립하려는 '스코틀랜드'를 비롯하여, 스페인으로부터 분리 독립하려는 '카탈루냐', 중국으로부터 분리 독립하려는 신장성 자치구의 위구르와 서장 자치구의 티베트, 우크라이나에서 분리되어 러시아연방으로 편입된 '발칸반도', 터키로부터 분리 독립하려는 '쿠르드족', 사우디 등의 친미 아랍그룹으로부터 벗어나 이슬람제국을 건설하려는 이슬람 수니파 무장단체인 '이슬람국가(IS)' 등등은 오히려 분리 독립을 모색하고 있다.

것과 달리 한반도는 여전히 '과거형의 분단시대'를 벗어나지 못하고 있다.

이러한 분열 현상은 사회주의권과 자본주의권이라는 동서의 정치적 경제적 분단으로부터 북반구의 선진 여러 나라와 남반구의 후진 개발도상국들 사이의 남북의 정치와 군사 및 경제적 분열로 옮겨가면서 고착되었다. 그 결과 정치와 군사 및 경제에 대한 인식과 이해 차이가 서로를 더욱 더 갈라놓았다.

21세기의 한 계단을 올라선 지금의 동서문제와 남북문제는 보다 다양한 양상을 띠면서 복잡다단해 졌다. 외세의 식민지배와 독립 및 정치 이념에 의해 반세기 가까이 남북으로 분단되었던 베트남과 제2차 세계대전을 일으킨 주범으로서 패전국이 되어 동서로 분열되었던 독일은 결국 자본과 경제의 도전 앞에 자리를 양보하지 않을 수 없었다. 반면 정치와 이념에 의해 반세기 이상 분단된 한반도에서는 북한이 핵무기를 통해 분단을 연장하고 있다. 하지만 결국은 자본과 경제의 도전에 자리를 양보할 수밖에 없게 될 것으로 짐작된다. 비록 자본과 경제의 도전에 의해 통일이 되더라도 분단시대의 분열 현상을 완전히 극복하기 위해서는 통일시대에 걸맞은 통합 이념을 새롭게 제시해야만 한다.

한국의 역사적 경험으로 미루어 볼 때 불교는 통일시대의 통합이념으로서 가장 유력한 사상이 되어 왔다. 신라의 삼국통일과 고려의 후삼국 통일의 사상적 근간은 국가라는 물리적인 경계(界)의 벽과 인식이라는 심리적인 걸림(礙)의 막을 넘어서는 사유체계를 제시한 불교사상에 의해서였다. 그 중에서도 불교의 화엄사상은 존재에 대한 장대한 우주론과 인식에 대한 구체적 실천론으로 삼(사)국의 분단과 존재의 분열을 치유해 준 세계관이었다. 신라의 자장(608~676)과 원효와 의상(625~702)의 화엄사상은 삼(사)국의 분단과 분열의 시대를 치유한 통일과 통합의 원동력이었다.

화엄사상의 기반이 된 유식사상은 존재의 분열과 인식의 분열에 대해 깊이 파고들었다. 우리의 인식과 경험의 저장소인 아뢰야식을 중심으로 하는 식론識論은 범부의 마음과 미혹한 현실세계에 대한 이론적 분석에 치중하였다. 이와 달리 요가 수행을 통해 체험한 내용을 이론화한 유가행瑜伽行은 깨달음으로의 실천적 전환에 집중하였다. 반면 삼성론三性論은 식론과 유가행을 통일적으로 파악하는 사고방식을 제시하였다. 여기서 존재의 세 가지 본성(三性論)의 하나인 변계소집遍計所執의 세계를 의타기依他起로서 인식하는 이론적 측면이 식론이라면, 변계소집에서 원성실성圓成實性으로 전환하는 실천적 측면은 유가행으로 볼 수 있으며, 바로 이런 점에서 삼성론은 불교 유식의 체계를 총체적으로 드러내는 것이라고 할 수 있다.[341]

유가행 유식의 궁극적 지향은 번뇌가 있는 미혹의 인식(有漏識)을 전환시켜 번뇌가 없는 깨침의 지혜(無漏智)를 얻는 것이다. 이를 위해 유가사들은 오랫동안 보살지菩薩地와 성문지聲聞地를 닦아왔다. 유가사들은 자량위(資糧位, 수행의 시작)로부터 가행위(加行位, 수행의 진전), 통달위(通達位, 지혜의 개화), 수습위(修習位, 지혜의 숙성), 구경위(究竟位, 수행의 완수)에 이르는 수행의 과정을 몸소 경험하였다. 동시에

---

[341] 上山春平 외, 『佛敎の思想』, 박태원·이영근, 『불교의 역사와 기본사상』(대원정사, 1989), p.234.

유식 논사들은 세친의 『유식삼십송』의 유식'상相'과 유식'성性'과 유식 '행위行爲'를 유식'경境' - 유식'행行' - 유식'과果'의 체계로 분류342하면 서 이론적 근거를 확보하였다. 보리유지 삼장은 동아시아에 보살지와 성문지의 수행계위와 이론체계를 처음으로 소개하였다.343

원효元曉는 섭론학의 아마라식설에 입각하여 구역 유식을 이해한 뒤, 다시 법상학의 아뢰야식설에 의거하여 신역 유식을 수용하였다.344 이어 그는 일심의 철학을 통해 이 심층의식의 구조와 관계에 대해 해명하였다. 먼저 원효는 『대승기신론』의 일심一心 - 이문二門의 구조를 적극적으로 원용하였다. 그는 일심을 대원경지大圓鏡智의 진식眞識으로만 이해하는 유식가들을 따르지 않았다. 동시에 그는 일심을 진망화합식眞妄和合識으로 파악하는 『대승기신론』의 정의에만 붙들리지도

---

342 世親의 『唯識三十論頌』(『高麗藏』 제17책, p.481)은 『해심밀경』으로부터 『섭대승론』까지 밝혀진 唯識說의 大綱을 30개의 頌으로 정리한 세친의 주요 논저이다. 여기에는 종래의 설에서는 볼 수 없었던 轉變(變異)와 心所의 유식설을 새롭게 추가하여 30개의 頌 안에 압축해 놓고 있다. 전체 30송 중 제1~제24행송까지는 唯識相으로, 제26행송은 唯識性으로, 제26~제30행송은 唯識行爲로 분류한 뒤, 다시 처음의 제24행송 중 처음의 1행 반은 '간략히 唯識相을 변별'하고, 그 다음의 22행 반은 '널리 唯識相을 변별하고 있다. 동아시아 유식학자들은 이 30게송에 저마다 독자적으로 唯識相(境)과 唯識性(行)과 唯識行(果)을 배대함으로써 자신들의 유식관의 차별성을 보여주고 있다. 신라 태현도 『成唯識論學記』에서 유식경 - 유식행 - 유식과의 틀로 자신의 관점을 보여주고 있다.
343 高榮燮, 「동아시아불교에서 원측 유식과 규기 유식의 동처와 부동처」, 『불교학보』 제54집, 동국대학교 불교문화연구원, 2010.
344 이것은 舊譯 三性說의 표현인 '分別性', '依他性', '眞實性'이 그의 『금강삼매경론』에서 新譯 三性說의 표현인 '遍計所執性', '依他起性', '圓成實性'으로 표기되고 있음에서도 확인된다.

III. 일심과 본각의 성격과 특징

않았다. 원효는 오히려 일심을 진망화합식으로 해명하는 『대승기신론』의 구조를 원용하여 망식과 진식 어느 한쪽에 붙들리지 않는 독자적인 일심의 철학을 건립하였다. 그는 부처의 영역과 범부의 영역을 갈라 볼 것인가 함께 볼 것인가에 대해 고민하였다. 결국 원효는 일심을 제8식에만 한정하지 않고 제9식을 향해 열어두었다. 그는 '자성청정심은 제9아마라식이라고 하며 제8아라야식과는 체는 같지만 뜻은 다르다(體同義別)'는 입장을 취하였다. 이것은 원효가 8식설을 지지하면서도 9식설을 아우르고 있음을 보여주는 주요한 지점이다. 그는 8식과 9식 사이에 '성자신해(性自神解)', 즉 성품이 스스로 신령스럽게 알아차리는 역동성과 신해성을 부여하고 있다.[345]

불교사상사가 유식-여래장-화엄의 흐름으로 이어졌듯이, 원효의 통일과 통합의 원동력은 다름 아닌 유식의 일심과 여래장의 진망화합심을 아우르는 여래성기심인 진심, 즉 화엄 일심이었다. 그렇다고 해서 그가 화엄 일심을 유식과 여래장보다 우위에 있다고 인식한 것으로 단정할 수만은 없다. 원효는 망식과 진식이 동거하는 일심, 즉 진망화합심의 지평 위에서 자신의 일심철학을 구축하였기 때문이다. 그가 의지한 일심은 『대승기신론』의 일심이지만 이것은 망식이 남아 있는 유식의 일심과 진심, 즉 여래성기심인 화엄의 일심을 아우르는 진망화합식으로서의 일심이다. 그는 망식이 아직 남아 있는 유식의 일심에 머무르지 않았을 뿐만 아니라 여래의 청정심만이 존재하는 화엄의 일심에도 머무르지 않았다. 유식의 일심에 머무르면 아직 망식이 남아 있음으로

---

[345] 高榮燮, 「삼국유사 인문학 遊行 39: 분황 원효가 일심의 철학을 전개한 까닭은」, 『삼국유사 인문학 遊行』, 2013.

수행의 완성에 이를 수 없고, 이미 망심이 사라진 화엄의 일심에 머무르면 더 이상 수행을 하지 않으려는 것을 경계하고 수행과 완성이 동거하는 진망화합식의 기신 일심에서 자신의 철학을 구축하였다.[346]

원효가 파악한 화엄 일심은 아직 망식이 남아 있는 유식 일심과 진식과 망식이 공존하는 여래장의 진망화합심을 넘어선 무심, 즉 무분별심인 진심이다. 이 때문에 이 진심에는 실체화된 '계界'와 고착화된 '애礙'가 없다. 여기에는 작은 내가 있다는 '유아有我'와 작은 내가 없다는 '무아無我'가 없다. 동시에 망식이 남아 있는 유식의 일심과 망식과 진식이 동거하는 여래장의 진망화합심이란 분별이 없다. 따라서 화엄 일심의 자각과 실천이 남북의 분단시대를 극복하는 출발점이 될 수 있을 것이다.

3) 원효 화엄의 상즉상입적 세계관

불교 화엄은 붓다의 무한한 경계(法界)를 '총체성'으로 설명하고 있다. 총체성은 모든 사물의 총화인 세계를 부분이 아닌 전체의 성품에 대한 철학적 명명이다. 즉 개체가 아닌 전체, 개체와 전체를 아우르는 전일적인 모습에 대한 사상적 호칭이다. 이 총체성은 법계와 어원이 같은 법성法性으로 표현된다. 법계는 연기된 제법으로 이루어진 세계이며 우리들의 몸과 마음의 본체이다. '법法'이란 우리의 인식기관이 대상을 맞이하고 있는 삼라만상인 모든 생물과 무생물인 존재이다. '성性'이란

---

346 高榮燮, 「분황 원효와 퇴계 이황의 만남과 대화」, 『한국불교사연구소 제9차 집중세미나: 분황 원효와 동아시아 유교사상가의 만남』, 한국불교사연구소, 2014. 12. 13. p.76.

현실적 인간인 나의 인식기관이 끊임없이 받아들이고 있지만 대상화하여 분석할 수 없는 본래의 성품이다.[347]

불교적 자연에는 법성을 본성의 원리로 하는 측면과 법계를 전체의 범위로 하는 측면이 동거한다. 법체, 즉 자연은 본연으로서의 자연(法性)과 심신으로서의 자연(法界)으로 이루어져 있다. 여기서 몸과 마음의 본체인 법계는 법계로서의 자연을 가리킨다. 총체성은 '동전 열 개를 세는 비유(數十錢喩)'에서처럼 하나의 동전이 각각의 동전과의 총체적인 관계 속에서만 존재하고 활동하듯이, 각 개별자는 전체를 위한 원인이자 전체에 의해 형성된 원인이 된다. 이때 하나의 존재와 나머지 아홉 개의 만들어내는 법계의 관계 내지 이들의 총괄적 관계의 무한한 가능성에 대한 명명 또는 호칭이라고 할 수 있다.

붓다의 무한한 경계인 법계, 즉 총체성은 경계인 '계(realms)'들을 포용하는 것이며, '무애無碍'는 그들의 융통함의 무한한 가능성들이라 할 수 있다. 그런데 인간의 마음은 본래 동시에 일어나지도 않고 동시에 걸림이 없지도 않다. 하지만 우리는 같은 대상 안에 다른 계들이 서로 공존하는 '동시구기同時俱起'의 진리 속에 살고 있으며, 이 다른 계들이 동시적으로 존재하는 동안에도 서로를 침식하거나 방해를 놓지 않고 조화를 이루는 방향으로 서로 꿰뚫고 있는 '동시무애同時無碍'의 진리 속에 살고 있다.

그러므로 인간의 마음이 수용하고 있는 이 '계를 움직이는 방법' 및 '한 순간에는 한 가지만 일어나는 방법'과는 대조적으로 불성佛性의

---

[347] 高榮燮, 앞의 글, 앞의 책, p.528.

모든 것을 아는 마음은 그 작용면에 있어서 전적으로 다른 방법을 '수용한다.' 모든 것을 보는 마음은 계를 움직인다든지 한 순간에는 한 가지만 일어난다든지 하는 방법을 따를 수 없으며 그래서도 아니 된다. 그것은 하나가 다른 것을 꿰뚫고, 모든 것이 엄청난 규모로 동시에 일어나는 수많은 '계'들 속에서 사물을 보는 것이어야 한다.[348] 그러기 위해서는 존재의 공성空性, 즉 비실체성에 대한 이해가 선행되어야 한다.

이처럼 총체성이란 근본적인 집착의 소멸을 통하지 않고는 가까이하기 어려운 것이며, 무애는 무(無, Non-being)의 진리, 곧 불교의 핵심이자 요체인 수냐타(空性)의 이해가 없이는 실현될 수 없는 것이다. 그러므로 화엄에서 말하는 무애無碍는 공空의 가르침 위에 놓여 있는 것이다. 이는 경계나 장애물 자체가 없음, 곧 비실체성인 비어 있음(空, the void)만이 모든 장애(碍)들을 녹여버릴 수 있기 때문이다.[349] 원효는 화엄의 이러한 모습을 다음과 같이 명쾌하게 해명하고 있다.

> 대방광불화엄大方廣佛華嚴이라 한 것은 법계法界의 끝없음(無限)이 대방광大方廣이며, 행덕行德의 가없음(無邊)이 불화엄佛華嚴이므로 대방大方이 아니고서는 불화佛華를 넓힐 수 없고, 불화가 아니고서는 대방을 장엄할 수 없다. 그러므로 방方과 화華를 아울러 들어 광엄廣嚴한 뜻(宗)을 밝힌 것이다. 경經이라 한 것은 원만한 진리의 바퀴(圓

---

[348] 까르마 C.C. 츠앙(張澄基), 『화엄철학: 쉽게 풀어 쓴 불교철학의 정수』, 이찬수(경서원, 1990), pp.61~62.
[349] 까르마 C.C. 츠앙(張澄基), 위의 책, p.64.

滿法輪)가 시방 세계에 두루 들리게 하며, 남김 없는 세계(無餘世界)가 삼세의 끝없는 중생들을 두루 교화케 하는 지극한 법도(極軌)와 궁극의 표준(窮常)이 되는 까닭이다. 이제 그 근본 뜻을 들어 표제로 삼아 『대방광불화엄경』이라 한다.[350]

원효는 대방광을 법계의 끝없음이라 하고, 불화엄을 행덕의 가없음이라 하였다. 그는 대방이기에 불화를 넓힐 수 있고, 불화이기에 대방을 장엄할 수 있다고 하였다. 이처럼 총체성인 법계가 행덕의 바탕이기에 행덕은 법계를 수놓는 무늬가 된다. 그러므로 정보正報인 행덕에 의해 의보依報인 법계가 장엄되는 것이다. 주체가 없이 세계가 변화할 수 없듯이, 통일시대는 분단시대를 극복하는 주체에 의해 전개될 수 있는 것이다. 따라서 원효는 이 경을 주체의 행덕과 객체의 법계가 함께 어우러져 있음을 나타내기 위해서 '대방광불화엄경'이라 이름을 지었다고 풀이한다. 이 총체성의 세계는 상호 동일성(相卽)과 상호 투영성(相入)으로 이루어져 있다.

'상입相入'이란 원효가 "모든 세계가 한 티끌에 들어가고, 한 티끌이 모든 세계에 들어가며, 삼세三世의 모든 겁이 한 찰나에 들어가고, 한 찰나가 삼세의 모든 겁에 들어가서, 크고 작음(大小)과 (빠르고) 느림(促奢)이 서로 침투하듯이 나머지 일체의 문이 서로 삼투하는 것도 그러하다"고 하였다. 이와 같은 설은 '상시相是'도 마찬가지여서 일체의 법(一切法)과 일체의 문(一切門)에서 하나가 곧 전체요(一卽

---

[350] 元曉, 앞의 책, 앞의 면.

一切), 전체가 하나(一切卽一)이다. 이와 같이 넓고 넓은 것을 보법普
法이라 한다.[351]

표원의 저술에 인용되어 있는 원효의 화엄관은 이 세계를 한 티끌과
모든 세계, 즉 부분과 전체가 곧 하나이며 그것은 곧 보법이라고 해명하
고 있다.

'보普'란 '두루 미치다'는 뜻이니, 이를테면 '두루하다'의 의미가 곧
'보'이다. '법法'이란 자체의 뜻이 궤칙軌則이라는 의미이니, 일체법이
서로 투영되고(相入) 서로 교섭하는(相是, 相卽) 것을 일컫는다.[352]

'보법'은 '광엄'과 함께 원효가 화엄을 바라보는 주요 관점이다. 보법
은 상즉상입의 다른 표현이며 일정한 궤칙에 의해 두루 미치는 것이다.
여기서 일정한 궤칙이란 붓다의 무한한 경계이자 법계인 총체성이라고
할 수 있다. 총체성은 부분과 전체, 상호 동일성과 상호 투영성, 드러남
과 숨겨짐을 아우르며 펼쳐진다. 따라서 남과 북, 동과 서의 문제들도
이 총체성 속에서 바라보아야만 한다.

중국의 청량 징관(清凉澄觀, 738~839)은 『화엄현담』(9권)의 '은밀현
료구성문隱密顯了俱成門', 즉 은밀과 현료가 함께 이루어지는 법문에
대한 주석에서 '드러난 달'과 '감춰진 달'의 관계를 이렇게 풀고 있다.

---

351 表員, 『華嚴經文義要決問答』 권2(『韓佛全』 제2책, p.366상).
352 表員, 위의 책, p.366.

매월 여드렛날쯤에는 달(月)의 반은 빛나고 다른 반은 어둡다. 바로 그 밝은 부분이 드러남이 긍정된다고 해도 숨겨진 부분의 존재가 부정되는 것은 아니다. 마찬가지로 어떤 것의 현현은 늘 같은 것의 현현되지 않았거나 감춰진 부분의 존재를 암시하고 있다. 달의 밝은 부분이 드러나는 순간에 어두운 부분 또한 '은밀히' 그 자신을 세우는 것이다. 이것이 이른바 감춰짐과 드러남이 동시에 은밀히 세워지는 문(隱密顯了俱成門)이라고 하는 이유이다. …… 다른 비유를 든다면, 땅에서 사람이 보는 것과 같은 달의 크기는 큰 공 크기에 지나지 않지만, (달에 사람이 살 수 있다면) 달에 사는 사람은 그것을 하나의 거대한 세계로 인정할 것이다. 하나의 공으로서 혹은 하나의 세계로서 달을 지각하는 것이 전체 달 자체의 크기를 늘리거나 줄이지는 않는다. 주된 모습을 볼 때는 단지 주된 모습만 드러날 뿐이며, 그에 의해 부차적인 부분은 감추어진다. 그리고 역으로도 마찬가지이다.[353]

여기서 알 수 있는 것처럼 '달의 밝은 부분이 긍정된다고 해도 숨겨진 부분의 존재가 부정되는 것은 아니다.' 동시에 '어떤 것의 현현은 늘 같은 것의 현현되지 않았거나 감춰진 부분의 존재를 암시하고 있다.' 이 말은 '이것의 드러남이 결코 저것을 소멸시키지 않는다'는 뜻이다. 오히려 '이것이 드러나는 바로 그 순간에 모든 무수한 저것들이 방해나 걸림이 조금도 없이 동시에 어두운 부분 또한 그 자신을 은밀히 세우는 것'이다. 남과 북의 관계에서도 마찬가지이다. 남한의 현현은 곧 북한의

---

353 澄觀, 『華嚴玄談』(『大正藏』 제36책, p.701).

은밀과 함께하는 것이고, 북한의 현현은 곧 남한의 은밀과 함께하는 것이다.

그럼에도 불구하고 대개 우리는 대개 존재가 머금고 있는 총체성의 일부분만 보게 된다. 총체성의 일부가 드러난 것(顯)을 주인(主)이라 부르고, 그것의 전부가 숨겨진 것(隱)을 손님(伴)이라고 부른다. 우리는 총체성의 일부가 드러난 것을 보고 거기에 집착하지만, 존재의 총체성의 또 다른 부분인 숨겨진 것은 사실상 보지를 못한다. 존재의 그 드러난 부분과 그 감춰진 부분을 온전히 보는 것은 매우 어려운 일이다. 이 때문에 주어진 일상에서 존재의 모든 양상들을 총체적으로 드러내는 일은 '무한성'의 영역일 수밖에 없을 것이다. 우리가 '과거형의 분단'을 벗어나 '현재(미래)형의 통일과 통합'을 실현하기 위해 수행의 질적 전환을 통한 인식의 질적 승화가 요청하는 것도 이 때문이다.

'남북 분단으로 드러난 부분(피해)과 남북 통합으로 감춰진 부분(손익)을 온전히 보는 것은 쉽지 않은 일이다. 해서 우리에게 주어진 일상에서 드러난 부분(이념논쟁)과 감춰진 부분(민족웅비), 즉 존재의 모든 양상들을 총체적으로 드러내는 일은 '무한성'의 영역일 수밖에 없다. 그리고 이 무한성의 영역은 물리적인 경계와 심리적인 장애를 넘어 화엄의 무장무애의 지평이 된다. 따라서 계界 → 애礙 → 무장무애 無障無礙로 나아가듯이 작은 나(有我) → 큰 나(無我) → 더 큰 나(眞我)로 나아가고 유식의 일심 → 여래장의 진망화합심 → 화엄 일심으로 나아가면서[354] 비로소 '남북통일', 즉 '통합 한국'의 무한성은 구현될 수 있는

---

[354] 高榮燮, 「분황 원효와 퇴계 이황의 만남과 대화」, 『한국불교사연구소 제9차 집중세미나: 분황 원효와 동아시아 유교사상가의 만남』, 한국불교사연구소,

것이다.

계界 → 애礙 → 무장무애無障無礙

유식의 일심 → 여래장의 진망화합심 → 화엄 일심 → 무한성(통합 한국)

작은 나(有我) → 큰 나(無我) → 더 큰 나(眞我)

이 무한성은 분황 원효의 화엄 일심, 즉 자기 체제를 고수하는 '작은 나(有我)'와 자기 체제를 해체하는 '큰 나(無我)'를 넘어 '자기 헌신', 즉 소통을 위한 '더 큰 나(眞我)'의 영역에서 현현하게 된다. 그것은 유식의 일심과 여래장의 진망화합심을 넘어선 화엄 일심인 진심眞心, 즉 여래성기심의 출현과도 같다. 그러므로 분단시대를 극복하고 통일시대를 열기 위해서는 작은 나의 '계界'와 큰 나의 '애礙'를 넘어 더 큰 나의 '무장무애無障無礙'로 나아가야 하며, 유식의 일심과 여래장의 진망화합심을 넘어서야만 비로소 화엄 일심의 통합 바다로 나아갈 수 있다.

4) 원효의 화엄 일심

모든 것을 포용하는 총체성(totality)은 극단에 치우침이 없는 복합적이

2014. 12. 13. p.76. 이 글에서는 '분단시대 극복을 위한 화엄학적 조망'을 요청하는 글이므로 논지 전개를 위해 화엄의 일심을 최종적으로 제시했을 뿐, 여러 주장의 상황과 맥락에 따라 모두가 도리가 있음(皆有道理)을 인정하는 원효가 유식과 여래장이 열등하고 화엄이 우등하다고 보았음을 의미하는 것은 아님을 밝힌다.

고 총체적인 접근을 통한 올바른 사고방식에서 실현된다. 우리가 지니고 있는 무한한 가능성인 불성의 원만한 총체성은 곧 총체적 사고방식으로 표현되기도 한다. 이 총체성은 우리의 몸과 마음의 본체인 법계이자 '유기적 전체(organic whole)'라고 할 수 있다. 때문에 이 총체적 사고방식은 유식 일심의 망심과 여래장의 진망화합심을 넘어선 진심, 즉 여래성기심의 다른 표현이라고 할 수 있다. 원효는 이것을 화엄 일심으로 제시하고 있다.

봉황鳳凰이 푸른 구름을 타고 올라 (자신이 날던) 산악의 낮음을 내려다보고, 물신(河伯)이 큰 바다에 이르러 (자신이 놀던) 냇물의 좁음을 부끄러워하는 것처럼, 배우는 사람은 이 경의 문 없는 문(普門) 경지에 들어와서야 비로소 종래의 배움(曾學)이 잗달았음(齷齪, 도량이 매우 좁음)을 알 것이다. 그렇지만 날개가 짧은 새인 단핵短翮은 작은 숲(庇山)에 의지해 외모를 기르고, 여울의 작은 고기인 미자微鮺는 좁은 내(涓流)에 살면서 본성을 즐긴다. 그러므로 얕고 속된 방편의 가르침(敎門)을 또한 버릴 수 없는 것이다.[355]

우리는 자신이 경험한 것만 믿는 경향이 있다. 또 자기의 눈에 보이는 것만 보고, 자기의 귀에 들리는 것만 듣는다. 심지어는 자신이 기억하고 싶은 것만 기억하기도 한다. 때문에 자신이 놀던 작은 물에서는 큰 하늘을 바라볼 수 없다. 해서 우리는 어떠한 계기를 통한 수행의 질적 전환 또는 인식의 질적 도약으로 저 높은 창공에서 푸른 구름을 타고

---

355 元曉,『晉譯華嚴經疏』,「序」(『韓國佛敎全書』, 제1책, p.495상).

오른 봉황이 되어야만 비로소 자신이 날던 산악의 낮음을 내려다 볼 수 있다. 이처럼 우리는 저 깊은 큰 바다에 이르러야만 비로소 자신이 놀던 냇물의 좁음을 부끄러워할 수 있다. 배우는 사람은 이 『화엄경』의 문 없는 문(普門)의 경지에 들어와서야 비로소 종래의 배움(曾學)이 좁았음(잔달았음)을 알 수 있는 것이다. 종전의 배움이 형편없었음을 알 수 있는 것은 인식의 질적 전환 혹은 수행의 질적 승화를 통해서만 가능한 일이다.

하지만 이 '문 없는 문의 경지'에 들어오지 못하는 날개가 짧은 새(短翮)는 작은 숲에 살면서 외모를 기르고 여울의 작은 고기(微鯼)는 좁은 내에 살면서 본성을 즐긴다. 그러다보니 얕고 속된 방편의 가르침 또한 버릴 수 없어 현실에 안주하는 것이다. 이러한 이들에게는 법계 법문의 묘한 기술인 무장무애無障無礙의 법이 모든 보살이 들어갈 곳이고, 삼세의 모든 부처들이 나올 곳임을 알 때까지 지속적인 제접 교화를 통해 앎과 삶의 질적 제고를 드높여야 한다.

대저 막음도 없고(無障) 가림도 없는(無礙) 법계의 법문이란, 법이 없으면서도 법 없음이 없고 문이 아니면서도 문 아님이 없다. 이에 크지도 않고(非大) 작지도 않으며(非小), 빠르지도 않고(非促) 느리지도 않으며(非奢), 움직이지도 않고(不動) 고요하지도 않으며(不靜), 하나도 아니며(不一) 여럿도 아니다(不多). 크지도 않으므로 지극히 작더라도 남는 것이 없고, 작지 않으므로 지극히 크더라도 남는 것이 있다. 느리지 않으므로 능히 삼세의 겁(三世之劫)을 머금고, 빠르지 않으므로 몸을 들어 한 찰나(一刹那)에 들어간다. 고요하지도 않고 움직이지도 않으므로 하나의 법(一法)이 곧 전체의 법(一切法)이고, 전체의 법(一切法)이 곧 하나의 법(一法)이다. 이러한 막음도 없고 가림도 없는 법이 법계 법문의 묘한 기술이니, 모든 보살이 들어갈 곳이요 삼세의 모든 부처들이 나올 곳이다.[356]

무엇보다도 분단시대의 분열을 극복하고 장벽을 벗겨내기 위해서는 막음도 없고(無障) 가림도 없는(無碍) 법계를 이해해야만 한다. 애초부터 법계의 법문에는 법이 없으면서도 법 없음이 없고, 문이 아니면서도 문 아님이 없다. 여기에는 대와 소, 촉과 사, 동과 정, 일과 다의 상대가 다 끊어져 있다. 이 때문에 일이 곧 일체요 일체가 곧 일체이다. 남과 북의 분단, 동과 서의 분열도 마찬가지이다. 처음부터 분열과 분단의 실체가 있었던 것이 아니다. 분열을 넘어서면 통합되고 장벽을 넘어서면 통일이 되는 것이다. 이 사실을 정확히 자각하는 것이 중요하다. 그것은 곧 화엄 일심에 대한 자각과 회복에 의해서 가능한 것이다.

무엇을 일심一心이라 하는가? 더러움(染法)과 깨끗함(淨法)의 모든 법은 그 성품이 둘이 아니고, 참됨과 거짓됨의 두 문은 다름이 없으므로 '하나'라고 이름한다. 이 둘이 아닌 곳에서 모든 법은 가장 진실하여(神實) 허공과 같지 않으며, 그 성품은 스스로 신령스레 알아차리므로(神解) '마음'이라 이름한다. 이미 둘이 없는데 어떻게 하나가 있으며, 하나도 있지 않거늘 무엇을 두고 마음이라 하겠는가. 이 도리는 언설을 떠나고 사려를 끊었으므로 무엇이라 지목할지

---

356 元曉, 『晉譯華嚴經疏』, 위의 글, 위의 쪽.

몰라 억지로 일심이라 부른다.[357]

일심에는 '해맑고 깨끗한 측면(心眞如門)'과 '때 묻고 더러운 측면(心生滅門)'이 있다. 하지만 때 묻고 더러운 측면과 해맑고 깨끗한 양상은 둘이 아니다. 둘이 아니라고 해서 허공과 같지 않으며 둘이 아닌 곳에서 가장 진실한 것이다. 그 성품은 스스로 신령스레 알아차리므로 마음이라고 한다. 그런데 이 이 마음은 여래장의 진망화합심을 넘어 화엄일심, 즉 진심인 여래성기심에서 하나가 된다.

> 진여문은 더러움(染)과 깨끗함(淨)을 통섭한 모습(通相)이다. 통섭한 모습 밖에 다른 더러움과 깨끗함이 있는 것이 아니다. 그러므로 더러움과 깨끗함의 모든 법을 총섭할 수 있는 것이다. 생멸문은 더러움과 깨끗함을 분별한 모습(別顯)이다. 더러움과 깨끗함의 법은 포섭되지(該) 않는 것이 없다. 그러므로 또한 모든 법을 총섭하는 것이다. 통섭한 모습과 분별한 모습은 비록 다르지만 서로 배척하는 것이 없다. 이 때문에 두 문은 서로 분리되지 않는다.[358]

원효의 땅막에서의 개인적 깨달음에서 알 수 있는 것처럼, 더러움과 깨끗함을 통섭한 통상과 이들을 분별한 별상이 하나가 되기 위해서는 그들의 근원에 자리한 일심을 발견하는 것이다. 이러한 일심은 진망화합심을 넘어 화엄 일심인 진심, 즉 여래성기심으로 나아간다. 남북의

---

357 元曉,『大乘起信論疏』권상(『韓佛全』제1책, p.705상).
358 元曉, 위의 책, p.705상중.

분단과 동서의 분열과 같은 이분도 모두 화엄 일심으로 나아갈 때 해소되는 것이다. 그러기 위해서는 인식의 질적 전환이 전제되어야 하며, 그것은 수행의 질적 전환에 의해서 이루어질 수 있다.

화엄의 수행은 대승(일심)에 대한 확고한 믿음 위에서 발심하는 존재로서의 '행원行願'과 서원하는 존재로서의 '회향廻向'으로 표현된다. 즉 화엄 수행자는 깨달음을 얻고자 하는 '발보리심發菩提心'과 자기와의 싸움을 통해 승리해 얻은 깨달음을 회향하기를 서원하는 보살행(四弘誓願)을 존재이유로 삼는다. 이러한 수행의 질적 전환을 통해 인식의 질적 도약이 이루어질 수 있다. 남북의 통일과 통합도 이러한 불교적 인간 또는 보살적 인간 혹은 이타적 존재의 발심과 서원에 의해 가능한 것이다.

따라서 분단시대의 분열을 해소시키고 장벽을 무너뜨리기 위해서는 불교적 인간의 삶을 통해 같이 자기 체제를 고수하는 '자기 긍정(有我)'을 넘어 자기 체제를 해체하는 '자기 부정(無我)'과 '자기 헌신', 즉 소통을 위한 '더 큰 대긍정(眞我)'으로 나아갈 수 있다. 그것은 곧 작은 나에서 큰 나를 넘어 더 큰 나로 나아가는 과정인 것이다.

5) 통일시대의 통합과 소통疏通

분단시대를 마감하고 통일시대를 열어가기 위해서는 통합의 이념과 소통의 장치가 요청된다. 통합의 이념은 화엄과 같은 장대한 우주론과 구체적 실천론 위에서 구축되어야 한다. 화엄은 이러한 우주를 '법계(dharma-dhatu)', 즉 '조화로운 세계'라고 한다. 각 개별자는 전체를 위한 원인이자 전체에 의해 형성된 원인이며, 존재라는 것은 모두 서로를 유지시켜 주고 정의定義시켜 주는 무수한 개별자들로 만들어진 광대한 몸이다. 이 우주는 스스로 창조하고 유지하고 정의하는 유기체이다.[359]

이 법계는 총체성, 즉 상호 동일성과 상호 투영성으로 이루어진 조화로운 세계이며 여기에서는 대와 소, 내와 외, 태허와 인허와 같은 상대적 이분이 사라져 있다. 하지만 우리의 삶은 상대적 이분 속에서 이루어진다. 때문에 그 해결책 역시 상대적 이분에서 출발할 수밖에 없다.

지극히 크다(至大)는 것은 이른바 밖이 없는 것(無外)이니, 밖이 있다면 지극히 크지 않기 때문이다. 지극히 작다(至小)는 것 또한 그와 같아서 이른바 안이 없는 것(無內)이니, 설사 안이 있다면 지극히 작은 것이 아니기 때문이다. 밖이 없는 큼은 이른바 크나큰 허공(太虛)이며, 안이 없는 작음은 이른바 미미한 티끌(隣虛)이다. 안이 없기 때문에 또한 밖도 없으니, 밖과 안은 반드시 서로 의지하기 때문이다. 이는 곧 지극히 작은 것은 지극히 큰 것과 같다는 것이다. 태허는 밖이 없기 때문에 또한 안도 없는 것이다. 이는 곧 지극히 큰 것은 지극히 작은 것과 같다는 것이다. 그러므로 지극히 큰 것에는 작은 모습이 있다는 것이다. 만일 이와 같이 크고 작음이 같은 양임을 안다면 모든 크고 작음에 막는 것과 가리는 것이 없을 것이니, 이것이 곧 불가사의한 해탈이다. 그러므로 인因이 초발심初發心이라고 하는 것이다.[360]

---

359 프란시스 쿡, 『화엄불교의 세계』, 문찬주(불교시대사, 1994), p.26.

'대와 소', '내와 외' 등의 상대적 이분에서 벗어나기 위해서는 고정된 나의 생각에서 벗어나야 한다. 내가 가지고 있는 잘못된 정보와 그릇된 인식에서 벗어나야 한다. 지극히 크다는 것과 지극히 작다는 것은 서로 통한다. 지극히 크게 되면 밖이 없게 되고 지극히 작게 되면 안이 없게 된다. 그러므로 지극히 큰 태허와 지극히 작은 인허隣虛는 서로 통하는 것이다. 따라서 자기 체제를 고수하는 '작은 나(有我)'에서 자기 체제를 해체하는 '큰 나(無我)'를 거쳐 '자기 헌신', 즉 소통을 위한 '더 큰 나(眞我)'로 나아가기 위해서는 작은 나가 실체가 아니라는 자각에서 출발해야 한다. 이 작은 나가 실체가 아니라는 인식, 즉 '큰 나(無我)'라는 자각에서부터 비로소 '더 큰 나'인 봉황의 창공蒼空과 하백의 창해滄海로 나아갈 수 있다.

그러기 위해서는 수행의 질적 전환을 통해 인식의 질적 전환이 일어나야 한다. 그렇게 되면 지대와 지소, 즉 지극히 크고 지극히 작음이 같은 양임을 알게 된다. 모든 크고 작음, 안과 밖 등에 장애가 없게 되는 순간에 '불가사의한 해탈'은 이루어지기 때문이다. 이러한 불가사의한 해탈이 이루어지기 위해서는 먼저 이러한 자각이 선행되어야 한다. 그리고 그러한 문제가 우리의 피부에까지 와 닿게 해야만 나의 문제로 느끼게 된다. 나의 여섯 가지 감각 기관이 여섯 가지 감각 대상과 인연하여 여섯 가지 의식(인식) 활동이 일어나는 것처럼, 우리의 삶은 주체와 대상이 상호 의존하면서 이루어진다는 자각이 일어날 때 우리의 인식은 질적 전환을 맞이하게 된다.

---

360 表員, 『華嚴經文義要決問答』 권2(『韓佛全』 제2책, p.367상중).

우리의 남북 분단이 나의 남북 분단으로 이어져 내 머리가 아프다는 인식으로 오려면 여러 가지 과정과 장치가 있어야 한다. 우선 남북 분단이란 사실을 있는 그대로 받아들이려는 준비가 전제되어야 한다. 그런 뒤에 그 사실이 내 여섯 가지 감각기관과 내 여섯 가지 감각대상이 서로 반연하면서 나의 여섯 가지 인식 활동 속으로 들어올 것이다. 그렇게 되면 남북 분단으로 나의 머리가 아프다는 인식은 나의 의식이 전5식의 감각적 인식을 통섭하면서 보다 구체화될 것이다.

다시 말해서 남북 분단이 추상적인 '우리'의 두통을 넘어 구체적인 '나'의 두통으로 오기까지는 어떠한 인식 전환의 계기가 있어야만 한다. 그렇다면 '나'의 인식의 전환을 어떻게 이끌어 낼 것인가. 그리고 그것을 어떻게 실천의 현장으로 이어갈 것인가. 아마도 이것을 실현하기 위해서는 교육 혹은 과학 또는 기술 등을 통해 인식의 질적 도약을 위한 친절한 장치가 마련되어야 할 것이다. 남한과 북한 사이의 오랜 분단으로 이루어진 물리적 심리적 간극을 극복하기 위해 대외적인 측면에서는 1) 한민족 역사와 문화의 연속성과 확장성 모색을 위한 통일의 필요성에 대한 계몽 프로그램의 지속적인 운영. 2) 통일한국이 우리에게 가져올 수 있는 정치 경제와 사회 문화 및 과학적 공능의 효용성 제고. 3) 한반도를 둘러싼 미국과 중국 및 일본과 러시아 등에게 가져다 줄 수 있는 이익 등에 대한 구체적 현황의 공유와 실천적 방안을 제시하는 일이다.

대내적인 측면에서는 남북한 사람들이 1) 서로의 시간적 지연과 공간적 차이를 인정해야만 한다. 거기에서 비로소 2) 서로에 대한 배려가 이루어질 것이다. 그러한 배려 위에서 3) 서로의 진정한 대화가 이루어질 것이다. 그러한 대화 위에서 4) 서로의 소통이 이루어질 것이다. 그러한 소통 위에서 5) 서로의 행복하고 건강한 삶이 이루어질 것이다.[361] 이렇게 되기 위해서는 '인因이 초발심'이라는 인식을 자기화할 때 '불가사의한 해탈'이 이루어지는 것처럼, 남북의 분단도 이러한 다섯 단계의 과정을 자기화할 때 비로소 '불가사의한 통합'도 이루어질 것이다.

원효가 갈등을 단멸하고 공존의 큰 삶을 열기 위해 제시한 화쟁·회통의 논법[362]에서 확인할 수 있는 것처럼 대외적인 측면뿐만 아니라 대내적인 측면, 즉 서로의 인정 → 배려 → 대화 → 소통 → 행복(건강)한 삶으로 이어지는 일련의 과정은 화엄 일심의 넉넉한 통찰과 구체적 실천에서 가능한 것이다. 남북이 분단시대를 넘어서서 통합의 시대를 열어가기 위해서는 신라의 법흥왕과 이차돈이 불교를 공인하고 나라를 공고히 하기 위해 모색한 신략神略, 즉 신묘한 전략이 있어야만 한다.

그 묘책은 1) 정치력과 외교력을 통한 통일 이후 김정은 국방위원장 등 지도부와 그 주변의 신변 보장, 2) 동북아시아 경제 통합을 위한 인드라망의 설치와 불교적 네트워크의 제시, 3) 오랜 분단으로 인한 한민족 분열의 트라우마를 해소하기 위한 불교적 치유책 등이 될 것이다. 남한과 북한의 지도자들이 이러한 묘책을 통해 전쟁 없는 평화통일을 하루속히 완수해 줄 것을 기대해 본다.

---

361 高榮燮, 「분황 원효의 평화인식: 一心 和諍 無碍를 중심으로」, 『한국불교학』 제62집, 한국불교학회, 2012. 2.
362 高榮燮, 「분황 원효의 회회논법 탐구」, 『한국불교학』 제71집, 한국불교학회, 2014. 9.

6) 정리와 맺음

20세기 이래 제1차 세계대전과 제2차 세계대전을 치른 우리는 전쟁의 욕망이 가져다 준 고통을 누구보다도 잘 알고 있다. 지금 우리는 1948년 분단 이후 오늘에 이르기까지 긴 분단시대를 마감하고 통일시대로 가기 위해 국력을 쏟아 붙고 있다. '통일이 대박'이 되기 위해서는 불교적 인간의 발심하는 존재로서의 '행원行願'과 서원하는 존재로서의 '회향廻向', 즉 깨달음을 얻고자 하는 '발보리심發菩提心'과 자기와의 싸움을 통해 승리해 얻은 깨달음을 회향하기를 서원하는 보살행(四弘誓願)과 같은 수행의 질적 전환과 인식의 질적 도약이 요청된다. 분황 원효는 진심眞心인 여래성기심, 즉 화엄 일심을 통해 봉황이 푸른 허공을 차고 올라 자신이 살던 산악의 낮음을 내려다보고, 하백이 큰 바다에 이르러 자신이 놀던 냇물의 좁음을 부끄러워하는 모습을 자기 체제를 고수하는 '과거형'의 작은 나와 자기 체제를 해체하는 '현재(미래)형'의 큰 나와 더 큰 나를 대비하여 묘사해 주고 있다.

우리가 과거형의 분단을 벗어나 현재(미래)형의 통일과 통합을 실현하기 위해서는 수행의 질적 전환을 통한 인식의 질적 승화가 요청된다. 존재의 드러난 부분과 존재의 감춰진 부분을 온전히 보는 것은 어려운 일이다. 마찬가지로 '남북 분단으로 드러난 부분(피해)과 남북 통합으로 감춰진 부분(손익)을 온전히 보는 것은 쉽지 않은 일이다. 그러므로 주어진 일상에서 존재의 모든 양상들을 총체적으로 드러내는 일은 '무한성'의 영역일 수밖에 없을 것이다. 무한성의 영역은 경계와 장애를 넘어 화엄의 무장무애의 지평에서 실현되는 것이다. 즉 계碍 → 애礙 → 무장무애無障無礙로 나아가듯이 작은 나(有我) → 큰 나(無我) →

더 큰 나(眞我)로 나아가고, 유식의 일심 → 여래장의 진망화합심 → 화엄 일심으로 나아가면서 비로소 '남북통일', 즉 '통합 한국'의 무한성은 구현될 수 있는 것이다.

이 무한성은 분황 원효의 화엄 일심, 즉 대승(일심)에 대한 확고한 믿음 위에서 살아가는 불교적 인간 혹은 보살적 인간 또는 이타적 존재의 삶을 통해 자기 체제를 고수하는 '작은 나(有我)'와 자기 체제를 해체하는 '큰 나(無我)'를 넘어 '더 큰 나(眞我)'의 대긍정의 영역에서 현현한다. 그것은 유식의 일심과 여래장의 진망화합심을 넘어선 화엄 일심인 진심眞心, 즉 여래성기심의 출현과도 같다. 그러므로 분단시대를 극복하고 통일시대를 열기 위해서는 작은 나의 '계界'와 큰 나의 '애礙'를 넘어 더 큰 나의 '무장무애無障無礙'로 나아가야 하며, 유식의 일심과 여래장의 진망화합심을 넘어서야만 비로소 화엄 일심의 통합 바다로 나아갈 수 있다.

화엄의 '문 없는 문(普門)'의 경지에 이르러서야 비로소 종래의 배움이 좁았음(齷齪)을 알게 되듯이, 통일시대 이후에 분단시대에 살았던 우리들의 인식이 좁았음을 알게 될 날은 언제쯤일까. '분별의 지식'을 넘어 '통섭의 지혜'로 나아가 남북 분단과 동서 분열을 극복하게 되면 지금의 고착이 큰 의미가 없는 일이었음을 알게 될 것이다. 그때 우리가 왜 그렇게 아옹다옹하고 살았는지를 상기할 때가 되면 우리는 이미 수행의 질적 전환을 통한 인식의 질적 승화의 대열에 합류하고 있을 것이다. 하루빨리 화엄 일심으로 분단시대의 분열과 소원을 극복하고 통일시대의 통합과 소통을 기대해 본다.

Ⅳ. 일심과 경 사상 및 염불관과 염불선

1. 원효의 일심과 퇴계의 경 사상
   -분황 원효와 퇴계 이황의 만남과 대화-

1) 문제와 구상

바야흐로 21세기는 진지한 만남과 대화, 진정한 공감과 공존, 건강한 소통과 행복을 추구하는 시대이다. 낯선 남녀가 하나의 공간에서 만나면 대화를 하듯이 새로운 두 사상도 하나의 나라에서 만나면 대화를 하게 된다. 만남과 대화의 마당에서는 화해뿐만 아니라 충돌도 일어날 것이다. 그러나 충돌을 피하기 위해 대화를 그만둘 수만은 없다. 상대와의 만남과 대화는 하나의 공동체에서 공존하는 지혜이자 기술이기 때문이다. 둘 사이의 만남은 자연스러워야 하고 대화는 솔직하고 진지해야 한다. 서로의 삶과 생각에 대한 이해와 인식은 서로에 대한 예의이기도 하고 서로에 대한 배려이기도 하다. 상대에 대한 예의와 배려는 만남을 통한 상호 인식과 대화를 통한 상호 이해로 깊어질 수 있다. 여기서 우리는 한국사상의 근간을 이루고 있는 불교와 유교의 대표적 철학자인 분황 원효(617~686)와 퇴계 이황(1501~1570)의 만남과 대화를 통해 인간 이해를 깊게 하고 세계 인식을 넓게 해 보고자 한다. 이들의 사상적 기호인 '일심一心'과 '경敬' 사상의 만남과 대화의 과정을 통해 우리는 두 철학자의 철학적 상통성은 무엇이고, 사상적 상이성은 무엇인지를 들여다볼 수 있을 것이다. 동시에 두 사상 혹은 두 사상가의 만남과 대화를 통해 상호 예의와 상호 배려도 깊어질 수 있을 것이다. 그리하여 이들 불교와 유교 두 사상가의 조건 없는 만남과 솔직 담백한 대화는 공감과 공존을 위한 토대가 될 것이다. 거기에서 우리는 비로소 서로 간의 소원疏遠을 넘어 상호 간의 소통疏通으로 나아갈 수 있는 '공동의 원력'을 성취할 수 있다.

우리는 이러한 만남과 대화를 통해 인간 이해의 심화와 세계 인식의 확장을 모색할 수 있다. 특히 불교와 유교의 만남과 대화는 인류의 보편적 가치의 확립과 한국인의 정체성 형성의 공고에서 뿐만 아니라 물리적인 통일과 심리적인 통합을 앞둔 남한과 북한의 관계에서도 도움을 줄 것이다. 불교와 유교는 이미 이천여 년 전에 이 땅에 수용되고 유통되어 상호 만남과 상호 대화를 해 왔다. 그런데 이들 두 사상의 만남과 대화에서는 상통성보다 상이성이 강조되어 왔다.[363] 그 이유는

---

363 儒者였던 三峰 鄭道傳의 『佛氏雜辯』과 『心氣理篇』을 필두로 하여 陽村 權近과 退溪 李滉과 栗谷 李珥 등은 불교와 유교의 相異性에 집중하여 논변하였다. 반면 佛子였던 己和 得通의 『儒釋質疑論』과 『顯正論』을 필두로 하여 淸寒

국가적 정체와 시대적 상황이 서로 달랐기 때문이다. 하지만 국가와 민족 및 종교와 문화가 다원화된 오늘에 이르러서는 공감과 공존을 위한 상통성의 모색이 더욱 요구되고 있다. 우리가 살고 있는 다원화되고 다문화된 사회에서는 두 사상 사이의 상이성보다는 상통성의 탐구가 더욱 더 요청되기 때문이다.

이 글에서 논자는 분황 원효(617~686)의 일심 사상의 기반 아래 진리론인 '귀원歸源'과 실천론인 '요생饒生'을 퇴계 이황(1501~1570)의 경 사상의 기저를 이루는 학문론인 '궁리窮理'와 수양론인 '거경居敬'과 대비하여 둘 사이의 상통성을 밝혀보고자 한다. '귀원', 즉 '귀일심원'은 일심의 근원으로 돌아감이며, '요생', 즉 '요익중생'은 중생들을 풍요롭고 이익되게 함이다. '거경', 즉 '지경持敬'은 동정을 일관하여 인간의 의식을 일치시켜 분산되지 않게 하는 원리이자 수양론의 다른 이름이며, 궁리, 즉 이치의 탐구는 학문론, 즉 묻고 배움의 다른 이름이다. 따라서 원효의 사상적 기반인 '일심'[364] 사상과 이황의 철학적 기저인 '경' 사상의 상통성의 탐구는 한편으로는 상이성의 탐구가 될 수도 있을 것이다. 논자는 원효와 이황의 만남과 대화를 통하여 일심 사상과 경 사상의 접점과 통로[365]를 마련해 보고자 한다.

雪岑과 虛應 普雨 및 淸虛 休靜과 白谷 處能 등은 相通性에 집중하여 논변하였다.

364 元曉의 사상적 핵어는 '一心', '和(諍)會(通)', '無碍' 등이지만 이들 중 기반이 되는 것은 一心이다. 이황의 사상적 핵어는 '敬', '理發', '理氣二元' 등이지만 이들 중 기저가 되는 것은 '敬'이다. 여기서 '一心'과 '敬'의 영역이 좀 달라 두 개념의 즉자적 적용의 어려움이 있고, 수양론 내의 실천론은 제한적일 수 있다. 하지만 이황 사상의 핵어를 '敬'으로 볼 경우 원효 사상의 핵어인 '一心'과 대비해 보는 것은 자연스럽다.

2) 일심—心과 경의敬義의 접점

인도의 불교와 중국의 유교는, 마치 며느리가 종갓집으로 시집을 와서 주체적인 삶을 살면서 점차 한 집안의 안방 주인으로서 굳건히 뿌리를 내려가듯이, 한국인의 특성과 기질을 온전히 훈습하여 '한국불교'와 '한국유교'가 되었다. 이 글에서 우리는 7세기의 원효와 16세기의 이황의 진리론과 수양론을 통하여 만남과 대화를 시도해 볼 것이다. 이들의 진리론과 학문론인 '귀원'과 '궁리' 및 실천론과 수양론인 '요생'과 '거경'은 두 사람이 만날 수 있는 접점이 될 것이다.

불교는 생사윤회의 고통에서 벗어나 해탈 열반의 즐거움을 얻는 것을 목표로 한다. 범부는 수레바퀴의 한쪽이 깨어지거나 크기가 달라 삐거덕거리는 것처럼 '현실에 대한 불만족'과 '존재에 대한 불안정' 속에서 하루하루를 살아간다. 이 불만족과 불안정에서 벗어나기 위해서는 현실적 인간의 고통이 일어나는 유전의 연기문에서 고통이 사라지는 환멸의 연기문으로 나아가 깨침 또는 깨달음을 얻어야만 한다. 우리의 고통은 탐냄과 성냄과 어리석음으로부터 비롯되었으며, 유루有漏의 삼독심을 전환시켜 무루無漏의 지혜를 얻어야만 해탈 열반을 성취할 수 있다. 그렇다면 어떻게 해야 유루의 탐냄과 어리석음을 전환시켜 무루의 지혜를 얻을 수 있을까. 불학은 일심의 근원으로

---

365 元曉는 一心의 遠心化를 통해 실천론으로 나아갔고(一心 → 실천론), 이황은 경의 求心化를 통해 진리론으로 나아갔다(진리론 ← 敬)고 본다면 두 사람의 존재론에 대한 인식 차이는 분명해 보인다. 이 때문에 원효의 '一心'은 이황의 '敬'이 아니라 '理'와 비교될 수 있을 것이다. 하지만 원효에게도 일심의 원심화뿐만 아니라 본각의 결정성, 즉 일심지원으로의 구심화도 있다(진리론 ← 一心)는 점을 고려해 본다면 원효의 '일심' 사상과 이황의 '경' 사상의 대비는 가능하다.

돌아가 진여의 본성을 자각하는 길로 안내하고 있다.

반면 유교는 하늘로부터 품부받은 이치를 간직하고 인간의 욕망을 제거하는 것을 목표로 한다. 하늘의 이치가 충만한 상태는 인욕이 제거된 것을 가리키며, 사람의 욕망이 가득한 상태는 하늘의 이치가 결핍된 것을 의미한다. 유학은 수기修己와 치인治人을 삶의 철학으로 하며, 유학의 경학은 인간의 주체적 삶의 문제에서 시작하여 자연을 창조적 주체로 이해하는 도학적 사유의 뿌리가 된 성리학에 의하여 사상의 꽃이 피게 되었다.[366] 이황은 마음을 중심으로 진리로서의 도를 인식하고 실천하는 문제를 전개하고 있다. 마음의 중심을 풀어감에 있어 가장 중요한 자세와 방법은 마음을 삶의 주인으로 안정시키는 경敬이다. 이러한 학문의 방법과 태도는 물론 유학적 전통과 성리학적 전통을 계승하여 발전시킨 것이다. 이황의 마음에 대한 문제의식은 유학에서 궁극적 진리로 여기는 도를 인식하고 실천함으로써 성인된 삶을 이루는 데 있다.[367]

약 9백여 년에 이르는 시간적 간격을 넘어 원효와 이황이 만날 수 있는 접점은 몇 가지가 있을 것이다. 첫째, 두 사람 모두가 한국의 전통사상인 불교와 유교의 대표적 철학자라는 점이다. 둘째, 두 사람 모두가 시대의 한복판에서 그 시대의 주요 문제들을 진리의 화두이자 학문적 공안으로 삼아 치열하게 철학한 이들이었다는 점이다. 셋째, 두 사람 모두가 앎과 삶을 철저하게 추구하여 그들의 거리를 최소화

---

[366] 李光虎, 「체용적 전일성으로서의 마음: 이황」, 『마음과 철학: 불교편』(서울대학교 출판문화원, 2013), p.287.
[367] 李光虎, 위의 글, p.287.

내지 무화시킨 수행자였다는 점이다. 넷째, 두 사람 모두가 70세 동안 국내에서 살았으나 국제성을 지닌 사상가였다는 점이다.

    우리는 두 사람의 이러한 접점들을 고려하면서 논의를 진행해 가기로 한다.

(1) 진리론과 학문론

진리론은 진리란 무엇인지, 진리에 어떻게 다가가야 하는지, 진리를 어떻게 실현해야 하는 지 등등에 대한 일련의 담론이다. 수행자에게는 진리론이 되겠지만 학자에게는 학문론 혹은 학문방법론이 될 것이다. 불교는 중도 연기를 진리로 한다. 두 극단을 넘어서는 중도는 세계의 실상인 연기, 즉 공성空性을 통찰하여 생사윤회의 고통을 넘어서는 가장 올바른 길이다. 유교는 자신의 사사로운 이익을 버리고 예로 돌아가 인仁을 실현하려고 한다.

    원효는 생사윤회를 벗어난 불보살이 중생들로 하여금 일심의 근원으로 돌아가게 함으로써 그들 스스로가 자신들을 풍요롭게 이익되게 하고자 하였다. 이황은 이치의 탐구, 즉 궁리窮理를 통하여 경의 실천(居敬, 持敬), 즉 수양을 해가고자 하였다. 때문에 그의 학문론인 궁리와 수양론인 거경은 서로 머리와 꼬리의 관계를 이루며 상호 발전시켜 나가는 유기적 관계여서 이 둘을 이원화시킬 수 없다.[368] 이황에게 진리론인 궁리는 실천론인 경의敬義의 다른 이름이었기 때문이다. 여기서는 논의의 전개상 둘로 나누어 구분하되 궁극적으로는 하나로

---

368 李滉,「答李叔獻」,『퇴계전서』권37(대동문화연구원, 1958).

회통하고자 한다.

(2) 실천론과 수양론

실천론은 진리에 입각한 자신의 확신을 구체적 현실에 접목해 가는 담론이다. 그것을 현실에 실현해 간다는 점에서 수양론이라고도 할 수 있다. 불교의 철학에 입문하였던 원효는 일심을 통해 자신의 사상을 구축해 나갔다. 그에게 있어 일심은 모든 것의 근거일 뿐만 아니라 그 사상의 버리였다. 원효는 '화회'라는 매개항을 통해 일심의 근원으로 돌아가게 함으로써(歸一心源) 사람들을 풍요롭고 이익되게 하고자(饒益衆生) 하였다. 여기서 '귀원', 즉 일심의 근원으로 돌아가게 함은 진리론의 다른 표현이며, '요생饒生', 즉 중생들을 풍요롭게 함은 '무애', 즉 실천론의 다른 표현이다. 해서 그의 '일심'은 진리론이고 '화회'는 학문론이며, '요생', 즉 무애는 실천론이라고 할 수 있다. 원효는 화쟁·회통을 통해 일심의 근원으로 돌아가기에 그의 실천론은 진리론과 통합해서 이해할 수 있다.

반면 유교의 철학에 입문하였던 이황은 유교의 '경의敬義'를 통해 자신의 사상을 구축해 나갔다.[369] 마음의 주재성[370]인 '경'은 인간의 마음을 수렴하여 통제하는 마음의 조건이자 마음을 최고의 상태로

---

[369] 李滉은 어려서부터 陶山書院 건너편의 용수사에서 공부하였으며, 청량산에 이르는 30리 길을 철학의 길로 삼아 조선유학을 집대성해야 하는 이유와 근거를 찾았다. 이 과정에서 그는 실천적 수양론을 지향한 매뉴얼이자 대중화를 위한 과제로서 실용철학을 만들었다.

[370] 『性理大全』 권32; 권47.

각성시키고 통일시키는 원리이다.[371] 동시에 동과 정을 일관하여 인간의 의식이 '일치되어 분산되지 않는', 즉 주일무적主一無適의 원리이다. 경이 마음속을 곧게 하는 반면 '의'는 마음 밖을 반듯하게 한다.[372] 이황은 경敬의 정靜과 의義의 동動을 겸하여 지닐 것을 강조하였다. 그러면서도 경은 동정動靜과 현미顯微와 내외內外를 일관한다[373]고 하였다. 따라서 원효의 진리론인 일심과 이황의 실천론인 경은 두 사람의 진리론이면서 실천론이라 할 수 있다.

3) 원효 일심一心 사상의 지형

(1) 진여眞如와 생멸生滅

원효는 마명이 지은 『대승기신론』의 진여와 생멸의 '일심 이문一心二門' 혹은 '이문 일심二門一心'의 구조를 원용하여 자신의 주석서에서 존재와 현상에 대해 해명하였다. 마명의 『대승기신론』[374]은 우리가 살고 있는 현상세계의 우주만물인 존재(法)와 그 일체를 머물게 하는 궁극존재가 모두 진여眞如의 발현이자 표현이라고 논한다. 여기서 대승은 '진여',

---

[371] '敬'이란 원래 '敬天', '敬人', '敬兄'처럼 '天', '人', '兄'과 같은 대상을 공경하라는 유교적 내용을 지니고 있었다. 그런데 좌선을 체험한 朱熹가 '경' 다음에 '천', '인', '형'과 같은 목적어를 지우고 '경' 하나만 남겨 대상을 자신으로 돌렸다. 그는 불교의 觀(위빠사나)과 같은 수행방법을 성리학에 가미시켜 자기를 점검하고 늘 깨어 있으라는 의미로서 '居敬' 혹은 '持敬'이라는 생활 자세를 말하였다.
[372] 『周易』. "敬以直內, 義以方外."
[373] 李滉, 「答李宏仲」, 『퇴계전서』 권36.
[374] 馬鳴은 일체 경전을 救援의 측면에서 조직하여 『大乘起信論』을 찬술하였고, 元曉는 실천적 수양론을 지향한 매뉴얼로서 『大乘起信論疏』를 찬술하였다.

즉 '참으로 그러함'을 가리킨다. 진여는 '존재의 바탕' 또는 '존재의 기반'이란 뜻에서 '법체法體'라 일컫고, 그 법체를 '진여' 혹은 '진여법신'이라 부른다. 해서 이 논서는 진여자체(體)와 진여의 드러난 모습(相)과 진여의 현상적 활동(用)을 밝히고 있다. 이 진여는 일심이자 대승의 다른 표현이다.

이 논서의 저자 마명은 대승, 즉 진여의 체상용體相用을 밝힘으로써 진여에 대한 믿음을 일으키게 하기 위해 이 책을 지어 '중생심이 곧 진여심'이며, '진여를 믿는 것'은 곧 '자기 자신을 믿는 것'임을 역설한다. 원효는 이 저작을 통해 '일심一心' 혹은 '진여眞如' 또는 '대승大乘'의 철학을 입론하였다. 때문에 '대승에 대한 믿음을 일으키는 논서'인 『대승기신론』을 원용하여 인간의 무한한 가능성을 일심의 지형도로 펼쳐낸 그의 『대승기신론소』는 인문학의 수다라라고 할 수 있다. 원효가 일심법을 세운 것은 저 처음의 (법에 대한) 의심을 제거하기 위함이다. 이는 대승법에는 오직 일심一心만이 있으니 일심 밖에는 다시 다른 법이 없지만, 다만 무명이 자기의 일심을 미혹하여 모든 물결을 일으켜 여섯 가지 윤회의 길로 이어져 헤매게 됨을 밝히고자 함이라고 하였다.[375]

그는 진여眞如에서 '보낼 것이 없음을 '진眞'이라 하고, 세울 것이 없음을 '여如'라고 한다고 하였다. 또 이 진여의 체는 보낼 만한 것이 없으니 일체법이 다 참되기 때문이며, 또한 세울 것이 없으니 모든 법이 다 같이 같기 때문이다. 그러니 일체법은 말할 수도 없고 생각할

---

375 元曉, 『大乘起信論疏』 상권(『韓國佛教全書』 제1책, p.701중하).

수도 없기 때문에 진여라고 이름한다[376]고 하였다. 생멸은 다만 '교법에 대한 의심'과 '교문에 대한 의심'이 일어나는 순간에 일어나는 것이다. 그러므로 교법에 대한 의심을 제거하고 교문에 대한 의심을 제거하면 진여가 그대로 현현하는 것이다. 이처럼 진여 혹은 대승 또는 일심은 모든 것의 근거이자 존재자의 기반을 이루는 근간이 된다.

(2) 일심一心과 일미一味

원효는 일심을 자신의 사상적 기호로 삼았다. 그가 의지한 일심은 『대승기신론』의 일심이지만 이것은 망식妄識이 남아 있는 유식의 일심과 진심眞心, 즉 여래성기심인 화엄의 일심을 아우르는 진망화합식眞妄和合識으로서의 일심이다. 그는 망식이 아직 남아 있는 유식의 일심에 머무르지 않았을 뿐만 아니라 여래의 청정심만이 존재하는 화엄의 일심에도 머무르지 않았다. 유식의 일심에 머무르게 되면 아직 망식이 남아 있음으로 수행의 완성에 이를 수 없고, 이미 망심이 사라진 화엄의 일심에 머무르게 되면 더 이상 수행을 하지 않으려는 것을 경계하고 수행과 완성이 동거하는 진망화합식의 기신 일심에서 자신의 철학을 구축하였다. 이러한 그의 진리론은 학문(방법)론인 화쟁·회통 논법에서도 고스란히 드러나고 있다.

원효의 화회和會,[377] 즉 화쟁·회통 논법은 인도 용수龍樹의 회쟁廻諍, 중국 길장吉藏/혜사慧思의 무쟁無諍과 변별되는 독특한 사유체계라고

---

376 元曉, 『大乘起信論疏』 상권(『韓佛全』 제1책, p.700하).
377 金暎泰, 「『열반경종요』에 나타난 和會의 세계」, 高榮燮 編, 『한국의 사상가 원효』(예문서원, 2001).

할 수 있다.[378] 그것은 이론 중심의 틀에 서서 쟁론을 전회시키는 용수의 '회쟁'과 쟁론 자체를 인정하지 않으려는 길장/혜사의 '무쟁'과 달리, 쟁론을 인정하면서 화회시켜 가는 '화쟁·회통'은 원효의 독자적인 방법론이라고 할 수 있다. 즉 현실적 쟁론을 인정하면서 이상적 화회를 실현해 가는 그의 이러한 방법론은 널리 확장되어 한국불교의 보편적인 방법론으로 자리를 잡았다.[379] 이러한 원효의 태도는 여래가 설법한 광대하고 심오한 법의 가없는 의미를 총체적으로 포섭하려 하였기 때문에 이 『대승기신론』을 지었다는 마명의 언설에 잘 부합하고 있다.

서술한 바는 넓지만 간략히 말할 수 있으니, 일심一心에서 이문二門을 열어서 『능가경』의 넓은 가르침을 포괄하며, 물든 형상에 청정한 본성을 보여서 『승만경』의 그윽한 뜻을 두루 종합하였다. 심지어 『열반경』의 일미의 종지와 『금광명경』, 『대승동경』의 삼신의 지극한 과보와 『화엄경』, 『영락경』의 네 단계의 깊은 인행因行과 『대품반야경』, 『대방등대집경』의 넓고 큰 지극한 도와 『일장경』, 『월장경』의 비밀스런 현묘한 법문 등 이들 경전의 핵심을 하나로 꿰고 있는 것은 이 논서 뿐이다. 그러므로 아래 문장에서 이르되, "여래의 넓고 크고 깊은 법의 가없는 뜻을 총섭하고자 하므로 마땅히 이 논을 설한다"고 한 것이다.[380]

---

[378] 金英浩, 「원효 和諍 사상의 독특성 – 廻諍(인도) 및 無諍(중국)과의 대조」, 『한국불교의 보편성과 특수성』(한국학술정보, 2008), pp. 47~79.

[379] 高榮燮, 「한국불교의 전통과 元曉佛學의 고유성」, 『불교학보』 제69집, 동국대 불교문화연구원, 2014. 12.

[380] 元曉, 『大乘起信論疏』 상권(『韓佛全』 제1책, p.698중하).

원효는 『대승기신론』이 중관사상과 유식사상을 종합 지양한 여래장사상의 의미를 넘어 모든 경전의 가르침을 총괄하고 통섭하여 불교의 궁극적인 뜻을 드러냈다고 보았다. 이러한 그의 태도는 "여래의 넓고 크고 깊은 법의 가없는 뜻을 총섭하고자 하므로 마땅히 이 논을 설한다"는 대목에서 잘 드러나고 있다. 원효는 『대승기신론』의 일심 안에 유식의 일심과 화엄의 일심을 포괄하고자 하였다. 이러한 그의 진리론과 학문론은 일심지원一心之源과 요익중생饒益衆生의 팽팽한 긴장과 탄력 속에서 확인된다.

무릇 일심一心의 원천은 유有와 무無를 떠나 홀로 맑으며, 삼공(三空, 我空, 法空, 俱空)의 바다는 진眞과 속俗을 융화하여 깊고 고요하다. 깊고 고요히 둘을 융화했으나 하나가 아니고, 홀로 맑아서 양변을 떠났으나 중간도 아니다. 중간도 아니면서도 양변을 떠났으므로 유가 아닌 법이 무에 나아가 머물지 아니하며, 무無가 아닌 상相이 유에 나아가 머물지 아니한다. 하나가 아니면서도 둘을 융화하므로 진眞 아닌 사事가 애초에 세속俗이 된 적이 없으며, 세속이 아닌 이치(理)가 새삼 진眞이 되는 것도 아니다. 둘을 융화하였으나 하나도 아니므로 진실과 세속의 자성(性)이 세워지지 않는 것이 없고, 염染과 정淨의 형상이 갖추어지지 않은 것이 없다. 양변을 떠났으면서도 중간이 아니므로 유有와 무無의 법이 만들어지지 않는 바가 없고, 시是와 비非의 뜻이 두루하지 아니함이 없다. 그러므로 타파(破)함이 없으되 타파하지 않음이 없고, 세움(立)이 없으되 세움이 없는 바가 없으니 이치가 없음의 지극한 이치(無理之至理)요 그렇지

않음의 지극한 그러함(不然之大然)이라고 이를 만하다.[381]

마음의 본래 모습은 유와 무의 상대적 분별을 떠나 있고, 존재의 본래 모습은 진과 속의 대대적 차별을 떠나 있다. 또 일심은 물들음과 깨끗함, 옳음과 그름의 상대적 차별로부터 벗어나 있다. 그러므로 모든 존재의 근거인 일심에는 수립과 무수립, 타파와 무타파가 없어서 그것은 이치가 없는 지극한 이치이며 그렇지 않은 지극한 그러함이다. 이처럼 원효의 일심은 그가 아우른 삼론과 법상, 지론과 섭론, 계율과 기신, 천태와 화엄, 정토와 선법 등 전 사상의 기반을 이루고 있다.

총괄해 말하면 진眞과 속俗은 둘이 아니면서 하나를 고수하지 않으며, 둘이 아니므로 곧 일심이요, 하나를 고수하지 않으므로 전체가 둘이 되는 것이다. …… 합해서 말하면 생生은 곧 적멸寂滅이지만 적멸을 지키지는 않고, 적멸이 곧 생이 되지만 생에 머무르지는 않는다. 생함과 멸함은 둘이 아니고, 움직임과 고요함은 다름이 없다. 이와 같은 것을 이름하여 일심의 법(一心法)이라 한다. 비록 그 실상은 둘이 아니지만 하나를 고수하지는 않고 전체로 연緣을 따라 생동生動하고, 전체가 연을 따라 적멸寂滅한다. 이러한 도리로 말미암아 생이 곧 적멸이요, 적멸이 곧 생이어서 막힘이 없고 걸림이 없으며 하나가 아니면서 다름이 아니다.[382]

---

381 元曉, 『金剛三昧經論』 권상(『韓佛全』 제1책, p.604중).
382 元曉, 『金剛三昧經論』 권하(『韓國佛教全書』 제1책, pp.658하~659상).

원효는 철학자였을 뿐만 아니라 구도자이자 수행자였다. 그는 생사 윤회의 고통에서 벗어나 해탈 열반의 기쁨을 얻은 뒤에는 아직 고통 받는 이들을 건져주고 기쁨을 주려고 하는 대승의 보살이었다. 그래서 그는 평생을 상홍불도上弘佛道, 즉 위로는 불도를 넓히고 하화중생下化衆生, 즉 아래로는 중생을 교화함을 염두에 두었다.[383] 이러한 지향은 그의 진리론과 실천론이 하나로 만나는 지점이다. 원효의 일심은 다시 일미 혹은 일각미로 대체된다.

지금 이 『열반경』을 설할 때는 바로 (부처의) 한 교화가 끝나는 날이었으며, 마침내 모든 부처의 큰 뜻을 나타내 보이려는 데에 있었다. 이를테면 성도成道한 이래부터 근기를 따라 말한 모든 가르침을 총괄하여 일미一味의 도를 보여주기 위함이었다. 그것은 널리 이제 둘이 없는 성품에 돌아가는 것(歸趣無二之性)으로서 시방삼세十方三世의 모든 부처가 다 같은 것이며, 그 뜻은 둘도 없고 차별도 없는(是意無二無別) 것이다. 이것을 모든 부처들이 세상에 나온 큰 뜻(諸佛出世大意)이라 일컫고, 이것이 여래의 깊고 깊은 비밀의 창고(如來甚深秘藏)라 하는 것이다.[384]

원효는 『대승기신론』의 진여문과 생멸문의 이문 일심의 구조를 원용하여 『열반경종요』에서는 열반문과 불성문의 이문 일미의 구조로 변용하였다. 진여문은 열반문에 상응하고, 생멸문은 불성문에 상응한다.

---

383 元曉, 『大乘起信論疏』 상권(『韓佛全』 제1책, p.701중).
384 元曉, 『涅槃經宗要』(『韓佛全』 제1책, p.525상중).

이러한 구도는 중생이 있기 때문에 부처가 있음을 확인시켜 준다. 만일 중생이 다하면 부처가 존재할 이유는 없는 것이다. 중생이 있기에 교화가 있는 것이다. 부처는 수많은 경전을 설했지만 그 맛은 바닷물과 같은 한 맛이다. 원효는 부처가 이 세상에 나타나 마지막 교화로서 『열반경』을 설한 것은 '둘이 없는 성품에 돌아가는 것'으로서 일미의 도를 보여주기 위함이었다고 하였다.

여기서 진여와 생멸, 열반과 불성 등의 '둘이 없는 본성'으로 돌아가는 것은 곧 '한 마음의 근원'으로 돌아가는 것의 다른 표현이다. 또 원효는 "여래의 설한 바 일체의 교법은 일각미一覺味에 돌아가게 하지 않음이 없다"[385]고 하여 둘도 없고 차별도 없는 본성, 즉 일각·일미로 돌아갈 것을 역설하였다. 이것은 원효가 구축한 일심의 진리론과 귀원의 학문론이 만나는 지점이라고 할 수 있다. 이처럼 원효는 진리론과 학문론을 통합하고자 하였다. 그리고 그것은 곧 그의 실천론인 '요생', 즉 중생들을 풍요롭게 하는 무애행으로 이어지고 있다.

4) 이황 경敬 사상의 지형

(1) 미발未發과 이발已發 인식

퇴계는 자사子思의 『중용』 1장에 나타난 중화설과 이에 대한 주희의 중화신설을 모두 수용하여 유교의 학문론과 수양론을 보여주고 있다. 자사는 하늘이 우리에게 부여한 것을 성性과 도道와 교敎로 제시하고 이것을 이상적 질서로 수립하였다. 그런데 그는 우리가 이상적 질서로

---

[385] 元曉, 『金剛三昧經論』 권하(『韓佛全』 제1책, p.610상).

부터 벗어나지 않으려면 계신戒愼과 공구恐懼 및 신독愼獨에 힘써야 한다는 수양론을 제시하였다.

> 하늘이 부여한 것을 성性이라 하고, 성에 따르는 것을 도道라고 하며, 도를 닦는 것을 교教라고 한다. 도라는 것은 잠시도 떠날 수 없다. 떠날 수 있으면 도가 아니다. 이 때문에 군자는 그 보이지 않는 것을 조심하고(戒愼), 그 들리지 않는 것을 두려워한다(恐懼). 은미한 곳보다 잘 보이는 곳은 없으며, 미세한 것보다 잘 드러나는 것은 없다. 그러므로 군자는 그 홀로 하는 것을 신중히 한다(愼獨). 희로애락이 드러나지 않은 것을 일컬어 '중中'이라고 한다. 드러나 모두 절도에 맞는 것을 일컬어 '화和'라고 한다. '중'은 천하의 큰 근본이고, '화'는 천하에 두루 통하는 도리이다. '중'과 '화'를 이루면 천지天地는 자리 잡고 만물萬物은 길러진다.[386]

자사는 천하의 근본인 '중'과 천하에 두루 통하는 도리인 '화'를 통해 유교의 수양론을 수립하고 있다. 그는 희로애락이 일어나지 않는 것을 '중'이라 하고, 희로애락이 일어나 절도에 맞는 것을 '화'라고 하였다. 그리하여 자사는 '중화론'으로서 유교의 학문론과 수양론을 구축하였다. 이에 대해 주희(朱熹, 1130~1200)는 40세 즈음에 자사가 하늘이 부여한 성과 도와 교의 이상적 질서로 구축한 수양론에 대응하여 새로운 수양론을 제시함으로써 유학의 수양론을 새롭게 해명하고 있다.

---

[386] 子思, 『中庸』 1장.

자사는 먼저, 도의 근원(道之本原)은 천天에서 나온 것이므로 바꿀 수 없으며, 그것의 실체는 자신에게 구비되어 있으므로 떠날 수 없다는 것을 밝혔다. 이어, 보존하여 기르고(存養) 반성하고 살피는 (省察) 요령을 말하였고, 끝으로 성聖스럽고 신神이한 공부를 통한 변화의 지극함을 말하였다. 대개 배우려고 하는 사람은 여기에서 몸을 돌이켜 찾고 스스로 체득하여, 그를 통해 외부의 유혹을 제거하고 그 본연의 선善을 충만하게 하기를 바란 것이다.[387]

주희는 자사가 마음의 동정 각각에 이상적 상태로서의 중과 화를 배대한 것과 그것이 지닌 우주적 공효에 대해 자신의 관점에서 새롭게 해명하였다. 그는 마음을 두 가지 양태, 즉 마음속의 감정과 사유가 드러난 상태인 이발과 아직 드러나지 않은 상태인 미발로 보았다. 그런 뒤에 마음의 양태에 따라 각기 미발에는 존양存養 또는 함양涵養 공부를, 이발에는 성찰省察 또는 찰식察識 치지致知 공부를 배대하고 공부의 선후로서 먼저 함양을 한 뒤에 찰식을 하는 방법을 확립하였다. 이것은 양시(楊時, 1053~1135) - 나종언(羅從言, 1072~1135) - 이동 (李侗, 1093~1163)으로 이어지는 '미발체인론'의 전통과 호안국(胡安國, 1074~1138) - 호굉(胡宏, 1105~1155) - 장식(張栻, 1133~1180)으로 이어지는 호남학의 '선찰식先察識 후함양後涵養'론을 극복 종합한 것이다.[388]

주희의 중화신설 정립은 종래의 정靜의 방법론과 동動의 방법론을

---

[387] 朱熹, 『中庸章句』.
[388] 文錫胤, 「退溪의 '未發'論」, 『퇴계학보』 제114집, 퇴계학연구원, 2003, p.4.

종합한 것이지만, 한편으로는 찰식에 앞서 함양을 강조함으로써 정의 방법론을 복권한 것이라는 성격을 갖는다. 이것은 곧 호남학적인 분위기에서 강조된 일상성의 중시라는 맥락을 뛰어넘어 일상성의 배경에 있는 형이상학적 근거의 영역을 정식으로 문제 삼는 태도, 즉 유교의 윤리적 규범을 궁극적 존재의 차원에서부터 이론적 및 실천적으로 정립하고자 하는 형이상학적·종교적 정신이 근저에 놓여 있는 것이었다. 주자가 특별히 염계 주돈이(周惇頤, 1017~1073)의 「태극도설」을 중요시한 것은 바로 그러한 정신 및 태도와 같은 맥락에서였다.[389]

이황은 주희의 이러한 형이상학적 종교적 정신을 잘 이어받았을 뿐 아니라, 더욱 깊이 있게 심화시켰다.[390] 그 역시 주희처럼 「태극도설」을 통해서 공부에 본격적으로 입문하였으며, 배우는 자들을 자극하기 위해 본원本源에 대한 환기를 자주하였다. 그 결과 그는 공부방법으로써 주정主靜과 정좌靜坐를 강조하기도 하였다. 그리하여 이황은 미발과 관계된 문제들에 대해서도 매우 중요하게 여겼음을 알 수 있다. 특히 그는 스승인 연평 이동李侗과의 문답을 기록한 『연평문답』을 통해 '미발' 문제에 대해 독자적 인식을 가지게 되었다.

이황은 화담 서경덕의 제자인 남언경南彦經의 책을 빌린 그의 동학 박민헌(朴民獻, 1516~1586)으로부터 『연평문답』을 보게 되면서 같은 문인인 홍인우(洪仁佑, 1515~1555)에게 쓴 자신의 편지에서 언급한 '야기夜氣'와 '미발지중未發之中'에 대한 잘못된 인식을 거론하고 있다.

---

389 文錫胤, 위의 글, p.4.
390 李光虎, 「이퇴계 학문론의 체용적 구조에 관한 연구」, 서울대 철학과 박사논문, 1993.

이를 계기로 그는 남언경에게 보낸 편지에서 자신의 미진했던 부분을 솔직히 말하고, 몇 년 뒤에 그 문제에 대한 자신의 정설定說을 수립하고 있다. 이황의 정설 수립은 서경덕의 문인들과의 교유를 통해 가능한 것이었다.

이황의 미발에 대한 인식은 적연(寂然不動)과의 대비를 통해서도 드러난다. 그런데 적연에 대한 그의 생각은 단호하다. 이황은 미발은 어떤 의식도 없는 상태이므로 '막 생각하면(才思)' 곧 이발이라는 것은 있을 수 없는 명제라고 말한다.[391] 이처럼 이황은 미발은 아직 사려가 싹트지 않은(思慮未萌) 미발지중未發之中의 순선한 상태로 이해하고 있다. 미발인 인간의 근본적 감정인 희로애락이 드러나기 이전의 상태는 고요하고 평정하다. 반면 이발은 희로애락이 일어나 겉으로 드러난 상태를 가리킨다. 그리고 그것이 드러나 절도에 맞을 때를 화라고 한다. 이와 달리 미발은 적연 상태의 '지각불매'와는 다른 미발의 '사려미맹'으로 보아야 할 것이다.

한편 이황은 이와 기의 문제에 있어서도 '발'의 의미에 대해 깊은 관심을 부여하고 있다. 처음에 그는 주희의 "이理는 정의情意가 없고, 계탁計度이 없으며, 조작造作이 없다"는 학설을 굳게 잡았다. 그리하여 이황은 주희의 이理의 무위無爲의 원칙에 대해 의심 없이 '물격'의 '격'과 '무부도無不到'의 '도'는 모두 내가 '격'하고, 내가 '도'한다고 보았다.[392] 하지만 그는 만년에 들어서는 고봉과의 사단칠정논변을 통해 이와 기를 구분하여 이에 주재성과 도덕성을 부가하여 이기이원론의

---

[391] 李滉, 「答黃仲擧」, 『퇴계전서』 권19.
[392] 李滉, 「答奇明彦 別紙」, 『퇴계집』 권18(한국문집총간, 癸卯校正重刊本).

입장을 취한다. 심지어는 이에 능동성과 운동성을 부여하여 이발理發과 이동理動 및 이도理到로까지[393] 의미를 부가하고 있다.

또 이황은 '사단칠정설'을 통해 '이理의 발'을 의미뿐만 아니라 사실상으로도 역설한 의도 역시 긴장된 성실한 마음의 상태(敬, 精一)를 가지려는 인위적인 노력과 천리, 인욕에 대한 분별적 깨달음을 가져야 하며, 그 깨달음에 따라 인욕을 버리려는 노력이 더해져야 한다고 하였다. 그가 무작위한 '리'에 '발發'의 성격을 부여하여 '사실상의 발'을 역설한 이면에는 혹시 악행으로 유도할지 모를 기질지정의 장애를 예상하여, 선한 본연지성으로서의 이理의 본유와 그 자발적인 발현에 대한 자각을 일깨우려는 의도가 있었던 것[394]으로 보인다. 이발설은 이의 체용설을 바탕으로 한 것이며, 그 이의 체용설이란 궁극적으로 체용이 일원一源임을 시인하면서 주장하는 것이다.[395] 이발설의 근본 의도는 이성의 자각을 통한 '주체적 인간의 확립'에 있는 것이다.[396] 이처럼 이치를 탐구하는 궁리, 즉 이발과 미발론은 학문(방법)론이라고 할 수 있다. 이러한 학문론은 결국 거경, 즉 수양론 혹은 수양론적 학문방법론으로 접목된다.

---

393 文錫胤, 「퇴계에서 理發과 理動, 理到의 의미에 대하여—理의 능동성 문제」, 『퇴계학보』 제110집, 퇴계학연구원, 2011.
394 尹絲淳, 「존재와 당위에 관한 퇴계의 일치시」, 『한국의 사상가 10인: 퇴계 이황』(예문서원, 2001), p.326.
395 李滉, 『退溪全書』 권상(대동문화연구원, 1958), p.919.
396 尹絲淳, 앞의 글, p.337.

(2) 경敬과 의義

유학에 있어 심心은 일신一身의 주재主宰이며, 경敬은 일심一心의 주재[397]로서 이해된다. 특히 "경敬 한 글자는 성학의 시작과 끝이 된다."[398] 때문에 "경은 일심의 주재이며 만사의 근본"[399]이 된다. 이러한 인식 아래 이황은 유학은 성학聖學, 즉 성왕의 학문 또는 제왕의 학문이라고 불린다.

이 학문은 학문을 하는 주체의 지위가 왕이라는 사실만 다를 뿐, 학문의 목표가 성인이라는 점에서는 성인의 학문과 같다. 성학은 성인이 되기 위한 학문이기 때문이다. 이것은 내성외왕內聖外王을 추구하는 유학의 지향을 잘 보여준다. 이런 점에서는 '부처의 가르침'인 불교보다는 '부처가 되기 위한 학문'인 불학과도 상통한다.

이황은 16세로 재위에 오른 선조를 위하여 성인이 되기 위한 학문인 성학을 실현하기 위한 이듬해에 열 개의 그림과 도설을 덧붙여 『성학십

---

[397] 程復心, 『心學圖說』, "心者, 一身之主宰, 而敬又一心之主宰也." 본디 『心學圖』는 송나라 西山 眞德秀(1199~1235)가 저술한 『心經』에다 여러 성현들의 마음(心)에 관한 주장과 마음을 주재하는 敬에 관한 心學 가운데에서 중요한 것을 간추려 체계적으로 도식화하고 설명한 책이다. 이후 명나라의 林隱(敏政) 程復心이 주를 덧붙인 『心經附註』가 나왔다. 이 圖와 圖說은 정복심이 지은 것이다. 『성학십도』 가운데서 정복심이 만든 도가 3개요, 그가 지은 도설이 2가지이며 전체의 4분의 1을 차지한다. 朱熹가 그린 圖가 1개, 圖說이 4개여서 숫자상으로 그와 같이 5개가 된다. 퇴계는 평생 은거해서 산 元나라 때의 정복심을 존경하고, 또한 그가 지은 『四書章圖』에 상당한 영향을 받았다. 『심학도』와 『심학도설』은 『心經附註』의 제1장 앞에 실려 있다.

[398] 朱熹, 『大學或問』, "敬之一字, 聖學之所以成始而成終者也."

[399] 朱熹, 『大學或問』, "敬者, 一心之主宰, 而萬事之根本也."

도』를 지어 바쳤다. 그는 이「태극도」(1),「서명도」(2),「소학도」(3),
「대학도」(4),「백록동규도」(5),「심통성정도」(6),「인설도」(7),「심
학도」(8),「경재잠도」(9),「숙흥야매잠도」(10)를 편찬하여 선조에게
유학의 이상을 펼칠 것을 요구하는 한편, 유학의 진리관과 정치관을
억만세에 전하고 싶었다.[400]

  10도 가운데 이황이 3도만 직접 그리고 나머지는 이미 있던 저술을
도표로 그린 것이다. 그 중에서도「심통성정도」상하 2도만이 그가
독창적으로 그린 것이지만 여기에는 오랫동안 숙성시켜온 그의 깊은
안목이 투영되어 있다. 즉 10도 선택의 기준, 배열의 순서와 10도
전체에 대한 보충 설명 등에 훈습된 이황의 깊은 자득自得의 경지는
충분히 확인된다. 그리고 이들 중에서 특히 제9의「경재잠도」와 제10의
「숙흥야매잠도」에는 그의 경에 대한 인식을 잘 보여주고 있다.

  주희는 남헌南軒 장식張栻의「주일잠主一箴」을 읽고 나서 같은 취지로
이 잠을 짓고 자기의 서재 벽에 써 붙여 자경自警의 자료로 삼았다.
그는 이 잠의 전체적 성격을 "경의 조목을 설한 것으로서 여러 가지
자리가 있다"고 밝혔다. 주희의「경재잠도」에 대해 왕백王柏은 이 그림
의 상단을 경의 올바른 실천, 중단을 경의 원리, 하단을 경의 실천을
상실한 병상病狀으로 구분하였다. 반면 오징吳澄의「경재잠도」10장의
구조를 경의 실천방법을 제시하는 영역(1~4장), 경의 기본 원리와
구조를 제시하는 영역(5~6장), 경을 상실한 마음의 병을 진단하고
치료하는 방법을 계발하는 영역(8~9장)으로 더욱 정밀하게 분석하여

---

400 李光虎,「이퇴계의『성학십도』연구」, 이광호 옮김,『성학십도』(홍익출판사, 2001), p.118.

제시하였다. 이황 역시 경재잠의 이러한 구조를 의식하면서 자신의 수양론을 수립하였다.

경의 기본개념인 '주일무적主一無適'은 '마음 밖으로 엄숙하며 마음 안으로 일치된 것'이다. 주일무적은 1) 그 마음을 거두어들여서 한 사물도 용납하지 않는(收斂身心) 마음의 집중상태, 2) 항상 깨어 있음(常惺惺)의 방법, 3) 엄숙한 마음과 가지런한 모습(整齊嚴肅)의 실천형식으로 되어 있다.[401] 이황은 경을 개념적으로 이해하는 과정에서 '경'의 기본구조를 동과 정, 체와 용, 내와 외, 시와 종, 거경과 궁리 등의 상응관계 내지 일치관계로 분석하여 해명하고 있다.[402]

이황은 정제엄숙整齊嚴肅을 경의 정靜-엄숙-체體와 경의 동動-정제-용用의 구조로 대응시키고 있다. 그는 경의 동정 또는 체용은 마음의 체용에 대응하는 것이 아니라 마음을 통하여 드러나는 것이며, 동시에 지속적인 실천과정을 통하여 원숙한 단계에 이르러 비로소 그 성취결과로서 서로 일치한다고 하였다.[403] 또 그는 조존(操存, 存養, 涵養)과 성찰省察을 동정에 대응하는 경의 과제로 인식하였다. 해서 "고요한(靜) 데에서 마음을 간직하면 어둡지 않고, 움직이는(動) 데서 살피면 섞이지 않는다"는 조존 성찰의 동정구조를 제시하였다.[404]

다시 또 정靜을 '의식이 발동하기 이전'인 미발(未發, 寂)로 보고,

---

401 李滉, 「答金而精」, 『퇴계전서』 권29.
402 琴章泰, 「경재잠도」와 퇴계의 거경수양론」, 윤사순 편, 『한국의 사상가 10인: 퇴계 이황』(예문서원, 2001), pp.374~375.
403 李滉, 「答李宏仲」, 『퇴계전서』 권36.
404 李滉, 「答盧寡悔別紙」, 『퇴계전서』 권10.

동動을 '의식이 발동한 이후'인 이발(已發, 感)로 파악하여 미발을 '경계하여 삼가며 두려워하는 자리(戒愼恐懼之地)'로 보고, 이발을 '몸으로 살피고 정밀하게 살피는 때(體察精察之時)'[405]라고 하였다.

이황은 경의敬義에 내외內外 혹은 동정動靜 또는 현미顯微의 구조로 대응시키고 있다. 즉 경과 의를 대응시켜 경을 정에, 의를 동에 상응하는 것으로 파악하고 경과 의를 겸하여 지닐 것(敬義夾持)을 역설하였다. 그러면서도 그는 경을 중심으로 하여 경에다 동과 정, 현과 미, 내와 외를 일관시킨다.[406]

또 이황은 지행병진설知行倂進說 혹은 지행호진설知行互進說에 의거하여 지와 행이 상호 선과 후를 이루는 것으로 파악하고, 지와 행을 서로 경의 시始와 경의 종終을 이루는 것이라고 보았다. 지와 행이 수레의 두 바퀴나 새의 두 날개처럼 서로 선과 후가 되고 경과 중을 이룬다고 파악하였다. 그리하여 선행후지설先行後知說을 드러내는 『중용』의 존심이나 선지후행설先知後行說을 보여주는 『대학』의 성의 혹은 『맹자』의 존심이 경의 시작과 경의 끝을 이룬다고 이해하였다.[407] 따라서 이황은 '경'이 수양과 학문을 통합하여 시작부터 끝까지 관철하는 것임을 강조함으로써 인식과 행위를 관통하는 것으로 파악하였다.[408]

아울러 이황은 설선(薛宣, 文淸)의 "존심단좌하는 때는 거경이요, 독서에 의해 의리를 사색하고 처사에 당부를 추구하는 것은 궁리"라고

---

405 李滉,「答黃仲擧」,『퇴계전서』권19.
406 李滉,「答李宏仲」,『퇴계전서』권36.
407 李滉,「答李剛而」,『퇴계전서』권21.
408 琴章泰, 앞의 논문, pp.375~376.

분별하는 입장을 대언對言으로 보고, 우성전禹性傳의 "정중에 존심단좌 하지만 동처에도 더욱 이것을 힘쓰는 것이 경"이라고 파악하는 입장을 겸언兼言하는 것이라고 하였다. 또 격물과 지경 사이에서 경이 철두철미하다는 인식 아래 "진실로 지경의 방법을 알면 이치는 밝아지고 마음은 안정되며, 경으로써 사물에 나아가면 만물이 나의 살펴봄을 벗어날 수 없고, 경으로써 사물에 대응하면 사물이 마음에 누를 끼칠 수 없다"[409]고 하였다.

이황은 경敬의 관철을 통해 '격물'과 '지경' 사이에서 어느 것이 어렵고 어느 것이 쉽다고 구별할 필요가 없다고 하였다. 이처럼 그는 경을 동과 정, 궁리와 거경을 관철하는 것으로 인식하면서도 궁리를 말하지 않고, 그저 '경' 한 글자만 지키면 한쪽으로 치우쳐 빠진다고 경계함으로써 거경과 궁리 사이의 상호 보완적 인식을 제안하였다.[410] 이러한 이황의 태도는 그의 수양론이 학문론과 분리될 수 없음을 보여주고 있다.

경은 생각과 배움에 다 요구되며, 움직일 때나 고요히 있을 때나 일관하여 요구되는 태도로서 인간의 안과 밖을 합치시키는 것이며, 마음의 원리(微)와 현상(顯)을 통일시켜 주는 것이다.[411] 이황은 일심의 주재이자 만사의 근본인 '경'에 대해 불교의 '관(觀, vipassana)'처럼 일심을 단순화시키는 훈련법으로 보았다. 이것은 그가 마음의 실천적 층위에 집중함으로써 마음의 이론적 층위에 치중하는 이이(율곡)와

---

409 李滉,「答金惇敍」,『퇴계전서』권28.
410 李滉,「答金而精」,『퇴계전서』권29.
411 "持敬者, 又所以兼思學, 貫動靜, 合內外, 一顯微之道也."

마음의 위상을 달리 보았기 때문이다.

이황은 거경의 수양론과 궁리의 학문론을 일치하려고 노력하였다. 그의 주희의 「경재잠」이 동과 정, 표와 리, 주일과 무적을 모두를 갖추고 있으며, 이들 중 어느 것도 버릴 수 없는 것이라고 하였다. 다만 힘써야 할 요체는 말씀의 취지와 의리가 있는 곳을 따라서 반복하여 그 맛을 연마하고 실제로 체험하며 행하는 것[412]이라고 하였다. 이러한 그의 해석은 경의 실천을 동과 정 및 표와 리의 측면으로 접근하게 한다.

이러한 그의 태도는 경을 시간적 차원에서는 인간 존재가 움직이고 고요한 사이에 잠시도 어긋남이 없도록(弗違) 요구하는 한편, 공간적 차원에서는 인간 행위가 바깥으로 나타나는 겉(表)과 인간 마음의 내면세계인 속(裏)이 상호 연관 관계 속에서 서로 바르게 할 것(交正)을 요구하고 있다.[413] 이처럼 이황의 경 사상은 표와 리 및 동(내)과 정(외)의 지형을 머금고 있다. 이것을 지경의 수양론 속에서 다시 궁리의 학문론과 거경의 수양론으로 나눠볼 수 있을 것이다.

芬皇 元曉	心眞如門	涅槃義(六門)	一心 (진리론)
	心生滅門	佛性義(六門)	一味 (실천론)
退溪 李滉	裏	靜(內)	敬 (수양론)
	表	動(外)	義 (학문론)

이것을 원효가 구축한 이문 일심의 구도인 심생멸문과 심진여문과

---

412 李滉, 「答李宏仲」, 『퇴계전서』 권35.
413 琴章泰, 앞의 논문, p.377.

이문 일미의 구도인 열반문과 불성문의 구도에 대응하여 위의 도표와 같이 볼 수도 있을 것이다. 나아가 귀원의 진리론과 요생의 실천론으로 대응시켜 볼 수도 있을 것이다.

5) 원효와 이황의 통로

불교는 생사윤회의 고통에서 벗어나 해탈 열반의 기쁨을 얻게 한다. 불학은 부처의 가르침인 불교가 아니라 부처가 되기 위한 가르침이다. 불학은 내불외살內佛外薩, 즉 안으로는 부처가 되고자 하고 밖으로는 보살이 되고자 한다. 부처와 보살은 불자들의 가장 이상적인 인간상이다. 대승 이전의 불교는 아라한(붓다)을 이상적 인간상으로 제시하였다. 반면 대승불교는 보살상을 이상적 인간상으로 창안하였다.

보살은 부처가 되기를 미룬 존재이기도 하고, 한편으로는 부처가 지닌 자비와 지혜, 원력과 덕행 등의 의인화이기도 하다. 이 때문에 보살은 중생구제의 역할이 끝나기 전에는 실존하지만 역할이 끝나면 사라진다. 원효는 부처와 중생의 간격을 최소화시키려고 노력하였다. 그의 귀원의 진리론과 요생의 실천론이 만날 수 있었던 것은 부처와 중생의 거리를 좁히기 위한 노력을 통해서 가능할 수 있었다.

유학 역시 내성외왕內聖外王, 즉 안으로는 성인聖人이 되고자 하고, 밖으로는 성왕聖王이 되고자 한다. 성인은 이상적 인격을 갖춘 최고의 인간을 가리킨다. 성학에서 사용하는 '성'의 개념은 여러 갈래가 있다. 이들 개념들은 대개 '지혜'라는 의미와 상통한다. 이러한 성의 개념에 윤리적 의미와 가장 이상적인 인간 덕성의 의미가 부여된 것은 공자 이후부터다.[414] 『맹자』는 호생불해互生不害와의 문답에서 사람의 품격을 6단계로 나누어 해명하고 있다.

　도가 바람직한 것임을 아는 자를 선인善人이라 한다. 도를 자신에게 지닌 자를 신인信人이라 한다. 도를 충실하게 갖춘 자를 미인美人이라 한다. 도가 내면에서 충실하게 되어 겉으로 광휘光輝가 드러나는 사람을 대인大人이라 한다. 대인으로서 질적 변화를 이룬 사람을 성인聖人이라 한다. 성인으로서 그 경지를 헤아릴 수 없는 사람을 신인神人이라 한다.[415] 여기에 따르면 성인은 도가 내면에서 충실하게 되어 바깥으로 광휘가 드러나는 대인의 단계를 넘어 인격의 질적 변화를 이룬 사람을 가리킨다. 이러한 경지에 이른 사람은 "힘쓰지 않아도 중용을 행하고 생각하지 않아도 중용을 알아서 자연스럽게 도에 일치한다"[416]는 『중용』의 성인 또는 성자誠者의 경지에 상응한다. 주렴계는 "성인의 덕은 천지와 합치되고, 밝음은 일월과 합치되며, 순서는 사계절과 합치되며, 길흉은 귀신과 합치된다"고 「태극도설」에서 말하였다.[417] 이황 역시 주희 등의 성리학자들처럼 이러한 성인관을 수용하여 성학, 즉 성인이 되기 위한 학문을 추구하였고 성왕이 되기 위한 학문을 제시하였다.

　그러므로 유학이 제시한 '신인'과 '성인'이 불학이 제시한 '부처'와 '보살'이 될 수 있는 접점 역시 이황이 제시한 '아직 사려가 싹트지 않은(思慮未萌) 미발지중未發之中의 순선한 상태'와 일심의 근원으로 돌아간 지점일 것이며, 성인으로서 그 경지를 헤아릴 수 없는 사람인

414　李光虎, 앞의 논문, p.115.
415　孟子,『孟子』「盡心」하, 25장.
416　子思,『中庸』제20장.
417　周濂溪,「太極圖說」.

신인과 성인은 부처와 보살이 만나는 통로가 될 것이다. 그것은 진식과 망식으로 분리되기 이전의 신해성과 결정성을 지닌 일심과 일심지원과 상통하는 지점일 것이다.

원효는 인간이 지닌 일심의 신해성神解性과 본각의 결정성決定性의 강조를 통하여 범부들로 하여금 부처와 보살이 될 수 있는 길을 제시하였다. 일심이 지닌 신묘한 이해의 성질인 신해성[418]과 본각이 지닌 결정코 그러한 성질인 결정성은 존재들이 지니고 있는 진여와 생멸의 근원에 자리하는 일심과 일심의 근원으로 돌아갈 구심이자 원심이었다.[419] 원효는 진리론인 '귀원', 즉 '귀일심원'과 그의 학문론인 '요생', 즉 '요익중생'을 길을 제시하였다. 한편으로는 일심의 근원으로 돌아가 자각하게 함으로써 궁극적으로는 중생 스스로가 그들을 풍요롭고 이익되게 하고자 하였다. 그리고 그 길로 나아가기 위해서는 화쟁·회통의 인식의 전환과정이 요청된다고 하였다.

> 열치면(開) 헬 수 없고 가없는 뜻(無量無邊之義)이 종취(宗)가 되고, 합하면(合) 두 문과 한 마음의 법(二門一心之法)이 그 요체(要)로 되어 있다. 그 이문二門 속에 만 가지 뜻(萬義)이 다 포용되어 조금도 혼란됨이 없으며, 가없는 뜻이 일심과 하나가 되어 혼융된다. 이런 까닭에 전개(開)와 통합(合)이 자재하고 수립(立)과 타파(破)가 걸림

---

[418] 高榮燮, 「원효 일심의 신해성 연구」, 『불교학연구』 제29호, 불교학연구회, 2009. 8.
[419] 高榮燮, 「분황 원효 본각의 결정성 탐구」, 『불교학보』 제67집, 동국대 불교문화연구원, 2014. 6.

이 없다. 열친다고 번거로운 것이 아니고, 합친다고 좁아지는 것도 아니다. 그리하여 수립하되 얻음이 없고 타파하되 잃음이 없다.[420]

원효가 『대승기신론』의 주석에서 보여준 것처럼 개합 자재와 입파 무애로 이루어지는 화쟁·회통의 논법은 그의 일심의 진리론과 요생의 실천론을 실현시키는 매개항이었다. 이것은 이황이 자신의 성인관을 통해 이발과 미발의 구도에 기반을 한 궁리의 학문론과 경의 동정과 표리의 구도에 기반을 한 거경의 수양론을 통합시킨 것과도 상통하고 있다. 따라서 원효의 귀원의 진리론과 요생의 실천론은 이황의 궁리의 학문론과 궁리의 수양론과 상통할 수 있는 것이다. 이것이 가능한 근거는 원효의 일심의 신해성과 본각의 결정성에 기반한 일심의 지형과 이황의 미발 인식에 기초한 경 개념의 지형이 머금고 있는 보편적 울림 때문이라고 할 수 있다.

6) 정리와 맺음

한국의 대표적 철학자인 불교의 원효와 유교의 이황의 만남과 대화는 몇 가지 점에서 이루어질 수 있었다. 첫째, 두 사람 모두가 한국의 전통사상인 불교와 유교의 대표적 철학자였다는 점이다. 불교와 유교의 인간관과 세계관의 상통성과 상이성이 있겠지만, 모두 내불외살內佛外薩과 내성외왕內聖外王의 추구라는 지점에서 만남의 접점을 넘어 대화의 통로를 열을 수 있다. 둘째, 두 사람 모두가 시대의 한복판에서

---

420 元曉, 『大乘起信論疏』 상권(『韓佛全』 제1책, p.698하).

치열하게 철학한 철학자이자 사상가였다는 점이다. 두 사람은 삼국통일 전후기의 사상적 문제와 정주학程朱學과 육왕학陸王學 및 불교와 도교의 갈등의 문제를 고민하였다. 이들은 모두가 당대의 주요 문제들이었던 팔식구식론八識九識論과 사단칠정론四端七情論을 안고 철학하였다.

셋째, 두 사람 모두가 앎과 삶을 철저하게 추구하여 그들의 거리를 최소화 내지 무화시킨 수행자였다는 점이다. 원효가 펼친 '일심'의 진리론과 '요생'의 실천론의 거리를 최소화하거나 무화시킬 수 있었던 것과 이황이 궁리의 학문론과 거경의 수양론의 거리를 최소화하거나 무화시킬 수 있었던 것은 이들이 각성한 수행자였기 때문이었다. 오래지 않아 원효 만년에 삼국은 사상적 통일을 완수하였고, 이황의 만년에 조선은 정주학을 넘어 순유純儒의 성리학을 집대성하였다.

넷째, 두 사람 모두가 70세 동안 국내에서 살았으나 국제성을 지닌 사상가였다는 점이다. 이들은 모두 외국으로 나아가지 않고 국내에서만 연찬하였다. 그럼에도 불구하고 원효의 일심 사상과 이황의 경 사상에는 국제성과 세계성이 담겨 있다. 이것은 보편적 가치 체계를 지닌 불교와 유교에 기반하였기 때문만이 아니라 두 사람 모두 인간의 본질과 세계의 심연에 대해 깊이 물었기 때문이었다. 그 결과 원효와 이황은 불교와 유교의 경계를 넘어서서 인간과 세계의 지평에서 만날 수 있었고 대화할 수 있었다.

따라서 원효와 이황의 만남과 대화는 '일심一心' 사상과 '경敬' 사상에 기반을 한 '귀원歸源'의 진리론과 '요생饒生'의 실천론 및 '궁리窮理'의 학문론과 '거경居敬'의 수양론을 통해 가능할 수 있었다. 그것이 가능한 근거는 원효의 일심의 신해성神解性과 본각의 결정성決定性에 기반한 일심의 지형과 이황의 미발未發 인식에 기초한 경敬 개념의 지형이 머금고 있는 보편적 울림 때문이라고 할 수 있을 것이다.

2. 원효의 염불관과 청화淸華의 염불선

1) 문제와 구상

우리는 종종 이론에 상응하는 '철학'과 실천에 상응하는 '종교'를 분리해 보려고 한다. 이를테면 불교가 철학이냐 종교이냐는 질문처럼 말이다. 그런데 철학이기도 하고 종교이기도 한 불교 내에서도 관법에서의 '관觀'과 선법에서의 '선禪'의 결이 있다. '관'은 일체의 사태를 관찰하는 관법이고, '선법'은 일체의 분별을 넘어서는 행법이다. 일체를 관찰하는 '체계화된 관행觀行'이 '관법'이라면, 일체의 사량을 제거하고 '직관하는 선수禪修'가 '선법'이다. 그리고 불보살의 명호名號 명자名字를 생각하는 체계적인 관법이 염불관이라면, 자성불의 지혜 광명을 관조하며 닦아가는 선법이 염불선이다. 이렇게 수행상에서 본다면 염불과 선정은 별개의 것이 아니라 '염불 즉 선정'의 관계를 이루고 있다고 할 수 있다.

분황 원효(芬皇元曉, 617~686)는 일심一心-화회和會-무애無碍의 기호로 자신의 생평을 펼쳤다. 그는 '일심一心의 몸체를 본각本覺으로 규정하고 무명에 따라서 움직여 생멸을 일으키기 때문에 여래장如來藏이라고 한다'면서 일심을 여래장과 연결시키고 있다. 원효는 일심지원一心之源인 본각의 결정성決定性과 일심一心인 여래장의 관계를 설명하기 위해 일심에 '영묘하게 이해함' 혹은 '신령스레 알아차림'이란 뜻을 지닌 신해神解의 의미를 부여하고 있다. 그리하여 그는 일심에 '신해' 혹은 '신해성神解性'의 의미를 끌어들여 일심의 이해에 탄력성을 부여하고 있다. 이것은 원효가 일심을 진망화합식인 여래장이라고 하면서도 또한 망식인 아뢰야식이라고 한 지점에서도 그의 정토관 혹은 염불관을 엿볼 수 있다.

무주 청화(無住淸華, 1923~2003)는 원통불법과 정통선을 아우르는 실상염불선을 통해 순선純禪과 안심安心의 법문을 역설하였다. 그는 시방삼세에 두루한 자성불의 지혜광명을 관조하면서 닦는 선을 염불선이라 하였다. 청화는 칭명稱名, 관상觀像, 관상觀想, 실상實相의 네 가지 염불 중에서도 실상, 즉 진리를 관조하는 염불을 특히 강조하였다. 그에 따르면 염불선은 실상을 생각하면서 하는 염불이며, 가상을 떠나 실상인 붓다를 생각하면서 염불을 하는 선이다. 즉 청화는 우리 마음을 천지 우주로 해방시켜서 그 가운데 가득 차 있는 그 무엇, 찬란한 그 광명, 이것을 생각하면서 하는 수행을 실상염불이라고 하였다.

이처럼 신라시대의 원효는 염불관을 통해 귀일심원과 지관수행으로 화회和會의 살림살이와 사고방식을 보여준 반면, 대한시대(1897~남북통일)의 청화는 염불선을 통해 원통불법과 정통선법으로 회통會通의 살림살이와 사고방식을 보여주었다. 두 사람은 1,300년의 간격을 넘어 살았지만 우리는 이들이 각기 보여준 염불관과 염불선을 통해 염불 인식과 염불 이해의 접점을 확인할 수 있다. 선행연구에서는 각 시대별 경론별 염불과 선법의 접점과 통로,[421] 순선시대의 염불선의 지형,[422] 원효의 정토관,[423] 무상의 인성염불선,[424] 청화의 염불선[425] 등에 대해서 주로 논구해 왔다. 이 글에서는 원효의 염불관과 청화의 염불선의 동처와 부동처 및 연속과 불연속의 지점을 찾아, 오늘 한국불교의 염불사상과 염불수행의 현재를 점검하고 미래를 환기해 보고자 한다.

2) 염불 즉 선정

염불, 즉 '붓다 아누사띠(Buddha-anussati, Buddha-anusmṛti)'는 붓다를 생각하는 선정 수행이다. 이 수행은 붓다의 모습을 나타내는 32상 80종호와 붓다의 덕성을 가리키는 아홉 가지 혹은 열 가지의 성질을

---

421 조준호, 「선과 염불의 관계-염불선의 기원과 전개에 대한 비판적 고찰」, 『선문화연구』 제14집, 한국선리연구원, 2013. 6.; 조준호, 「초기·부파불교에 나타난 염불과 선」, 『염불과 선: 염불선의 성립과 전개』(청화사상연구회, 2014); 박경준, 「『대지도론』에 나타난 염불과 선」, 『염불과 선: 염불선의 성립과 전개』(청화사상연구회, 2014).

422 한태식(보광), 「純禪시대의 염불선에 대한 몇 가지 문제」, 『정토학연구』 제18집, 한국정토학회, 2012. 12.; 조준호, 「달마어록에 나타난 염불선」, 『정토학연구』 제18집, 한국정토학회, 2012. 12.

423 한보광, 「원효의 정토관련 저술에 나타난 信觀」, 『원효학연구』 제2집, 원효학회/원효학연구원, 1997; 장휘옥, 「원효는 왜 定性二乘의 往生을 부정했는가」, 『원효학연구』 제5집, 원효학회/원효학연구원, 2000; 후지 요시나리(藤能成), 『원효의 정토사상 연구』(민족사, 2001); 고영섭, 「동아시아 불교에서 정토학과 원효」, 『원효학연구』 제13집, 원효학연구원, 2008.

424 高榮燮, 「무상과 마조」, 『불교학보』 제44집, 동국대 불교문화연구원, 2006; 고영섭, 「무상의 무념학」, 『한국불교학』 제49집, 한국불교학회, 2009.

425 이운식, 「청화 염불선 연구」, 동국대학교 불교대학원 불교학과 석사논문, 2005; 최동순, 「원통불법의 기반으로서 도신의 염불선」, 『정토학연구』 제18집, 한국정토학회, 2012. 12.; 최동순, 「무주당 청화 스님의 천태교관 이해」, 『염불과 선: 염불선의 성립과 전개』(청화사상연구회, 2014).

끊임없이 생각하는 행법이다. 선정 수행의 주요개념인 '아누사띠'는 '염念' 또는 '수념隨念'[426]으로 번역해 왔다. 특히 초기불교에서는 '사띠(sati)'와 '아누사띠'를 구분하지 않고 '염念'으로 옮겼다. 하지만 일부 경론들에서는 염불을 '붓다 수념' 혹은 '불타 수념佛陀隨念'으로 옮기기도 하였다. 여기서 수념이란 '붓다에 대한 선정이 끊어지지 않고 이어지는 모습' 또는 '붓다의 모습과 상호 및 성질 또는 덕성을 끊임없이(無間斷) 생각생각(念念)하면서 서로 이어서(相續) 비춰보는(照見) 상태'를 가리킨다.

'사띠'와 달리 '아누사띠'는 붓다의 아홉 가지 혹은 열 가지 덕성德性을 가리킬 때 주로 사용되었다. 또 사선四禪이나 사무색정四無色定 이후에 숙명통宿命通을 설명하는 대목에서도 사용되었다. 『디그하 니까야』와 『앙굿따라 니까야』 등에서는 '아누사띠 타나(anussatiṭṭhāna)', 즉 '아누사띠가 이어지는 장場'에 대해 여섯 가지로 설명하고 있다. ①전생기억으로 한 생, 두 생 등의 여러 생에 걸친 전생의 갖가지 모습을 기억하는 장, ②행복감이 유지되는 제삼선第三禪까지의 장, ③낮과 밤이 구별될 수 없을 정도로 명철한 지각상태, 즉 지견知見을 증득할 수 있는 광명상(光明想, ālokasaññam)의 장, ④발끝에서 머리끝까지 왕복하면서 부정관과 백골관을 닦는 염신念身 수행의 장, ⑤계분별界分別이 가능한

---

[426] 초기경전에 의하면 隨念(anussati)에는 ①붓다 수념(Buddhānussati), ②담마 수념(Dhammānussati), ③상가 수념(Saṅghānussati), ④계율 수념(Sīlānussati), ⑤하늘 수념(Devatānussati), ⑥버림 수념(Cāgānussati)의 여섯 가지 수념과 ⑦죽음 수념(Maraṇānusati), ⑧육신 수념(Kāyagatāsati), ⑨호흡 수념(Ānāpānasati), ⑩고요 수념(Upasamānussati)을 덧붙인 열 가지 수념이 있다. 조준호, 앞의 글, p.16 참조.

제사선第四禪의 장, ⑥그대가 가고, 오고, 서고, 앉고, 눕고, 일하는 등의 일련의 행위를 염하여 정념正念 정지正知를 성취할 수 있는 장이다. 이 경전에서는 이들 여섯 장을 모르는 것은 탁월한 마음인 선정(增上心學, adhicitta)을 모르는 것이라고 하였다.[427]

『앙굿따라 니까야』에서는 '붓다 수념'의 목적을 염리(厭離, nibbidā), 이욕(離欲, virāga), 지멸(止滅, nirodhā), 평정(平靜, upasama), 신통지(神通知, abhiññā), 정등각(正等覺, sambodhi), 열반(涅槃, nibbāṇa)을 성취할 수 있는 수행의 과정으로서 '일법(一法, ekadhamma)', 즉 붓다를 수념하는 불수념佛隨念을 제시하고 있다.[428]

붓다 수념의 내용과 선정 차제는 ① 환열(pāmojja, pāmujja, 歡悅) → ②큰 희열(pamudita) → ③환희로움(pīti) → ④몸의 경안(passaddhikāyo, 輕安) → ⑤행복(sukha, 樂) → ⑥삼매(samādhi) → ⑦여실지견(yathābhūtañāṇadassana, 如實知見) → ⑧염리(nibbidā, 厭離) → ⑨무욕(virāga, 離貪) → ⑩해탈(vimutti, 解脫) → ⑪멸진지(kyayañāṇa, 滅盡智)로 이어진다.[429] 여기서 '환열'에서 '삼매'까지의 선정 단계는 대부분 '큰 환열'을 제외한 순서로 제시되고 있다. 또 삼매 이후의 선정은 여실지견에서 멸진지의 선정으로 이어지고 있다. 이처럼 삼매의 성취로 이어지는 위빠사나의 여실지견은 해탈과 열반으로

---

[427] 조준호, 앞의 글, p.11.
[428] 『앙굿따라 니까야』 Vol.I, p.29.
[429] SN. ii, p.29; AN. v, pp.1~2. 조준호, 앞의 글, p.22 참조. 붓다 수념의 내용과 선정 차제의 11가지는 四念處와 四禪定 및 37菩提分法과 如來十號 등으로도 이어진다.

Ⅳ. 일심과 경 사상 및 염불관과 염불선 311

귀결되고 있음을 알 수 있다.

또『증일아함경』「십념품」에서 '불수념'은 "마땅히 이 일법을 닦아 행하고 일법을 널리 펴면 곧 신통을 이루고 온갖 어지러운 생각을 버리며, 사문과를 체득하고 스스로 열반을 이룰 것"[430]이라고 하였다. 이 경전에서는 '마땅히 수행해야 할 일법'이자 '마땅히 널리 펴야 할 일법'으로서 열 가지의 대상을 제시한다. 즉 경전에서는 '염불念佛', '염법念法', '염중念衆', '염계念戒', '염시念施', '염천念天', '염휴식念休息', '염안반念安般', '염신비상念身非常', '염사念死' 등 열 가지 염에 대해 설하고 있다. 일법으로서 강조되는 염의 대상을 크게 분류해 보면 불보, 법보, 중보의 삼보三寶와 계론, 시론, 생천론의 삼론三論 및 휴식休息, 안반安般, 신비상身非常, 사死이다.[431]

이들 열 가지 일법을 수행하고(修行一法) 널리 일법을 펼쳐내면(廣布一法) 곧 신통을 이루고(便成神通) 온갖 어지러운 생각을 버리며(去衆亂想) 사문과를 붙잡고(逮沙門果) 스스로 열반에 이를 것(自致涅槃)이라고 하였다. 이 경전에서는 '붓다 수념'을 통해 예류과, 일래과, 불환과, 아라한과의 사문과沙門果를 성취할 수 있다고 하였다. 이처럼 붓다 수념, 즉 염불은 성자의 경지에 들어서서 완성하기까지의 단계를 잘 보여주고 있으며, 붓다 수념의 위상과 그 수행의 결과를 보여주고 있다는 점에서 주목되고 있다.

염불이 선정 수행의 다른 이름이라고 볼 때, 선정 수행은 사마타(Samatha)와 위빠사나(Vipassanā, vipaśyanā), 즉 지관止觀 수행의 다른

---

[430]『增壹阿含經』「十地品」(『大正藏』제2책, p.552하).
[431]『增壹阿含經』「十地品」(『大正藏』제2책, pp.552하~553중).

이름이라고 할 수 있다. 염불은 붓다의 32상 80종호를 '붓다에 대한 선정이 끊어지지 않고 이어지는 모습' 또는 '붓다의 모습이나 성질 또는 덕성을 끊임없이(無間斷) 생각생각(念念)하면서 서로 이어서(相續) 비춰보는(照見) 상태'라는 점에서 사마타 수행의 범주에 든다고 할 수 있다.

부파불교의 설일체유부에서 수행의 예비단계로 제시한 오정심관五停心觀 또는 오도관문五度觀門 혹은 오문선五門禪에는 부정관, 자비관, 인연관(계분별관), 수식관과 함께 염불관觀佛觀이 들어 있다. 이때의 염불관, 즉 관불관은 아직 붓다의 명호를 거듭거듭 반복해 부르는 염불은 아니었던 것으로 짐작된다. 신구의身口意 삼업 가운데 칭불 혹은 칭명불은 구행口行의 범주인 반면, 염불은 의행意行의 범주로 볼 수 있기 때문이다. 아마도 당시에는 붓다의 상호나 덕성을 수념隨念하는 선정을 하였을 것으로 짐작된다.

대승불교의 대표적인 논사인 용수는 칭명불을 '겁약怯弱 하열下劣한 중생을 위한 신신방편의 이행도易行道로 보았다.[432] 또 그는 ①32상 80종호를 염하는 색신色身염불, ②40불공법不共法을 염하는 법신法身염불, ③색신과 법신에도 집착하지 않고 공관空觀염불인 실상實相염불, ④여래의 십호를 염하는 최고의 염불인 십호十號염불의 네 가지로 제시하였다. 대승불교의 또 다른 논사인 세친世親은 신구의身口意의 삼업 중 몸으로 여래의 형상에 예배하는 예배문과 입으로 여래의 이름을 부르는 찬탄문은 오념문 가운데 도입부로 보고 있다.[433] 그 대신 세친은

---

432 龍樹, 『十住毘婆沙論』(『大正藏』 제26책, p.41중).
433 世親, 『無量壽經優波提捨』(『大正藏』 제26책, pp.231중~232하).

신업의 예배문과 구업의 찬탄문을 넘어 의업에다 지관의 단계로서 염불문을 배대하고 있다. 이러한 관점은 용수를 계승한 중관학통뿐만 아니라 세친을 계승한 유식학통에서도 진정한 의미의 염불을 선정과 지관의 차원에서 해명하고 있음을 보여주는 증좌라고 할 수 있다.[434]

동아시아 불교는 이들 논사들의 문하들이 구축한 중관학과 유식학을 삼론학과 법상학의 체계로서 염불과 선정을 받아들였다. 이 때문에 종래의 동아시아 불교계에서는 염불과 선정의 관계를 병립 또는 양립의 쌍수雙修 혹은 겸수兼修로 보거나 통합 또는 일치를 통한 오염汚染 혹은 발전發展으로 보기보다는 '붓다 수념', 즉 '염불'이 곧 사문과를 성취하는 '선정'이라고 보았다는 사실을 알 수 있다. 그럼에도 불구하고 동아시아 불교에서 염불 수행보다 선법 수행이 우위에 있는 것처럼 보이는 것은 가장 후발 주자였던 선종의 독자성 강조와 우월감에 따른 배타성 때문으로 이해된다. 따라서 우리는 불교의 여러 경전[435]과 논서[436]를 통해 염불과 선정이 둘이 아니라 '염불이 곧 선정'이라는 근거를 확인할 수 있으며, 원효의 염불관과 청화의 염불선에서도 이 사실을 확인할 수 있다.

---

[434] 조준호, 앞의 글, p.16 참조.
[435] 『雜阿含經』 권제20, 550經(『大正藏』 제2책, p.143중하); 『雜阿含經』 권제33, 931經(『大正藏』 제2책, p.237하); 『增壹阿含經』 권제2, 「廣演品」(『大正藏』 제2책, p.554상); 『增壹阿含經』 권제4, 「一子品」(『大正藏』 제2책, p.566상).
[436] 『阿毘達磨集異門足論』 권제16, 「六法品」(『大正藏』 제26책, p.433중); 『阿毘達磨法蘊足論』(『大正藏』 제26책, p.460중).

3) 원효의 염불관

원효가 지은 103종 202(208) 내지 208(214)권의 저술[437] 중 정토관련 저술은 13종에 이른다.[438] 우리는 이들 『정토삼부경』(『無量壽經』, 『觀無量壽經』, 『阿彌陀經』) 소석疏釋 중에서 오직 하나 남은 완본의 저술[439]인 『불설아미타경소』와 미완본인 『무량수경종요』[440] 및 「미타증성게」[441]를 기초로 하여 그의 정토관과 염불관을 살펴볼 수밖에 없다. 원효는 『아미타경소』와 『무량수경종요』를 통해 일심의 증득을 통한 정토의 구현을 역설하였다. 그는 후대의 가탁으로 평가받는 『유심안락도』 이외에 이들 두 정토계통 전적에서 일심一心의 증득을 통해 정토의 왕생往生이 가능하다고 하였다.

원효는 이들 주 저술에서 "예토와 정토는 본래 일심"이며 "생사와

---

[437] 高榮燮, 「분황 원효 저술의 서지학적 고찰」, 『한국불교사연구』 제1호, 한국불교사학회/한국불교사연구소, 2012년 가을·겨울호, pp.4~5.

[438] 高榮燮, 『원효탐색』(서울: 연기사, 2001; 2005; 2010), pp.297~300. 원효의 정토관련 저술은 현존하는 『無量壽經宗要』와 『佛說阿彌陀經疏』 및 「彌陀證性偈」를 비롯하여 眞僞의 문제가 있는 『遊心安樂道』와 『觀經宗要』, 『彌勒上生經宗要』, 『彌勒上生經疏』, 『阿彌陀經通讚疏』, 『無量壽經私記』, 『無量壽經疏』, 『般舟三昧經疏』, 『般舟三昧經略記』, 『般舟三昧經略議』 등을 총괄하여 대략 13종이 있다. 이들 중 극락정토설과 관련된 현존 저술은 앞의 『무량수경종요』와 『불설아미타경소』 2종과 「미타증성게」가 있다.

[439] 金煐泰, 『韓國佛敎 古典名著의 세계』(서울: 민족사, 1994), p.33.

[440] 원효의 또 다른 저작인 『無量壽經宗要』는 大意·宗致·疑惑衆生·就文解釋 등 4부문으로 구성되어 있으나 마지막 就文解釋 부분이 실전되어 그 내용을 알 수 없다. 본디 2권으로 된 宗要였던 것을 감안하면 권2는 아마도 就文解釋이었을 것으로 추정된다.

[441] 元曉의 「미타증성게」는 7언 4구 28자로 된 게송이다.

열반은 끝내 둘이 없다"[442]고 하였다. 이것은 일심이 곧 붓다의 지혜 정토임을 역설한 것이었다. 이처럼 원효의 사상적 기호인 일심과 일심의 증득은 원효의 전 교학에서 강조되고 있다. 그리하여 그는 일심의 증득으로 서방정토가 아닌 차방정토, 타심정토가 아닌 유심정토를 신라에 구현하고자 하였던 것이다.

원효는 『대승기신론』의 일심에 기초하여 지관止觀에 의한 신심信心의 수습修習을 역설하였다. 즉 그는 시문施門, 계문戒門, 인문忍門, 진문進門, 지관문止觀門이라는 오행五行의 수행修行을 닦음으로써 믿음을 성취한다고 하였다. 그것은 곧 믿음을 성취함으로써 발보리심하여 위로는 불도를 펼치고(上弘佛法) 아래로는 중생을 교화하는(下化衆生) 것이다. 이러한 일련의 체계는 원효의 정토왕생의 논리와 정토수행의 체계를 보여주는 것이다.

원효는 "아미타불의 이름을 염하는 염불의 힘으로 모든 중생을 남김없이 깨달음에 들게 하겠다"는 아미타불의 본원의 성취를 통하여 정토왕생의 논리와 근거를 마련하였다. 그는 『무량수경』의 종치宗致를 '정토의 과덕'과 '정토의 인행'으로 구분한다. 원효는 '정토의 과덕'에서 『무량수경』에서 설하는 네 가지 정토의 과덕을 정淨/부정不淨문, 일향一向/불일향不一向상대문, 순純/잡雜상대문, 정정正定/비정정非正定상대문의 네 가지 범주로 분류하고 여기에 경증과 논증을 덧붙이고 있다.

즉 ①『인왕경』에서 설한 것처럼 붓다가 거주하는 곳만을 정토라

---

442 元曉, 『佛說阿彌陀經疏』(『韓佛全』 제1책, p.562하); 元曉, 『無量壽經宗要』(『韓佛全』 제1책, p.553하). "穢土淨土, 本來一心, 生死涅槃, 終無二際."

하고 금강지 이하의 보살이 머무는 곳은 정토라고 부르지 않고 과보토라 부르고, ②8지, 즉 부동지 이상의 보살이 머무는 곳만을 정토로 하며, ③ 대지大地, 즉 십지의 높은 지위에 들어간 보살이 태어난 곳만을 정토라 하고, ④정정취만이 사는 곳을 정토라 하며 이승이 섞여 사는 곳은 청정세계라 하지 않는다.[443]

원효는 『인왕경仁王經』·『섭대승론攝大乘論』·『유가론瑜伽論』·『무량수경無量壽經』을 인용하여 이 네 가지 정토를 각각 금강지金剛地 이상 → 팔지八地 이상 → 환희지歡喜地 이상 → 정정취正定聚로 단계를 낮추어 결국은 이승정위二乘頂位 이상과 보살초발심주菩薩初發心住 이상이면 정정취이고, 이 정정취가 머무르는 곳이면 아비발치(阿毘跋致, Avinivartanīya)의 극락정토라 하였다.[444] '정토의 인행'에서는 본래 갖춘 인과 왕생의 인연, 그리고 왕생의 행상에서 왕생의 정인(隨事발심/順理발심)과 조인(隱密십념/顯了십념/오역죄의 회통)으로 해명하고 있다.

한편 『무량수경』에서는 정토, 즉 무량수국을 네 번째인 정정正定/비정정非正定상대문을 기준으로 하여 정토로 설한 것이라고 하였다. 즉 대승과 소승을 널리 포용하고, 범부와 성인을 함께 인도하여, 더불어 수승한 곳에 태어나, 다 함께 대도에 나아가고자 하기 때문이라고 하였다.[445]

하지만 원효는 『무량수경종요』에서 "위의 4문에서 설한 정토는 모두 여래의 원행願行으로 성취된 곳이며 저곳에 태어난 중생의 자력自力으

---

443 元曉, 『無量壽經宗要』(『韓佛全』 제1책, p.554상중).
444 安啓賢, 『新羅淨土思想史硏究』(서울: 현음사, 1987), p.34.
445 元曉, 위의 책, p.554하.

로 성취된 곳이 아니다. 예토의 바깥 기세계가 중생의 공업으로 이루어진 것과는 같지 않다"[446]고 하였다. 이처럼 그는 여래의 원행으로 성취된 정토와 중생의 자력으로 성취된 정토를 대비시키고 있다. 이것은 원효가 정토를 현존하는 세계로 보고 있지 않다는 사실을 보여준다.

그렇다면 그가 '정토와 예토가 하나'라고 한 것은 근기가 높은 이를 위한 설이고, '정토가 서방에 있다'고 한 것은 근기가 낮은 이를 위한 설이라고 할 수 있을 것이다. 여기서 전자는 유심정토설 또는 차방정토설의 근거이며, 후자는 서방정토설 혹은 타방정토설의 근간이 될 것이다. 즉 구원겁 전에 법장보살이 48원을 세워 오랜 세월 동안 수행을 하여 십겁 전에 성불하여 서방 극락세계에 설법하고 있는 아미타불의 근본서원根本誓願인 본원本願 역시 근기가 낮은 이를 위한 별원別願이었다고 할 수 있다. 아미타불의 48원 중 제18원인 염불왕생원은 염불왕생에 의한 중생의 구제를 보여준다.

설사 내가 부처님이 되어 시방의 중생이 지극한 마음(至心)으로 믿고 즐겨(信樂) 내 나라에 태어나기를 원하여 (나의 이름을) 열 번까지 부르고서도(十念) 태어나지 못한다면 (나는) 정각正覺을 성취하지 않을 것입니다. 오직 오역五逆죄를 지은 자나 정법을 비방하는 자는 제외합니다.[447]

---

[446] 元曉, 앞의 책, p.555상.
[447] 『無量壽經』(『大正藏』 제12책, p.268상), "設我得佛, 十方衆生, 至心信樂, 欲生我國, 乃至十念, 若不生者, 不取正覺. 唯除五逆, 誹謗正法."

원효는 이 십념을 은밀의隱密義의 십념과 현료의顯了義의 십념으로 나누어 해명하고 있다. 그는 『아미타경』의 하품하생에서의 십념과 『무량수경』의 제18원에 나타나는 십념에 대하여 특별히 주목을 하였다. 그리하여 그는 정토왕생을 위한 보조적인 수행법으로서 십념十念의 염불念佛을 『미륵발문경』에 설해진, 범부와 이승이 들어가지 않는 초지 이상의 보살만이 순정토純淨土를 구족할 수 있는 은밀隱密의 십념을 제안하였다. 반면 『관무량수경』의 하품하생에게 설한 임종 이후의 왕생보다는 임종 이전의 지심至心 염불을 강조하는 현료顯了의 십념을 제시하였다. 여기에서 우리는 은밀문의 십념과 현료문의 십념의 구분 아래 초지 이상의 보살만이 아니라 임종 이전의 지심 염불을 강조하는 하품하생의 중생들까지 받아들이는 모습을 통하여 그의 화회논자和會論者적 풍모를 엿볼 수 있다.

두루 알다시피 정토왕생은 아미타불의 본원력에 의해 이루어진다. 하지만 범부와 이승의 정토왕생을 위해서는 이들 자신의 의지와 노력이 전제되어야 한다. 이 때문에 원효는 『무량수경종요』에서 정토왕생을 위한 보조적인 수행법으로서 십념十念 염불을 제시하고 있다. 그는 이 저술에서 『무량수경』의 상배, 중배, 하배에 대한 왕생인을 수용하면서도, 한편으로는 십념에 대한 하배인의 왕생수행법에 대해 배려하고 있다.

원효는 하배인을 부정성인과 보살종성으로 분류하여 해명하고 있다. 이 점은 중국의 정토가와 다른 그의 독자적 시각이라고 할 수 있다. 원효는 부정성인에 대해 이렇게 밝히고 있다.

첫째, 가령 여러 가지 공덕을 짓지 못하더라도 마땅히 위없는 보리심을 일으킨다. 이것은 정인正因을 밝힌 것이다.
둘째, 십념十念에 이르기까지 오직 저 부처님을 오로지 생각한다. 이것이 만업滿業을 돕는다.
셋째, 저 국토에 태어나기를 원한다. 여기의 원願과 앞의 행行이 화합하여 정토에 왕생하는 인因이 된다.[448]

이어서 원효는 보살종성의 왕생인에 대해서도 이렇게 밝히고 있다.

첫째, 매우 깊은 법을 듣고 환희하며 믿고 즐거워한다. 이 구절은 발심의 정인正因을 함께 나타낸 것이며, 단지 앞의 사람과 다른 것은 그 깊은 믿음(深心)을 들어 보인 것이다.
둘째, 일념一念에 이르기까지 저 부처님을 생각한다. 이것이 만업滿業을 돕는다. 앞의 사람은 깊은 믿음이 없기 때문에 반드시 십념十念을 모두 갖추지 않아도 됨을 나타낸 것이다.
셋째, 지성심至誠心으로 저 국토에 태어나고자 원한다. 이 원願과 앞의 행行이 화합하여 정토에 왕생하는 인因이 된다.[449]

---

[448] 元曉, 『無量壽經宗要』(『韓佛全』 제1책, p.558상). "一者假使不能作諸功德, 當發無上菩提之心, 是明正因. 二者乃至十念, 專念彼佛, 是助滿業. 三者願生彼國, 此願前行和合爲因."

[449] 元曉, 위의 책, p.558상. "一者聞甚深法, 歡喜信樂, 此句兼顯發心正因, 但爲異前人擧其深信耳. 二者乃至一念念於彼佛, 是助滿業, 爲顯前人無深信故, 必須十念, 此人有深信故, 未必具足十念. 三者以至誠心, 願生彼國, 此願前行和合爲因."

이처럼 원효는 부정성인과 보살종성을 '깊은 믿음(深心)'의 소유 여부로 구분하고 있다. 깊은 믿음이 있는 사람은 십념을 갖추지 않아도 되며 오직 일념만으로도 부처를 생각하면 된다. 원효는 매우 깊은 법을 깨닫지 못한 하배중생들을 배려하기 위해 십념 염불의 공덕을 시설하였다. 그는 이 십념 염불의 공덕이 깊은 믿음이 없는 부정성인에게 특히 중요한 왕생요인이 됨을 역설하고 있다. 이어서 원효는 먼저 은밀문의 십념에 대해 이렇게 해명한다.

그때 미륵보살이 부처님께서 설하신 아미타불의 공덕 이익은 만일 능히 십념十念 상속相續해서 부처를 끊임없이 생각하면 즉시 왕생을 얻는다. 어찌하여 생각(念)이라고 하는가? 부처님께서 말씀하시기를 범부凡夫의 생각이 아니고, 불선不善의 생각이 아니고, 결사結使가 섞인 생각이 아니다. 이와 같은 생각을 구족하면 즉시 안락국토安樂國土에 왕생한다. 대강 십념十念이 있는데 무엇으로 열 가지로 삼는가? 첫째는 일체중생에게 항상 자심慈心을 갖는다. 둘째는 일체중생에게 비심悲心을 일으키고, 남은 해로운 생각을 없앤다. 셋째는 호법심護法心을 일으키고 일체법에 대해서 신명을 아끼지 않으며 비방하지 않는다. 넷째는 인욕 중에서 결정심決定心을 일으킨다. 다섯째는 심심深心이 청정해서 이양利養에 물들지 않는다. 여섯째는 일체종지심一切種智心을 일으키며 나날이 항상 생각하고 폐하거나 잊어버림이 없다. 일곱째는 일체중생에게 존중심尊重心을 일으킨다. 여덟째는 세속의 이야기에 대한 미착심味著心을 일으키지 않는다. 아홉째는 깨침에 대한 생각을 가까이하여 여러 선근의 인연을 깊이 일으키고 시끄럽게 산란심散亂心을 멀리 여읜다. 열째는 바른 생각으로 부처님을 관하고 모든 감각의 충동을 없앤다.[450]

원효는 이 십념에 대하여 범부와 이승이 들어가지 않는 초지(환희지) 이상의 보살만이 사는 순정토純淨土라고 해명하고 있다. 이렇게 본다면 은밀문의 십념은 범부가 쉽게 접근할 수 있는 수행이 아니다. 초지 이상의 보살만이 갖출 수 있는 것이다. 다만 현료문의 십념을 닦아 물러나지 않는 믿음이 생기게 되면 그 결과로서 가지게 되는 열 가지 마음자세로 이해할 수 있다. 원효는 현료문의 십념에 대해 이렇게 해명한다.

현료의顯了義의 십념十念이란, 네 번째의 정토에 기대어 설하면 『관무량수경』에서 설한 것과 같다. 하품하생下品下生이란, 어떤 중생이 선하지 않은 업인 오역죄와 십악업과 여러 선하지 않은 업을 짓다가 목숨이 다할 때에 이르러 선지식을 만나 묘한 법을

---

[450] 元曉, 『無量壽經宗要』(『韓佛全』 제1책, p.558하). "爾時, 彌勒菩薩白佛言, 如佛所說阿彌陀佛功德利益, 若能十念相續不斷念彼佛者, 卽得往生, 當云何念. 佛言, 非凡夫念, 非不善念, 非雜結使念, 具足如是念, 卽得往生安養國土, 凡有十念, 何等爲十? 一者於一切衆生常生慈心, 於一切衆生不毁其行, 若毁其行, 終不往生. 二者於一切衆生, 深其悲心, 諸殘害意. 三者發護法心, 不惜身命, 於一切法不生誹謗. 四者於忍辱中生決定心. 五者深心淸淨, 不染利養. 六者發一切種智心, 日日常念, 無有廢忘. 七者於一切衆生, 起尊重心, 除我慢意, 謙下言說. 八者於世談話, 不生未著心. 九者近於覺意, 深起種種, 善根因緣, 遠離憒閙散亂之心. 十者正念觀佛, 除去諸根."

듣고 염불의 가르침을 받고도 마음으로 능히 염불하지 못하면 마땅히 무량수불無量壽佛을 부르라. 이렇게 지극한 마음(至心)으로 그 소리가 끊이지 않게 하여 십념十念을 갖추어 나무아미타불南無阿彌陀佛을 부른다면, 무량수불의 이름을 불렀기 때문에 생각생각 가운데에 팔십억겁에 지은 생사의 죄가 제거되고 목숨을 마친 뒤에는 곧 왕생하게 될 것이다.[451]

원효는 마음이 겁이 많고(怯) 행이 약한(弱) 사람을 위해 여래의 승방편勝方便으로써 정토에 왕생할 수 있다고 하였다. 그는 모든 중생이 평등하게 성불할 수 있는 근거로서 제시한 여래장을 통하여 일심의 근원으로 돌아갈 수 있다고 보았다. 여기서 십념, 즉 10이라는 숫자는 무엇을 의미하는가. 우리들의 손가락이 열 개이듯이, 지상地上보살의 단계가 열 개이듯이 10의 의미는 원만성, 완전성, 구족성을 상징하고 있다. 하지만 더욱 중요한 것은 10번이라는 숫자보다는 '지심至心', 즉 '지극한 마음'으로 부르는 '끊어짐이 없는 염불'의 십념이라고 해야 할 것이다.

구마라집鳩摩羅什 공이 설하였다. 비유하면 어떤 사람이 광야에 있다가 나쁜 도적을 만났는데, 창을 휘두르고 칼을 빼들고 쫓아와서

---

451 元曉, 위의 책, p.559상. "言顯了義十念相者, 望第四對淨土而說, 如『觀經』言. 下品下生者, 或有衆生, 作不善業, 五逆十惡, 具諸不善, 臨命終時, 遇善知識, 爲說妙法, 敎令念佛, 若不能念者, 應稱無量壽佛. 如是至心, 令聲不絕, 具足十念, 稱南無佛, 稱佛名故, 於念念中, 除八十億, 劫生死罪, 命終之後, 卽得往生."

곧바로 죽이려 할 때, 그 사람은 부지런히 달아나는데 강이 앞에 있음을 보고 그 강을 건너지 못하면 모가지가 온전하기가 어려울 것이다. 그때 (그는) 다만 이 강을 건널 방편만 생각하게 된다. 내가 저 강 언덕에 이르려면 옷을 입고 건널 것인가? 옷을 벗고 건널 것인가? 만일 옷을 입고 건너려 하면 건너지 못할까 저어되고, 만일 옷을 벗고 건너려 하면 옷 벗을 겨를이 없을까 저어된다. 다만 이 생각만 있고 다시 다른 생각이 없게 되니 마땅히 강을 건너려는 생각, 바로 이것이 곧 일념一念이다. 이들 십념十念에는 조금도 다른 생각이 섞일 수가 없다. 수행자도 또한 그러하다. 부처님의 명호를 생각하고, 끊임없이 부처님의 상호 등을 생각하며, 십념에 이르기까지 끊어짐이 없이 부처님을 생각하는 이와 같은 지극한 마음(至心)을 십념이라 한다.[452]

경전에서처럼 법장보살은 여러 중생들이 모두 자기와 함께 깨침을 얻기 전에는 기필코 성불하지 않겠다고 하였다. 그런데 법장보살은 이미 깨침을 얻었기 때문에 그의 근본서원, 즉 본원에 의거하여 중생들은 아미타불의 도움으로 구제받을 수 있게 되어 있다. 법장보살의 본원은 중생들의 근기에 대한 철저한 긍정의 마음을 보여주고 있다. 여기서 십념은 '아미타불'이라는 붓다의 이름을 끊어짐이 없이 칭명하

---

[452] 元曉, 『無量壽經宗要』(『韓佛全』 제1책, p.559상). "什公說言, 譬如有人於曠野中, 値遇惡賊, 揮戈拔劍, 直來欲殺, 其人勤走, 視渡一河, 若不渡河, 首領難全. 爾時但念渡河方便, 我至河岸, 爲著衣納, 恐 不得暇, 若著衣納, 恐不得過, 若脫衣納, 恐不得暇, 但有此念, 更無他意. 當念波(渡)河, 卽時一念, 此等十念, 不雜餘念. 行者亦爾, 若念佛名, 若念佛相等, 無間念佛, 乃至十念, 如是至心, 名爲十念."

는 선정 수행을 의미한다. 마치 광야에서 어떤 사람이 창을 휘두르고 칼을 빼들고 쫓아와서 죽이려는 나쁜 도적을 만나 달아나다가 맞닥뜨린 강을 일념으로 헤엄쳐 건너가듯이 말이다.

지성심, 즉 지심은 『관무량수경』의 '상품상생'에서 설한 지성심至誠心, 심심深心, 회향발원심廻向發願心의 세 가지 마음 중 하나이다.[453] 이 세 가지 마음 중 중국인 정토가인 담란, 선도 등은 '지성심'을 언급할 때 '진실성'에 초점을 두고 있다. 반면 원효가 말하는 '지성심'은 '간절함'에 주안점을 두고 있다. 그는 지성심의 상태를 방법적인 측면에서 매우 상세하게 묘사함으로써 하배인에게 더욱 쉽게 정토왕생할 수 있는 계기를 만들었다고 할 수 있다. 그리하여 원효는 하배인은 지관止觀 수행을 못하므로 목숨을 내건 절실한 마음으로 십념 상속하는 가운데 불명佛名을 염송하고 불상佛相을 염송해서 불佛의 본원력의 작용을 받고 승연력勝緣力에 힘입어 왕생하는 것으로 파악하였다.[454] 원효는 이 승연력을 『무량수경종요』에서는 외연력外緣力으로 부르고 있다.

이 때문에 십념은 "아미타불을 '지극한 마음으로' 열 번 부르면"이라는 의미를 지닌다. 즉 '지극한 마음으로' 아미타불의 이름을 열 번 부르면 극락정토에 왕생하게 된다는 것이다. 아미타불에 대한 전적인 신뢰, 즉 지극한 마음으로 아미타불의 나라에 태어나기를 원한다면 성취될 수 있다는 것이다. 이러한 십념관十念觀은 중국의 정토가인 담란曇鸞, 도작道綽, 선도善導에게서도 확인된다. 원효는 이들의 십념관

---

[453] 『觀無量壽經』(『大正藏』 제12책, p.334하).
[454] 정용미, 「원효의 淨土사상에 있어서 淨土往生의 논리와 수행체계」, 『동아시아불교문화』 제6집, 동아시아불교문화학회, 2008, pp.229~230.

을 수용하면서도 이를 다시 원용하여 주체적으로 변용하였다. 그의 십념관의 주요 특징은 중국 정토사상가들의 칭명염불에 지성심至誠心을 더한 것이다.

원효는 정토의 인에서 "본래 무루법인 종자를 삼무수겁三無數劫 동안 닦아 증대시키면 이것이 정토로 변화하여 나타나 정토에 태어나는 원인이 된다"는 성변인成辨因과 달리, 상중하배의 변별을 통해 왕생인往生因에 대해 설명하고 있다. 그 중에서도 그는 하배인이 갖춰야 할 지성심을 특히 강조하고 있다. '지성심'은 자신의 목숨을 노리는 나쁜 도적을 피하기 위해 강을 헤엄쳐 건너가려는 지극한 마음과 믿음으로 하는 십념十念이어야 한다.

이 때문에 원효는 하배중생의 왕생은 자신의 업으로 이뤄지는 것이 아니며 오직 여래의 대비원력大悲願力에 의지할 수밖에 없다며 타력他力에 의한 왕생인往生因을 제시하였다. 그는 선근은 연緣이 작용하여 이루어지는 것이지 자신이 닦는 것이 아니며, 중생은 여래의 선근을 이어받기 위해 발보리심하고 지성심으로 염불함으로써 부처의 본원력으로 정토에 왕생할 수 있다고 하였다. 이것은 일심一心의 증득이 곧 정토왕생이라는 믿음 위에서 발보리심과 십념염불의 '자력 수행'이 여래장사상에 기반을 한 아미타불의 대비원력이라는 '타력 염불'과 융합하여 비로소 왕생의 원인이 됨을 강조한 것이라고 할 수 있다. 이처럼 원효는 『대승기신론』의 일심, 즉 청정한 마음을 체득하기 위한 염불 수행, 즉 염불관을 보여준 반면, 청화는 『문수설반야경』의 안심, 즉 편안한 마음을 체득하기 위한 실상염불선을 보여주고 있다.

4) 청화의 염불선

청화는 자신이 지은 저술과 강론한 법어를 채록한 『정통선의 향훈』, 『순선안심법문』, 『원통불법의 요체』, 『마음의 고향』(1~5권), 『실상염불선』 및 『육조단경역주』 및 『정토삼부경편역』을 통해 그의 살림살이와 사고방식을 보여주었다. 그가 염불선을 펼친 것을 고려하면 『정통선의 향훈』[455]과 『원통불법의 요체』 및 『실상염불선』은 그를 이해하는 대표적 논저라고 할 수 있다. 청화는 이들 저술을 통해 그의 독자적 살림살이와 사고방식을 보여주었다.

청화는 붓다 "법문의 대요는 마음을 편안하게 하는 안심법문安心法門이자 마음을 즐겁게 하는 안락법문安樂法門"이며, "불법은 안심법문이라 공부를 편안하게 해야 할 것"으로 본다.[456] 또 그는 "불법의 대요는 참선에 있다"[457]고 보았다. 그러면서도 청화는 참선을 염불을 통해 설명하였다. 그에게 염불은 선정의 다른 이름이었으며, 선정은 염불의 다른 이름이었다. 이처럼 청화는 불교 수행의 과녁이 안심安心에 있으며 안심을 위한 수행은 선禪이라고 보았다.

청화의 '안심'은 담연湛然의 『지관대의』에서 "마음의 산란을 그치고 지혜를 밝게 하여 마음을 법성에 편안히 머물게 함"과 『속고승전』 제16 「보리달마전」의 "모든 중생이 동일한 진성眞性임을 깊이 믿고 벽관에 머물기를 꾀하여 도와 그윽이 부합함"에서 기원을 삼고 있다.

---

[455] 淸華, 『정통선의 향훈』(성륜각, 2003). 청화는 「보리방편문」 독해를 먼저 짓고 『반야심경』의 독해를 뒤에 지었으나 편집 때는 『반야심경』 독해를 앞에 두었다.
[456] 淸華, 『圓通佛法의 要諦』(성륜각, 2003), pp.13~14.
[457] 淸華, 위의 책, p.14.

청화의 '안심'은 '순선純禪'과 만나 '순선안심純禪安心'으로 나아간다. 여기서 '순선'은 달마 때부터 육조 혜능 때까지의 순수한 선을 가리킨다. 그는 종파적 색채가 없는 초기 선종, 즉 보리 달마로부터 마조 도일의 제자들의 활동기까지 선종의 성립기에 주목하였다. 그러면서도 청화는 달마에서 혜능까지의 순선純禪시대의 '안심'에 집중하였다.

그는 순선시대를 명명하면서도 혜능 이후의 선법을 배제한 것은 혜능의 제자였던 하택 신회(荷澤 神會, 684~732)가 활대滑臺의 대운사大雲寺에서 시설한 무차대회無遮大會에서 제기한 『보리달마남종정시비론菩提達磨南宗定是非論』과 규봉 종밀이 기록한 『선문사자승습도禪門師資承襲圖』, 그리고 그 이후 당송 시기에 발달했던 선종의 '5가 7종'의 분화와 대립에 대한 그의 부정적 인식에 근거한 것으로 짐작된다.

이것은 청화가 살았던 일제 강점기, 해방공간, 6·25, 4·19, 근대화와 민주화 과정의 대립과 갈등을 원만하게 통섭圓通하기 위해 순선에 기반을 한 안심을 강조한 것으로 짐작된다. 동시에 이것은 청화의 시대적 소명으로서 당시에 그가 겪은 여러 대립과 갈등을 지양하는 '원통불법'의 주창에서부터 '순선' 채택의 근거[458]를 찾아야 할 것이다.

청화는 염불을 붓다의 명호를 외우는 칭명稱名염불, 붓다의 원만한 상호, 즉 32상과 80종호를 관찰하는 관상觀像염불, 붓다의 자비공덕이나 지혜광명 등을 상상하는 관상觀想염불, 중도실상인 법신을 생각하는 실상實相염불의 넷으로 나눈다. 이 중에서도 그는 실상염불을 참다운 본질적인 염불이라고 파악하였다.[459] 그러면서도 칭명, 관상, 관상염불

---
[458] 최동순, 앞의 글, 앞의 책, p.114.
[459] 淸華, 『실상염불선』(광륜출판사, 2013), pp.26. 이들 사종 염불 외에도 호흡에

의 공능을 배제하지 않는다. 이러한 그의 태도는 실상염불을 중심으로 나머지 염불을 '원만히 통섭한 것'으로 이해할 수 있다.

청화는 염불에서 "염念'이란 사람 사람마다 마음에 나타나는 생각이며, '불佛'은 사람마다 갖추고 있는 근본 성품"460으로 보았다. 또 "생각생각에 부처를 여의지 않고서 염하는 것이 참다운 상근인上根人의 염불인 것"461이라고 하였다. "염불 공부란 우리 눈앞에 좋다, 궂다, 시비 분별하는 여러 가지 생각이 우리 본각本覺의 참 성품을 각오覺悟하는 것이요, 부처와 내가 본래 하나임을 재확인하는 공부, 이것이 곧 참다운 염불"462이라고 보았다.

또 청화는 "염불은 부처와 더불어서 둘이 아니고, 부처를 떠나지 않는 것"이며, "그러나 우리 중생들은 업장 때문에 자꾸만 떠나버리니까 우리가 떠나지 않기 위해서, 내가 부처임을 재확인하기 위해서 염불을 하는 것"이며, 또 "미운 사람이나 고운 사람이나 다 부처란 것을 확인하기 위해서 염불하는 것"463이라고 하였다.

청화는 "염불선도 원래 최상승선 도리"464라고 파악하여 여타의 선사들과 달리 염불선을 최상승선으로 보았다. 이러한 그의 인식은 염불선에서 염불이 수행의 대명사인 '선禪'과 결합한 것이기보다는 초기불교

맞추어서 하는 數息念佛, 아미타불을 화두로 하여 참구하는 看話念佛 등이 있다.
460 淸華, 『圓通佛法의 要諦』(성륜각, 2003), p.230.
461 淸華, 『圓通佛法의 要諦』, p.231.
462 淸華, 위의 책, p.231.
463 淸華, 『실상염불선』(광륜출판사, 2013), p.163.
464 淸華, 『圓通佛法의 要諦』, p.221.

이래의 '붓다 수념', 즉 '불수념'이 본디 염불선이었음에 대한 환기와 복원으로 이해된다. 그리하여 그는 '붓다 수념', 즉 '불수념'을 순선純禪과 안심安心으로 연결시킨다.

청화는 염불선에 대해 "염불은 따지고 보면 참 나를 생각하는 것"이며, "본래부처가 부처를 생각하기 때문에 역시 선이 된다"[465]고 보았다. 동시에 "우리가 불명佛名을 외운다 하더라도 꼭 법신자리를 믿어야 참다운 염불이 되는 것이며 이것이 이른바 닦아나가는 염불인 것"[466]이라고 역설하였다. 이처럼 청화는 실상염불이 궁극적인 염불이라고 하였다. 그러면서도 방편의 염불과 하근인의 염불이 지니는 의미를 간과하지 않는다.

그는 "우리가 초심일 때는 역시 뭐라 해도 화두면 화두, 염불이면 염불, 이름을 자꾸만 외우고 하나만 생각해야 마음이 모아진다"[467]고 하였다. 그런데 청화는 염불삼매를 관상觀像, 인因과 과果의 두 경계로 나누어 해명하고 있다. 즉 청화는 "일심으로 불佛의 상호를 관하거나 또는 일심으로 법신의 실상을 관하거나 혹은 일심으로 불명을 칭하는 행법"인 인행因行의 염불삼매와 이것이 성숙되면 마음이 선정에 들어가고, 혹은 시방불이 현전하며, 혹은 법신의 실상에 계합되는 행법인 과성果成의 염불삼매로 구분한다.

이러한 청화의 인식은 선에 대한 그의 이해에서도 확인된다. 그는 여래선과 조사선의 논쟁에 대해 "괜히 부질없이 싸우는 것"이며, "부처

---

465 清華, 앞의 책, p.224.
466 清華, 앞의 책, p.236.
467 清華, 앞의 책, p.262.

가 말한 것이 옳은가? 조사가 말한 것이 옳은가? 다 옳다. 다만 부처나 조사나 때에 따라 너무 집착하면 집착하지 말라, 또 너무 집착을 안 해서 허무감에 빠져 아무것도 없는 것이라고 무기에 떨어지면 곤란하기 때문에 이럴 때는 이것저것을 점차로 닦아야 한다고 나온 것"[468]으로 보고 있다.

그러면서도 청화는 돈오점수와 돈오점수에 대해서도 명쾌하게 회통하고 있다. 즉 『육조단경』을 보더라도 돈오돈수란 대목이 있고, 돈오점수라고 문자로 표현은 안 했지만 그 의미로는 벌써 돈오점수가 나와 있다'고 보았다. 따라서 "개념적인 해석을 잘 해버리면 부질없는 갈등을 할 필요가 없고, 갈등될 필요도 없다'고 하면서 "돈오돈수를 무슨 뜻으로 말했던가? 뜻으로 생각할 때는 같은 뜻이 되어 버린다"[469]고 보았다. 여기에서 우리는 청화 자신이 원통불법, 즉 염불선에 입각한 회통론자였음을 알 수 있다.

청화는 안심으로 나아가기 위해 순선에 기초한 '원통', 즉 원융의 논리와 회통의 논법을 원용하였다. 이것은 원효가 일심의 근원으로 돌아가게 하기 위해 사용하는 화쟁和諍의 논리와 회통會通의 논법에 상응하는 것이다. 그는 정토를 구현하기 위해 순선純禪 조사들의 일상삼매一相三昧와 일행삼매一行三昧에 주목하였다. 그리하여 청화는 일상삼매와 일행삼매를 사조 도신의 지止와 관觀, 정定과 혜慧에 배대하여 안심으로 귀결시켰다.

『돈황본단경』에는 일행삼매만을 역설하여 행주좌와 일체처 일체

---

468 淸華, 앞의 책, p.220.
469 淸華, 앞의 책, p.220.

시에 순일직심純一直心함을 일행삼매라 하였다. 반면 『덕이본단경』과 『종보본단경』의 정종분에는 일행삼매를 언급하고 다시 「부촉품」에서 보다 구체적으로 일상삼매와 일행삼매를 재차 강조하였다.[470] 청화는 사조 도신의 『입도안심요방편법문入道安心要方便法門』에 근거하여 "우주법계가 진여실상이기 때문에 일행삼매라 하고, 생각생각에 일상삼매를 여의지 않고 참구 수행함을 일행삼매라 한다"[471]는 대목에 의해 정토구현을 위한 삼매수행을 역설하였다.

그리하여 그는 "선남자 선여인이 오로지 한 부처의 명호를 상속하여 외우면 즉시 염중念中에 능히 과거·미래·현재의 제불諸佛을 볼 수 있으니, 그것은 일불공덕과 무량제불의 공덕이 둘이 아니기 때문이다"[472]는 대목에 근거하여 실상염불선을 육조 혜능의 '최존최상최제일最尊最上最第一의 수행법'임을 확신하였다. 이처럼 청화는 안심安心-원통圓通-정토淨土의 기호로 자신의 생평을 펼쳤다. 그에게 '안심', 즉 편안한 마음은 '깨침'에 상응하는 개념이다.

청화의 궁극적 목표는 정토의 구현이며, 이것은 대중들이 안심에 이르게 됨으로써 가능하다고 하였다. 또 그는 『문수설반야경』에 입각하여 "부처를 염하는 염불하는 마음이 바로 불이요, 망상하는 마음이 중생이며, 염불念佛은 곧 염심念心이고 구심求心은 곧 구불求佛"이라고 하였다. 나아가 "마음은 본래 모양이 없고, 부처 또한 모양이 없기 때문에 마음과 부처가 둘이 아닌 도리를 알면 바로 이것이 안심이니라"

---

470 淸華, 『실상염불선』, p.266.
471 淸華, 위의 책, p.266.
472 淸華, 앞의 책, p.266.

고 하는 지점에서 안심의 개념을 확고하게 구축하였다. 그의 실상염불선은 '안심'으로 나아가는 지름길이었다.

5) 원효와 청화의 통로

원효와 청화 모두 염불을 선정의 일환으로 보았다는 점에서 상통한다. 원효는 상·중배인의 선정 수행에 대한 관심뿐만 아니라 하배인의 왕생에 대한 깊은 배려가 있었다. 청화 역시 천태교관의 상좌삼매와 상행삼매와의 접목을 통해 염불선을 대중화시키고자 하였다. 때문에 '우리 마음의 뿌리인 부처'로 돌아가게 하고자 한 원효의 상·중배인의 선정 수행 및 하배인에 대한 배려와 청화의 실상염불의 주창은 단순한 접점을 넘어 일정한 통로를 형성하였다.

원효는 상·중배인의 선정 수행뿐만 아니라 염불을 통한 정토왕생의 길을 열어두었다. 그는 염불을 통한 정토왕생은 자신의 업으로 이뤄지는 것이 아니며, 오직 여래의 대비원력大悲願力에 의지할 수밖에 없다며 타력他力에 의한 왕생인往生因을 제시하였다. 그러면서도 선근은 연緣으로서 작용되는 것이지 자신이 닦는 것이 아니며, 중생은 여래의 선근을 이어받기 위해 발보리심하고 지성심으로 염불함으로써 부처의 본원력으로 정토에 왕생할 수 있다고 하였다.[473]

반면 청화는 일상삼매와 일행삼매의 실천을 통해 안심, 즉 편안한 마음으로 돌아가고자 하였다. 그는 정교正敎를 통해 안심을 시키고 중생을 구제하려 한 혜능처럼 정과 혜를 일치시키려 하였다. 해서

---

[473] 원효는 상배중생을 위해서는 견성과 과성염불을 제시했지만, 하배중생을 위해서는 왕생과 인행(삼매)염불을 제시하였다.

청화는 순선의 정토를 실현하기 위해 깊고 넓은 가슴을 가진 사람이 만나 편안한 마음을 내올 수 있는 지혜를 드러내고자 하였다. 동시에 정혜 일치一致 혹은 정혜 일견一見을 통해 깨침이 이미 구비(완성)되어 있음을 확인시키려 하였다. 이처럼 원효와 청화는 1,300여 년이나 떨어진 시대를 살았지만, 발보리심과 십념염불 및 일상삼매와 일행삼매를 통하여 일심, 즉 유심唯心의 정토와 안심, 즉 순선純禪의 정토를 이 땅에 구현하려 했다는 점에서 상통하고 있다.

원효는 중생들로 하여금 일심의 근원으로 돌아가게 함으로써(歸一心源) 궁극적으로 그들 스스로를 풍요롭게 이익되게 하고자(饒益衆生) 하였다. 이를 위해 그는 화쟁의 논법과 회통의 논리를 원용하여 '문門'과 '논論'을 시설하여 해소시켰다.[474] 반면 청화는 원통과 정통의 논리와 논법을 통해 염불과 선정의 관계를 환기 복원시켜 실상염불선實相念佛禪을 새롭게 제시하였다. 그리하여 그는 전 불교를 원융무애하게 회통시키고자 원통불법을 역설하였으며, 석존과 조사들의 정통적인 선으로써 정통불법을 중흥시키려는 간절한 비원을 지녔다.

원효는 '우리 마음의 뿌리인 부처'로 돌아가는 지름길인 십념을 은밀의隱密義의 십념과 현료의顯了義의 십념으로 나누어 해명하고 있다. 그는 『아미타경』의 하품하생에서의 십념과 『무량수경』의 제18원에 나타나는 십념에 대하여 특별히 주목을 하였다. 그리하여 그는 정토왕생을 위한 보조적인 수행법으로서 십념十念의 염불念佛을 『미륵발문경』에 설해진 범부와 이승이 들어가지 않는 초지 이상의 보살만이

---

[474] 高榮燮, 「분황 원효의 화회논법 탐구」, 『한국불교학』 제71집, 한국불교학회, 2014. 9.

순정토純淨土를 구족할 수 있는 은밀隱密의 십념으로 제안하였다.

원효는 『관무량수경』의 하품하생에게 설한 임종 이후의 왕생보다는 임종 이전의 지심至心 염불을 강조하는 현료顯了의 십념으로 제시하였다. 여기에서 우리는 은밀문의 십념과 현료문의 십념의 구분 아래 초지 이상의 보살만이 아니라 임종 이전의 지심 염불을 강조하는 하품하생의 중생들까지 받아들이는 모습을 통하여 통합사상가로서의 원효의 풍모를 엿볼 수 있다.

정토왕생은 아미타불의 본원력에 의해 이루어진다. 하지만 범부와 이승의 정토왕생을 위해서는 이들 자신의 의지와 노력이 전제되어야 한다. 이 때문에 원효는 『무량수경종요』에서 정토왕생을 위한 보조적인 수행법으로서 십념十念 염불을 제시하고 있다. 그는 이 저술에서 『무량수경』의 상배, 중배, 하배에 대한 왕생인을 수용하면서도, 한편으로는 십념에 대한 하배인의 왕생수행법에 대해 배려하고 있다. 원효는 하배인을 '깊은 마음(深心)'의 소유 여부에 의해 부정성인과 보살정성으로 분류하여 두 존재를 모두 배려하고 있다. 이 점은 중국의 정토가와 다른 그의 독특한 시각이라고 할 수 있다.

청화는 실상염불은 어렵기는 제일 어려우나 부처의 이름에 가장 합당한 이름이고 염불이라고 하였다. 그는 아미타불이란 이름과 실상과는 거의 계합하고 거의 합당하다고 하였다. 또 우리 마음을 천지우주로 해방시켜서 그 가운데 가득 차 있는 그 무엇, 찬란한 그 광명, 이것을 생각하면서 하는 염불이 실상염불이라고 하였다. 그리고 염불선이 되려면 자기가 부처의 실상, 곧 진리를 상상하면서 해야 된다고 하였다. 다시 또 이 염불이 가장 어렵지만 이와 같이 실상을 생각하면서 하는 염불이라야 염불선이 된다고 하였다.[475] 이처럼 실상염불은 칭명稱名, 관상觀像, 관상觀想염불과 다른 염불이면서도 동시에 나머지 세 염불을 다 회통하는 염불임을 청화는 보여주고 있다.

원효가 일심의 근원으로 돌아가게 함으로써 중생들을 풍요롭게 이익 되게 하려고 했다면, 청화는 원통불법의 요체로서 실상염불선을 주창함으로써 정통 불법을 바로 세우고 이를 대중화하고자 하였다. 두 사람은 모두 염불을 통해 '우리 마음의 뿌리인 부처'로 돌아가게 하고자 한 점, 보다 쉽게 불교를 전하기 위해 적지 않은 저술과 강론을 남긴 점, 나아가 이들이 역설하고 저술한 사상체계가 오늘날까지 지속적으로 연구되고 있는 점에서 우리는 이들 두 사람이 머금고 있었던 시대정신과 역사의식을 읽어낼 수 있다.

살펴본 것처럼 원효는 상·중배인뿐만 아니라 하배인에 대한 배려가 적지 않았다. 청화도 참선 수행을 염불선으로 주창함으로써 염불 수행을 대중 속에 확산시켰다. 두 사람이 염불관과 염불선을 통해 드러내고자 한 것은 '우리 마음의 뿌리인 부처'로 돌아가게 하고자 하는 자비심이었다. 이들은 보다 많은 사람들이 우리 마음의 뿌리로 돌아가게 하고자 '염불이 곧 선정'임을 역설하였다. 바로 이 지점에서 우리는 '우리 마음의 뿌리인 부처'로 돌아가게 하기 위하여 원효와 청화가 염불관과 염불선으로 보여준 노력을 읽어낼 수 있다. 따라서 우리는 이들 두 사람의 염불관과 염불선을 통하여 오늘 한국불교의 염불사상과 염불수행의 현재를 점검하고 미래를 환기해 가는 자량으로 삼아야 할 것이다.

---

475 淸華, 앞의 책, pp.171~172.

6) 정리와 맺음

신라시대의 분황 원효는 염불관을 통해 일심과 지관의 화회和會의 살림살이와 사고방식을 보여주었다. 반면 대한시대(1897~)의 무주 청화는 실상염불선을 통해 원통불법과 정통선법의 회통會通의 살림살이와 사고방식을 보여주었다. 두 사람은 1,300년의 간격을 넘어 살았지만 각기 염불관과 염불선을 통해 염불 인식과 선정 이해의 접점을 보여주고 있다. 종래 동아시아에서는 염불과 선정의 관계를 병립 또는 양립의 쌍수雙修 혹은 겸수兼修로 보거나 통합 또는 일치를 통한 오염汚染 혹은 발전發展으로 보기보다는 '붓다 수념', 즉 '염불'이 곧 사문과를 성취하는 '선정'이라고 보았다. 그럼에도 불구하고 동아시아 불교에서 염불 수행보다 선법 수행이 우위에 있는 것처럼 보이는 것은 가장 후발 주자였던 선종의 독자성의 강조와 우월감에 따른 배타성 때문으로 이해된다.

원효는 『아미타경소』와 『무량수경종요』에서 정토왕생을 위한 보조적인 수행법으로서 십념十念의 염불念佛, 즉 『미륵발문경』에 설해진 범부와 이승이 들어가지 않는 초지 이상의 보살만이 순정토純淨土를 구족할 수 있는 은밀隱密의 십념과 『관무량수경』의 하품하생에 설한 임종 이후의 왕생보다는 임종 이전의 지심 염불을 강조하는 현료顯了의 십념을 주장하였다. 그의 십념관은 중국 정토사상가들의 칭명염불에 지성심至誠心을 더한 것이다. 원효는 왕생은 자신의 업으로 이뤄지는 것이 아니며 오직 여래의 대비원력大悲願力에 의지할 수밖에 없다며 타력他力에 의한 왕생인往生因을 제시하였다. 그는 선근은 연緣이 작용하여 이루어지는 것이지 자신이 닦는 것이 아니며, 중생은 여래의 선근을 이어받기 위해 발보리심하고 지성심으로 염불함으로써 부처의 본원력으로 정토에 왕생할 수 있다고 하였다.

청화의 '안심', 즉 편안한 마음은 '깨침'에 상응하는 개념이다. 그의 '안심安心'은 '순선純禪'과 만나 '순선안심純禪安心'으로 나아간다. 여기서 '순선'은 달마 때부터 육조 혜능 때까지의 순수한 선을 가리킨다. 청화는 종파적 색채가 없는 초기 선종, 즉 보리 달마로부터 마조 도일의 제자들의 활동기까지 선종의 성립기에 주목하였다. 그러면서도 그는 달마에서 혜능까지의 순선純禪시대의 '안심'에 집중하였다. 청화의 궁극적 목표는 정토의 구현이었으며, 이것은 대중들이 안심에 이르게 됨으로써 가능하다고 하였다. 그는 일상一相삼매와 일행一行삼매의 실천을 통해 안심, 즉 편안한 마음으로 돌아가고자 하였다.

원효가 일심의 근원으로 돌아가게 함으로써(歸一心源) 중생들을 풍요롭게 이익되게 하려(饒益衆生)고 했다면, 청화는 원통불법의 요체로서 실상염불선實相念佛禪을 주창함으로써 정통 불법을 바로 세우고 이를 대중화하기 위해 헌신하였다. 두 사람 모두 염불을 통해 '우리 마음의 뿌리인 부처'로 돌아가게 하고자 하였고, 보다 쉽게 불교를 전하기 위해 적지 않은 저술과 강론을 남겼으며, 나아가 이들이 역설하고 저술한 사상체계가 오늘날까지 지속적으로 연구되고 있는 점에서 우리는 이들 두 사람이 머금고 있었던 시대정신과 역사의식을 읽어낼 수 있다. 따라서 원효와 청화는 시대를 달리 살았지만 발보리심과 십념염불 및 일상삼매와 일행삼매를 통하여 일심, 즉 유심唯心의 정토와 안심, 즉 순선純禪의 정토를 이 땅에 구현하려 했다는 점에서 상통하고 있다고 할 수 있다.

참고문헌

※저자명 순서는 원전(대정장, 한불전 등)을 제외하고는 모두 가나다순으로 정렬했습니다.

I. 생애와 저술

元曉, 『大慧度經宗要』(『韓國佛敎全書』 제1책).
___ , 『涅槃經宗要』(『韓國佛敎全書』 제1책).
___ , 『判比量論』(『韓國佛敎全書』 제1책).
___ , 『大乘起信論別記』(『韓國佛敎全書』 제1책).
法藏, 『華嚴經探玄記』 권1(『대정장』 제35책).
慧苑, 『刊定記』 권1(『속장경』 5편, 9투, 8책 상).
澄觀, 『華嚴經疏』 권2(『대정장』 제35책).
表員集, 『華嚴經要決問答』 권4, 分敎義(『韓國佛敎全書』 제1책).
義天, 『新編諸宗敎藏總錄』 권제1(『韓國佛敎全書』 제4책).
覺訓, 『海東高僧傳』 권2, 「安含傳」(『韓國佛敎全書』 제4책).
一然, 『三國遺事』 「避隱」, 朗智乘雲 普賢樹(『韓國佛敎全書』 제6책).

高榮燮, 『원효, 한국사상의 새벽』(한길사, 1997); 『나는 오늘도 길을 간다』(한길사, 2009).
___ , 『원효탐색』(연기사, 2001; 2005; 2010).
高翊晉, 『한국고대불교사상사』(동대출판부, 1989).
김상일, 『원효의 판비량론 비교 연구』(지식산업사, 2004).
김성철, 『원효의 판비량론 기초 연구』(지식산업사, 2003).
김영태, 『元曉 연구 史料 총록』(원효학연구원 장경각, 1996).
동국대 불교문화연구소, 『韓國佛敎撰述文獻總錄』(동국대출판부, 1976).
신종원, 『新羅初期佛敎史硏究』(민족사, 1987).

신현숙,『원효의 인식과 논리: 판비량론의 연구』(민족사, 1988).
殷貞姬,『원효의 대승기신론소·별기』(일지사, 1991).
李箕永,『한국불교연구』(한국불교연구원, 1982).
趙明基,『元曉大師全集』(불교사학연구실, 1963);『원효대사전집』(보련각, 1978).
蔡印幻,『新羅佛敎戒律思想硏究』(국서간행회, 1977).
千惠鳳,『韓國 書誌學』(민음사, 1999).
崔遠植,『신라 보살계사상사 연구』(민족사, 1994).
한보광,『新羅淨土敎の硏究』(법장관, 1995).

Robert E. Buswell, E. The Formation of Ch'an Ideology in China and Korea, Princeton University Press, New Jersey, 1989.
高榮燮,「불학의 보편성: 학문하기의 한 방법」,『彌天睦楨培敎授華甲紀念論叢: 미래 불교의 향방』(불지사, 1997).
_____ ,「원효『십문화쟁론』연구의 지형도: 조명기·최범술·이종익·이만용 복원문의 검토」, 대발해인문학불교학연구원 한국불교사연구소, 2007년 가을 통권 10호.
_____ ,「원효의 화엄학」, 고영섭 편,『한국의 사상가 10인』(예문서원, 2002).
고익진,「『유심안락도』의 성립과 그 배경」,『불교학보』제13집, 동국대 불교문화연구소, 1976.
金相鉉 輯逸,「輯逸勝鬘經疏－勝鬘經疏詳玄記 所引 元曉疏의 輯編－」,『불교학보』제30집, 동국대 불교문화연구원, 1993.
金相鉉 輯編,「輯逸金光明經疏－金光明最勝王經玄樞 所引 元曉疏의 輯編－」,『동양학』제24호, 단국대 동양학연구소, 1994. 10.
_____ ,「日本에 傳한 新羅佛敎典籍의 硏究現況」, 한국기술교육대학교 문리각.『신라사경 프로젝트팀·구결학회·서지학회 공동주체 학술대회 자료집』, 2012.6.16.
金瑛泰,「신라에서 이룩된『금강삼매경』－그 성립사적 검토」,『불교학보』제25집, 동국대 불교문화연구원, 1988.
吉津宜英,『華嚴一乘思想の硏究』(동경: 대동출판사, 1991. 7).
南東信,「신라 중대불교의 성립에 관한 연구:『금강삼매경』과『금강삼매경론』의 분석을 중심으로」, 『한국문화』 제21호, 서울대 한국문화연구소, 1998. 6.
_____, 「원효의 대중교화와 사상체계」, 서울대 대학원 국사학과 박사학위논문, 1995.
류승주, 「大谷大學 所藏本 元曉의 『二障義』에 대한 文獻的 硏究」, 『진각종학』(진각종, 2005).
木村宣彰, 「菩薩戒本持犯要記について」, 『印度學佛敎學硏究』 28-2, 인도학불교학연구회, 1980. 3.
閔泳珪, 「新羅章疏錄長編」, 『백성욱박사송수기념불교학논문집』, 동국대학교, 1959.
福士慈稔, 「12세기말 일본 各宗에서의 조선불교의 영향」, 『身延山大學佛敎學部紀要』 제8호, 2007.
石吉岩, 「금강삼매경의 성립과 유통에 대한 재고」, 『보조사상』 제31집, 보조사상연구원, 2009. 2.
石田公成, 「『금강삼매경』의 성립사정」, 1998.
石井公成, 「新羅佛敎における 『大乘起信論』の意義-元曉の解釋を中心として-」, 平川彰 編, 『如來藏と大乘起信論』(동경: 춘추사, 1990. 6).
손영산, 「『범망경보살계본사기권상』 원효 진찬여부 논쟁에 관한 재고」, 『한국불교학』 제56집, 한국불교학회, 2008.
水野弘元, 「菩提達磨の二入四行說と金剛三昧經」, 『구택대학연구기요』 13, 1955.
신현숙, 「신라 원효의 유심안락도 찬자고」, 『동방학지』 제51집, 연세대 동방학연구원, 1986.
安啓賢, 「원효의 미타정토왕생사상」, 『역사학보』 제16집, 한국역사학회, 1976.
敎英, 「關於『금강삼매경』的兩箇問題」, 『불교학보』 제51집, 동국대 불교문화연구원, 2009.
柳田聖山, 「금강삼매경의 연구: 중국불교에 있어서 頓悟思想의 텍스트」, 『백련불교논집』, 제3집, 성철사상연구원, 1993.
李箕永, 「經典引用에 나타난 元曉의 獨創性」, 『崇山朴吉眞博士華甲紀念 韓國佛敎思想史』(원광대출판부, 1975).
_____, 「통일신라시대의 불교사상」, 『한국철학사』 권상(한국철학회, 1987. 5).
李梵弘, 「원효의 찬술서에 대하여」, 『철학회지』 10, 영남대 철학과연구실, 1983.
이진오, 「원효의 학문방법과 글쓰기, 그리고 미학」, 『불교문학의 전개』(민족사,

2000).

趙明基, 『新羅佛敎의 理念과 歷史』(신태양사, 1962).

崔遠植, 「新羅 菩薩戒思想史 硏究」, 동국대 대학원 사학과 박사논문, 1992.

八百谷孝保, 「新羅僧元曉傳攷」, 『大正大學學報』 28, 대정대학, 1952.

許一範, 「티베트본 『금강삼매경』 연구」, 『불교연구』, 한국불교연구원.

和田博重, 「新羅撰述佛書書目に就いて」, 『文獻報國』 8-6, 조선총독부도서관, 1942.

II. 화회논법의 탐구 지형

元曉, 『涅槃經宗要』(『韓國佛敎全書』 제1책).

＿＿, 『十門和諍論』(『韓國佛敎全書』 제1책).

＿＿, 『金剛三昧經論』(『韓國佛敎全書』 제1책).

＿＿, 『本業經疏』(『韓國佛敎全書』 제1책).

＿＿, 『大乘起信論疏』(『韓國佛敎全書』 제1책).

＿＿, 『彌勒上生經疏』(『韓國佛敎全書』 제1책).

＿＿, 『無量壽經宗要』(『韓國佛敎全書』 제1책).

＿＿, 『梵網經菩薩戒本私記』(『韓國佛敎全書』 제1책).

見登, 「大乘起信論同異略集」本(『韓國佛敎全書』 제3책).

均如, 『釋華嚴敎分記圓通鈔』 권3(『韓國佛敎全書』 제4책).

義天, 「祭芬皇寺曉聖文」, 『大覺國師文集』.

河千旦, 「海東宗乘統官誥」.

覺訓, 「釋順道」, 『海東高僧傳』(『韓國佛敎全書』 제6책).

一然, 『三國遺事』(『韓國佛敎全書』 제6책).

明惠, 『金獅子章光顯鈔』(『대일본불교전서』 제13책).

高榮燮, 「원효 『십문화쟁론』 연구의 지형도」, 『문학 사학 철학』 제10호, 한국불교사연구소, 2007년 가을.

＿＿, 「분황 원효 本覺의 決定性 탐구」, 『불교학보』 제67집, 동국대학교 불교문화연구원, 2014. 4.

_____ , 「분황 원효의 和會論法 탐구」, 『한국불교학』 제71집, 한국불교학회, 2014.9.
_____ , 「원효 一心의 神解性 연구」, 「불교학연구」 제20호, 불교학연구회, 2008.
_____ , 「육당 최남선의 『삼국유사』 인식과 「삼국유사해제」, 『한국불교사연구』 제5호, 한국불교사연구소, 2014. 8.
_____ , 「한국불교의 보편성과 특수성」, 『대학원연구논집』 제6집, 중앙승가대학교 대학원, 2013.
_____ , 「한국불교의 보편성과 특수성 - 생태관, 평등관, 여성관」, 『한국불교사연구』(한국학술정보[주], 2012).
_____ , 「효성 조명기의 불교사상사 연구」, 『한국불교사연구』 제4호, 한국불교사연구소, 2014. 2.
_____ , 「『三國遺事』'阿道基羅' 조 고찰」, 『신라문화제학술논문집』 제35집, 경주시 신라문화선양회, 2014.
_____ , 「『三國遺事』「興法」편과 「塔像」편의 성격과 특징」, 『신라문화제학술논문집』 제35집, 경주시 신라문화선양회, 2014.
권상로, 「조선불교사의 이합관」, 『불교』, 제62호, 불교사, 1929. 4.
金煐泰, 「『열반경종요』에 나타난 和會의 세계」, 高榮燮 編, 『한국의 사상가 원효』(예문서원, 2002).
김상영, 「한국불교의 보편성과 특수성」, 한국불교연구원, 『2013년 불교학술세미나 자료집: 불교의 특수성과 보편성』(한국불교연구원).
김영호 엮음, 「원효 화쟁 사상의 독특성 - 廻諍(인도) 및 無諍(중국)과의 대조」, 『한국불교의 보편성과 특수성』(한국학술정보[주], 2008).
박태원, 『원효의 십문화쟁론』(세창출판사, 2013).
심재룡, 「한국불교 연구의 한 반성」, 「동양의 智慧와 禪」(세계사, 1990).
이기영, 「한국불교의 근본사상과 새로운 과제」, 『한국불교연구』(한국불교연구원, 1982).
조명기, 『신라불교의 이념과 역사』(신태양사, 1960).
최남선, 「조선불교 - 동방문화사상에 있는 그 지위」, 『불교』 제74호, 불교사, 1930.
최병헌, 「한국불교사의 체계적 인식과 이해방법론」, 『한국불교사연구입문』 상(지식산업사, 2013).
최유진, 『원효사상 연구: 화쟁을 중심으로』(경남대출판부, 1998).

高榮燮, 「분황 원효 저술의 서지학적 분석」, 『한국불교사연구』 제2호, 한국불교사연구소, 2013. 2.

____, 「원효『十門和諍論』 연구의 지형도」, 『문학 사학 철학』 제10호, 대발해동양학한국학연구원 한국불교사연구소, 2007.

____, 「한국불교의 전통과 고유성: 원효의 화쟁·회통 논법과 관련하여」, 『동아시아 불교전통과 근대 불교학』, 동국대학교 불교문화연구원 인문한국(HK)연구단, 2014. 5.

金暎泰, 「『涅槃經宗要』에 나타난 和會의 세계」, 高榮燮 編, 『한국의 사상가 원효』(예문서원, 2002).

김영일, 「원효의 和諍論法 연구」, 동국대학교 박사논문, 2008.

木村宣彰, 「元曉大師の涅槃思想」, 국토통일원 조사연구실, 『원효연구논총』(1980).

박태원, 『원효의 十門和諍論』』(세창출판사, 2013).

손영산, 「『범망경보살계본사기권상』 원효 진찬여부 논쟁에 대한 재고」, 『한국불교학』 제56집, 한국불교학회, 2008.

이정희, 「『십문화쟁론』과 관련된 몇 가지 문제점」, 『제4차 한국불교학결집대회논집』 별집, 2008. 5.

최범술, 「『十門和諍論』 復元을 위한 蒐集資料」, 『원효연구논총』(국토통일원, 1987).

III. 일심과 본각의 성격과 특징

『長阿含經』 제1분, 「대본경」 제1(『고려장』 제17책; 『대정장』 제1책).

『雜阿含經』 제12; 299경(『고려장』 제18책; 『대정장』 제2책).

元曉, 『金剛三昧經(論)』 권중(『韓國佛敎全書』 제1책).

____, 『大乘起信論疏』 권상(『韓國佛敎全書』 제1책).

____, 『大乘起信論疏』 권하(『韓國佛敎全書』 제1책).

____, 『大乘起信論別記』本(『韓國佛敎全書』 제1책)

____, 『大乘起信論疏記會本』 권4(『韓國佛敎全書』 제1책).

____, 『本業經疏』 권下(『韓國佛敎全書』 제1책).

____, 『涅槃宗要』(『韓國佛敎全書』 제1책).

____, 『晉譯華嚴經疏』, 「序」(『韓國佛敎全書, 제1책).

澄觀, 『華嚴玄談』(『大正藏』 제36책).
表員, 『華嚴經文義要決問答』 권2(『韓國佛教全書』 제2책).
贊寧, 「唐新羅國義湘傳」, 『宋高僧傳』 권4(북경: 중화서국, 1987).
義天, 「芬皇寺和諍國師碑」, 『大覺國師文集』 권16(『韓國佛教全書』 제4책).
____ , 「到盤龍山延福寺禮普德聖師飛方舊址」, 『大覺國師文集』 권19(『韓國佛教全書』 제4책).
____ , 「祭芬皇寺曉聖文」, 『大覺國師文集』 권19(『韓國佛教全書』 제4책).
一然, '芬皇之陳那', 『三國遺事』 권3, 「興法」 제3, '元宗興法 猒髑滅身.'

高榮燮, 「분황 원효의 평화 인식」, 『한국불교학』 제62집, 한국불교학회, 2012.
____ , 「원효 一心의 神解性 분석」, 『불교학연구』 제20집, 불교학연구회, 2008. 8.
____ , 『불교경전의 수사학적 표현』(경서원, 1996; 2003).
金煐泰, 「新羅에서 成立된 金剛三昧經」, 『불교학보』 제25집, 동국대 불교문화연구원, 1988.
박진옥, 「대승기신론 아알라야식의 진망화합식 특징 연구」, 충남대학교 석사논문, 2001.
불교교양교재편찬위회편, 『불교학개론』(서울: 동국대학교출판부, 1984).
은정희, 『원효의 대승기신론소·별기』(일지사, 1991).
은정희·송진현, 『원효의 금강삼매경론』(일지사, 2000).
이미종, 「대승기신론 연구동향에 나타난 교육의 종교적 측면: 국내 석박사학위논문을 중심으로」, 『한국종교교육학연구』 제26집, 한국종교교육학회, 2008.
이중표, 『아함의 중도체계』(서울: 불광출판부, 1991).

高榮燮, 「동아시아불교에서 원측 유식과 규기 유식의 동처와 부동처」, 『불교학보』 제54집, 동국대학교 불교문화연구원, 2010.
____ , 「분황 원효와 퇴계 이황의 만남과 대화」, 『한국불교사연구소 제9차 집중세미나: 분황 원효와 동아시아 유교사상가의 만남』, 한국불교사연구소, 2014. 12. 13.
____ , 「분황 원효의 평화인식: 一心 和諍 無碍를 중심으로」, 『한국불교학』 제62집, 한국불교학회, 2012. 2.
____ , 「분황 원효의 화회논법 탐구」, 『한국불교학』 제71집, 한국불교학회, 2014. 9.

_____ ,「삼국유사 인문학 遊行 39: 분황 원효가 일심의 철학을 전개한 까닭은」, 『삼국유사 인문학 遊行』, 2013.
_____ ,「원효의 화엄학: 광엄과 보법의 긴장과 탄력」,『원효학연구』제5집, 원효학회/원효학연구원, 2000.
_____ ,『불교생태학』(불교춘추사, 2008).
_____ ,『연기와 자비의 생태학』(연기사, 2001).
_____ ,『한국의 사상가 10인: 원효』(예문서원, 2002).
權坦俊,「元曉의 華嚴思想에 나타난 一切法 곧 一法의 理致」,『원효학연구』제3집, 원효학회/원효학연구원, 1998.
까르마 C.C. 츠앙(張澄基),『화엄철학: 쉽게 풀어 쓴 불교철학의 정수』, 이찬수(경서원, 1990).
上山春平 외,『佛敎の思想』, 박태원·이영근,『불교의 역사와 기본사상』(대원정사, 1989).
全海住,「원효의 화쟁과 화엄사상」,『한국불교학』제24집, 한국불교학회, 1998.
프란시스 쿡,『화엄불교의 세계』, 문찬주(불교시대사, 1994).

IV. 일심과 경사상 및 염불관과 염불선

『周易』.
孟子,『孟子』「盡心」하, 25장.
子思,『中庸』제20장.
元曉,『大乘起信論疏』(『韓國佛敎全書』제1책).
_____ ,『涅槃經宗要』(『韓國佛敎全書』제1책).
_____ ,『金剛三昧經論』(『韓國佛敎全書』제1책).
_____ ,『佛說阿彌陀經疏』(『韓國佛敎全書』제1책).
_____ ,『無量壽經宗要』(『韓國佛敎全書』제1책).
周濂溪,「太極圖說」.
朱熹,『中庸章句』.
_____ ,『大學或問』.
程復心,『心學圖說』.

李滉, 『退溪全書』(대동문화연구원, 1958).

高榮燮, 「분황 원효 本覺의 決定性 탐구」, 『불교학보』 제67집, 동국대 불교문화연구원, 2014. 6.
_____ , 「원효 一心의 神解性 연구」, 『불교학연구』 제29호, 불교학연구회, 2009. 8.
_____ , 「한국불교의 전통과 元曉佛學의 고유성」, 『불교학보』 제69집, 동국대 불교문화연구원, 2014. 12.
金暎泰, 「『열반경종요』에 나타난 和會의 세계」, 高榮燮 編, 『한국의 사상가 원효』(예문서원, 2001).
琴章泰, 「「경재잠도」와 퇴계의 거경수양론」, 윤사순 편, 『한국의 사상가 10인: 퇴계 이황』(예문서원, 2001).
金英浩, 「원효 和諍 사상의 독특성 – 廻諍(인도) 및 無諍(중국)과의 대조」, 『한국불교의 보편성과 특수성』(한국학술정보, 2008).
文錫胤, 「퇴계에서 理發과 理動, 理到의 의미에 대하여 – 理의 능동성 문제」, 『퇴계학보』 제110집, 퇴계학연구원, 2011.
_____ , 「退溪의 '未發'論」, 『퇴계학보』 제114집, 퇴계학연구원, 2003.
尹絲淳, 「존재와 당위에 관한 퇴계의 일치시」, 『한국의 사상가 10인: 퇴계 이황』(예문서원, 2001).
李光虎, 「이퇴계 학문론의 체용적 구조에 관한 연구」, 서울대 철학과 박사논문, 1993.
_____ , 「체용적 전일성으로서의 마음: 이황」, 『마음과 철학: 불교편』(서울대학교출판문화원, 2013).

高榮燮, 「동아시아 불교에서 정토학과 원효」, 『원효학연구』 제13집, 원효학연구원, 2008.
_____ , 「분황 원효 저술의 서지학적 고찰」, 『한국불교사연구』 제1호, 한국불교사학회/한국불교사연구소, 2012년 가을·겨울호.
_____ , 「분황 원효의 화회논법」, 『한국불교학』 제71집, 한국불교학회, 2014. 9.
_____ , 『원효탐색』(서울: 연기사, 2001; 2005; 2010).
金煐泰, 『韓國佛敎 古典名著의 세계』(서울: 민족사, 1994).

安啓賢, 『新羅淨土思想史硏究』(서울: 현음사, 1987).
정용미, 「원효의 淨土사상에 있어서 淨土往生의 논리와 수행체계」, 『동아시아불교문화』 제6집, 동아시아불교문화학회, 2008.
조준호, 「선과 염불의 관계-염불선의 기원과 전개에 대한 비판적 고찰」, 『선문화연구』 제14집, 한국선리연구원, 2013. 6.
____, 「초기·부파불교에 나타난 염불과 선」, 『염불과 선: 염불선의 성립과 전개』(청화사상연구회, 2014).
淸華, 『실상염불선』(광륜출판사, 2013).
___, 『圓通佛法의 要諦』(성륜각, 2003).
___, 『정통선의 향훈』(성륜각, 2003).
최동순, 「무주당 청화 스님의 천태교관 이해」, 『염불과 선: 염불선의 성립과 전개』(청화사상연구회, 2014).

부록_ 원효 관련 논저 목록

1. 원효 관련 저술

강상원, 『원효신화 논술오류 1,400년 만에 밝힌다』(서울: 돈황문명출판사, 2015).
강승훈, 『이야기 원효사상』(서울: 운주사, 2009), 268면.
고영섭, 『원효, 한국사상의 새벽』(서울: 한길사, 1997), 293면.
_____ , 『원효탐색』(서울: 연기사, 2001; 2005; 2010), 360면.
_____ , 『한국의 사상가: 원효』(서울: 예문서원, 2001), 568면.
_____ , 『나는 오늘도 길을 간다』(서울: 한길사, 2009), 286면.
_____ , 『원효, 중생의 마음속에 심은 부처의 가르침』(서울: 씽크하우스, 2009), 132면.
_____ , 『분황 원효: 고영섭 교수의 원효에세이』(서울: 박문사, 2015), 405면.
고익진, 『한국고대불교사상사』(서울: 동국대출판부, 1989), 616면.
국토통일원 조사연구실, 『원효연구논총: 그 철학과 인간의 모든 것』, 국토통일원 조사연구실 편(서울: 국토통일원, 1987), 1096면.
김남선, 『원효·만해·김시습』(서울: 정토, 1989), 156면. 청소년총서 1; 역사의 등불.
김대은, 『원효: 인간시대의 새벽과 그 영광』, 김대은; 황영진; 박윤호 공저(서울: 삼장원, 1980), 454면.
김상일, 『원효의 판비량론』(서울: 지식산업사, 2003).
김상현, 『역사로 읽는 원효』(서울: 고려원, 1995), 341면.
_____ , 『원효연구』(서울: 민족사, 2000), 413면.
김선우, 『발원: 원효 그리고 요석』 1~2(서울: 민음사, 2015).
김성철, 『원효의 판비량론의 기초 연구』(서울: 지식산업사, 2002).
김영미, 『신라불교사상사연구』(서울: 민족사, 1995), 440면.
김영태, 『한국불교 고전명저의 세계』(서울: 민족사, 1994), 415면.
_____ , 『원효연구사료총록』(서울: 장경각, 1996), 201면.

김원명,『원효, 한국불교철학의 선구적 사상사』(서울: 살림, 2008), 94면.
____ ,『원효의 열반론』(서울: 한국학술정보/주, 2008), 284면.
김임중,『일본국보 화엄연기연구: 원효와 의상의 행적』(서울: 보고사, 2015), 337면.
김정희,『원효대사』(서울: 시방문화원, 1991), 419면.
김종욱,『원효와 하이데거의 대화』(서울: 동국대출판부, 2013).
김종의,『원효 편견을 넘어서다』(부산: 이경, 2012).
김제란,『한 마음 두 개의 문, 원효의 대승기신론소 별기』(서울: 삼성출판사, 2007), 109면.
김지견 편,『원효대사의 철학세계』(서울: 민족사; 대한전통불교연구원, 1989), 894면.
김형효,『원효에서 다산까지』(성남: 청계, 2000), 625면.
____ ,『원효의 대승철학』(서울: 소나무, 2006), 504면.
김 훈,『원효불학사상연구』(일본: 대판경제대학출판부, 2002).
남동신,『영원한 새벽, 원효』(새누리, 1999), 349면.
남정희,『소설 원효』상・중・하(서울: 장원, 1993).
박상주,『원효, 그의 삶과 사상』(서울: 한국문화사, 2007), 258면.
____ ,『힘이 부족하면 배를 빌려 저 언덕에 이르라: 원효 나를 찾아가는 여행』(서울: 이담북스, 2007), 235면.
박성배,『한국사상과 불교: 원효와 퇴계 그리고 돈점논쟁』(서울: 혜안, 2009), 547면.
박종홍,『한국사상사: 불교사상편』(서울: 서문당, 1972), 233면.
박찬국,『원효와 하이데거의 비교 연구』(서울: 서강대출판부, 2010).
박태순,『원효대사・다산 정약용』(서울: 스포츠서울, 1990), 253면.
박태원,『대승기신론사상연구』(1)(서울: 민족사, 1994), 270면.
____ ,『원효사상연구』(울산: UUP, 2011), 250면.
____ ,『원효: 하나로 만나는 길을 열다』(서울: 한길사, 2012), 280면.
____ ,『원효의 십문화쟁론: 번역과 해설 그리고 화쟁의 철학』(서울: 세창출판사, 2013), 255면.
____ ,『원효의 금강삼매경론 읽기: 선의 철학 철학의 선』(서울: 세창미디어, 2012), 280면.

福士慈稔, 『신라원효연구』(일본: 대동출판사, 2004).
불교전기문화연구소 편, 『원효, 그의 위대한 생애』(서울: 불교춘추사, 1999).
_____, 『원효사상의 현대적 조명』 1(서울: 불교춘추사, 2000).
서수금, 『우리나라 불교의 큰별 원효』(서울: 통큰세상, 2016).
서영애, 『신라 원효의 금강삼매경론 연구』(서울: 민족사, 2007).
소송무미, 『화엄종사회전: 화엄연기』, 소송무미 편(일본 동경: 중앙공론사, 1990), 119면. 일본회권대성 17.
송재찬, 『원효·의상』(서울: 파랑새, 1999), 199면.
신옥희, 『일심과 실존: 원효와 야스퍼스의 철학적 대화』(서울: 이화여대출판부, 2000), 312면.
신종석, 『원효 장편소설』(서울: 청어, 2016).
신현숙, 『원효의 인식과 논리: 판비량론의 연구』(서울: 민족사, 1988), 137면.
심재열, 『원효사상 2: 윤리관』(서울: 홍법원, 1983), 522면.
안계현, 『신라정토사상사』(서울: 아세아문화사, 1976), 1책.
_____, 『신라정토사상사연구』(서울: 현음사, 1987), 387면.
안광석 편, 『화엄연기: 의상회의 주변』(서울: 우린각, 1990), 176면.
양은용 편, 『신라원효연구』(이리: 원광대학교출판국, 1979), 633면. 한국학연구자료집 1.
오영봉, 『원효의 화쟁사상연구=Wonhyo's theory of harmonization』(서울: 홍법원, 1989), 503면.
우리역사연구회, 『원효, 백성들에게 불교를 전하다』(서울: 엠엘에스, 2014).
원효종성전간행회 편, 『원효종성전』(서울: 한국경제문화사, 1967), 685면.
원효학회, 『원효학연구』 1~20(경주: 원효학회, 1996~2015), 각 280면~505면 내외.
원효연구원, 『원효사상』 제1집(서울: 신우당, 1998), 200면.
이계선, 『Le Maitre Wonhyo de Silla du VIIe Siecle: sa vie, ses ecrits, son apostolat』(서울: 가톨릭출판사, 1986), 204면.
이광수, 『원효대사』(서울: 광영사, 1957), 2책. 춘원선집 10.
이기영, 『새벽의 햇빛이 말하는 의미: 원효사상 70강』(서울: 한국불교연구원, 1992), 310면.
_____, 『원효사상 1: 세계관』(서울: 원음각, 1967), 399면.

_____ ,『한국불교연구』(서울: 한국불교연구, 1982), 620면.
_____ ,『한국의 불교사상: 원효 대승기신론소・별기 외』(서울: 삼성출판사, 1976), 577면. 삼성판 세계사상전집 11.
_____ ,『원효사상연구』(서울: 한국불교연구원, 1995), 762면.
이도흠,『화쟁기호학, 이론과 실제』(서울: 한양대출판부, 1999), 505면.
_____ ,『원효와 마르크스의 대화』(서울: 자음과 모음, 2015), 839면.
이만용,『원효의 사상: 화쟁사상을 중심으로』(서울: 전망사, 1983), 142면.
이영일,『원효어록 100선』(서울: 불교춘추사, 1999), 247면.
이종익,『원효대사와 보조국사의 생애와 사상』(서울: 동국문화사, 1990), 90면.
_____ ,『원효의 근본사상: 십문화쟁론 연구』(서울: 동방사상연구원, 1977), 88면.
_____ ,『원효의 근본사상: 십문화쟁론 연구』(서울: 대한불교원효종, 1977), 82면.
이지관,『역주역대고승비문: 신라편』(서울: 가산문고, 1993), 364면. 한국불교금석문역주 1.
이평래,『신라불교여래장사상연구』(서울: 민족사, 1996).
장도빈,『원효』(서울: 고려관, 1925), 36면.
_____ ,『원효대사전』(서울: 국사원, 1961), 1책, 대한위인전 4.
_____ ,『위인 원효』(서울: 신문관, 1917), 64면. 수양총서 1.
장휘옥,『자 떠나자 원효 찾으러』(서울: 시공사, 1999), 226면.
전상천,『길에서 원효를 만나다』(서울: 형설라이프, 2012).
전종식,『대승기신론에 대한 원효와 법장의 주석 비교』(서울: 예학, 2006).
정경환,『원효 강의』(서울: 이경, 2015).
정 민,『영화극 원효대사』(서울: 정토문화협회, 1960), 193면.
정호완,『소설 원효』(서울: 한국문학방송, 2015).
조명기,『신라불교의 이념과 역사』(서울: 신태양사, 1962).
최유진,『원효사상연구』(경남대출판부, 1997), 177면.
한국사상사대계 간행위원회 편,『원효의 사상과 그 현대적 의미』(성남: 한국정신문화연구원, 1994), 367면.
한국어읽기연구회,『원효: 불교를 세상에 널리 알린 스님』(서울: 학이시습, 2013).
황영선,『원효의 생애와 사상』(국학자료원, 1996), 509면.

2. 원효 저술 편서 및 역서

가산불교문화연구원, 『금강삼매경론』(서울: 가산불교문화진흥원, 1992), 74면.
김달진 역, 『금강삼매경론』(서울: 열음사, 1986), 403면.
_____, 『한글대장경 대승기신론소별기』 외(서울: 동국역경원, 1995).
김덕수 편저, 『불교의 철학사상: 대승기신론 원효소・별기 역해1』(대전: 평화당인 쇄사, 1991), 351면.
김만기 역, 『유심안락도』(대구: 삼영출판사, 1972), 131면.
김무득 역주, 『대승기신론과 소와 별기』(서울: 경서원, 1991), 456면.
김운학 역, 『유심안락도』(서울: 삼성미술문화재단, 1979), 207면. 삼성문화문고 124.
김재근 편역, 『금강삼매경론신강』(서울: 보련각, 1980), 533면.
김탄허 역해, 『현토역해 기신론』(서울: 교림, 1986), 614면.
_____, 『현토역해 기신론・원효소병별기』(서울: 화엄학연구소, 1972), 290면.
김호귀 옮김, 『금강삼매경론』(파주: 한국학술정보, 2010).
_____, 『열반경종요』(서울: 석란, 2005).
도월・활안, 『원효전서(축역)』(가평: 불교정신문화원, 2012).
동국대학교 불교사학연구실 편, 『원효대사전집』(서울: 삼양사, 1949~1950), 10책. 신라불교전서 1
동국대학교 한불전편찬위 편, 『한국불교전서 1: 신라시대편 1』(서울: 동국대출판부, 1979), 843면.
동국대학교 출판부, 『영인판 금강삼매경론』(서울: 동국대학교출판부, 1958), 322면.
백용성 역, 임도문 편, 『금강삼매경론』(서울: 대각회, 1971), 198면.
보련각, 『영인판 기신론해동소』(서울: 보련각, 1972), 290면.
부귀원장신 해설, 『판비량론』(경도: 신전희일랑, 1967), 76면.
불교학동인회 편, 『원효전집』(서울: 동국역경원, 1973), 387면.
불교학연구회 편, 『한국고승집: 신라시대 1』(서울: 경인문화사, 1974), 624면.
성락훈 외 역, 『한국의 사상대전집 1』(서울: 동화출판공사, 1972), 561면.
심재열 역, 『미륵삼부경・원효술상생경종요』(서울: 보련각, 1980), 222면.
_____, 『미륵삼부경・종요』(서울: 원각사, 1972), 222면.
_____, 『현토주해 미륵삼부경・원효술 상생경종요』(서울: 보련각, 1985),

337면.

역경위원회 역,『한글대장경 155; 한국고승 5; 금강삼매경론』외(서울: 동국역경원, 1975), 675면.

_____ ,『한글대장경 156; 한국고승 6; 대승기신론소』외(서울: 동국역경원, 1976), 658면.

_____ ,『한글대장경 금강삼매경론』(서울: 동국역경원, 1985), 573면.

연등국제불교회관 편역,『발심수행장』(서울: 연등국제불교회관, 1990), 24면. Korean Buddhism 2.

오형근,『대승기신론소병별기』(서울: 대승, 2014).

원 순,『큰 믿음을 일으키는 글: 대승기신론 원효소 별기』(서울: 법공양, 2010).

원효전서국역간행위 편,『국역원효성사전서』(서울: 보련각; 대한불교원효종, 1987~1989), 6책.

은정희 역주,『원효의 대승기신론소·별기』(서울: 일지사, 1991), 468면.

은정희·송진현 역,『원효의 금강삼매경론』(서울: 일지사, 2000).

은정희 옮김,『이장의』(서울: 소명출판, 2004).

이기영 역,『금강삼매경론』, 한국명저대전집 내(서울: 대양서적, 1972), 331면.

_____ ,『금강삼매경론』, 한국명저대전집 내(서울:신화사,1983), 331면.

_____ ,『금강삼매경론』(서울: 한국불교연구원, 2000), 648면.

이영무 역,『교정 및 국역 열반경종요』(서울: 대성문화사, 1984), 253면.

_____ ,『영인판 양권무량수경종요』(서울: 민족사, 1988), 69면.

이평래 옮김,『대승기신론소별기』(서울: 민족사, 2015).

정 목,『원효의 새벽이 온다』(서울: 경서원, 2002).

정목 해설,『무량수경종요』(서울: 자연과 인문, 2009), 352면.

정 목,『원효의 무량수경종요: 종교의 마지막 논서』(서울: 비움과 소통, 2015).

조명기 편,『원효대사전집』(서울: 보련각, 1978), 686면.

조선불교회,『금강삼매경론』(서울: 조선불교회, 1923), 169면.

조수동 옮김,『열반종요』(서울: 지만지, 2009).

채한숙,『원효무애무의 현대적 재현』(서울: 인문사, 2014).

최세창,『대승기신론소별기』(서울: 운주사, 2015).

한명숙 옮김,『범망경보살계본사기』상권(서울: 동국대학교출판부, 2016).

해인승가학원, 『영인판 대승기신론소 · 기회본』(합천: 해인승가학원, 1977), 1책.
황산덕 역, 『열반종요』(서울: 동국역경원, 1982), 171면. 현대불교신서 44.
혜봉 옮김, 『유심안락도』(서울, 운주사, 2015).
횡초혜일 · 송촌법문 공편, 『이장의』(일본 경도: 평락사서점, 1979), 2책.

3. 일반논문

각성, 「원효사상의 총체적 회통」, 『원효사상의 현대적 조명』1, 원효사상전집 2(서울: 불교춘추사, 2000), 12~25면.
갈성말치, 「신라 「서당화상탑비」에 대하여」, 양은용 편, 『신라원효연구』(이리: 원광대학교출판국, 1979), 39~52면.
_____, 「신라 「서당화상탑비」에 대하여」, 『청구학총』 5(서울: 청구학회, 1931. 8), 151~164면.
_____, 「신라 「서당화상탑비」에 대하여」, 『조선금석고』(서울: 대판옥호서점, 1935), 625~647면.
강건기, 「원효의 생애와 사상」, 『고시연구』 13, 8(149)(서울: 고시연구사, 1986. 8), 105~116면.
_____, 「원효의 생애와 사상」, 『승진강좌』 135(서울: 고시연구사, 1986. 7), 2~13면.
강동균, 「안심과 평안으로 가는 길: 원효의 정토사상 – 원효사상의 현대적 조명」, 『민족불교』 2(서울: 청년사, 1992. 1), 166~179면.
_____, 「원효의 정토사상에 있어서의 성문관」, 『인도학불교학연구』 28, 1(55)(일본 동경: 일본인도학불교학회, 1981. 3), 128~129면.
_____, 「원효의 정토관」, 『석당논총』 9(부산: 동아대학교 석당전통문화연구원, 1984. 6), 39~55면.
_____, 「원효전」, 『불교문화』 29, 1(일본 동경: 대한불교청년회, 1980. 12).
_____, 「원효의 자비관」, 『석당논총』 19(부산: 동아대학교 석당전통문화연구원, 1993. 12).
_____, 「원효의 정토사상에서 본 실천행」, 『원효학연구』 제5집(경주: 원효학연구원, 2000), 141~166면.

강명진, 「원효의 윤리관」, 『정신개벽』 4(이리: 신룡교학회, 1985. 12), 133~164면.
강전준웅, 「신라불교에 있어서의 정토교」, 『조선불교사의 연구』(일본 동경: 국서간행회, 1977), 143~177면.
_____, 「신라불교에 있어서의 정토교」, 『지나불교사학』 3, 4(일본 동경: 지나불교사학회, 1939).
강정신오, 「신라의 명승「원효의 비」를 읽고」, 『조선휘보』 65(서울: 조선총독부, 1920. 6).
강정중, 「원효의 인간 구제와 학승으로서의 공적」, 『원효사상의 현대적 조명』 1, 원효사상전집 2(서울: 불교춘추사, 2000), 26~41면.
견산망양, 「신라의 명승 曉湘二師」, 『신불교』 12, 6(일본 동경: 신불교도동지회, 1911. 6), 540~542면.
_____, 「신라의 명승 曉湘 二師」, 양은용 편, 『신라원효연구』(서울: 원광대학교출판국, 1979), 15~17면.
겸전무웅, 「신라 원효의 유식사상」, 『이등진성・전중순조 양교수 송덕기념 불교학논문집』(대판: 동방출판사, 1979).
겸전무웅, 「『십문화쟁론』의 사상사적 의의」, 『불교학』 11(일본 동경: 대정대학, 1981. 4), 1~21면.
_____, 「원효교학의 사상사적 의의」, 『아시아공론』 9, 3(89)(일본 동경: 아시아공론사, 1980. 3), 101~103면.
_____, 「7세기 동아시아 세계에 있어서의 원효의 위치」, 『원효대사의 철학세계』(서울: 민족사, 1989), 669~674면.
_____, 「7세기 동아시아 세계에서 원효의 위치」, 『원효, 그의 위대한 생애』, 원효사상전집 1(서울: 불교춘추사, 1999), 74~85면.
_____, 「7세기 동아시아 세계에서 원효의 위치」, 『불교신문 창간 40주년 기념 국제학술회의: 원효로 돌아가자』(서울: 불교신문사, 2000).
_____, 「파격의 불교학자・원효」, 『대법륜』 47, 12(일본 동경: 대법륜각, 1980. 12), 104~105면.
고교정웅, 「본조목록사고: 자미중대유품『판비량론』의 연구」, 『대곡대학연구연보』 38(일본 경도: 대곡대학).
고기직도, 「원효의 열반종요에 대하여」, 『대장경회원통신』(일본 동경: 대정신수대

장경회원통신, 1975. 9).

고봉료주,「원효 및 의상과 그 문류」, 양은용 편,『신라원효연구』(이리: 원광대학교출판국, 1979), 237~243면.

_____ ,「원효 및 의상과 그 문류」,『화엄사상사』(일본 동경: 흥교서원, 1942), 188~194면.

고영섭,「원효의 통일학: 부정(破·奪)과 긍정(立·與)의 화쟁법」, 김용옥 편,『삼국통일과 한국통일』1(서울: 통나무, 1995), 183~246면.

_____ ,「원효의 통일학: 부정(破·奪)과 긍정(立·與)의 화쟁법」,『동국사상』26(서울: 동국대학교 불교대학, 1995), 79~125면.

_____ ,「원효의 통일학: 부정(破·奪)과 긍정(立·與)의 화쟁법」,『원효사상의 현대적 조명』1, 원효사상전집 2(서울: 불교춘추사, 2000), 92~160면.

_____ ,「불학의 보편성: 원효의 삶과 생각, 불학하기의 한 모범」,『미천목정배박사화갑기념논총』(서울: 장경각, 1997), 63~100면.

_____ ,「원효의 공부론: 원효의 삶과 생각, 불학하기의 한 모범」,『원효사상전집』4(서울: 불교춘추사, 2001).

_____ ,「원효의 장애론: 현행의 장애와 잠복의 장애의 치유와 단멸」,『불교학연구』제1집(한국종교학회 불교분과, 2000. 3), 229~260면.

_____ ,「원효의 화엄학」,『불교와 문화』제3집(서울: 대한불교진흥원, 1997), 124~132면.

_____ ,「원효의 화엄학: 광엄과 보법의 긴장과 탄력」,『원효학연구』제5집(경주: 원효학연구원, 2000), 389~420면.

_____ ,「원효의 화엄학: 광엄과 보법의 긴장과 탄력」,『원효사상전집』3(서울: 불교춘추사, 2001).

_____ ,「원효시대의 동아시아 불교사상가들의 생각틀」,『원효사상전집』제1책(서울: 불교춘추사, 1999), 120~145면.

_____ ,「7~8세기 동아시아 불학의 스펙트럼: 인식識과 마음(心) 패러다임의 긴장과 탄력」,『동원논집』제13집, 1999년, 동국대학교 대학원 학생회, 65~82면.

_____ ,「원효의 보편학: 어디서가 아니라 어떻게」,『중앙승가대신문』제88~89호, 1998년, 4면.

_____ ,「보살의 모습으로 다가온 원효대사」,『한국불교인물사상사』(서울: 중앙승

가대신문, 2000), 88~98면.

_____ ,「오늘 왜 원효인가」,『연극 옴 팔플렛』(서울: 완자무늬, 1999).

_____ ,「원효, 한 마음의 두 모습 혹은 한 맛의 두 측면」,『뉴 휴먼 단』제84호(서울: 한문화사, 2000. 6), 116~119면.

_____ ,「원효는 어떻게 이해되어 왔는가」,『오늘의 동양사상』제4호(서울: 예문동양사상연구원, 2001).

_____ ,「원효의 삼매론」,『원효학연구』제11집(경주: 원효학연구원, 2006), 93~113면.

_____ ,「동아시아 불교에서 정토학과 원효」,『원효학연구』제13집(경주: 원효학연구원, 2008), 39~77면.

_____ ,「원효 일심의 신해성 분석」,『불교학연구』제20호(경주: 원효학연구원, 2008), 165~186면.

Young─Seop, Ko, The Reason why Wonhyo bestows the concept of Mysterious Understanding Nature on One Mind, IJBTC Vol14. 2010. 2.

_____ ,「원효『십문화쟁론』연구의 지형도」,『문학 사학 철학』제10호(대발해동양학한국학연구원 한국불교사연구소, 2007년) 가을호.

_____ ,「원효의 통합사상」,『문학 사학 철학』제16호(대발해동양학한국학연구원 한국불교사연구소, 2009년) 봄호.

_____ ,「마음의 혁명 혹은 존재론적 혁명으로 푼 원효의 대승철학: 김형효의 원효의 대승철학을 읽고」,『문학 사학 철학』제8호(대발해동양학한국학연구원 한국불교사연구소, 2007년) 봄호.

_____ ,「분황 원효의 평화인식」,『한국불교학』제62집(한국불교학회, 2012), 109~143면.

_____ ,「분황 원효 본각의 결정성 연구」,『불교학보』제67집(동국대불교문화연구원, 2014), 89~113면.

_____ ,「원효의 화회논법 탐구」,『한국불교학』제71집(한국불교학회, 2014), 97~135면.

_____ ,「분단시대의 극복을 위한 원효의 화엄학」,『동아시아불교문화』, 제19집 (2014년 12월), 29~58면.

_____ ,「한국불교의 전통과 원효불학의 고유성」,『불교학보』, 제69집(동국대불교문화연구원, 2014), 93~118면.

_____ , 「분황 원효와 퇴계 이황의 만남과 대화」, 『한국불교사연구』 제6호(한국불교사연구소, 2015. 2), 247~280면.

_____ , 「원효의 염불관과 청화의 염불선」 제71집(동국대학교불교문화연구원, 2015), 6면.

_____ , 「분황 원효 저술의 서지학적 검토」, 『한국불교사연구』 제2호(한국불교사연구소, 2013. 2,) 4~50면.

_____ , 「효성 조명기의 불교사상사 연구―"총화론"과 "화쟁론"을 중심으로」, 『한국불교사연구』 제3호(한국불교사연구소, 2013. 8).

_____ , 「분황 원효와 퇴계 이황의 만남과 대화」, 『한국불교사연구』 제6호(한국불교사연구소, 2014년 가을·겨울), 247~280면.

_____ , 「분황 원효의 『십문화쟁론』과 『판비량론』의 내용과 사상사적 의의」, 『동악미술사학』 제19호, 동악미술사학회, 2016, 127~153면.

고익진, 「원효사상의 사적 의의」, 『동국사상』 14(서울: 동국대학교 불교대학, 1981. 12), 49~64면.

_____ , 「원효사상의 실천원리: 『금강삼매경론』의 일미관행을 중심으로」, 『숭산박길진박사화갑기념 한국불교사상사』(이리: 원광대학교, 1975), 225~255면.

_____ , 「원효사상의 화쟁적 성격」, 윤사순·고익진 공편, 『한국의 사상』(서울: 열음사, 1984), 77~88면.

_____ , 「원효의 기신론소·별기를 통해 본 진속원융무애관과 그 성립이론」, 『불교학보』 10(서울: 동국대학교 불교문화연구소, 1973), 287~319면.

_____ , 「원효의 기신론철학과 화엄경관」, 『한국고대불교사상사』(서울: 동국대학교 출판부, 1989), 173~246면.

_____ , 「원효의 진속원융무애관과 성립이론: 『기신론소·별기』를 중심으로, 불교사학회 편, 『고대한국불교교학연구』(서울: 민족사, 1989), 255~297면.

_____ , 「원효의 화엄사상」, 동국대학교 불교문화연구소 편, 『한국화엄사상연구』(서울: 동대출판부, 1982), 88~108면.

_____ , 「『유심안락도』의 성립과 그 배경: 『유심안락도』는 『무량수경종요』의 증보개편이다」, 『불교학보』 13(서울: 동국대학교 불교문화연구소, 1976), 153~170면.

_____ , 「『유심안락도』의 성립과 그 배경: 『유심안락도』는 『무량수경종요』의 증보개편이다, 『한국찬술불서의 연구』(서울: 민족사, 1987), 11~36면.

_____ , 「중국 초기 화엄과 원효사상과의 비교」, 『한국고대불교사상사』(서울: 동국대학교출판부, 1989), 11~36면.
_____ , Wonhyo and the foundation of korean Buddhism(Seoul: Unesco, 1981. 8), 4~13면.
_____ , Wonhyo's Hua-yen thought」, 『korea Journal 23.8(Seoul: Unesco, 1983. 8), 30~33면.
고점용, 「원효의 대승기신론소·별기에 나타난 실천덕목」, 『교육논총』(인사) 1(제주: 제주대학교 교육대학원, 1988. 2), 581~626면.
공종원, 「원효사상의 현대적 의미」, 『원효사상의 현대적 조명』1, 원효사상전집 2(서울: 불교춘추사, 2000), 84~92면.
곽승훈, 「통일신라시대 승전의 저술과 그 의의」, 『한국학보』 제69집(서울: 일지사, 1992).
_____ , 「신라 애장왕대 『서당화상비』의 건립과 그 의의」, 『국사관논총』 제74집(과천: 국사편찬위원회, 1997).
관원독, 「인간 원효론」, 김지견 편, 『원효대사의 철학세계』(서울: 민족사, 1989), 675~694면.
_____ , 「인간 원효론」, 『원효연구논총』(서울: 국토통일원, 1987), 839~862면.
_____ , 「인간 원효론」, 『원효, 그의 위대한 생애』, 원효사상전집 1(서울: 불교춘추사, 1999), 317~360면.
구석봉, 「원효방과 원효의 차생활」, 『원효, 그의 위대한 생애』, 원효사상전집 1(서울: 불교춘추사, 1999), 522~530면.
궁전융정, 「원효법사의 정토교」, 『정토학연구기요』 6(일본 경도: 불교대학, 1957).
권기종, 「원효의 정토사상 연구」, 『불교연구』 제11·12집(서울: 한국불교연구원, 1995. 11), 401~424면.
_____ , 「원효 전기연구에 나타난 문제점에 대하여」, 『원효학연구』 1(서울: 원효학회, 1996).
권오민, 「원효교학과 아비달마-화쟁론을 중심으로」, 『동아시아불교문화』 21(부산: 동아시아불교문화학회, 2015).
권윤혁, 「화쟁논리의 부흥과 신민족통일이론의 정립」 1, 『불교사상』 1(서울: 불교사상사, 1983. 12), 273~279면.

_____ ,「화쟁논리의 부흥과 신민족통일이론의 정립」 2,『불교사상』 2(서울: 불교사상사, 1984. 1).
_____ ,「화쟁논리의 부흥과 신민족통일이론의 정립」 3,『불교사상』 3(서울: 불교사상사, 1984. 2).
_____ ,「화쟁논리의 부흥과 신민족통일이론의 정립」 4,『불교사상』 4(서울: 불교사상사, 1984. 3), 177~188면.
_____ ,「화쟁논리의 부흥과 신민족통일이론의 정립」 5,『불교사상』 5(서울: 불교사상사, 1984. 4).
_____ ,「화쟁논리의 부흥과 신민족통일이론의 정립」,『원효학연구』 3(서울: 원효학회, 1998), 221~245면.
권탄준,「원효의 화엄사상에 나타난 일체법 곧 일법의 이치」,『원효학연구』 3(서울: 원효학회, 1998), 71~87면.
금진홍악,「원효대덕의 사적 및 화엄교의:『화엄경소』의 발견」, 양은용 편,『신라원효연구』(이리: 원광대학교출판국, 1979), 195~207면.
_____ ,「원효대덕의 사적 및 화엄교의:『화경경소』의 발견」,『종교계』 11,(동경: 종교계사, 1915. 11), 20~32면.
기덕철(우담),「번뇌장과 소지장에 대한 소고: 원효의『이장의』를 중심으로」,『석림』 21(서울: 석림회, 1987. 12).
길전정웅,「행기에 있어서의 삼계교 및 원효와의 관계 고찰」,『역사연구』 19(대판: 대판교육대학연구실, 1981. 6).
길진의영,「일본의 화엄사상과 원효대사」, 김지견 편,『원효대사의 철학세계』(서울: 민족사, 국토통일원, 1987), 735~762면.
_____ ,「일본의 화엄사상과 원효대사」,『원효연구논총』(서울: 국토통일원, 1987), 897~930면.
_____ ,「신라 원효찬『이장의』」, 횡초혜일·촌송법문 편저,『불교학 세미나』 34(일본 경도: 대곡대학, 1981. 10).
_____ ,「원효『대승기신론별기』의 위치 여부」,『원효학연구』 제11집(경주: 원효학연구원, 2005), 5~51면.
김강모,「신라원효의 문학관」, 김지견; 채인환 공편,『신라불교연구』(동경: 산희방불서림, 1973), 111~136면.

김강모, 「원효의 문학관」, 『현대문학』 19, 10(226)(서울: 현대문학사, 1973. 10), 234~252면.

김강모(운학), 「원효의 화쟁사상: 한국불교의 和사상 연구」, 『불교학보』 15(서울: 동국대학교 불교문화연구소, 1978), 173~182면.

김건표, 「신라 원효의 일생」, 『조선』 151(서울: 조선총독부 총무국 문서과, 1930. 5), 66~73면.

김경집, 「원효의 정토사상에 나타난 왕생의 원리」, 『한국불교학』 제23집(서울: 한국불교학회, 1997), 157~182면.

_____, 「원효의 정토관 연구」, 『보조사상』 제11집(서울: 보조사상연구원, 1998), 367~393면.

김경호, 「율곡 이이의 불교적 사유방식」, 『한국불교사연구』 제6호(한국불교사연구소, 2014년 가을·겨울), 281~329면.

김광주(지운), 「『대승기신론』 주석서의 관점 비교 연구: 원효 『소·별기』와 법장 『의기』 중심」, 『석림』 23(서울: 석림회, 1989), 229~267면.

김광지, 「원효의 철학사상」, 문리대학보 33(서울: 중앙대학교 문리과대학학생회, 1975. 2), 315~324면.

김규영, 「시공해탈심론: 원효의 『대승기신론소』에서」, 김지견 편, 『동과 서의 사유세계: 장봉김지견박사화갑기념사우록』(서울: 민족사, 1991), 341~354면.

김도공, 「원효 일심사상의 체계화 과정 고찰」, 『원불교학』 제4집(서울: 원불교학회, 1999).

_____, 「원효, 그 깨달음의 사상체계」, 『원효사상의 현대적 조명』 1, 원효사상전집 2(서울: 불교춘추사, 2000), 162~193면.

_____, 「원효의 지관수행론: 『대승기신론소』를 중심으로」, 『종교교육학연구』 제14집(서울: 한국종교교육학연구학회, 2002).

_____, 「원효의 화쟁사상 형성에 영향을 미친 장자 제물론의 영향」, 『보조사상』 제24집(서울: 보조사상연구원, 2005).

김동화, 「원효대사」, 『한국역대고승전』(서울: 삼성문화재단, 1973), 112~119면.

김두진, 「원효의 유심론적 원융사상」, 『한국학논총』 제22집(서울: 국민대학교 한국학연구소, 1999).

김복순, 「원효와 의상의 행적 비교 연구」, 『원효학연구』 제8집(경주: 원효학연구원,

2003), 67~87면.

김복인, Wonhyo's One Mind and Theos and Soteria, 『한국사상사: 석산한종만박사 화갑기념논문집』(서울: 원광대학교출판국, 1991), 371~394면.

김사업, 「원측과 원효의 심의식사상에 대한 소고」, 『석림』 12(서울: 석림회, 1987. 12), 145~158면.

김사엽, 「원효대사와 원왕생가」, 양은용 편, 『신라원효연구』(이리: 원광대학교출판국, 1979), 479~525면.

____, 「원효대사와 원왕생가」, 『조선학보』 27(일본 천리: 천리대학 조선학회, 1963. 4), 17~61면.

김상봉, 「해동불교와 물질문명」, 『원효사상의 현대적 조명』 1, 원효사상전집 2(서울: 불교춘추사, 2000), 408~419면.

김상일, Wonhyo's transformation of total interpenetration, 『인도철학』 2(서울: 인도철학회, 1992. 9), 221~242면.

김상현, 「신라 법상종의 성립과 순경」, 『가산학보』 2(서울: 가산불교문화연구원, 1993. 3), 73~101면.

____, 「성·속을 넘나드는 원효」, 『불교사상』 34(서울: 불교사상사, 1986. 9), 37~46면.

____, 「원효의 미타증성게」, 『경주사학』 6(경주: 동국대학교 경주대학 사학과, 1987. 12), 43~55면.

____, 「원효 행적에 관한 몇 가지 신자료의 검토」, 『경산문학』 8(경산: 한국문인협회 경산지부, 1992. 11), 107~126면.

____, 「원효 행적에 관한 몇 가지 신자료의 검토」, 『신라문화』 5(경주: 동국대학교 신라문화연구소, 1988. 12), 83~101면.

____, 「원효 저술의 일본 유통과 그 의의」, 『한국사상사학』 7(서울: 한국사상사학회; 서문문화사, 1995. 12), 291~305면.

____, 「고려시대의 원효 인식」, 『정신문화연구』 제17권 1호(통권 54호), 한국정신문화연구원, 1994.

____, 「원효 화쟁사상의 연구사적 검토」, 『불교연구』 11·12합(서울: 한국불교연구원, 1995. 11), 333~361면.

____, 「원효사 일서 집편: 해제 및 자료」, 『신라문화』 10·11합(경주: 동국대학교

신라문화연구소, 1994. 12), 209~232면.

_____, 「집일『금광명경소』:『금광명최승왕경현추』 소인 원효소의 집편」,『동양학』 24(서울: 단국대학교 동양학연구소, 1994. 10), 259~284면.

_____, 「집일『승만경소』:『승만경소상현기』 소인 원효소의 집편」,『불교학보』 30(서울: 동국대학교 불교문화연구원, 1993. 12), 38~42면.

_____, 「원효진영에 관하여」,『신라문화제학술발표회논문집 14: 신라불교의 재조명』(경주: 신라문화선양회·경주시, 1993), 289~295면.

_____, 「원효의 제명호고」,『소헌남도영박사화갑기념 역사학논총』(서울: 민족문화사, 1993), 61~82면.

_____, 「원효의 불신론」,『한국사상사학』 제11집, 한국사상사학회, 1999.

_____, 「원효 화쟁 사상의 연구사적 검토」,『불교연구』 제11·12집(서울: 한국불교연구원, 1995. 11), 333~362면.

_____, 「원효진나후신설의 검토」,『원효사상』 창간호, 원효연구원(서울: 신우당, 1998), 99~122면.

_____, 「원효의 실천행」,『원효학연구』 제5집(경주: 원효학연구원, 2000), 9~38면.

_____, 「7세기 후반 신라불교의 정법치국론」,『신라문화』 제30집(경주: 동국대학교 신라문화연구소, 2007), 91~115면.

_____, 「서당화상비의 검토」,『원효연구』(서울: 민족사, 2000).

_____, 「7세기 후반 신라불교의 정법치국론－원효와 경흥의 국왕론을 중심으로」, 『신라문화』 제30집(경주: 동국대학교 신라문화연구소, 2007).

김선근, 「원효의 화쟁논리 소고」,『논문집』(인사) 2(경주: 동국대학교 경주캠퍼스, 1983. 12), 15~28면.

金星喆, 「元曉의『判比量論』」,『불교원전연구』 2(서울: 동국대학교 불교문화연구소, 2001).

_____, 「원효 저『판비량론』의 대승불설 논증: 勝軍의 대승불설 논증에 대한 玄奘의 비판과 元曉의 改作」,『불교학연구』(서울: 불교학연구회, 2003).

_____, 「元曉 著『判比量論』제 10절의 의미분석」,『불교학보』 제39집(서울: 동국대학교 불교문화연구원, 2005).

_____, 「원효의 논리사상」,『보조사상』 제26집, 보조사상연구원, 2006.8.

_____, 「오치아이 소장『판비량론』 필사본의 교정과 분석」,『불교학보』 제74집,

동국대학교 불교문화연구원, 2016. 3.

金成哲, 「원효의 제7말나식관 : 원효 초기 저술에 나타난 제7말나식의 인식대상 논증을 중심으로」, 『불교학연구』 제48집(서울: 불교학연구회, 2015).

김승찬, 「원효의 문학세계」, 『문리대논문집』(인사) 18(부산: 부산대학교 문리과대학, 1979), 21~35면.

김승호, 「원효의 전승담에서 도반의 의미」, 『원효, 그의 위대한 생애』, 원효사상전집 1(서울: 불교춘추사, 1999), 723~756면.

김양용, 「원효의 여래장설 연구」, 『대학원논문집』 11(이리: 원광대학교 대학원, 1993. 2), 63~76면.

김영길, 「원효의 『법화종요』로 본 일승 통일」, 『원효학연구』 3(서울: 원효학회, 1998).

김영미, 「원효의 아미타신앙과 정토관」, 『가산학보』 2(서울: 가산불교문화연구원, 1993. 3), 9~37면.

____, 「원효의 여래장사상과 중생관」, 『선사와고대』 3(서울: 한국고대학회, 1992. 6), 167~188면.

____, 「원효의 대중교화행」, 『불교문화연구』 제9집(경주: 불교사회문화연구원, 2008, 313~341면.

김영수, 「원효」, 『조선명인전』 상(서울: 조선일보사, 1939), 44~51면.

김영일, 「원효 화쟁의 판정과 방법」, 『문학 사학 철학』 제15호(서울: 대발해동양학한국학연구원 한국불교사연구소, 2008 겨울).

____, 「원효 화쟁의 유형과 구조」, 『문학 사학 철학』 제14호(서울: 대발해동양학한국학연구원 한국불교사연구소, 2008 가을).

____, 「理念葛藤의 해소에 관한 一考察-元曉의 和諍論法을 중심으로-」, 『불교학보』 제51집(서울: 동국대학교 불교문화연구원, 2009).

____, 「원효의 空有和諍論」, 『한국불교학』 제64집, 한국불교학회, 2012.

____, 「원효의 불신화쟁론-보신불의 상주성과 무상성」, 『대각사상』 제23집, 대각사상연구원, 2015. 6.

김영종, 「원효의 화쟁사상에 의한 노사분쟁의 조정」, 『원효학연구』 제7집(경주: 원효학연구원, 2003), 228~260면.

김영주, 「諸書에 現한 원효 『화엄소』 교의」, 『조선불교총보』 12(서울: 삼십본산연합사무소, 1918. 11), 9~14면.
_____ ,「諸書에 現한 원효『화엄소』교의」(속),『조선불교총보』13(서울: 삼십본산 연합사무소, 1918. 12), 26~30면.
김영태,「신라불교 대중화의 역사와 그 사상 연구」,『불교학보』6(서울: 동국대학교 불교문화연구소, 1969), 145~191면.
_____ ,「신라의 지성인 원효」,『불교사상사론』(서울: 민족사, 1992), 206~217면.
_____ ,「원효의 불성관」,『불교문화연구소년보』5(일본 경도: 불교대학, 1988. 3), 24~52면.
_____ ,「원효대사와 지성」,『문화비평』3, 2(10)(서울: 아한학회, 1971. 7), 305~315면.
_____ ,「원효의 불성론」,『불교사상사론』(서울: 민족사, 1992), 218~244면.
_____ ,「원효의 불성론고」,『효성조명기박사추모 불교사학논문집』(서울: 동국대학교출판부, 1988), 261~288면.
_____ ,「원효의 소명 서당에 대하여」,『불교사상사론』(서울: 민족사, 1992), 158~183면.
_____ ,「원효의 소명 서당에 대하여」,『원효, 그의 위대한 생애』, 원효사상전집 1(서울: 불교춘추사, 1999), 148~184면.
_____ ,「원효의 신라말 이름 '새부'에 대하여:『기신론별기』찬자명을 중심으로」, 불교사상사론(서울: 민족사, 1992), 184~205면.
_____ ,「원효의 신라말 이름 '새부'에 대하여」,『원효, 그의 위대한 생애』, 원효사상전집 1(서울: 불교춘추사, 1999), 198~216면.
_____ ,「전기와 설화를 통한 원효 연구」,『불교학보』17(서울: 동국대학교 불교문화연구소, 1980), 33~76면.
_____ ,「원효는 감분불이를 깨쳤다」,『원효, 그의 위대한 생애』, 원효사상전집 1(서울: 불교춘추사, 1999), 428~439면.
_____ ,「현전 설화를 통해 본 원효대사」,『불교사상사론』(서울: 민족사, 1992), 184~205면.
_____ ,「현전 설화를 통해 본 원효대사」,『원효연구논총』(서울: 국토통일원, 1987), 9~36면.
_____ ,「분황사와 원효의 관계사적 고찰」,『원효학연구』1(서울: 원효학회, 1996), 11~54면.

_____, 「『본업경소』를 통해 본 원효의 信觀」, 『원효학연구』 2(서울: 원효학회, 1997), 135~156면.

_____, 「화회의 도리로 본 원효의 사상」, 『원효의 사상체계와 원효전서 영역상의 제문제』, 국제원효학회, 1997.

_____, 「원효의 중심사상: 현존 찬서의 대의를 통하여」, 『경산지역삼성현유적조사연구』(경산: 경산대학교 국학연구원, 1997)

_____, 「원효의 『열반경종요』에 나타난 화회의 세계」, 『원효학연구』 3(서울: 원효학회, 1998), 89~128면.

_____, 「원효의 본업경소 연구」, 『원효학연구』 4(서울: 원효학회, 1999), 11~92면.

김영필, 「원효의 자아론에 대한 서양철학적 이해」, 『원효학연구』 제11집(경주: 원효학연구원, 2006), 177~211면.

김영호, 「『법화경』의 일승원리와 종교 다원주의: 원효의 『법화경종요』를 중심으로」, 『(진산한기두박사화갑기념) 한국종교사상의 재조명』 상(이리: 원광대학교출판국, 1993. 8), 43~59면.

김용구, 「원효의 언설사상」, 김지견 편, 『원효대사의 철학세계』(서울: 민족사, 1989), 581~605면.

_____, 「원효의 언설사상」, 『원효연구논총』(서울: 국토통일원, 1987), 37~67면.

_____, 「원효의 언설사상 1」, 『불교사상』 2(서울: 불교사상사, 1984. 1), 315~322면.

_____, 「원효의 언설사상 2」, 『불교사상』 3(서울: 불교사상사, 1984. 1), 271~280면.

김용표, Wonhyo's Hermeneutics of scriptural Plurality in the Taehyedogyongjongyo, 『원효사상의 현대적 조명』 1, 원효사상전집 2(서울: 불교춘추사, 2000), 373~382면.

김우헌, 「원효대사의 천성산 전기와 설화」, 『경남향토사논총』 2(김해: 경남 향토사연구협회, 1992. 12), 153~162.

김운학, 「원효의 화쟁사상」, 『불교사상』 15(서울: 불교사상사, 1985. 2), 173~182면.

김원명, 「元曉의 涅槃論 小考: 元曉의 『涅槃宗要』에서 열반의 이름과 의미를 중심으로」, 『인문학연구』 9(서울: 한국외국어대 인문학연구소, 2005).

_____, 「원효 『열반경종요涅槃經宗要』에 나타난 일심一心」, 『현대유럽철학연구』 32(서울: 현대유럽철학연구회, 2012).

_____, 「부처의 무기無記와 원효의 존재 이해」, 『철학과 문화』 17(서울: 철학과문화학회, 2008).

_____, 「원효의 비불교적 배경 시론試論」, 『철학논총』 58(서울: 한국외대 철학과, 2009).

_____, 「원효철학에서 일심一心과 화쟁和諍의 관계」, 『철학과 문화』 16(서울: 철학과문화학회, 2008).

_____, 「원효 일심의 정의와 의미」, 『한국불교사연구』 2(서울: 한국불교사학회 한국불교사연구소, 2013).

_____, 「원효의 화쟁 글쓰기」, 『철학논총』 52(서울: 한국외대 철학과, 2008).

_____, 「현대 문명 위기 극복을 위한 원효와 하이데거의 존재이해」, 『현대유럽철학연구』 15(서울: 현대유럽철학연구회, 2007).

_____, 「元曉 『涅槃宗要』 大義文·因緣文 譯註」, 『인문학연구』 10(서울: 한국외국어대 인문학연구소, 2005).

_____, 「고향과 말: 만해와 원효를 중심으로」, 『현대유럽철학연구』 24(서울: 현대유럽철학연구회, 2010).

_____, 「원효와 정조의 철학적 비교」, 『새한철학회 학술대회 발표논문집』 4(부산: 한국새한철학회, 2005).

_____, 「원효 『기신론해동소』에 나타난 원음(圓音)의 현대적 이해에 관한 연구」, 『불교학연구』 19(서울: 불교학연구회, 2008).

_____, 「화쟁의 속틀과 열반의 겉틀, 그리고 '우리'말 이해」, 『현대유럽철학연구』 18(서울: 현대유럽철학연구회, 2008).

김원영, 「원효의 참회사상: 『대승육정참회』문을 중심으로」, 『한국불교학』 16(서울: 한국불교학회, 1991. 12), 335~365면.

_____, 「금강삼매경론에서 이입설과 일승」, 『원효학연구』 3(서울: 원효학회, 1998), 129~161면.

김인덕, 「『대해도경종요』에 보이는 포용 통일의 정신 및 논리」, 『원효학연구』 3(서울: 원효학회, 1998), 27~55면.

김인환, 「원효의 문장론」, 『한국사상』 16(서울: 한국사상연구회, 1978), 173~183면.

김정휴, 「원효의 무애와 진여의 세계: 詩와 佛의 길을 가면서 1」, 『현대시학』 11,

3(120)(서울: 현대시학사, 1979. 3), 122~132면.

김종명, 「원효와 지눌의 수증론 비교」, 『구산논집』 제3집(서울: 구산장학회, 1999), 251~202면.

김종선, 「원효의 무애사상 2」, 『동의』(인) 15(부산: 동의대학교, 1988), 313~340면.

김종우, 「민족적 세계관의 탐구: 원효의 화쟁사상을 중심으로」, 『논문집』 10(부산: 부산대학교, 1969. 12), 25~40면.

김종욱, 「元曉의 大乘사상과 존재론적 혁명(김형효)에 대한 논평」, 『원효학연구』 12(경주: 원효학연구원, 2007).

_____, 「본체와 현상의 공속」, 『불교학보』 62(서울: 동국대학교 불교문화연구원, 2012).

_____, 「현대 철학의 경향과 원효의 불교 사상」, 『불교학보』 63(서울: 동국대학교 불교문화연구원, 2012).

_____, 「원효 사상의 존재론적 해명: 하이데거의 존재 사건과 원효의 진여 일심을 중심으로」, 『철학사상』 48(서울: 서울대학교 철학사상연구소, 2013).

_____, 「표상인식과 생멸심: 하이데거와 원효의 비교를 중심으로」, 『불교연구』 39(서울: 한국불교연구원, 2013).

김준형, 「원효의 교육철학」, 김지견 편, 『동과 서의 사유세계』(서울: 민족사, 1991), 497~506면.

_____, 「원효의 교판사상」, 김지견 편, 『동과 서의 사유세계』(서울: 민족사, 1991), 211~249면.

_____, 「원효의 교판 회통」(상), 『월간법회』 23(서울: 한국청년승가회, 1986. 10), 77~81면.

_____, 「원효의 교판 회통」(하), 『월간법회』 24(서울: 한국청년승가회, 1986. 11), 51~55면.

김지견, 「동아시아 불교에 있어서 원효의 위상」, 『제6회 국제학술회의논문집: 한국학의 세계화 1』(성남: 한국정신문화연구원, 1991), 133~152면.

_____, 「소앙선생 찬 「신라국원효대사전병서」고」, 『삼균주의연구논집』 10(서울: 삼균학회, 1988. 11), 251~255면.

_____, 「신라 화엄학의 계보와 사상」, 『학술원논문집』(인) 12(서울: 대한민국학술

원, 1973. 11), 31~65면.

_____ ,「원효의『판비량론』」,『아시아공론』 9, 3(89)(서울: 아시아공론사, 1980. 3), 107~109면.

_____ ,「조소앙 찬 신라국원효대사전 병서」,『여산유병덕박사화갑기념 한국철학종교사상사』(이리: 원광대학교 종교문제연구소, 1990), 877~887면.

_____ ,「해동사문 원효상 소묘」, 김지견 편,『원효대사의 철학세계』(서울: 민족사, 1989), 61~81면.

_____ ,「해동사문 원효상 소묘」,『원효연구논총』(서울: 국토통일원, 1987), 113~136면.

_____ ,「해동 사문 원효상 소묘」,『원효, 그의 위대한 생애』, 원효사상전집 1(서울: 불교춘추사, 1999), 269~295면.

김진환,「신라시대의 정토사상: 원효대사 중심」,『운경천옥환박사화갑기념논문집』(서울: 삼화출판사, 1979), 289~311면.

김징자,「대자연인 원효대사」,『원효, 그의 위대한 생애』, 원효사상전집 1(서울: 불교춘추사, 1999), 486~497면.

김창석,「원효의 교판관」,『대학원불교학연구회연보』 13(동경: 일본인도학불교학회, 1980. 3), 318~320면.

_____ ,「원효의 교판자료에 나타난 길장과의 관계에 대하여」,『인도학불교학연구』 28, 2(56)(일본 동경: 인도학불교학회, 1980. 3), 318~320면.

_____ ,「원효의『법화종요』에 대하여」, 양은용 편,『신라원효연구』(이리: 원광대학교출판국, 1979), 361면~362면.

_____ ,「원효의『법화종요』에 대하여」,『인도학불교학연구』 27, 2(54)(일본 동경: 인도학불교학회, 1979. 3), 126~127면.

_____ ,「한국 고대 천태에 대하여」,『구택대학불교학연구회 연보』 12(일본 동경: 구택대학, 1977).

김천학,「종밀의『대승기신론소』와 원효」,『불교학보』 제69집, 동국대학교 불교문화연구원, 2014.

김천학,「종밀에 미친 원효의 사상적 영향『대승기신론소』를 중심으로」,『불교학보』 제70집, 동국대학교 불교문화연구원, 2015.

김철순,「원효의 춤과 감은사 삼층석탑 사리기의 무용상: 신라 미술공예에 남아 있는 한국 춤의 자취를 찾아서~ 한국의 춤」 13, 『춤』 4, 1(35)(서울: 창조사, 1979. 1), 52~65면.

김치온, 「동아시아 불교에서의 인명학과 원효」, 『원효학연구』 제13집(경주: 원효학연구원, 2008), 83~111면.

김태준, 「『원효전』의 전승에 대하여」, 한국문학연구소 편, 『한국불교문학연구』 하(서울: 동국대학교출판부, 1988), 67~88면.

김하우, 「삼론과 화엄계(원효·법장계)의 轉悟방식」, 『철학연구』 7(서울: 고려대학교 철학회, 1982), 5~31면.

____, 「공관에 기한 원효의 화쟁사상 접근」, 한국전통불교연구원, 『제 2회 국제불교학술회의 발표요지』(서울: 한국전통불교연구원, 1979. 11. 9).

김항배, 「『금강삼매경론』을 통해 본 여래장 연구」, 『인천교대 논총』 1(인천: 인천교육대학, 1970), 17~48면.

____, 「원효의 일심사상과 그 논리적 구조」, 『아시아공론』 9, 3(89)(서울: 아시아공론사, 1980. 3), 109~110면.

____, 「원효의 '일심사상'의 본질과 그 논리적 구조」, 김지견 편, 『원효대사의 철학세계』(서울: 민족사, 1989), 555~580면.

____, 「원효의 일심사상의 본질과 그 논리적 구조」, 『원효연구논총』(서울: 국토통일원, 1987), 137~165면.

____, 「원효 일심사상의 본질과 그 논리적 구조」, 『논문집』 15(서울: 동국대학교, 1976. 12), 15~28면.

김현남, 「원효 화쟁사상의 현대적 의의 – 한국종교의 사회적 역할」, 『한국종교』 16(이리: 원광대학교 종교문제연구소, 1991. 12), 327~333면.

김현준, 「원효의 참회사상: 『대승육정참회』를 중심으로」, 『불교연구』 2(서울: 한국불교연구원, 1986), 53~73면.

____, 「원효의 참회사상: 『대승육정참회』를 중심으로」, 『다보』 6(서울: 대한불교진흥원, 1993. 6), 211~224면.

김형효, 「원효사상의 현재적 의미와 한국사상사에서의 위치: 『대승기신론소』 『별기』 및 『금강삼매경론』」, 김지견 편, 『원효대사의 철학세계』(서울: 민족사, 1989), 641~665면.

____, 「원효사상의 현재적 의미와 한국사상사에서의 위치: 『대승기신론소』 『별기』

및 『금강삼매경론』」, 양은용 편, 『원효연구논총』(서울: 민족사, 1989), 641~665면.
_____, 「텍스트이론과 원효사상의 논리적 독법」, 한국사상가대계간행위 편, 『원효의 사상과 그 현대적 의미』(성남: 한국정신문화연구원, 1994), 3~122면.
_____, 「원효의 사유방식의 현대적 의미」, 『한국문화와 역사인물 탐구: 원효·설총·일연』(성남: 한국정신문화연구원, 2001), 3~45면.
_____, 「원효의 대승사상과 존재론적 혁명」, 『원효학연구』 제12집(경주: 원효학연구원, 2007), 153~181면.
김호성, 「『보살계본지범요기』의 성격론에 대한 재검토」, 『원효학연구』 제9집(경주: 원효학연구원, 2004), 63~113면.
김 훈, 「중국불교사에 있어서 원효의 위상」, 『원효학연구』 제10집(경주: 원효학연구원, 2005), 81~107면.
_____, 「원효의 정토사상」, 『원효사상』 창간호, 원효연구원(서울: 신우당, 1998), 123~143면.
낙합준전, 「『유심안락도』의 저자」, 『연구기요』 25(일본 경도: 화정단기대학, 1980. 12).
_____, 「『유심안락도』 일본 찬술설을 둘러싸고」, 『불교논총』 24(일본 경도: 정토종교학원, 1980. 11).
_____, 「『유심안락도』 제본고」, 『연구기요』 33(일본 경도: 화정단기대학, 1988. 12), 20~41면.
남동신, 「원효의 교판론과 그 불교사적 위치」, 『한국사론』 20(서울: 서울대학교, 1988. 11), 3~56면.
_____, Wonhyo's ilsim philosophy and mass proselytization movement, 『Seoul Journal of Korean studies』 8(서울: 서울대학교 한국문화연구소, 1995. 12), 143~162면.
_____, 「원효와 신라중대왕실의 관계」, 『원효사상』 창간호, 원효연구원(서울: 신우당, 1998), 143~188면.
_____, 「元曉와 芬皇寺 關係의 史的 推移」, 『신라문화제학술발표논문집』 20(경주: 신라문화선양회, 1999).
_____, 「元曉의 戒律思想」, 『한국사상사학』 17(서울: 한국사상사학회, 2001).
_____, 「원효의 기신론관과 일심사상」, 『한국사상사학』 22(서울: 한국사상사학회,

2004).

_____, 「동아시아불교와 원효의 화쟁사상」, 『원효학연구』 제10집(경주: 원효학연구원, 2005), 53~79면.

노권용, 「『대승기신론』의 일심사상 연구」, 『원광보건전문대학 연구지』 2, 1(이리: 원광보건전문대학, 1980. 2), 11~29면.

_____, 「원효의 『기신론』 사상이 일본불교에 미친 영향」, 『한국종교』(이리: 원광대학교 종교문제연구소, 1988. 9), 125~136면.

도 웅, 「원효의 대승 구현: 『대승기신론』의 일심을 중심으로」, 『승가학인』 2(합천: 전국승가대학학인연합, 1995), 58~63면.

동국대학교 불교학자료실, 「원효관계연구논저총합색인」, 『다보』 6(서울: 대한불교진흥원, 1993. 6), 27~50면.

Durt, Hubert, 「원효와 『열반종요』」, 『불교연구』 11·12합(서울: 한국불교연구원, 1995. 11), 225~226면.

등 능성, 「원효의 일심사상과 그 불교사상사적 위치」, 『동양철학』 1(서울: 성균관대학교, 1990. 10), 233~272면.

_____, 「원효에 있어서 신성취의 현대적 의미」, 『현대의 윤리적 상황과 철학적 대응: 제5회 한국철학자연합대회』(이리: 대회집행위원회, 1992), 303~316면.

_____, 「원효에 있어서의 정토왕생의 의미」, 『현대와 종교』 14(대구: 현대종교문화연구소, 1991. 10), 199~221면.

_____, 「원효에 있어서의 하배왕생에 관한 문제: 『양권무량수경종요』를 중심으로」, 『석당논총』 16(부산: 동아대학교 석당전통문화연구원, 1990. 12), 21~43면.

_____, 「원효와 新鸞의 信觀 비교」, 『현대 한국에서의 철학의 제문제』(서울: 천지, 1991), 493~504면.

Robert E. Buswell Jr., Did Wonhyo write two versions of his Kumgang Sammaegyong-Ron?, 『한국학의 과제와 전망』 2(성남: 한국정신문화연구원, 1988), 585~601면.

_____, The Biographies of the korean Monk Wonhyo(617~686): A study in Buddhist Hagiography, ed. by John James and Peter Lee, 『Biography as a Genre in Korean Literature』(Berkeley: Center for Korean studies, 1988).

_____, The Chronology of Wonhyo's Life and Works: Some Preliminary

Considerations, 『원효연구논총』(서울: 국토통일원, 1987), 931~964면.

_____, Wonhyo as Cultural and Religious Archetype: A Study in Korean Buddhist Hagiography, 「문화적 종교적 원형으로서의 원효: 한국불교 고승전에 대한 연구」, 『불교연구』제11・12집(서울: 한국불교연구원, 1995. 11), 13~172면.

_____, On Translating Wonhyo, Intrenational Symposium on Wonhyo Studies, 1997. International Association for Wonhyo Studies.

_____, 「The Chronology of Wonhyo's Life and Works: Some Preliminary Considerations」, 김지견 편, 『원효대사의 철학세계』(서울: 민족사, 1989), 819~839면.

류승주, 「원효의 삼종반야관 연구」, 『한국불교학』제23집,(1997), 231~256면.

_____ , 「大谷大學 所藏本 元曉의『二障義』에 대한 文獻的 硏究」, 『회당학보』제7호, 회당학회, 2005.

_____ , 「마음을 통해 본 한국철학; 원효의 마음의 철학-마음의 생성과 소멸」, 『한국철학논집』27(서울: 한국철학회, 2009).

_____ , 「일심, 여래장, 아리야의에 대한 원효의 해석」, 『불교학보』39(서울: 동국대학교 불교문화연구원 2002).

Ryu, Jei-Dong, 「Baqa and One Mind; 이슬람과 한국불교의 대화가능성에 대한 모색-원효의 대승기신론 주석을 중심으로」, 『한국불교학』제55집(서울: 한국불교학회, 2009), 301~323면.

리영자, 「『법화종요』에 나타난 원효의 법화경관」, 『한국천태사상연구』(서울: 동국대학교출판부, 1983), 41~100면.

_____ , 「원효의 지관」, 관구진대 편, 『불교의 실천원리』(일본 동경: 산희방불서림, 1977), 429~446면.

_____ , 「원효의『법화경』이해」, 『한국학의 과제와 전망』2(성남: 한국정신문화연구원, 1988), 518~540면.

_____ , 「원효의 지관」, 리영자, 『한국천태사상의 전개』(서울: 민족사, 1988), 73~89면.

_____ , 「원효의 천태회통사상 연구」, 리영자, 『한국천태사상의 전개』(서울: 민족사, 1988), 42~72면.

_____ , 「원효의 회통사상 연구」, 『논문집』(인사) 20(서울: 동국대학교, 1981), 19~44면.

Lee, (Le) maitro, Won-Hyo de Sil-la du VII siecle(서울: 카톨릭출판사, 1986).

말차명신, 「신라시대의 정토교에 대하여」, 『정토교』 1(일본 동경: 대정대학 정토학연구회, 1930).

망월신형, 「의상·원효·의적 등의 정토론과 십념설」, 『중국정토교리사』(일본 경도: 법장관, 1975), 210~226면.

_____ , 「의상·원효회의 성립」, 『미술연구』 15, 4(149)(일본 동경: 미술연구회, 1948. 8), 30~41면.

명계환, 「원효, 역동하는 절망과 희망: 고영섭의 『원효탐색』」, 『문학 사학 철학』 제43·44호(대발해동양학연구원 한국불교사연구소, 2016년 봄), 252~275면.

매진차랑, 「의상·원효회의 성립」, 양은용 편, 『신라원효연구』(이리: 원광대학교출판국, 1979), 103~117면.

목본청사, 「원효의 『열반경』 해석에 대하여」, 『인도학불교학연구』 38, 2(76)(일본 동경: 인도학불교학연구회, 1990. 3), 187~189면.

목 우, 「원효성사의 정토사상」, 『실천불교』 3(서울: 일월서각, 1985. 10), 91~132면.

목정배, 「원효의 윤리사상」, 한국사상가대계간행위 편, 『원효의 사상과 그 현대적 의미』(성남: 한국정신문화연구원, 1994), 255~308면.

목촌선창, 「『보살계본지범요기』에 대하여」, 『인도학불교학연구기요』 28, 2(56)(동경: 일본일도학불교학회, 1980), 305~309면.

목촌선창, 「원효의 교학과 유식설」, 『종교연구』 49, 3(226)(동경: 일본종교학회, 1976. 3).

_____ , 「원효의 『열반종요』: 특히 정영사 혜원과의 관련」, 『불교학세미나』 26(일본 경도: 대곡대학불교학회, 1977. 10), 47~60면.

_____ , 「원효대사와 열반사상」, 김지견 편, 『원효연구논총』(서울: 국토통일원, 1987), 813~837면.

_____ , 「원효대사의 열반사상-원효사상의 현대적 조명」, 장휘옥 역, 『민족불교』 2(서울: 청년사, 1992. 1), 233~253면.

목촌청효, 「『대승육정참회』의 기초적 연구」, 『한국불교학 세미나』 1(서울: 신라불교연구회, 1985), 25~42면.

_____ , 「『열반경종요』의 연구: 천제성불론의 성격에 대하여」, 『아시아공론』 9, 3(89)(서울: 아시아공론사, 1980. 3), 97~99면.

_____ , 「원효의 천제성불론」, 『고전소흠박사 고희기념논집: 불교의 역사적 전개에 보이는 제 형태』(일본 동경: 창문사, 1981), 323~336면.

_____ , 「초기중국 화엄교학과 원효대사: 일천제의 견해를 중심으로 하여」, 김지견 편, 『원효대사의 철학세계』(서울: 민족사, 1989), 703~734면.

_____ , 「초기중국 화엄교학과 원효대사: 일천제의 경우를 중심으로 하여」, 『원효 연구논총』(서울: 국토통일원, 1987), 775~811면.

_____ , 「동아시아 불교에서의 화엄학과 원효」, 『원효학연구』 제13집(경주: 원효학연구원, 2008), 117~149면.

무 공, 「『대승기신론』 중 심생멸 소고: 구상차제의 생기와 환멸과정」, 『승가』 10(서울: 중앙승가대학, 1993. 2), 290~296면.

무 관, 「원효대사의 발심수행고」, 김지견 편, 『원효대사의 철학세계』(서울: 민족사, 1989), 107~131면.

_____ , 「원효대사의 발심수행고」, 『원효연구논총』(서울: 국토통일원, 1987), 197~225면.

문경현, 「서당화상의 수도수학처고」, 『중악지』 2(대구: 영남문화동호회, 1992. 9), 11~42면.

_____ , 「원효의 수도처에 대하여」, 『신라문화제 학술발표회논문집』 11(경주: 신라문화선양회, 1990).

민영규, 「신라장소록장편: 불분권」, 『백성욱박사송수기념 불교학논문집』(서울: 동국대학교, 1959), 347~402면.

_____ , 「원효론」, 『사상계』 1,5(5)(서울: 사상계사, 1953. 8), 9~30면.

_____ , 「원효론」, 『원효, 그의 위대한 생애』, 원효사상전집 1(서울: 불교춘추사, 1999), 296~316면.

박쌍주, 「원효의 훈습설 연구」, 『교육학연구』 34,1(서울: 한국교육학회, 1996. 3), 23~45면.

박성배, 「교판론을 중심으로 본 원효와 의상」, 『신라 의상의 화엄사상: 제3회 국제불교학술회의』(서울: 대한전통불교연구원, 1980), 80~83면.

_____ , 「『대승기신론』 연구의 비교: 원효와 법장의 경우」, 『제1회 한국학 국제학술

회의 논문집』(성남: 한국정신문화연구원, 1980. 6), 579~597면.
____, 「원효사상 전개의 제문제: 박종홍박사의 경우」, 『태암김규영박사화갑기념논문집 동서철학의 제문제』(서울: 서강대학교 철학과 동문회, 1979), 60~96면.
____, 「원효의 화쟁논리로 생각해 본 남북통일문제: 원효사상의 현실적 전개를 위하여」, 『동과 서의 사유세계』(서울: 민족사, 1991), 365~394면.
____, On Wonhyo's Enlightenment」, 『인도학불교학연구』 22,1(43)(동경: 인도학불교학회, 1980), 470~467면.
____, 「원효의 논리」, 『원효의 사상체계와 원효전서 영역상의 제문제』, 국제원효학회, 1997.
____, 「원효사상이 풀어야 할 문제」, 『불교신문 창간 40주년 기념 국제학술회의: 원효로 돌아가자』(서울: 불교신문사, 2000).
____, T'i-Yung in Wonhyo's Thought, 『원효사상의 현대적 조명』 1, 원효사상전집 2(서울: 불교춘추사, 2000), 353~372면.
____, 「원효, 서양에 가다 그러나 아무도 그를 알아보는 사람이 없다」, 『원효학연구』 제12집(경주: 원효학연구원, 2007), 7~45면.
박재현, 「해석학적 문제를 중심으로 본 원효의 회통과 화쟁」, 『불교학연구』 제24호 (서울: 불교학연구회, 2009), 365~401면.
____, 「원효의 화쟁사상에 대한 재고: 화쟁의 소통적 맥락」, 『불교평론』 제8호(서울: 불교평론사, 2001).
박종홍, 「원효의 철학사상 1 - 한국철학사」, 『한국사상』 6(서울: 한국사상연구회, 1963. 8).
____, 「원효의 철학사상 2 - 한국철학사」, 『한국사상』 7(서울: 한국사상연구회, 1964. 4).
____, 「원효의 철학사상 - 한국철학사」, 한국사상연구회 편, 『한국사상사: 고대편』(서울: 태광문화사, 1975), 476~505면.
____, 「원효의 철학사상」, 『한국사상사: 불교사상편』(서울: 서문당, 1972), 85~127면.
박태원, 「『대승기신론』 사상을 평가하는 원효의 관점, 한국사상사: 석산한종만박사 화갑기념논문집(이리: 원광대학교출판국, 1991), 229~240면.
____, 「원효의 기신론관 이해를 둘러싼 문제점 소고: 『별기』 대의문 구절의

이해를 중심으로」, 『동양철학』 1(서울: 성균관대학교, 1990. 10), 273~315면.
_____, 「원효의 『대승기신론』 『별기』와 『소』」, 『가산이지관스님화갑기념논총 한국불교문화사상사 상』(서울: 가산문고, 1992), 387~408면.
_____, 「원효의 언어이해」, 『신라문화』 3・4합(경주: 동국대학교 신라문화연구소, 1987).
_____, 「『금강삼매경』・『금강삼매경론』과 원효사상(Ⅰ)」, 『원효학연구』 제5집(경주: 원효학연구원, 2000), 347~388면.
_____, 「『금강삼매경』・『금강삼매경론』과 원효사상(Ⅱ)」, 『원효학연구』 제6집(경주: 원효학연구원, 2001), 299~327면.
_____, 「화쟁사상을 둘러싼 쟁점 검토」, 『한국불교사연구』 제2호(한국불교사연구소, 2013. 2), 125~170면.
_____, 「『십문화쟁론』 공/유 화쟁의 해석학적 번역과 논지 분석」, 『불교학연구』 제34호, 불교학연구회, 2013. 3.
_____, 「『십문화쟁론』 불성 유/무 화쟁의 해석학적 번역과 논지 분석」, 『철학논총』 제72집, 새한철학회, 2013. 6.
박해당, 「원효의 장애이론」, 『태동고전연구』 8(춘천: 한림대학교 태동고전연구소, 1992. 2), 43~72면.
박호남, 「원효의 발심과 성현의 비고 고찰」, 김지견 편, 『원효대사의 철학세계』(서울: 민족사, 1989), 501~530면.
_____, 「원효의 발심과 성현의 비교고찰」, 『원효연구논총』(서울: 국토통일원, 1987), 227~261면.
박희선, 「원효, 그는 누구인가?」, 『원효사상의 현대적 조명』 1, 원효사상전집 2(서울: 불교춘추사, 2000), 70~83면.
방인, 「원효와 다산의 철학사상 비교」, 『한국불교사연구』 제6호(한국불교사연구소, 2014년 가을・겨울), 330~383면.
배경아, 「원효의 진리론 논증」, 『동아시아불교문화』 25(부산: 동아시아불교문화학회, 2016).
백목홍웅, 「『기신론』 주석서의 계보」, 『인도학불교학연구』 17,2(34)(일본 동경: 인도학불교학회, 1969. 3), 75~81면.
Buri. Fritz, Encounter with Wonhyo, 『불교와 제과학: 개교80주년기념논총』(서

울: 동국대학교, 1987), 589~599면.
Bernard Faure, Random thought: Wonhyo's "Life", 『불교연구』 제11·12집(서울: 한국불교연구원, 1995. 11), 173~224면.
복사자임, 「원효 저술에 있어서의 천태의 영향에 대하여」, 『인도학불교학연구』 39,1(77)(동경: 인도학불교학회, 1990. 12), 122~124면.
복사자임, 「동아시아에 보이는 원효 저술의 영향」, 『불교학연구』 창간호, 한국종교학회 불교분과, 2000. 3, 307~340면.
_____ , 「일본 불교에 나타난 원효의 영향」, 『원효사상의 현대적 조명』1, 원효사상전집 2(서울: 불교춘추사, 2000), 383~407면.
_____ , 「원효의 사상을 화쟁사상이라고 묶어두는 것에 대하여」, 『불교학』46(불교사상학회, 2004).
_____ , 「원효와 화쟁」, 『원효학연구』 제9집(경주: 원효학연구원, 2004), 5~61면.
본정신웅, 「신라 원효의 전기에 대하여」, 『대곡학보』 41,1(일본 경도: 대곡대학 대곡학회, 1961. 6), 35~52면.
_____ , 「신라 원효의 전기에 대하여」, 양은용 편, 『신라원효연구』(이리: 원광대학교출판국, 1979), 145~164면.
부귀원장신, 「원효, 『판비량론』의 연구」, 양은용 편, 『신라원효연구』(이리: 원광대학교출판국, 1979), 289~312면.
_____ , 「원효, 『판비량론』의 연구」, 『일본불교』 29(일본 동경: 일본불교연구회, 1969. 1), 20~43면.
사재동, 「원효론」, 『나손선생추모논총 한국문학작가론』(서울: 현대문학, 1991), 24~39면.
_____ , 「"원효불기"의 문학적 연구」, 『배달말』 15(진주: 배달말학회, 1990. 12), 173~212면.
사토 시게키, 「원효에 있어서 화쟁의 논리: 금강삼매경론을 중심으로 본 無二而不守一 사상 구조의 의의」, 『불교연구』 제11·12집(서울: 한국불교연구원, 1995. 11), 363~393면.
_____ , 「원효는 부처가 되는 장을 어떻게 전달하였는가」, 『원효학연구』 제5집(경주: 원효학연구원, 2000), 273~316면.
산전행웅, 「담란교학과 원효의 정토교사상: 특히 행론을 중심으로 하여」, 『불교문화연구소기요』 4(일본 경도: 용곡대학 불교문화연구소, 1965. 5), 126~130면.

_____, 「담란교학과 원효의 정토교사상: 특히 행론을 중심으로 하여」, 양은용 편, 『신라원효연구』(이리: 원광대학교출판국, 1979), 529~533면.

_____, 「『유심안락도』의 정토교사상: 원효 찬술의 의문에 접하여」, 『종학원논집』 37(일본 경도: 본원사 종학원, 1965. 11), 77~92면.

삼우, Taean and Wonhyo, Spring Wind 5,4(Toronto: 1986, 3), 91~104면.

삼품창영, 신라의 정토교: 『삼국유사』 소재 정토교 관계기사 주해, 총본박사송수기념 불교사학논집(일본 경도: 총본박사송수기념회, 1961), 727~745면.

서경보, 「원효, 『금강삼매경론』」, 독서신문사 편, 『한국고전에의 초대』(서울: 독서신문사, 1972), 284~291면.

서경수, 「원효대사론」, 『세대』 1,6(서울: 세대사, 1963. 11), 211~217면.

서보철, 「『법화종요』에 있어서의 원효의 화쟁사상」, 『구택대학불교학논집』 16(일본 동경: 구택대학, 1985. 10), 351~366면.

서보철, 「『법화종요』의 연구」, 『인도학불교학연구』 33, 2(66)(일본 동경: 인도학불교학회, 1985), 102~103면.

_____, 「『법화종요』의 역주」, 『학술논문집』 12(일본 동경: 조선장학회, 1982. 11), 25~39면.

서영애, 「원효의 『법화종요』의 연구」, 『대곡대학대학원연구기요』 12 (일본 동경: 1988), 51~73면.

_____, 「원효의 일심사상 연구」, 『원효학연구』 제6집(경주: 원효학연구원, 2001), 205~247면.

서윤길, 「원효시대의 신라불교사회」, 『원효학연구』 1(서울: 원효학회, 1996), 71~94면.

석교진계, 「원효의 화엄사상」, 『인도학불교학연구』 19,2(38)(일본 동경: 인도학불교학회, 1971. 3), 649~652면.

석길암, 「원효의 화쟁, 그 현대적 논의에 나타난 문제점」, 『2006 한국불교학결집대회 자료집, 3집 2권, 한국불교학결집대회 조직위원회, 2006.

_____, 「일심의 해석에 나타난 원효의 화엄적 관점 - 『기신론소』·『별기』를 중심으로 -」, 『불교학보』 49(서울: 동국대학교 불교문화연구원, 2008).

_____, 「원효 『이장의』의 사상사적 재고」, 『한국불교학』 28(서울: 한국불교학회,

2001).

_____, 「眞如·生滅 二門의 關係를 통해 본 元曉의 起信論觀」, 『불교학연구』 5(서울: 불교학연구회, 2002).

_____, 「법장 교학의 사상적 전개와 원효의 영향」, 『보조사상』 24(서울: 보조사상연구원, 2005).

_____, 「중국 선종사에 보이는 원효에 대한 認識의 변화―『金剛三昧經』 및 『金剛三昧經論』과 관련하여」, 『한국선학』 15(서울: 한국선학회, 2006).

_____, 「원효의 보법普法, 사상적 연원과 의미」, 『보조사상』 32(서울: 보조사상연구원, 2009).

_____, 「史實의 記述과 이미지의 記述: 「元曉不羈」조 읽기의 한 방법」, 『신라문화제학술발표논문집』 33(경주: 신라문화선양회, 2012).

_____, 「한국韓國 화엄사상華嚴思想의 성립과 전개에 보이는 몇 가지 경향성傾向性―지엄智儼과 원효元曉, 지엄智儼과 의상義湘의 대비를 통해서」, 『동아시아불교문화』 12(부산: 동아시아불교문화, 2013).

_____, 「원효의 화쟁을 둘러싼 현대의 논의에 대한 시론적 고찰」, 『불교연구』 28(서울: 한국불교연구원, 2008).

_____, 「吉藏의 三論敎學이 元曉에게 미친 영향」, 『불교학연구』 8(서울: 불교학연구회, 2004).

_____, 「『金剛三昧經』의 성립과 유통에 대한 재고」, 『보조사상』 31(서울: 보조사상연구원, 2009).

_____, 「불교의 동아시아적 전개양상으로서의 불전재현佛傳再現: 『三國遺事』 「元曉不羈」조를 중심으로」, 『불교학리뷰』 10(논산: 금강대학교 불교문화연구소, 2010).

_____, 「起信論과 起信論 註釋書의 阿梨耶識觀」, 『불교학연구』 45(서울: 불교학연구회, 2015).

석정공성, 「원효의 화쟁사상의 원류」, 『인도학불교학연구』 51-1, 인도학불교학연구회, 2002.

석 천, 「물에서 시작된 원효의 깨달음」, 『원효, 그의 위대한 생애: 원효사상전집 1』(서울: 불교춘추사, 1999), 388~396면.

성기산, 「한국불교의 인간관: 원효를 중심으로」, 『교육사교육철학』 4(서울: 한국교육학회교육사교육철학연, 1980. 9), 60~67면.

성 목,「불교문학적 측면에서 본 원효론」,『승가』7(서울: 중앙승가대학, 1990. 2), 235~246면.

성백인,「『계초심학인문』,『발심수행장』,『야운비구자경서문』해제」,『명지어문학』 10(서울: 명지대학 국어국문학과, 1972), 219~222면.

소 암,「『발심수행장』을 통해 본 원효의 수행관」,『원효, 그의 위대한 생애』, 원효사상 전집 1(서울: 불교춘추사, 1999), 375~387면.

소야현묘,「원효의『금강삼매경론』」,『신불교』11,6(동경: 신불교도동호회, 1910. 6), 604~605면.

_____ ,「원효의『금강삼매경론』」, 양은용 편,『신라원효연구』(이리: 원광대학교 출판국, 1979), 191~192면.

소전간치랑,「신라의 명승 원효의 비」, 양은용 편,『신라원효연구』(이리: 원광대학교 출판국, 1979), 21~31면.

_____ ,「신라의 명승 원효의 비」,『조선휘보』63(서울: 조선총독부, 1920. 4), 67~77면.

손영산,「『梵網經菩薩戒本私記卷上』元曉 진찬 여부 논쟁에 관한 재고」,『한국불교학』제56집(서울: 한국불교학회, 2010), 41~68면.

손자영,「분황 원효 전기의 서지학적 고찰」,『문학 사학 철학』제39호(대발해동양학 한국학연구원 한국불교사연구소, 2014년 겨울 제29호), 29~99면.

孫知慧,「韓國近代における元曉認識と日本の'通仏教論'」,『東アジア文化交渉研究』第5号(동아시아문화교섭연구회, 2015).

송석구,「원효와 보조의 염불관 비교 연구」,『가산이지관스님화갑기념논총 한국문화사상사』상(서울: 가산문고, 1992), 891~916면.

송 원,「원효 생애에 대한 재검토:『삼국유사』를 중심으로」,『승가』13(서울: 중앙승가대학, 1996. 2), 330~351면.

송진현,「공에서 중도 화쟁으로의 변증적 사유방식」,『백련불교논집』제10집(서울: 보조사상연구원, 2000), 147~175면.

수미현성,「원효의『승만경』해석에 대하여」,『종교연구』52,3(238)(동경: 일본종교학회, 1.2), 186~187면.

수야홍원,「보리달마의 이입사생설과『금강삼매경』」,『인도학불교학연구』2,3(6) (일본 동경: 구택대학, 1955), 239~244면.

_____ , 「보리달마의 이입사행설과 『금강삼매경』」, 『인도학불교학연구』 2,3(6)(일본 동경: 인도학불교학회, 1955), 239~244면.

신오현, 「원효의 심리철학: 일심의 자기동일성의 개념을 중심으로」, 『도와 인간과학: 소암이동식선생화갑기념논문집』(서울: 삼일당, 1981), 117~133면.

_____ , 「원효철학의 현대적 조명」, 한국사상가대계간행위 편, 『원효의 사상과 그 현대적 의미』(성남: 한국정신문화연구원, 1994), 125~200면.

_____ , 「현대철학의 한계와 원효사상」, 『불교신문 창간 40주년 기념 국제학술회의: 원효로 돌아가자』(서울: 불교신문사, 2000)

_____ , 「원효-불교-철학: 선험-현상학적 해명」, 『원효학연구』 제6집(경주: 원효학연구원, 2001), 163~203면.

신옥희, 「원효와 야스퍼스의 진리관」, 『원효학연구』 제12집(경주: 원효학연구원, 2007), 99~151면.

_____ , 「원효와 야스퍼스의 인간 이해」, 『신학사상』 18(서울: 한국신학연구소, 1977), 629~652면.

_____ , 「원효의 생애와 사상: 특히 일심을 중심으로」, 『한가람』 1(서울: 한가람사, 1977. 11), 62~75면.

_____ , 「일심과 포괄자: 원효와 칼 야스퍼스의 실재관 비교」, 『불교연구』 3(서울: 한국불교연구원, 1987. 7), 113~137면.

_____ , 「일심과 포괄자: 원효와 칼 야스퍼스의 실재관 비교」(서울: 이화여자대학교 한국문화연구원, 1984)

_____ , Man in Wonhyo and Karl Jaspers, 『한국문화연구원논총』 29(서울: 이화여자대학교 한국문화연구원, 1977. 4), 289~312면.

_____ , Man in Wonhyo and Karl Jaspers, 『Korea Journal』 17,10(Seoul: Unesco, 1977. 10), 27~40면.

_____ , 「신라 원효의 『유심안락도』 찬술고」, 『동방학지』 51(서울: 연세대학교 국학연구원, 1986. 6), 35~74면.

_____ , 「원효와 칼 야스퍼스의 종교철학: 비교철학적 접근」, 『철학』 42(서울: 한국철학회, 1994. 12), 404~448면.

신현숙, 「원효 『무량수경종요』와 『유심안락도』의 정토사상 비교」, 『불교학보』 29 (서울: 동국대학교 불교문화연구원, 1992. 11), 159~184면.

_____, 「원효, 진나보살후신설의 재검토: 김상현 교수의 논문에 대한 재고찰」, 『한국불교학』 13(서울: 한국불교학회, 1988. 12), 33~62면.

_____, 「원효의 정토사상에 대하여」, 『아시아공론』 9,3(89)(서울: 아시아공론사, 1980. 3), 99~101면.

_____, 「원효의 공관과 화엄돈교」, 『한국불교학』 17(서울: 한국불교학회, 1992. 11), 55~75면.

_____, 「원효의 화엄연기법계론: 불이론을 중심으로」, 『한국불교학』 18(서울: 한국불교학회, 1993. 12), 145~152면.

_____, 「원효의 교학관: 사종교판론을 중심으로」, 『불교학보』 30(서울: 동국대학교 불교문화연구원, 1993. 12.).

심재열, 「원효의 윤리관: 삼취정계관을 중심으로」, 『인간시대』 11(서울: 정토회, 1991. 4·5·6합), 77~82면.

_____, 「원효의 이해와 돈오점수사상」, 『보조사상』 5·6합(승주: 보조사상연구원, 1992. 4), 229~251면.

_____, 「원효의 오도는 보살의 깨달음」, 『원효, 그의 위대한 생애』, 원효사상전집 1(서울: 불교춘추사, 1999), 410~427면.

안각용, 「원효의 정토교와 선도교학과의 비교」, 『속 선도교학의 연구』(일본 동경: 기주선사찬앙회, 1967), 19~38면.

_____, 「원효의 정토교와 선도교학과의 비교」, 양은용 편, 『신라원효연구』(이리: 원광대학교출판국, 1979), 567~586면.

안계현, 「신라정토교학의 제문제」, 『숭산박길진박사화갑기념 한국불교사상사』(이리: 원광대학교, 1975), 305~338면.

_____, 「원효의 미타정토왕생사상」, 『역사학보』 17·18합(서울: 역사학회, 1962. 6), 245~275면.

_____, 「원효의 미타정토왕생사상」 상, 『역사학보』 16(서울: 역사학회, 1961. 12), 551~576면.

_____, 「원효의 미타정토왕생사상」 하, 『역사학보』 21(서울: 역사학회, 1963. 8), 245~275면.

_____, 「원효의 저서에 보이는 인용서의 일정리: 특히 종요관계저서를 중심으로」, 『동국사학』 3(서울: 동국대학교, 1955), 59~67면.

_____ , 「일본에서의 원효 연구」, 『한가람』 1(서울: 한가람사, 1977. 11.)

_____ , 「한국불교의 햇불: 원효」, 『인물한국사』 1(서울: 박우사, 1965), 258~283면.

안중철, 「해동 천태의 원류」, 『논문집』 2(서울: 중앙승가대학, 1993. 11), 97~120면.

안효성·김원명, 「和諍과 蕩平은 어떻게 상대주의를 넘어서는가?」, 『철학논총』 81(서울: 한국외대 철학과, 2015).

_____ , 「원효의 화쟁과 정조의 탕평 비교 연구」, 『한국철학논집』 45(서울: 한국철학회, 2015).

앵부건, 「『판비량론』: 신전향엄구장고사본 영인」, 『대곡학보』 47,3(일본 경도: 대곡대학 대곡학회, 1967. 12), 88~89면.

애탕방강, 「대각국사 의천과 『유심안락도』: 『의천록』에 있어서의 『유심안락도』 부재의 문제에 착목하여」, 『인도학불교학연구』 43,1(85)(일본 동경: 인도불교학회, 1994. 12), 273~276면.

_____ , 「『유심안락도』의 찬술자에 관한 일고찰: 동대사 화엄승 지경과의 사상적 관련에 착목하여」, 『남도불교』 70(일본 나랑: 남도불교연구회, 1994. 8), 16~30면.

야마오리 테쯔오, 「元曉と明惠」, 『불교연구』 제11·12집(한국불교연구원, 1995. 11), 257~276면.

양광석, 「원효의 문학사상」, 『일정송민호박사고희기념논총 한국문학사상사』(서울: 계명문화사, 1991), 135~144면.

_____ , 「한역불경의 문체와 원효의 문풍」, 『논문집』 6(안동: 안동대학, 1984. 12), 105~116면.

양은용, 「원효대사 관련연구문헌총록」, 김지견 편, 『원효대사의 철학세계』(서울: 민족사, 1989), 843~880면.

_____ , 「원효대사관련문헌목록」, 『원효연구논총』(서울: 국토통일원, 1987), 1051~1096면.

_____ , 「원효성사연보」, 김지견 편, 『원효대사의 철학세계』(이리: 원광대학교출판국, 1979), 881~884면.

_____ , 「원효성사연보」, 양은용 편, 『신라원효연구』(이리: 원광대학교출판국, 1979), 881~884면.

_____ , 「한국도참사상사에 있어서의 원효대사」, 양은용 편, 『신라원효연구』(이리:

원광대학교출판국, 1989), 153~173면.
_____, 「한국도참사상사에 있어서의 원효대사」, 김지견 편, 『원효연구논총』(서울: 민족사, 1989), 153~173면.
염입양도, 「신라원효대사찬 『종요』의 특질」, 『천태학보』 26(일본 동경: 천태학회, 1984. 11), 17~23면.
영길박인, 「원효 『이장의』의 연구: 『기신론』 주소와의 관계를 중심으로 하여」, 『용곡대학대학원기요』 5(일본 경도: 용곡대학, 1984. 3).
오강남, 「원효사상과 현대사회학」, 『불교연구』 3(서울: 한국불교연구원, 1987. 7), 139~152면.
_____, Wonhyo's Buddhist Thought and Contempory Society, 『종교연구』 5(서울: 한국종교학회, 1989. 11), 69~79면.
오대혁, 「원효 설화의 전승과 수용의식」, 『원효, 그의 위대한 생애』, 원효사상전집 1(서울: 불교춘추사, 1999), 646~722면.
오성환, 「『십문화쟁론』의 비교고」, 『아시아공론』 9,3(89)(서울: 아시아공론사, 1980. 3), 104~107면.
오지연, 「원효와 의천의 만남」, 『원효학연구』 제14집(경주: 원효학연구원, 2009), 53~81면.
오형근, 「원효대사의 유식사상고」, 오형근, 『유식사상연구』(서울: 불교사상사, 1983), 453~472면.
_____, 「원효사상에 대한 유식학적 연구」, 『불교학보』 21(서울: 동국대학교 불교문화연구소, 1979), 77~111면.
_____, 「원효사상에 대한 유식학적 연구」, 오형근, 『유식사상연구』(서울: 불교사상사, 1983).
_____, 「원효의 『이장의』에 대한 고찰」, 『신라문화』 5(경주: 동국대학교 신라문화연구소, 1988. 12), 161~179면.
_____, 「원효의 『이장의』에 대한 고찰」, 오형근, 『유식과 심식사상연구』(서울: 불교사상사, 1989), 385~412면.
_____, 「『유가론』과 원효의 구종심주 사상」, 『한국불교학』 11(서울: 한국불교학회, 1986), 103~130면.
_____, 「통일을 지향하는 철학: 민족의 공동체 의식과 화쟁사상」, 『국제고려학』

1(일본 대판: 1994. 12), 187~194면.

____, 「원효대사와 지눌선사의 청규사상」, 『불교대학원논총』 3(서울: 동국대학교 불교대학원, 1996. 2), 21~49면.

____, 「원효의 대승사상과 칠대성 사상」, 『불교학보』 32(서울: 동국대학교 불교문화연구원, 1995. 12), 21~50면.

____, 「원효대사의 신심과 발심관」, 『원효사상』 창간호, 원효연구원(서울: 신우당, 1998), 19~64면.

____, 「원효의 유식학 연구와 그 실태」, 『원효사상의 현대적 조명』 1, 원효사상전집 2(서울: 불교춘추사, 2000), 216~231면.

요르그 플라센, 「중현의 법문—중국불교의 맥락에서 화쟁사상 재평가하기」, 『동아시아불교사 속의 한국불교』(논산: 금강대학교 불교문화연구소 국제불교학술회의 자료집, 2004).

宇都宮啓吾, 「智積院藏『二障義』について—その傳來を中心として」, 『智山學報』 제63집, 智山學會, 2013.

원의범, 「『판비량론』의 인명논리적 분석」, 『불교학보』 21(서울: 동국대학교 불교문화연구소, 1984), 11~16면.

원홍지, 「신라 정토교의 일고찰: 원효의 정토교사상을 둘러싸고」, 『불교학연구』 22(일본 경도: 용곡대학 불교학회, 1966. 1), 30~34면.

____, 「신라 정토교의 일고찰: 원효의 정토교사상을 둘러싸고」, 양은용 편, 『신라원효연구』(이리: 원광대학교출판국, 1979), 555~557면.

____, 「신라 정토교의 일고찰: 원효의 정토교사상을 둘러싸고」, 『인도학불교학연구』 15,1(29) (일본 동경: 인도학불교학회, 1966. 12), 196~198면.

____, 「조선 정토교의 연구」, 『용곡대학 불교문화연구소기요』 6(경도: 용곡대학 불교문화연구소, 1967), 82~85면.

원 효, 「미륵상생경종요, 원효, 일역 및 해제」, 『국역일체경 화한찬술부 경소부』 12(일본 동경: 대동출판사, 1981), 407~426면.

원 효, 「『보살계본지범요기』」, 이영무 역, 『건대사학』 3(서울: 건국대학교 사학회, 1973), 115~144면.

원효사상연구소, 「원효대사연보」, 『다보』 6(서울: 대한불교진흥원, 1993. 6), 23~26면.

위베르 듈뜨, 「원효와 열반종요」, 『불교연구』제11・12집, 한국불교연구원, 1995. 11, 225~256면.
유병덕, 「한국불교의 원융사상」, 『논문집』 8(이리: 원광대학교, 1974), 39~62면.
유영묵, 「원효의 불교철학」, 『한양』 3,8(30)(일본 동경: 한양사, 1964. 8), 80~83면.
유재신, 「Wonhyo and Suzuki on Buddhism」, 『수둔박영석교수화갑기념 한국사학논총』 상(서울: 탐구당, 1992), 1051~1061면.
유전성산, 「『금강삼매경』의 연구」, 『백련불교논집』 4(합천: 백련불교문화재단, 1994), 319~328면.
윤승한, 「선학예술가 설원효」, 『백민』 3,6(11)(서울: 백민문화사, 1947. 11), 48면
윤용섭, 「기신론소를 통해본 원효의 교육관」, 『원효학연구』 제7집(경주: 원효학연구원, 2002), 262~285면.
윤종갑, 「원효사상의 철학적 체계」, 『밀교학보』 제7집(경주: 위덕대학교 밀교문화연구원, 2005), 297~326면.
＿＿＿, 「용수 공사상의 한국적 변용과 전개 -원효의 『금강삼매경론』을 중심으로」, 『한국철학논집』 21(서울: 한국철학회, 2007).
＿＿＿, 「원효의 일심・화쟁사상과 통불교 논의」, 『민족사상』 3권 2호(서울: 한국민족사상학회, 2009).
은정희, 「원효대사: 회통과 화쟁사상을 정립한 신라의 고승」, 불교신문사 편, 『한국불교인물사상사』(서울: 민족사, 1990), 42~50면.
＿＿＿, 「원효의 부주열반사상:『대승기신론 소・별기』, 『다보』 2(서울: 대한불교진흥원, 1992. 6), 97~104면.
＿＿＿, 「원효의 부주열반사상:『대승기신론 소・별기』-원효사상의 현대적 조명」, 『민족불교』 2(서울: 청년사, 1992. 1), 180~192면.
＿＿＿, 「원효의 삼세・아리야식설의 창안」, 김지견 편, 『원효대사의 철학세계』(서울: 민족사, 1989), 421~448면.
＿＿＿, 「원효의 삼세・아리야식설의 창안」, 김지견 편, 『원효연구논총』(서울: 국토통일원, 1987), 287~316면.
＿＿＿, 「원효의 삼세・아리야식설:『대승기신론』의 경우」, 『철학』 19(서울: 한국철학회, 1983. 6), 99~116면.
＿＿＿, 「원효의 윤리사상」, 한국교수불자연합회 편, 『이 시대를 어떻게 살 것인

가』(서울: 운주사, 1992), 313~327면.

_____, 「원효의 불교사상」, 한국사상가대계간행위 편, 『원효의 사상과 그 현대적 의미』(성남: 한국정신문화연구원, 1994), 203~252면.

_____, 「『대승기신론』에 대한 원효설과 법장설의 비교」, 『태동고전연구』 10(남양주: 한림대학교 태동고전연구소, 1993. 11), 627~648면.

_____, 「원효의 저술과 사상적 경향」, 『한국불교사의 재조명』(서울: 불교시대사, 1994), 89~97면.

_____, 「원효의 저술도량과 성격분석」, 『원효학연구』 1(서울: 원효학회, 1976), 95~120면.

_____, 「원효의 「대승기신론소·기」에 나타난 信觀」, 『원효학연구』 2(서울: 원효학회, 1997), 113~133면.

_____, 「원효의 『대승기신론소』를 통해 본 일심의 원리」, 『원효학연구』 3(서울: 원효학회, 1998), 163~178면.

_____, 「원효의 본체·현상 불이관」, 『원효, 그의 위대한 생애』, 원효사상전집 1(서울: 불교춘추사, 1999), 440~466면.

_____, 「금강삼매경론의 부주열반설」, 『원효학연구』 제11집(경주: 원효학연구원, 2006), 7~24면.

_____, 「원효의 『이장의』 연구」, 『원효학연구』 제8집(경주: 원효학연구원, 2003), 59~65면.

의 림, 「깨달음의 극치, 동굴수행」, 『원효, 그의 위대한 생애』, 원효사상전집 1(서울: 불교춘추사, 1999), 397~408면.

이광률, 「원효의 정토사상: 『무량수경종요』를 중심으로」, 『논문집』 6(대구: 대구한의대학, 1988. 12), 143~157면.

이기백, 「신라 정토신앙의 두 유형」, 『역사학보』 99·100합(서울: 역사학회, 1983), 105~122면.

이기영, 「경전인용에 나타난 원효의 독창성」, 『숭산박길진박사화갑기념 한국불교사상사』(이리: 원광대학교, 1975).

_____, 「경전인용에 나타난 원효의 독창성」, 『한국불교연구』(서울: 한국불교연구원, 1982), 359~399면.

_____, 「교판사상에서 본 원효의 위치」, 『동양학』 4(서울: 단국대학교 동양학연구

소, 1974. 10), 57~74면.
_____ , 「교판사상에서 본 원효의 위치」, 『한국불교연구』(서울: 한국불교연구원, 1982), 345~358면.
_____ , 「교판사상에서 본 원효의 위치」, 『하성이선근박사 고희기념논문집 한국학논총』(서울: 하성이선근박사고희기념회, 1974), 509~521면.
_____ , 「원효『금강삼매경론』」, 『한국의 고전백선』(서울: 동아일보사, 1969), 49~51면.
_____ , 「『대승기신론소』·『금강삼매경론』」, 『한국의 명저』(서울: 현암사, 1969).
_____ , 「명혜상인의 생애에 나타난 원효대사의 영향」, 『신라문화제학술발표회의논문집』 3(경주: 신라문화선양회, 1982), 183~201면.
_____ , 「민족문화의 계승과 발전: 원효의 극락관과 석굴암의 미학」, 『영대문화』 4(대구: 영남대학교 총학생회, 1971), 48~59면.
_____ , 「『법화종요』에 나타난 원효의 『법화경』관」, 『한국천태사상연구』(서울: 동국대학교 불교문화연구소, 1983), 41~100면.
_____ , 「세계의 문화적 현실과 한국불교의 이상: 원효사상은 21세기 세계를 향해 무엇을 줄 수 있는가?」, 『불교연구』 4,5합(서울: 한국불교연구원, 1988. 11), 133~216면.
_____ , 「신라불교의 철학적 전개」, 한국철학회 편, 『한국철학연구』(서울: 동명사, 1977), 153~216면.
_____ , 「열반의 집 자각의 힘: 원효술『금강삼매경론』 중에서」, 『사상계』 16,3(179)(서울: 사상계사, 1968. 3), 163~171면.
_____ , 「원효」, 『한국의 사상가 12인』(서울: 현암사, 1975), 43~72면.
_____ , 「원효: 무애에 산 신라인」, 『한국의 인간상』 3(서울: 신구문화사, 1965), 47~79면.
_____ , 「원효가 본 마·귀·신: 불교의 악마관」, 『서울평론』 2,14(22)(서울: 서울신문사, 1974. 11).
_____ , 「원효사상」, 『아시아공론』 2,10(13)(서울: 아시아공론사, 1973. 10), 255~258면.
_____ , 「원효사상의 독창적 특성」, 『한국사상사대계』 2(성남: 한국정신문화연구원, 1991), 425~471면.

_____ , 「원효사상의 현대적 이해」, 『한국불교연구』(서울: 한국불교연구원, 1982), 431~440면.
_____ , 「원효성사의 길을 따라서」, 『석림』 16(서울: 석림회, 1982. 12), 32~43면.
_____ , 「원효에 의한『반야심경』신해석」, 『여산유병덕박사화갑기념 한국철학종교사상사』(이리: 원광대학교종교문제연구소, 1990).
_____ , 「원효의 미륵신앙」, 『한국불교연구』(서울: 한국불교연구원, 1982), 411~418면.
_____ , 「원효의 보살계관:『보살계본지범요기』를 중심으로」, 『논문집』 3·4합(서울: 동국대학교, 1967. 12), 85~108면.
_____ , 「원효의 사상」, 『영대문화』 2(대구: 영남대학교 총학생회, 1969), 10~14면.
_____ , 「원효의 실상반야관」, 『정신문화』 6(성남: 한국정신문화연구원, 1980. 4), 8~12면.
_____ , 「원효의 실상반야관」, 이기영, 『한국불교연구』(서울: 한국불교연구원, 1982), 401~409면.
_____ , 「원효의『열반종요』에 대하여」, 이기영, 『한국불교연구』(서울: 한국불교연구원, 1992), 419~429면.
_____ , 「원효의 원융무애사상과『발심수행장』」, 『수다라』 4(합천: 해인승가대학, 1989. 2), 68~81면.
_____ , 「원효의 윤리관:『보살영락본업경소』를 중심으로」, 『동원김흥배박사고희기념논문집』(서울: 한국외국어대학교, 1984), 149~182면.
_____ , 「원효의 윤리관:『보살영락본업경소』를 중심으로」, 김지견 편, 『원효대사의 철학세계』(서울: 민족사, 1989), 279~325면.
_____ , 「원효의 윤리관:『보살영락본업경소』를 중심으로」, 『원효연구논총』(서울: 국토통일원, 1987), 317~367면.
_____ , 「원효의 윤리사상」『다보』 3(서울: 대한불교진흥원, 1992. 10), 140~149면.
_____ , 「원효의 윤리사상-원효사상의 현대적 조명」, 『민족불교』 2(서울: 청년사, 1992. 1), 130~152면.
_____ , 「원효의 윤리사상」, 『한국인의 윤리사상』(서울: 율곡사상연구원, 1992), 201~217면.
_____ , 「원효의 인간관」, 『철학적 인간관』(성남: 한국정신문화연구원, 1985), 27~

77면.

_____ , 「원효의 입장에서 본 K. Jasperse das Umgreifende」, 『동국사상』 9(서울: 동국대학교 불교대학, 1976. 12), 11~27면.

_____ , 「원효의 입장에서 본 K. Jasperse das Umgreifende」, 이기영, 『한국불교연구』(서울: 한국불교연구원, 1982), 440~450면.

_____ , 「중국고대 불교와 신라 불교: 원효의 불교이해를 중심으로」, 『한국고대문화와 인접문화의 관계』(서울: 한국정신문화연구원, 1981. 10), 152~177면.

_____ , 「통일신라시대의 불교사상」, 한국철학회 편, 『한국철학사』 상(서울: 동명사, 1987), 159~255면.

_____ , 「파계의 성자 원효」, 『문학사상』 31(서울: 문학사상사, 1975. 10), 414~421면.

_____ , 「현대의 윤리적 상황과 동양철학적 대응: 원효철학의 입장에서」, 『현대의 윤리적 상황과 철학적 대응: 제5회 한국철학자연합대회』(이리: 대회집행위원회, 1992), 27~38면.

_____ , Wonhyo and his thought, 『korean religious tradition』(Canada Toronto: Univ. of toronto, 1977).

_____ , Wonhyo and his thought, 『Korea Journal』 11,1(Seoul: Unesco, 1971. 1), 4~9면.

_____ , Wonhyo's moral concepts, 『Korea Observer』 1,2(Seoul: Academy of Korean Studies, 1969. 1), 103~115면.

_____ , 「원효사상의 특징과 의의: 원효사상 연구노트」, 『진단학보』 78(서울: 진단학회, 1994. 10), 25~42면.

_____ , 「명혜상인의 생애에 나타난 원효대사의 영향」, 이기영, 『원효사상연구』 1(서울: 한국불교연구원, 1994), 611~625면.

_____ , 「『법화종요』에 나타난 원효의 『법화경』관」, 이기영, 『원효사상연구』 1(서울: 한국불교연구원, 1994), 13~58면.

_____ , 「원효사상에 있어서의 궁극적인 것」, 이기영, 『원효사상연구』 1(서울: 한국불교연구원, 1994), 439~450면.

_____ , 「원효사상의 독창적 특성: 『금강삼매경론』의 철학을 중심으로」, 이기영, 『원효사상연구』 1(서울: 한국불교연구원, 1994), 229~278면.

_____ , 「원효성사의 길을 따라서」, 이기영, 『원효사상연구』 1(서울: 한국불교연구

원, 1994), 69~80면.

_____ , 「원효에 의한 반야심경 신해석」, 이기영, 『원효사상연구』 1(서울: 한국불교연구원, 1994), 217~228면.

_____ , 「원효의 법화사상: 『금강삼매경론』과의 관계」, 『원효사상연구』 1(서울: 한국불교연구원, 1994), 59~67면.

_____ , 「원효의 사상과 생애-우리의 사상을 찾아서 1」, 이기영, 『원효사상연구』 1(서울: 한국불교연구원, 1994), 257~286면.

_____ , 「원효의 여래장사상」, 이기영, 『원효사상연구』 1(서울: 한국불교연구원, 1994), 81~102면.

_____ , 「원효의 원융무애사상과 『발심수행장』」, 이기영, 『원효사상연구』 1(서울: 한국불교연구원, 1994), 205~216면.

_____ , 「원효의 윤리관: 『보살영락본업경소』를 중심으로」, 이기영, 『원효사상연구』 1(서울: 한국불교연구원, 1994), 167~204면.

_____ , 「원효의 윤리사상」, 이기영, 『원효사상연구』 1(서울: 한국불교연구원, 1994), 389~405면.

_____ , 「원효의 인간관」, 이기영, 『원효사상연구』 1(서울: 한국불교연구원, 1994), 309~342면.

_____ , Ultimate reality in Won-Hyo: Reflection on the problem of ultimate reality in Buddhism and Christianity, 1(서울: 한국불교연구원, 1994), 451~464면.

_____ , 「Won-Hyo's Ideal on peace and Union」, 이기영, 『원효사상연구』 1(서울: 한국불교연구원, 1994), 497~504면.

_____ , 「화쟁사상의 현대적 조명」, 『다보』 6(서울: 대한불교진흥원, 1993. 6), 10~15면.

_____ , 「원효 사상의 특징과 의의: 원효사상 연구 노트」, 『불교연구』 제11·12집(서울: 한국불교연구원, 1995. 11), 307~332면.

_____ , 「원효의 화쟁 사상과 오늘의 통일 문제」, 『불교연구』 제11·12집(서울: 한국불교연구원, 1995. 11), 447~168면.

_____ , 「귀명삼보의 참된 의미와 실천」, 『불교연구』 제11·12집(서울: 한국불교연구원, 1995. 11), 469~476.

이도흠, 「화쟁의 이론과 실제」, 『월례발표회 자료집』(서울: 성철선사상연구원,

2000).

_____, 「원효의 화쟁사상과 탈현대철학의 비교연구」, 『원효학연구』 제6집(경주: 원효학연구원, 2001), 249~297면.

_____, 「교체설·체용론과 원효의 언어관」, 『한국불교사연구』 제2호(한국불교사연구소, 2013. 2), 51~86면.

이 만, 「원효의 『보살영락본업경소』를 통해 본 "一道一果"의 수행관」, 『원효학연구』 3(서울: 원효학회, 1998), 179~197면.

_____, 「원효의 『중변분별론소』에 관한 연구」, 『원효학연구』 4(서울: 원효학회, 1999), 93~140면.

이명규, 「『발심수행장』에 대한 비교 연구 1: 서봉사판을 중심으로」, 『인문논총』 11(서울: 한양대학교, 1986. 2), 35~60면.

이범홍, 「원효의 『대승기신론소』에 관한 연구: 특히 해동소의 위치를 중심으로 하여」, 『논문집』 6,1(마산: 마산대학교, 1984. 6), 53~75면.

_____, 「원효의 찬술서에 대하여」, 『철학회지』(경산: 영남대학교 철학과연구실, 1983. 9), 45~80면.

_____, 「원효행장 신고, 존의수칙의 시론」, 『논문집』(인사) 4(마산: 마산대학교, 1982), 291~313면.

_____, 「원효행장 신고」, 김지견 편, 『원효대사의 철학세계』(서울: 민족사, 1989), 11~44면.

_____, 「원효행장 신고」, 『원효연구논총』(서울: 국토통일원, 1987), 369~407면.

이병욱, 「원효의 일심이문관」, 『(진산한기두박사 화갑기념) 한국종교사상의 재조명』 상(이리: 원광대학교출판국, 1993), 209~226면.

_____, 「원효 법화종요의 교리체계 연구」, 『한국불교학』 제23집(서울: 한국불교학, 1997), 207~230면.

_____, 「『대혜도경종요』에 나타난 원효의 화쟁사상」, 『원효학연구』 제7집(경주: 원효학연구원, 2002), 287~311면.

_____, 「원효 무애행의 이론적 근거」, 『원효학연구』 제6집 (경주: 원효학연구원, 2001), 329~365면.

이병주, 「춘원의 『원효대사』」, 김지견 편, 『원효대사의 철학세계』(서울: 민족사, 1989), 175~197면.

_____, 「춘원의 『원효대사』」, 『원효연구논총』(서울: 국토통일원, 1987), 409~434면.
이복규, 「원효와 최치원의 대비적 고찰」, 『국제대학논문집』 16(서울: 국제대학, 1988. 12), 47~70면.
이봉춘, 「원효의 승가관」, 『한국불교학』 9(서울: 한국불교학회, 1984. 12), 39~60면.
_____, 「원효의 출생지에 대한 고찰」, 『원효학연구』 1(서울: 원효학회, 1996), 121~141면.
_____, 「원효의 무애원융과 그 행화」, 『원효학연구』 3(서울: 원효학회, 1998), 199~220면.
이부영, 「원효의 신화와 진실: 분석심리학적 시론을 위하여」, 『불교연구』 3(서울: 한국불교연구원, 1987. 7), 97~112면.
_____, 「'일심'의 분석심리학적 조명: 원효의 대승기신론소·별기를 중심으로」, 『불교연구』 제11·12집(서울: 한국불교연구원, 1995. 11), 277~306면.
Rhi Buo-Yong, 'Il Shim'(One Mind)—a Jungian interpretation: With the special reference to Won-Hyo's commentaries of mind in the Tai-Sung Ki-Shin-Ron(Book of Awakeninf of Faith in the Mahayana, 『불교연구』 제11·12집(서울: 한국불교연구원, 1995. 11).
이상삼, 「원효 전승과 인간상」, 김태준·김승호 편, 『우리 역사 인물 전승』(서울: 집문당, 1994), 194~230면.
이영무, 「원효대사의 인물과 사상」, 이영무, 『한국의 불교사상』(서울: 민족문화사, 1987), 91~116면.
_____, 「원효대사의 정토사상: 『유심안락도』를 중심으로」, 이영무, 『한국의 불교사상』(서울: 민족문화사, 1987), 117~136면.
_____, 「원효대사 저 『판비량론』에 대한 고찰」, 『학술지』(서울: 건국대학교 학술연구원, 1973. 5), 17~44면.
_____, 「원효대사 저 『판비량론』에 관한 고찰」, 이영무, 『한국의 불교사상』(서울: 민족문화사, 1987), 165~197면.
_____, 「원효사상에 나타난 인권론: 『열반경종요』를 중심으로」, 인문과학논집 7(서울: 건국대학교, 1985. 8), 227~250면.
_____, 「원효의 인물과 사상」, 『학술지』(인사) 10(서울: 건국대학교 학술연구원, 1969. 5), 35~52면.

_____,「원효의 정토사상:『유심안락도』를 중심으로」,『학술지』(인) 24(서울: 건국대학교 학술연구원, 1980. 5), 13~28면.

_____,「서평 심재열『원효사상 2: 윤리관』」,『법대논총』 21(대구: 경북대, 1983. 8), 207~210면.

_____,「원효와 서당설화에 대한 일고찰」,『원효사상』 제1집, 원효연구원(서울: 신우당, 1998)

_____,「원효의 서당설화에 대한 일고찰」,『원효, 그의 위대한 생애』, 원효사상전집 1(서울: 불교춘추사, 1999), 185~197면.

이유진,「분황 원효와 회암 주희」,『한국불교사연구』 제6호(한국불교사연구소, 2014년 가을·겨울), 141~214면.

이정모,「선림사의 고초본『무량수경종요』와 제본과의 대조 연구」,『불교대학원연구기요』 18(일본 경도: 불교대학, 1990. 3), 22~49면.

이종대,「원효대사의 출생지에 관한 소고」,『향토문화』 4(부산: 밀양고적보존회, 1988. 12), 33~41면.

이정희,「『십문화쟁론』과 관련된 몇 가지 문제점」,『제4차 한국불교학결집대회논집』 별집, 2008. 5.

이종익,「신라불교와 원효사상」, 이종익,『동방사상논총: 이종익박사학위기념논문집』(서울: 보련각, 1975), 198~239면.

_____,「원효의 생애와 사상」,『한국사상총서』 1(서울: 한국사상연구회: 태광문화사, 1975), 266~221면.

_____,「원효의『십문화쟁론』연구」, 이종익,『동방사상논총: 이종익박사학위기념논문집』(서울: 보련각, 1975), 209~221면.

_____,「원효의『십문화쟁론』연구」, 김지견 편(서울: 민족사, 1989), 327~365면.

_____,「원효의『십문화쟁론』연구」, 양은용 편,『원효연구논총』(서울: 국토통일원, 1987), 435~476면.

_____,「원효의 평화사상」,『아카데미논총』 3(서울: 세계평화교수아카데미, 1975).

_____,「원효의 평화사상」, 세계평화교수협의회 편,『평화사상의 모색』(서울: 일심, 1983), 136~155면.

_____,「원효의 근본사상:『십문화쟁론』복원」,『고법운이종익박사논문집』(서울: 문창기획, 1994), 44~116면.

_____ , 「원효의 평화세계 건설원리」, 『고법운이종익박사논문집』(서울: 문창기획, 1994), 23~43면.

_____ , 「원효의 생애」, 『원효, 그의 위대한 생애』, 원효사상전집 1(서울: 불교춘추사, 1999), 218~268면.

이종찬, 「원효의 시학: 『대승육정참회』를 중심으로」, 『신라문화』 5(경주: 동국대학교 신라문화연구소, 1988. 12), 27~47면.

_____ , 「지천주의 구실을 한 설총」, 『국어국문학논문집』 17(서울: 동국대학교 국어국문학과, 1996. 2), 17~23면.

_____ , 「원효의 시문학」, 『원효, 그의 위대한 생애』, 원효사상전집 1(서울: 불교춘추사, 1999), 532~559면.

이지향, 「이 시대의 원효는 누구인가: 고영섭의 『분황 원효』」, 『한국불교사연구』 제9호(한국불교사연구소, 2016년), 186~203면.

이 청, 「원효의 무애행과 현대불교에 미친 영향」, 『원효사상의 현대적 조명』1, 원효사상전집 2(서울: 불교춘추사, 2000), 58~69면.

이취돈, 「원효와 금강삼매경」, 『원효학연구』 제11집(경주: 원효학연구원, 2006), 25~87면.

이평래, 「대승기신론의 삼심설」, 『대학원불교학연구회연보』 15(일본 동경: 구택대학, 1981. 12), 61~66면.

_____ , 「대승기신론연구 1: 신라 원효의 『대승기신론소』를 중심으로 하여」, 『인도학불교학연구』 28,1(55)(동경: 인도학불교학회, 1979. 12), 190~191면.

_____ , 「대승기신론연구 2: 신라 원효의 『대승기신론소』를 중심으로 하여」, 『대학원불교학연구회연보』 14(일본 동경: 구택대학, 1980. 7), 120~131면.

_____ , 「신라불교여래장사상연구: 원효의 여래장사상을 중심으로」, 『인문과학연구논문집』(대전: 충남대학교 인문과학연구소, 1989. 8), 179~207면.

_____ , 「여래장실과 원효」, 김지견 편, 『원효대사의 철학세계』(서울: 민족사, 1989), 367~390면.

_____ , 「여래장설과 원효」, 『원효연구논총』(서울: 국토통일원, 1987), 477~503면.

_____ , 「원효의 진여관: 『기신론해동소』를 중심으로 하여」, 『인도학불교학연구』 29,1(57)(일본 동경: 인도학불교학회, 1980. 12), 358~360면.

_____ , 「원효철학에서의 환멸문의 구조에 관한 고찰」, 『동방학지』 76(서울: 연세대

학교 국학연구원, 1992. 9), 1~22면.
_____ , 「인간 원효, 그 구도적 삶」, 『다보』 6(서울: 대한불교진흥원, 1993. 6), 16~22면.
_____ , 「인간 원효, 그 구도적 삶」, 『원효, 그의 위대한 생애』, 원효사상전집 1(서울: 불교춘추사, 1999), 362~374면.
_____ , 「동아시아 불교에서의 여래장사상과 원효」, 『원효학연구』 제13집(경주: 원효학연구원, 2008), 7~36면.
_____ , 「원효성사의 일심사상」, 『원효학연구』 제6집(경주: 원효학연구원, 2002), 9~33면.
_____ , 「『열반경종요』의 주석적 연구」(I), 『원효학연구』 제7집(경주: 원효학연구원, 2002), 165~226면.
_____ , 「『열반경종요』의 주석적 연구」(II), 『원효학연구』 제8집(경주: 원효학연구원, 2003), 89~158면.
_____ , 「『열반경종요』의 주석적 연구」(III), 『원효학연구』 제9집(경주: 원효학연구원, 2004), 165~201면.
_____ , 「『열반경종요』의 주석적 연구」(IV), 『원효학연구』 제10집(경주: 원효학연구원, 2005), 171~201면.
_____ , 「『열반경종요』의 주석적 연구」(V), 『원효학연구』 제11집(경주: 원효학연구원, 2006), 151~175면.
_____ , 「『열반경종요』의 주석적 연구」(VI), 『원효학연구』 제12집(경주: 원효학연구원, 2007), 183~209면.
이한승, 「원효사상연구: 화쟁사상을 중심으로」, 『논문집』 6(서울: 육군제3사관학교, 1977. 12), 160~173면.
이효기, 「동아시아불교에 있어서 원효의 정토관의 특색」, 『원효학연구』 제10집(경주: 원효학연구원, 2005), 109~169면.
이효령, 「원효의 교육사상에 관한 연구」(서울: 건국대학교, 1995).
이희재, 「한국 사상의 회통적 특징」, 『원효사상의 현대적 조명』 1, 원효사상전집 2(서울: 불교춘추사, 2000), 274~297면.
일 공, 「원효의 『법화종요』에 대하여」, 『승가학인』 2(합천: 전국승가대학학인연합, 1995), 48~57면.

임우식, 「『법화종요』에 있어서의 일승설에 대하여」, 『인도학불교학연구』 31,2(62) (일본 동경: 인도학불교학회, 1983. 3), 160~173면.

장기법윤, 「원효대사와 인명에 대하여: 『판비량론』」, 김지견 편, 『원효대사의 철학세계』(서울: 민족사, 1989), 797~817면.

_____ , 「원효대사와 인명에 대하여: 『판비량론』」, 『원효연구논총』(서울: 국토통일원, 1987), 871~895면.

장시기, 「원효와 들뢰즈-가타리의 만남」, 『한국선학』 제1집, 한국선학회, 2000.

장왕식, 「원효와 화이트헤드에 나타난 궁극적 실재: 비교와 비평」, 한국종교학회 편, 『종교들의 대화』(서울: 사상사, 1992), 136~165면.

장찬익, 「원효의 생애와 교육사상」, 『새교육』 371(서울: 대한교육연합회, 1985. 9), 81~83면.

장휘옥, 「신라 광덕·엄장의 왕생설화와 원효」, 『불교학보』 29(서울: 동국대학교 불교문화연구원, 1992. 11), 541~550면.

_____ , 「원효의 전기: 재검토」, 『동국사상』 21(서울: 동국대학교 불교대학, 1988. 12), 9~26면.

_____ , 「『유심안락도』고」, 『남도불교』 54(일본 나량: 남도불교연구회, 1985. 7), 19~50면.

_____ , 「원효의 정토사상이 일본에 미친 영향」, 『일본학』 12(서울: 동국대학교 일본학연구소, 1993. 8), 77~92면.

_____ , 「원효는 왜 정성이성의 왕생을 부정했는가」, 『원효학연구』 제5집(경주: 원효학연구원, 2000), 317~346면.

전미희, 「원효의 신분과 그 활동」, 『한국사연구』 63(서울: 한국사연구회, 1988. 12), 63~96면.

전치수, 「원효대사의 『판비량론』」, 『민족불교』 3(서울: 청년사, 1992. 11), 211~229면.

전호련(해주), 「원효의 화쟁과 화엄사상」, 『한국불교학』 제24집(서울: 한국불교학회, 1998).

정병조, 「원효와 의상-한국의 불교사화」 4, 『불교사상』 36(서울: 불교사상사, 1986. 11), 98~106면.

_____ , 「원효의 발심론」, 『한국사상사: 석산한종만박사화갑기념논문집』(이리:

원광대학교출판국, 1991), 213~228면.

정순일, 「원효의 일미관행 연구:『금강삼매경론』을 중심으로」, 『여산유병덕박사화갑기념 한국철학종교사상사』(이리: 원광대학교 종교문제연구소, 1990), 357~382면.

_____, 「참회의 본질은 무엇인가:『대승육정참회』-원효사상의 현대적 조명」, 『민족불교』 2(서울: 청년사, 1992. 1), 193~207면.

정영근, 「마음의 장애와 무지의 장애: 이장의」, 『민족불교』 2(서울: 청년사, 1992), 193~207면.

_____, 「원효의 사상과 실천의 통일적 이해: 기신론의 이문일심사상을 중심으로」, 『철학연구』 제47집(철학연구회, 1999), 161~180면

정제규, 「신라 하대 법상종의 성격과 그 변화」, 『사학지』 25(서울: 단국사학회, 1992. 7), 1~42면.

정중환, 「원효의『발심수행장』에 대하여」, 『김종우박사화갑기념논총』(부산: 부산대학교, 1976).

정철호, 「원효의 정토관」, 『정토학연구』 창간호(한국정토학회, 1998), 105~136면.

정태혁, 「원효의 정토왕생 신앙의 교학적 근거와 특색」, 『정토학연구』 창간호(한국정토학회, 1998), 79~104면.

_____, 「원효의 정토왕생 신앙의 교학적 근거」, 『원효사상의 현대적 조명』 1, 원효사상전집 2(서울: 불교춘추사, 2000), 232~259면.

정학권, 「원효대사의 십념의에 대하여」, 『인도학불교학연구』 25,1(49)(동경: 인도학불교학회, 1976. 12), 269~271면.

정황진, 「대성화정국사원효저술일람표」, 『조선불교총보』 13(서울: 삼십본산연합사무소, 1918. 12), 14~25면.

정희숙, 「원효의 '각'과 루소의 '선성'에 조명된 도덕교육적 시각」 1, 『교육연구』 219(서울: 한국교육생산성연구소, 1987. 10), 23~27면.

_____, 「원효의 '각'과 루소의 '선성'에 조명된 도덕교육적 시각」 2, 『교육연구』 220(서울: 한국교육생산성연구소, 1987. 11), 19~21면.

제신효, 「원효의 불토론에 대하여」, 『불교학연구』 41,1(79)(일본 동경: 인도학불교학회, 1991. 12), 126~129면.

_____, 「원효의 정토교사상에 대하여:『양권무량수경종요』를 중심으로 하여」,

산기양주 편,『불교사상과 그 전개』(일본 동경: 산희방불서림, 1992), 181~227면.
조광해,「통일의지와 원효대사」,『정경문화』184(서울: 정경문화사, 1980. 6), 436~445면.
조동일,「원효」, 조동일,『한국문학사상사시론』(서울: 지식산업사, 1986), 40~45면.
____ ,「설화에 나타난 원효의 모습과 그 의미」, 한국사상가대계간행위 편,『원효의 사상과 그 현대적 의미』(성남: 한국정신문화연구원, 1994), 311~365면.
____ ,「원효 설화의 변모와 사상 논쟁」,『원효, 그의 위대한 생애』, 원효사상전집 1(서울: 불교춘추사, 1999), 580~645면.
조명기,「원효종사의『십문화쟁론』연구」,『금강저』22(일본 동경: 조선불교동경유학생회, 1937. 1), 18~36면.
____ ,「원효사상의 역사와 지위」,『아시아공론』9,3(89)(서울: 아시아공론사, 1980. 3), 96~97면.
____ ,「원효사상의 특질」,『한국사상과 윤리』(성남: 한국정신문화연구원, 1980. 6), 1~42면.
____ ,「원효의 여성관·화동」,『불교』신28(서울: 불교사, 1940. 12), 14~33면.
____ ,「원효의 현존저서」,『한국사상강좌』1(서울: 한국사상연구회: 태광문화사, 1975), 280~287면.
____ ,「원효의 현존서 개관」, 김지견 편,『원효대사의 철학세계』(서울: 민족사, 1989), 45~60면.
____ ,「원효의 현존서 개관」,『원효연구논총』(서울: 국토통일원, 1987), 537~554면.
____ ,「원효의 현존저서에 대하여」,『한국사상』3(서울: 한국사상편집위원회: 고구려문화사, 1960. 3), 125~136면.
____ ,「한국불교와 화의 사상」,『자유』14(일본 동경: 자유사, 1972. 2).
____ ,「불교의 총화성과 원효의 근본사상」,『원효학연구』3(서울: 원효학회, 1998), 15~26면.
조소앙,「신라국원효대사전병서」,『소앙선생문집』(서울: 횃불사, 1979), 359~364면.
____ ,「신라국원효대사전병서」,『여산 유병덕박사화갑기념 한국철학종교사상사』상(이리: 원광대학교 종교문제연구소, 1990), 883~887면.

조수동,「원효의 미륵사상에 관한 연구」,『원효학연구』제11집(경주: 원효학연구원, 2006), 213~239면.
_____ ,「원효의 불성이론과 화쟁」,『철학논총』제58집(부산: 새한철학회, 2009.10).
_____ ,「원효의 본각과 여래장」,『동아시아불교문화』제10집(부산: 동아시아불교문화학회, 2012).
조은수,「차이와 갈등에 대한 철학적 성찰: 세계화시대의 갈등과 대화; 원효에 있어서 진리의 존재론적 지위」,『한국철학회 춘계학술논집』(서울: 한국철학회, 2006).
조익현,「원효의 행적에 관한 재검토」,『사학지』26(서울: 단국대 사학회, 1993. 7), 109~126면.
좌등번수,「『금강삼매경론』의 '육바라밀' 사상을 통하여 본 원효의 진선사상」,『현대와 종교』15(대구: 현대종교문화연구소, 1992. 8), 267~300면.
_____ ,「전관론과 금강삼매경론: 망상과 깨달음」,『철학논총: 영남철학회논문집』8(대구: 영남철학회, 1992. 10), 495~525면.
_____ ,「원효의『금강삼매경론』에 있어서의 논리구조의 특색: 무이이불수일사상」,『청학논총: 영남철학회논문집』9(대구: 이문출판사, 1993. 8), 327~359면.
_____ ,「원효의 선사상, 그 무주관에 관한 일고찰:『금강삼매경』을 중심으로」,『(진산한기두박사 화갑기념) 한국종교사상의 재조명』상(이리: 원광대학교출판국, 1993), 1159~1175면.
중촌원,「원효의 사유방법의 일고찰: 유식무경비량에 대하여」, 김지견 편,『원효대사의 철학세계』(서울: 민족사, 1989), 695~701면.
_____ ,「원효의 사유방법의 일고찰: 유식무경비량에 대하여」,『원효연구논총』(서울: 국토통일원, 1987), 863~870면.
지준모,「원효대사 저술의 문학성」,『원효, 그의 위대한 생애』, 원효사상전집 1(서울: 불교춘추사, 1999), 560~578면.
진성규,「조선시대 원효 인식」,『중앙사론』제14집, 중앙대학교 사학회, 2000. 12.
진 월,「21세기 사회의 종교다원주의적 시각으로 본 원효의 화쟁 요익중생사상과 삶」,『원효사상의 현대적 조명』1, 원효사상전집 2(서울: 불교춘추사, 2000), 332~352면.
찰스 뮬러,「원효의 이장의」,『한국불교학세미나』제8호, 동경: 한국유학생인도학불교학연구회, 2000.

_____ , 「기신론의 이장에 있어서의 혜원과 원효」, 『인도학불교학연구』 제110호, 동경: 인도학불교학연구회, 2006.

_____ , 「이장二障에 대한 설명을 위해 혜원에게 도움을 받은 원효」(박성덕, 도희 역), 『문학 사학 철학』 제43·44호(대발해동양학연구원 한국불교사연구소, 2016년 봄), 74~93면.

채수한, 「원효의 일미개념의 의미탐구」, 김지견 편, 『원효대사의 철학세계』(서울: 민족사, 1989), 531~554면.

_____ , 「원효의 일미개념의 의미 탐구」, 『원효연구논총』(서울: 국토통일원, 1989), 555~581면.

채택수, 「『발심수행장』을 통해 본 원효대사의 계율사상」, 『수다라』 4(합천: 해인승가대학, 1989. 2), 54~67면.

_____ , 「신라시대의 정토교학」, 『한국정토사상연구』(서울: 동국대학교불교문화연구원, 1985), 51~116면.

_____ , 「원효의 계율사상」, 채인환, 『신라불교계율사상연구』(일본 동경: 국서간행회, 1977), 273~316면.

_____ , 「원효대사의 계율사상」, 김지견 편, 『원효대사의 철학세계』(서울: 민족사, 1989), 251~316면.

_____ , 「원효대사의 계율사상」, 『원효연구논총』(서울: 국토통일원, 1987), 583~613면.

_____ , 「和의 발심수행장」, 『불교문화』 4,1(일본 동경: 대학불교청년회, 1972).

_____ , 「원효의 계율사상」, 『불교학보』 32(서울: 동국대학교 불교문화연구원, 1995. 12), 51~84면.

_____(인환), 「계율소를 통해 본 원효의 신관」, 『원효학연구』 2(서울: 원효학회, 1997).

천명속도, 「『금강삼매경론』의 일고찰: 오의설을 중심으로 하여」, 『인도학불교학연구』 31,2(62)(일본 동경: 인도학불교학회, 1983. 3), 627~628면.

촌지철명, 「『유심안락도』 원효작설에의 의문」, 『인도학불교학연구』 31,2(62)(일본 동경: 인도학불교학회, 1960. 3), 45~46면.

최동희, 「원효의 본체관」, 『교육논총』 13(서울: 고려대학교 교육대학원, 1983. 12), 97~112면.

_____ , 「원효의 본체관」, 『철학논문집』(부산: 효정채수한박사화갑기념회, 1984), 115~138면.

_____ , 「원효의 본체에 관한 고찰: 일심·진여·생멸의 관계를 중심으로」, 김지견 편, 『원효대사의 철학세계』(서울: 민족사, 1989), 479~500면.

_____ , 「원효의 본체에 관한 고찰: 일심·진여·생멸의 관계를 중심으로」, 『원효연구논총』(서울: 국토통일원, 1987), 615~639면.

최무애, 「원효와 일본불교」, 『원효학연구』 제8집(경주: 원효학연구원, 2003), 5~37면.

최민홍, 「원효의 불교철학 연구」, 『한국철학연구』 2(서울: 해동철학회, 1972. 5), 7~30면.

최범술, 「『십문화쟁론』 복원을 위한 수집자료」, 『원효연구논총』(서울: 국토통일원, 1987), 967~1049면.

_____ , 「원효대사의 『반야심경』 복원소」, 『동방학지』 12(서울: 연세대학교 동방학연구소, 1971. 3), 281~306면.

_____ , 「원효대사의 반야심경복원소」, 김지견·채인환 공편, 『신라불교연구』(일본 동경: 산희방불서림, 1973), 319~358면.

_____ , 「원효대사의 『반야심경』 복원소」, 『불교사상』 1(서울: 불교사상사, 1973. 4), 39~61면.

최병헌, 「고려 불교계에서의 원효 이해: 의천과 일연을 중심으로」, 김지견 편, 『원효대사의 철학세계』(서울: 민족사, 1987), 641~664면.

_____ , 「고려 불교계에서의 원효 이해: 의천과 일연을 중심으로」, 양은용 편, 『원효연구논총』(서울: 국토통일원, 1987), 641~664면.

최성열, 「원효의 범망경보살계본사기 분석」, 『원효학연구』 4(서울: 원효학회, 1999), 141~221면.

최연식, 「원효의 화쟁사상의 논의방식과 사상사적 의미」, 『보조사상』 제25집(서울: 보조사상연구원, 2006), 405~461면.

_____ , 「원효『이장의』 은밀문의 사상적 특징」, 『동악미술사학』 제19호, 동악미술사학회, 2016.

최유진, 「원효에 있어서의 화쟁과 언어의 문제」, 『철학논집』 3(마산: 경남대학교, 1987. 2), 29~50면.

_____ , 「원효의 일심: 화쟁과의 연관을 중심으로」, 『철학논집』 4(마산: 경남대학교, 1987. 11), 23~53면.

_____ , 「원효의 화쟁사상」, 『철학논집』(마산: 경남대, 1987).

_____ , 「원효의 화쟁방법」, 『백련불교논집』 1(합천: 백련불교문화재단, 1991. 12), 227~247면.

_____ , 「금강삼매경론의 심식설」, 『원효학연구』 제11집(경주: 원효학연구원, 2006), 121~144면.

_____ , 「신라에 있어서 불교와 국가: 원효를 중심으로」, 『한국불교학』 제55집(서울: 한국불교학회, 2009), 41~68면.

_____ , 「원효와 노자」, 『원효학연구』 제9집(경주: 원효학연구원, 2004), 115~135면.

최재목, 「원효와 왕양명의 사상적 문제의식과 그 유사성」, 『한국불교사연구』 제6호 (한국불교사연구소, 2014년 가을·겨울), 215~246면.

최정석, 「발심과 서원: 춘원의 불교사상적 시가의 고찰」, 『국문학연구』 4(대구: 효성여자대학 국어국문학연구회, 1973. 9), 5~14면.

_____ , 「춘원과 대승불교사상: 작품 『원효대사』에서 보이는 것」, 『국문학연구』 1(대구: 효성여자대학교 국어국문학연구회, 1968), 173~187면.

최지승, 「원효의 불성사상」, 『원효학연구』 제11집(경주: 원효학연구원, 2006), 241~275면.

Faure, Bernard, 「몇 가지 사색: 사상으로서의 원효의 "생애"」, 『불교연구』 11·12합 (서울: 한국불교연구원, 1995), 173~223면.

판본행남, 「원효의 사교론」, 양은용 편, 『신라원효연구』(이리: 원광대학교출판국, 1979), 283~285면.

_____ , 「원효의 사교론」, 판본행남, 『화엄교학의 연구』(일본 동경: 평락사서점, 1956), 233~235면.

팔백곡효보, 「신라사회와 정토교」, 『사연』 7,4(일본 동경: 대총사학회, 1937), 115~164면.

_____ , 「신라승원효전고」, 『대정대학학보』 38(일본 동경: 대정대학, 1952. 7), 59~79면.

하정룡, 「원효의 골품에 대하여」, 『원효학연구』 제8집(경주: 원효학연구원, 2003), 39~57면.

_____, 「『송고승전』 원효 관련기사의 성격」, 『원효학연구』 제9집(경주: 원효학연구원, 2004), 127~163면.
한기두, 「용수와 원효의 사상:『중론』과 화쟁사상을 중심으로」, 『한국불교학』 20(서울: 한국불교학회, 1995. 10), 67~97면.
한명숙, 「원효『범망경보살계본사기』의 진찬여부 논쟁에 대한 연구(1)」, 『불교연구』 제42집, 한국불교연구원, 2015.
_____, 「원효『범망경보살계본사기』의 진찬여부 논쟁에 대한 연구(2)」, 『불교학보』 제75집, 동국대학교 불교문화연구원, 2016.
한상우, Ein hermeneutische interpretation des Leben und Denken Wonhyo's, 『교수논총』 2(청원: 한국교원대학교, 1990. 12), 323~354면.
한자경, 「유식불교의 실천론: 二障의 극복으로서의 해탈론」, 『동서문화』 제29집, 계명대 동서문화연구소, 1997.
한종만, 「원효의 현실관: 각 종요서를 중심으로」, 『논문집』 13(이리: 원광대학교, 1979), 7~24면.
_____, 「원효의 현실관」, 『원효연구논총』(서울: 국토통일원, 1987), 665~693면.
_____, 「원효의 원융회통 사상」, 『원효학연구』 제2집(서울: 원효학회, 1997), 157~169면.
_____, 「원효의 각 〈종요서〉에서 본 현실관」, 『원효학연구』 제5집(경주: 원효학연구원, 2000), 243~272면.
_____, 「원효는 삼십칠조도수행을 어떻게 보았는가」, 『원효학연구』 제8집(경주: 원효학연구원, 2003), 159~188면.
_____, 「『대승기신론』에 대한 원효의 화엄학적 이해」, 『원효학연구』 제6집(경주: 원효학연구원, 2001), 137~161면.
한태동, 「의상과 원효에 대한 소고: 민족연구의 일단면으로」, 『현대와 신학』 7(서울: 연세대학교 연합신학대학원, 1974. 11), 29~49면.
한태식(보광), 「원효의 정토교에 있어서 왕생의 문제」, 『원효학연구』 제7집(경주: 원효학연구원, 2002), 23~55면.
_____, 「(諸本對註)『내영원본 유심안락도』」, 『불교학보』 27(서울: 동국대학교 불교문화연구원, 1990. 12), 321~356면.
_____, 「내영원본『유심안락도』의 자료적 고찰」, 『불교학보』 27(서울: 동국대학교,

1990. 12), 185~204면.

_____ , 「내영원본의 「유심안락도」에 대하여」, 『인도학불교학연구』 37,2(74)(동경: 인도학불교학회, 1989), 653~657면.

_____ , 「송가에 나타난 원효사상」, 『동국논총』 31(서울: 동국대학교, 1994), 1~37면.

_____ , 「신라 원효의 미타증성게에 대하여」, 『인도학불교학연구』 43,1(85)(일본 동경: 인도학불교학회, 1994. 12), 267~272면.

_____ , 「원효의 정토관계 저술에 나타난 信觀」, 『원효학연구』 2(서울: 원효학회, 1997)

한형조, 「부정과 긍정의 변증법: 원효의 언어관」, 김지견 편, 『원효대사의 철학세계』(서울: 민족사, 1989), 607~629면.

_____ , 「부정과 긍정의 변증법: 원효의 언어관」, 『원효연구논총』(서울: 국토통일원, 1987), 695~720면.

허경구, 「원효의 미륵상생경관」, 『한국사상사: 석산한종만박사화갑기념논문집』(이리: 원광대학교출판국, 1991), 241~255면.

Hubert Dürt, Colloque Wonhyo, 『불교연구』 제11·12집(한국불교연구원, 1995. 11).

허영호, 「원효불교의 재음미」 1, 『불교』 신29(서울: 불교사, 1941. 5), 12~13면.

_____ , 「원효불교의 재음미」 7, 『불교』 신35(서울: 불교사, 1942. 4), 8~11면.

허인섭, 「대승기신론별기에 나타난 원효의 "여래장" 개념 이해」, 『철학사상』 9(서울: 서울대철학사상연구소, 1999).

협곡위겸, 「『기신론소』의 비교연구」 1, 『대조학보』 41(일본 동경: 임인회, 1905. 2), 18~24면.

_____ , 「신라의 원효법사는 과연 지상대사의 제자인가」, 『대조학보』 83(일본 동경: 임인회, 1908. 9), 19~25면.

_____ , 「신라의 원효법사는 과연 지상대사의 제자인가」, 양은용 편, 『신라원효연구』(이리: 원광대학교출판국, 1979), 5~11면.

혜곡융계, 「신라 원효의 『유심안락도』는 위작인가」(인도학불교학회, 1974. 12), 16~23면.

_____ , 「신라 원효의 정토교사상」, 혜곡융계, 『정토교의 신연구』(동경: 산희방불

서림, 1976), 71~92면.

_____, 「신라 원효의 정토교사상」, 양은용 편, 『신라원효연구』(이리: 원광대학교출판국, 1979), 599~620면.

_____, 「신라 정토교의 특성」, 『인도학불교학연구』 24,2(48)(일본 동경: 인도학불교학회, 1976), 1~8면.

혜정, 「『대승기신론』의 「수행신심분」에 대한 소고」, 『수다라』 8(합천: 해인사승가대학, 1993. 1), 310~322면.

홍정식, 「원효의 진속원융무애론」, 『철학사상의 제문제』 2(성남: 한국정신문화연구원, 1984), 353~381면.

홍재성, 「삼계교의 영향-원효와 행기를 생각한다」, 『인도학 불교학연구』 50-2, 일본인도학불교학회, 2002.

황성기, 「(원효대사 저)『발심수행장』 강화」, 『불교사상』 11(서울: 불교사상사, 1962. 9), 78~86면.

_____, 「(원효대사 저)『발심수행장』 강화」, 『불교사상』 12(서울: 불교사상사, 1962. 10·11), 126~138면.

황수영, 「신라 서당화상비의 신편: 건립 연대와 명칭에 대하여」, 『고고미술』 108(서울: 한국미술사학회, 1970. 12), 1~6면.

황용식, 「현대적 비전으로서의 원효사상의 핵심적 원리에 관한 한 고찰」, 『원효학연구』 제12집(경주: 원효학연구원, 2007), 47~97면.

황의돈, 「원측법사와 원효대사」, 『불교사상』 11(서울: 불교사상사, 1962. 9), 32~35면.

횡초혜일, 「신라 원효찬『이장의』연구·원문」, 『효성조명기박사추모 불교사학논문집』(서울: 동국대학교출판부, 1988), 424~550면,

_____, 「원효의『이장의』에 대하여」, 『동방학보』(동경), 11,1(일본 동경: 동방학회, 1940. 3), 142~154면.

_____, 「원효의『이장의』에 대하여」, 『아시아공론』(서울: 아시아공론사, 1980. 3), 110~111면.

_____, 「원효대사의『이장의』에 대하여」, 『원효연구논총』(서울: 국토통일원, 1987), 753~766면.

4. 박사학위논문

강상원, 「일미관행에 있어서 중도관에 관한 연구: 『금강삼매경론』을 중심으로」(서울: 동국대학교 대학원, 1994), 박사학위논문.

강영계「Prinzip und Methode in der Philo'sophie Wonhyo's」, (Germany: Diss Wii, 1981), 박사학위논문.

고익진, 「한국고대불교사상사 연구」(서울: 동국대학교 대학원, 1987), 박사학위논문.

김도공, 「원효의 수행체계 연구」(익산: 원광대학교 대학원, 2001), 박사학위논문.

김병환(원영), 「원효의 금강삼매경론 연구: 관행을 중심으로」(서울: 동국대학교 대학원, 1997), 박사학위논문.

김상백(도각), 「동작명상치료프로그램이 시설청소년의 부적 정서와 대인관계에 미치는 효과-원효 무애춤을 중심으로」(서울: 동방대학원대학교 자연치유학과 명상치료학전공, 2008. 12), 박사학위논문.

김수정(법성), 「원효의 번뇌론 체계와 일승적 해석」(서울: 동국대학교 대학원 불교학과, 2016.8), 박사학위논문.

김영미, 「신라 아미타신앙 연구」(서울: 이화여자대학교 대학원, 1991), 박사학위논문.

김영일, 「원효의 화쟁논법 연구」(서울: 동국대학교 대학원, 2008), 박사학위논문.

김원명, 「원효『열반경종요』의 열반론 연구」(서울: 한국외국어대학교 대학원, 2006) 박사학위논문.

김종의, 「원효의 사상체계에 관한 연구」(부산: 부산대학교 대학원, 1992. 2), 박사학위논문.

김종인(Kim, Jong-in), *Philosophical Contexts for Wonhyo's Interpretation of Buddhism*, Stony Brook University, 2002; Jimoondang, 2004.

김준형, 「원효의 교판관 연구」(서울: 동국대학교 대학원, 1986. 2), 박사학위논문.

김현준, 「원효의 심성론에 관한 분석 심리학적 연구」(대구: 경북대학교 대학원, 1994. 2), 박사학위논문.

남동신, 「원효의 대중교화와 사상체계」(서울: 서울대학교 대학원, 1995. 8), 박사학위논문.

등 능성(후지 요시나리), 「원효의 정토사상 연구」(서울: 동국대학교 대학원, 1995), 박사학위논문.

Robert E. Buswell Jr., 「Korean origin of The Vajrasamadhi-sutra」(Cal.: Univ.

of Cal, Berkeley, 1985), 박사학위논문.
박쌍주, 「원효의 陶冶觀 연구」(경산: 영남대학교 대학원, 1996. 8), 박사학위논문.
박성배, 「Wonhyo's commentaries on the awakening of faith in Mahayana」, Cal.: Univ. of Berkeley, 1979), 박사학위논문.
박영호, 「이상의 연작시 오감도 연구: 원효의 세계관을 원용하여」(공주: 공주대학교 대학원, 2016), 박사학위논문.
박태원, 「『대승기신론』사상에 관한 연구: 고주석가들의 관점을 중심으로」(서울: 고려대학교 대학원, 1991), 박사학위논문.
박희서, 「원효에 있어서 정토사상 성립과 실현의 의의」(대구: 영남대학교 대학원, 2003), 박사학위논문.
복사자임, 「원효 저술이 한중일 삼국불교에 미친 영향」(익산: 원광대학교 대학원, 2001), 박사학위논문.
석길암, 「원효의 보법화엄사상 연구」(서울: 동국대학교 대학원, 2003), 박사학위논문.
孫知慧, 「近代日韓仏教の交渉と元曉論」(日本 關西: 關西大學大學院 東アジア文化 硏究科, 平成 26(2014)年 3月), 박사학위논문.
신옥희, 「Understanding of faith in Wonhyo and Karl Jaspers and its significance for the Christian faith in Korea」, Swis.: Basel Univ., 1976. 1), 박사학위논문.
오영봉(법안), 「Wonhyo's theory of harmonization」(N.Y.: New York Univ., 1988), 박사학위논문.
윤용섭, 「원효의 심신전변이론과 그 교육적 의미」(서울: 성균관대학교 대학원, 2006), 박사학위논문.
은정희, 「『기신론소』·『별기』에 나타난 원효의 일심사상」(서울: 고려대학교 대학원, 1983. 2), 박사학위논문.
이경열, 「원효의 의사소통관: 화쟁론을 중심으로」(서울: 성균관대학교 대학원, 2007), 박사학위논문.
이범홍, 「신라불교여래장사상연구: 원효의 여래장사상을 중심으로」(동경: 구택대학 대학원, 1989), 박사학위논문.
이병학, 「원효의 『금강삼매경론』 사상 연구」(서울: 국민대학교 대학원, 2009), 박사학위논문.

이정희, 「원효의 수행체계 연구」(서울: 동국대학교 대학원, 2006), 박사학위논문.
이평래, 「신라불교 여래장사상연구: 원효의 여래장사상을 중심으로 하여」(일본 동경: 구택대학, 1986), 박사학위논문.
이효령, 「원효의 교육사상에 관한 연구」(서울: 건국대학교 대학원, 1996. 2), 박사학위논문.
장휘옥, 「신라 정토교의 연구」(일본 동경: 동경대학, 1988), 박사학위논문.
정원용, 「원효의 평화사상과 그 실현방안 연구」(서울: 동국대학교 대학원, 2008), 박사학위논문.
정지원, 「원효 정토신앙의 배경과 구조에 관한 연구」(이리: 원광대학교 대학원, 2014), 박사학위논문.
정철호, 「원효의 정토신앙과 사상에 관한 연구:『무량수경종요』를 중심으로」(부산: 동아대학교 대학원, 1997), 박사학위논문.
정희숙, 「'각'과 '선성'에 대한 교육학적 의미: 원효와 루소를 중심으로」(서울: 이화여자대학교 대학원, 1985. 2), 박사학위논문.
좌등번수(사또 시게끼), 「원효에 있어서 화쟁의 논리:『금강삼매경론』을 중심으로」(서울: 동국대학교 대학원, 1993), 박사학위논문.
Jong-in Kim, Philosophical Contexts for Wonhyo's Interpretation of Buddhism, Stony Brook University, 2002.
채한숙, 「원효 화쟁사상에 의거한 무애춤의 현대적 재현 연구」(대구: 영남대학교 대학원, 2012), 박사학위논문.
천병영, 「『대승기신론소별기』에 나타난 교육사상」(진주: 경상대학교 대학원, 2004), 박사학위논문.
최유진, 「원효의 화쟁사상 연구」(서울: 서울대학교 대학원, 1988. 8), 박사학위논문.
최원호(Choi, Won Ho), 「존재론의 근거와도 같은 일심: 원효의 대승기신론소별기의 일심에 관한 연구, 해제와 번역」(Paris: EPHE, 2015), 박사학위논문.
한태식, 「신라 정토사상의 연구」(일본 경도: 경도불교대학, 1989. 2), 박사학위논문.

5. 석사학위 논문

강옥희, 「원효의 윤리관」(부산: 동아대학교 교육대학원, 1985. 8), 석사학위논문.
고점용, 「원효의 『대승기신론 소·별기』에 나타난 실천덕목」(제주: 제주대학교 교육대학원, 1988. 2), 석사학위논문.
권태훈, 「원효의 윤리관: 『보살계본지범요기』를 중심으로」(서울: 고려대학교 교육대학원, 1989. 8), 석사학위논문.
김경집, 「원효의 정토관 연구」(서울: 동국대학교 대학원, 1991. 2), 석사학위논문.
김명숙, 「원효의 『이장의』에 대한 연구」(서울: 동국대학교 대학원, 1997. 8), 석사학위논문.
김병환(원영), 「원효의 『대승육정참회』 연구」(서울: 동국대학교 대학원, 1988. 2), 석사학위논문.
김부룡(승원), 「원효의 일승사상 연구」(서울: 동국대학교 대학원, 1998), 석사학위논문.
김상래, 「원효와 보조의 인간관 비교 연구」(서울: 동국대학교 교육대학원, 1992. 2), 석사학위논문.
김성환, 「원효의 대승사상에 관한 연구」(서울: 경희대학교 대학원, 1976), 석사학위논문.
김수정, 「이장번뇌에 대한 연구: 원효의 『이장의』와 『기신론소별기』를 중심으로」(서울: 동국대학교 불교대학원, 1994), 석사학위논문.
김영경, 「『대승기신론』의 아려야식에 관한 연구」(서울: 동국대학교 대학원, 1991), 석사학위논문.
김영숙(일돈), 「원효의 열반종요에 나타난 회통원리에 관한 연구」(서울: 동국대학교 대학원, 1998), 석사학위논문,
김영희, 「『기신론』 주석서의 제칠말라식에 대한 연구: 원효의 『소』와 법장 『의기』를 중심으로」(서울: 동국대학교 대학원, 1989. 8), 석사학위논문.
김은영, 「원효 『열반종요』의 화회사상 연구」(서울: 동국대학교 대학원 불교학과, 2009), 석사학위논문.
김종인, 「중관을 통해 본 원효철학」(서울: 서울대학교 대학원, 1994. 2), 석사학위논문.
김주후, 「원효의 훈습론 연구」(서울: 동국대학교 대학원, 2012. 2), 석사학위논문.
김항배, 「본각과 시각에 대한 연구: 원효의 『해동소』를 중심으로」(서울: 동국대학교 대학원, 1964), 석사학위논문.

김현준, 「Bhagavad-Gita와 『대승기신론·소』의 비교 연구」(서울: 동국대학교 대학원, 1979. 2), 석사학위논문.
김현철, 「원효의 무애행 연구」(청주: 청주대학교 대학원, 1997), 석사학위논문.
김형희, 「현존 찬소를 통해 본 원효의 『화엄경』관: 「소서」와 「광명각품소」를 중심으로」(서울: 동국대학교 대학원, 1981. 2), 석사학위논문.
남동신, 「원효의 교판론과 그 불교사적 위치」(서울: 서울대학교 대학원, 1988. 2), 석사학위논문.
류승주, 「원효의 반야공관과 중도론에 대한 연구: 『대혜도경종요』를 중심으로」(서울: 동국대학교 대학원, 1993), 석사학위논문.
박규보, 「원효의 화쟁론 연구」(부산: 동아대학교 대학원, 1996), 석사학위 논문.
박균길, 「원효의 십문화쟁사상에 대한 연구」(서울: 동국대학교 교육대학원, 1993), 석사학위논문.
박철용, 「분황 원효의 『반야심경』 연구」(서울: 동국대학교 불교대학원, 2016.2), 석사학위논문.
석길암, 「원효사상의 체계와 실천적 성격에 대한 연구」(서울: 동국대학교 불교대학원, 1993. 8), 석사학위논문.
송진현, 「『대승기신론소』·『별기』에 나타난 원효의 심식사상 연구」(서울: 고려대학교 교육대학원, 1991. 8), 석사학위논문.
안성두, 「원효의 여래장 분립이유에 관한 연구」(성남: 한국정신문화연구원, 1981), 석사학위논문.
안종서, 「원효의 윤리사상과 그 실천행에 관한 연구: 보살계본지범요기를 중심으로」(서울: 동국대학교 대학원, 1983), 석사학위논문.
양예승, 「원효의 교육사상」(광주: 조선대학교 교육대학원, 1983), 석사학위 논문.
염준성, 「원효의 화쟁사상에 나타난 관계론적 사유에 관한 연구」(서울: 동국대학교 대학원, 2008), 석사학위논문.
오옥렬, 「원효사상의 현대윤리적 의미에 관한 연구」(청원: 한국교원대학교 대학원, 1997), 석사학위논문.
오지섭, 「『대승기신론』의 진여훈습설 연구」(서울: 서강대학교 대학원, 1986), 석사학위논문.
울만 파트리크, 「원효의 열반관과 불성관에 대한 연구」(서울: 동국대학교 대학원,

1997), 석사학위논문.
이경원, 「원효와 지눌의 심체론 비교 연구」(서울: 동국대학교 불교대학원 불교학과, 2001), 석사학위논문.
이미령, 「원효·법장의 기신론관 비교연구」(서울: 동국대학교 대학원, 1993. 8), 석사학위논문.
이송곤, 「원효의 대중교화 연구」(서울: 동국대학교 대학원, 1988. 8), 석사학위논문.
이수영, 「원효의 윤리사상에 대한 고찰: 현존 율전을 중심으로」(인천: 인하대학교 대학원, 1989. 8), 석사학위논문.
이양희, 「원효의 여래장사상 연구」(성남: 한국정신문화연구원, 1983), 석사학위논문.
이정희, 「원효가 본 이장 체성에 관한 연구:『이장의』를 중심으로」(서울: 동국대학교 대학원, 1992. 2), 석사학위논문.
이진호, 「원효사상과 현대물리학의 비교연구」(서울: 건국대학교 교육대학원, 1985. 8), 석사학위논문.
이채연, 「원효의 화쟁론에 대하여」(광주: 조선대학교 대학원, 1992. 2), 석사학위논문.
임 혁, 「과학철학의 신관과 원효의 불교관의 비교연구」(서울: 연세대학교 교육대학원, 1987. 2), 석사학위논문.
장은진, 「원효의『무량수경종요』에 나타난 信의 연구」(서울: 동국대학교 대학원, 2003), 석사학위논문.
장휘옥, 「신라 미타정토의 사적 고찰」(서울: 동국대학교 대학원, 1981), 석사학위논문.
전미희, 「원효의 신분과 그의 활동」(서울: 서강대학교 대학원, 1988. 2), 석사학위논문.
정영근, 「覺의 두 가지 장애: 원효의『이장의』를 중심으로」(성남: 한국정신문화연구원, 1981), 석사학위논문.
정용미, 「원효의 정토사상: 정토왕생인을 중심으로」(부산: 동의대학교 대학원, 2004), 석사학위논문.
정판규, 「신라시대 미타정토왕생사상사 연구」(서울: 동국대학교 대학원, 1965), 석사학위논문.
정희숙, 「교육철학적 지평으로서의 원효사상」(서울: 이화여자대학교 대학원, 1981. 2), 석사학위논문.
조미경, 「원효사상의 사회적 기능에 대한 고찰: 대중교화활동을 중심으로」(서울:

성균관대학교 교육대학원, 1991. 8), 석사학위논문.

조상희, 「원효의 여래장사상에 관한 연구: 『대승기신론소』・『별기』를 중심으로」(부산: 동아대학교 대학원, 1992. 2), 석사학위논문.

조은수, 「『대승기신론』에 있어서의 깨달음의 구조」(서울: 서울대학교 대학원, 1986. 8), 석사학위논문.

조은영, 「원효의 일심사상에 관한 연구: 『대승기신론소』・『별기』를 중심으로」(서울: 한국외국어대학교 교육대학원, 1992. 2), 석사학위논문.

조재환, 「『유심안락도』의 현대적 고찰: 『유심안락도』는 신라 불국토 건설의 표석이다」(서울: 건국대학교 교육대학원, 1984), 석사학위논문.

최건업, 「대승기신론의 지관체계 연구」(서울: 동국대학교 불교대학원, 2014.2), 석사학위논문.

최영삼, 「대승기신론의 여래장연기설 연구」(서울: 동국대학교 대학원, 2013.2), 석사학위논문.

최유진, 「원효의 일심사상」(서울: 서울대학교 대학원, 1980. 2), 석사학위논문.

최윤정, 「일심이문에 나타난 인식 양상의 연구: 원효의 『대승기신론소・별기』를 중심으로」(성남: 한국정신문화연구원, 1996), 석사학위논문.

한경희, 「원효의 미타정토사상 연구: 특히 『유심안락도』를 중심으로」(경산: 영남대학교 대학원, 1974), 석사학위논문.

한영란, 「원효의 화쟁사상의 현대적 의의에 관한 연구」(청원: 한국교원대학교 대학원, 1994. 2), 석사학위논문.

허경구, 「원효의 미륵신앙 연구: 『미륵상생경종요』를 중심으로」(서울: 동국대학교 대학원, 1989. 2), 석사학위논문.

허 웅, 「『이장의』의 수행론과 화쟁론」(서울: 한국정신문화연구원, 2000), 석사학위논문.

찾아보기

【ㄱ】
가능성 204
가명假名 170
「가섭품」 128
가야산 해인사 80
가야연맹 116
가행위(加行位, 수행의 진전) 253
각覺 203, 205, 210, 241
각승 65
각오覺悟 328
각의覺義 19
간경 143
간기刊記 30
간절함 324
갈애 215
감춰진 달 260
개경 연기開經緣起 57
개유불성皆有佛性 163
개유불성설 125, 160, 163
개체성 119
개합 자재 304
객체의 법계 259
거경居敬 277, 278, 280, 294, 298, 300
거경의 수양론 304, 305

건국대학 100
『겁의劫義』 52
격물 299
격의格義 114
견등見登 75, 87, 177
견등의 『기신론동이약집』 109
결사結社 320
결정본성決定本性 229
결정성決定性 202, 216, 217, 221, 222, 223, 224, 228, 233, 234, 235, 236, 239, 245, 303
결정성의 경지 226
결정성지決定性地 222, 224, 233, 236
결정실제決定實際 222, 233, 236
결정심決定心 320
결정요의決定了義 222, 233, 236
결정의 본성 202, 222, 234, 235, 245
결정처決定處 222, 233, 236
겸수兼修 143, 313, 336
겸언兼言 299
겸익謙益 115, 117
경敬 276, 279, 295
경敬 개념 306
경 개념의 지형 304

'경敬' 사상 305
경계상(現相) 20
경교經敎 117
경기대학 88
경기상고 100
경기학원 88
경남도경찰국 92
『경론중제의계문經論中諸義誡文』 51
경문 풀이(消文) 58, 59
경성제국대학 88
경의敬義 280, 281, 298
경의 실천(居敬, 持敬) 280
「경재잠」 297, 300
「경재잠도」 296
경전관經典觀 57
경전한역經典漢譯 26
경전해석학 26
경종經宗 57
경종의 제시 58
경중문輕重門 64
경증經證 132, 315
경학 279
경흥憬興 23
계문戒門 315
계분별界分別 309
계신戒愼 290
계율戒律 119
계율과 기신 287

계율사상 117
계율학 115
『계초심학인문誡初心學人文』 69
계탁計度 293
계회契會 142
고락苦樂중도 216
『고려 대각국사와 천태사상』 88
고려대장경 75, 157
「고선사서당화상비高仙寺誓幢和上碑」
  79, 148, 121, 152
「고선사서당화상비문高仙寺誓幢和上
  碑文」 72
고성교목록古聖敎目錄 37
고유성 112, 113, 141, 145, 146
고조선 112
고타마 붓다 114, 214
고통감 248
골방 33
공(무)설(손감) 164
공간적 차이 271
공관 119
공관空觀염불 312
공구恐懼 290
공덕 331
공설 166
공성空性 185, 280
공유空有 221
공유 이집空有異執 84, 86, 87, 183

찾아보기 419

공유空有의 이집二執 161, 166
공유空有체계 145
공유이집화쟁문空有異執和諍門 68, 98, 100, 161, 164
공인 116
공존 248
공집空執 164, 168
과성果成 329
과위果位 139, 140
관(觀, vipassanā) 299, 306
관고官誥 149
관륵觀勒 116
『관무량수경』 318, 321, 324, 334
『觀無量壽經』 314
관법 306
관불관 312
관상觀像 307, 329
관상觀想 307
관상觀像염불 327
관상觀想염불 335
관심 332
「관심품觀心品」 61
관조반야觀照般若 60
관행觀行 225, 306
광명상(光明想, ālokasaññam) 309
광명光明학원 92
『광백론종요廣百論宗要』 50
『광백론지귀廣百論旨歸』 50

『광백론촬요廣百論撮要』 50
광엄廣嚴 144, 258
광휘光輝 302
교기종치문敎起宗致門 64
교문敎門 219, 220, 221
『교분기원통초』 87, 89, 98, 101, 106, 109
敎分圓通鈔 96
교상판석敎相判釋 26, 53
교장敎藏 77
교체를 밝히다(明敎體) 62
교파敎派 83
교판敎判 29, 34, 47, 62
교판상 35
교학敎學 142
교학敎學불교 115
구경究竟 34, 131
구경요의究竟了義 28
구경요의교究竟了義敎 27
구경위(究竟位, 수행의 완수) 253
구경지범문究竟持犯門 64
구극적 진리(了義敎) 26
『구도비유론求道譬喩論』 48
구도자 288
구락求樂 135, 181
구룡丘龍 125, 159
구룡화상丘龍和尙 159
구마라집鳩摩羅什 114, 119, 151

구불求佛 331
구사俱舍 23, 47, 53
구시구비俱是俱非 155
구식九識 202, 210, 240
구식설 193, 200, 212, 213, 245, 246, 255
구식九識의 담론 193
구식의 존재 200
구심求心 221, 331
구심의 아마라식 247
구심점 221, 247
구업의 찬탄문 313
구역 유식 200, 254
구역(無相) 151, 187
구역舊譯 119
구역舊譯 경론 47
구역舊譯 유식唯識 199
구족성 322
구행口行 312
국간 장경 75
국간장國刊藏 157
궁극 34
궁극의 표준(窮常) 259
궁리窮理 277, 278, 280, 294, 298, 300
궁리의 수양론 304
궁리의 학문론 304, 305
권수이익분勸修利益分 65, 66
권청 215

귀경게歸敬偈 219
귀명歸命 195
귀원歸源 277, 278, 301, 303
귀원의 진리론 304, 305
귀원의 학문론 289
귀일심원 303, 307
균여均如 75, 125, 142, 179
그렇지 않음의 지극한 그러함(不然之大然) 287
극과極果 136, 181
극화劇化 216
근대近代 111
근본서원根本誓願 317
근본적 관점(隱密門) 160
『금강반야경소金剛般若經疏』 48
『금강반야의결金剛般若義決』 48
『금강반야지사金剛般若指事』 48
금강산에서 운악雲岳 100
금강삼매金剛三昧 21
『금강삼매경金剛三昧經』 18, 44, 65, 212, 213, 217, 222, 233, 245, 246
『금강삼매경론金剛三昧經論』 32, 43, 52, 55, 72, 77, 94, 108, 123, 159, 193, 200, 223, 226
『금강삼매경론기』 43
『금강삼매경론소』 43
금강지 316
금강지(大圓鏡智) 226, 236

금강지金剛地 이상 316
『금고경』 173
금관가야 116
『금광명경』 285
『금광명경소金光明經疏』 32, 51
『금광명경찬요金光明經讚要』 51
『금광명경최승약소金光明經最勝略疏』 51
『금사자장광현초』 162
긍정 183
긍정종합 155, 183
기신 일심起信一心 54, 284
『기신론』 29, 66, 180, 206, 230
『기신론(해동)별기』 86, 99
『기신론起信論동이약집』 86, 87, 89, 99, 101, 106, 107, 109, 110
『기신론별기』 101
『기신론소』 101
『기신론이장장』 43, 67
『기신론해동소起信論海東疏』 65
기질지정 294
길장吉藏/혜사慧思 284, 285
길장吉藏/혜사慧思의 무쟁無諍 118, 147
길흉 302
김범부 92
김법린金法麟 92
김부식 149
김상현金相鉉 37, 43

김영주金瑛周 73
깊은 마음(深心) 334
깊은 믿음(深心) 320
끊어짐이 없는 염불 322

【ㄴ】

나무아미타불南無阿彌陀佛 322
날개가 짧은 새(短翮) 265
남반구 247
남북문제 247
남북조南北朝 23
남북통일 262
남양만南陽灣 16
남언경南彦經 292, 293
남조 115
남헌南軒 장식張栻 296
낭지朗智 15
내불외살內佛外薩 301, 304
내성외왕內聖外王 295, 301, 304
내외內外 282, 298
넓은 마음 250
네 가지 비방(四謗) 234
네 가지 정토의 과덕 315
녹원(아함)시(12년) 26
논論 77
논란 151
논증論證 132, 315
눌지왕訥祇王 116

『능가경』 19, 132, 206, 230, 240, 285
『능가경소楞伽經疏』 32, 43, 49
『능가경요간楞伽經料簡』 32, 49
『능가경종요楞伽經宗要』 32, 49
능견상(轉相) 20
능동성 294
능인能因 135, 181

【ㄷ】
다솔사 92
다솔사 전문강원 92
단견斷見 218
단국대학 100
단멸 186
단멸과정 183
단상斷常 중도 216
단핵短翮 264
『달마계본達磨戒本』 64
달마바라達磨婆羅 화상 92
담란曇鸞 324
담연湛然 326
담화曇和 47
당과當果 181
당래當來 140
대가야 116
대각大覺 136, 181
대각국사 대장화사大藏化士 이거인李居仁 80

大覺國師 文獻 95
대곡대학 44
대륙과 열도 143
대방大方 258
대방광大方廣 258
대방광불화엄大方廣佛華嚴 258
대방광불화엄경 259
『대방등대집경』 285
『대법론소對法論疏』 48
대비원력大悲願力 325, 332
『대소승경율론소기목록大小乘經律論疏記目錄』 37
대승大乘 282, 283, 284
대승과 소승을 널리 포용 316
『대승관행(문)大乘觀行(文)』 49
『대승기신론大乘起信論』 17, 43, 54, 66, 124, 158, 191, 194, 196, 197, 199, 200, 203, 204, 210, 212, 213, 217, 223, 229, 240, 244, 245, 246, 254, 255, 283, 284, 285, 286, 288, 304, 315, 325
『대승기신론대기大乘起信論大記』 50
『대승기신론동이약집』 125, 159, 177, 179
『대승기신론별기大乘起信論別記』 50, 55, 66, 77, 108
『대승기신론사기大乘起信論私記』 50
『대승기신론소大乘起信論疏』 32, 50,

55, 77, 108, 123, 159, 192, 193, 222, 233, 283
『대승기신론요간大乘起信論料簡』 50
『대승기신론이장의二障義』 50
『대승기신론일도장大乘起信論一道章』 50
『대승기신론종요大乘起信論宗要』 50
『대승동경』 285
대승법大乘法 195, 283
대승보살계大乘菩薩戒 64
대승불교 116, 312
『대승육정참회大乘六情懺悔』 52
대승윤리 29, 30
대승윤리관 61, 64
대안大安 18
대언對言 299
대요 60
대원大圓선원 원장 103
대원경지大圓鏡智 194, 210, 211, 212, 237, 243, 254
대의大意 57, 60, 62, 63
대의문大意文 56, 57, 77
대인大人 302
대정대학 92, 103
대중화 337
대지大地 316
대지도大智度 27
『대지도론』 27

대치사집對治邪執 43
대치품對治品 67
『대품반야』 27
『대품반야경』 285
『대품반야』·『법화』·『열반』·『화엄』 28
『대학』 298
「대학도」 296
대한불교단체 92
대한시대 336
대혜도 60
대혜도경 27
『대혜도경소大慧度經疏』 48
『대혜도경종요大慧度經宗要』 27, 48, 94
더 큰 나(眞我) 270
더 큰 대긍정(眞我) 268
덕상德相 129
덕성 312
『덕이본단경』 331
데케이드(decade) 248
도덕성 293
도리(道理, 實理) 123, 128, 139
도생공道生公 126
도승度僧 143
도입부 312
도작道綽 324
도장道藏 116, 117
도제道諦 127

독립운동 92
독서 298
돈頓-점漸-비밀秘密-부정不定 26
돈오돈수 330
돈오돈수란 대목 330
돈오점수 330
돈점오시頓漸五時 27
『돈황본단경』 330
돌아가는 것(歸一心源) 229
동動의 방법론 291
동감(董監, 國刊 藏經 2부) 75
동국대 불교문화연구소 37
동국대학교 88, 100
『동문선東文選』 150
『동사열전』 73
동서문제 247
동시구기同時俱起 257
동시무애同時無碍 257
동악 고덕 55
동양대학 88
동정動靜 218, 221, 282, 297, 298
동티(動土: 地神의 노여움) 16
드러난 달 260
득과품得果品 67
디그하 니카야 309
땅막 16, 267
때 묻고 더러운 측면(心生滅門) 267

【ㄹ】
르네상스 111

【ㅁ】
마두라국 47
마라난타摩羅難陀 115
마명 283, 285
마음 본성 213
『마음의 고향』 326
마음의 근원 202
마음의 동정 291
마음의 주재성 281
마중물 59, 224, 246
마하반야바라밀 60
만교滿敎 28, 30
만당卍堂 92
만덕萬德 129, 159
만업滿業 319
망 307
망식妄識 255, 284, 303
망심妄心 250
매개항(和諍會通) 204, 229
『맹자』 298, 301
멸신滅身 117
멸제滅諦 127
멸진지(kyayañāṇa, 滅盡智) 310
명관明觀 117
명성여자학교(현 동대 부속중여고) 92

명종 149
명혜 고변明惠高辨 162
명호名號 명자名字 306
모습(相) 283
몸과 마음의 본체 264
몸의 경안(passaddhikāyo, 輕安) 310
묘관 119
묘관찰지妙觀察智 210, 237, 243
묘무 186
묘용妙用 172
묘유 186
묘향산 보현사 75
무기無記 138
무덤(鬼鄕) 16
『무량수경』 315, 318
『無量壽經』 314
『무량수경사기無量壽經私記』 52
『무량수경소無量壽經疏』 52
『무량수경요간無量壽經料簡』 52
『무량수경종요無量壽經宗要』 32, 52, 63, 314, 316, 318, 336
『무량수경』의 상배, 중배, 하배 334
『무량수경』의 제18원 318
『무량수경』의 종치宗致 315
무량수국 316
무량수불無量壽佛 63, 322
『무량의경종요無量義經宗要』 51
무량의종無量義宗 21

무량제불 331
무론 174, 175, 182, 184
무루無漏의 지혜 278
무명 195, 206, 211, 215, 228, 241, 246
무명업상業相 20
무분별심인 진심 256
무분별지 20
무상無常 130, 307
무상시無相時 27
무상품無上品 67
무생의 반야(無生般若) 225
「무생행품」 224
무성 87
무성 유성無性有性 86, 87
무성론 174, 175, 176, 188
무성유성화쟁문無性有性和諍門 98
무소불립無所不立 21
무소불파無所不破 21
무속(神敎) 112, 145
무심 256
무아無我 256
무애無碍 18, 78, 80, 151, 191, 257, 258, 281, 306
무애논사無碍論師 150
무애성사無碍聖師 150
무애無碍 실천 24
무애행 289
무욕(virāga, 離貪) 310

무위無爲 293
무이無二 215, 219
무작위 294
무장무애無障無礙 263, 265, 273, 274
무장애설 130
무쟁無諍 284, 285
「무쟁비無諍碑」 72, 150
무적 300
무정 208
무정물 209, 213, 232, 246
무종파 지향 147
무종파성 146
무주 청화無住清華 307
무주보살 225, 228
무지의 장애 66
무차대회無遮大會 327
무착無著 82, 186
무출시이無出是二 21
무한성 262, 263, 273, 274
무한한 교법 187
무한한 진리 161
묵/흑호자(墨/黑胡子) 114
묵호자墨胡子 116
문 없는 문(普門) 265, 274
문門 151
문선文善 16, 55
『문수설반야경』 325, 331
문아 원측文雅圓測 23

문의文意 138
문자반야文字般若 60
문자향文字香 33
문체론 58
문학박사 88
물리적 비빔 118, 145, 147
물리적인 경계 262
물리적인 분단 248
물상物像 172
물심物心 220
『미륵경서彌勒經序』 50
『미륵발문경』 318, 333
『미륵발문경』에 설해진 범부 336
『미륵상생경』 62
『미륵상생경소』 123, 159
『미륵상생경종요彌勒上生經宗要』 50, 94
『미륵상하생경소彌勒下生經疏』 50
미미한 티끌(隣虛) 269
미발 291, 292, 293, 304
미발(未發, 寂) 297
미발未發 인식 306
미발론 294
미발지중未發之中 292, 293
미발체인론 291
미인美人 302
미자微義 264
미추왕 116

『미타경서彌陀經序』 52
미타정토왕생彌陀淨土往生 63
「미타증성게彌陀證性偈」 52, 69, 314
민족웅비 262
믿음(深心) 319
믿음을 성취 315
밀 142
밀교密教 23, 46, 53
밀학密學 23, 120

【ㅂ】
바라문교 216
바른 견해(正見) 187
바른 관찰 119
바른 통찰(和觀) 148, 187
박근혜 정부 248
박민헌朴民獻 292
박열(朴烈, 爓植, 準植) 91
박종홍 103, 106
박흥곤朴興坤 91
밖이 없는 것(無外) 269
반도半島 143
『반야경』 30
반야론 186
반야시(21/22년) 26
『반야심경복원소』 74
『반야심경소般若心經疏』 48
반야와 법화 34

『반주삼매경소般舟三昧經疏』 52
『반주삼매경약기般舟三昧經略記』 52
발 293
발보리심發菩提心 268, 273, 315, 325, 332, 333, 337
발심 219
발심구근發心久近 62
『발심수행장發心修行章』 53
발전發展 313, 336
발효 118
『방광경소方廣經疏』 49
방등교 115, 117
방등시(8년) 26
방소方所 127
방편적 진리(不了義教) 26
백가百家 83, 137, 149, 154
백골관 309
백련사百蓮社 69
「백록동규도」 296
백론 82
백운 이규보白雲 李奎報 72, 149
번뇌의 장애 66
번뇌장煩惱障 67
『범망경』 30
『범망경보살계본사기梵網經菩薩戒本私記』 44, 51, 168
『범망경소梵網經疏』 51
『범망경약소梵網經略疏』 51

『범망경종요梵網經宗要』 51
범부 186, 194, 199, 212, 318
범어사 92
범천 215, 216
범해 각안梵海 覺岸 73
법계法界 256, 257, 258, 259, 264, 265, 269
법계(dharma-dhatu) 268
법계法界에 항상 머물러 있다 233
법계로서의 자연 257
법계의 끝없음 259
법계의 법문이란 265
법문 124
법문의 대요 326
법보 311
법상法相 23, 142
법상과 계율 47
법상종 27
법상학 120, 254, 313
법성法性 132, 195, 228, 235, 238, 256, 257
법신法身 130
법신불 208, 232
법신불의 속성 232
법신法身염불 312
법신의 실상 329
법신의 실상에 계합 329
법신자리 329

법아견 221
법운法雲 100, 126
법운 이종익法雲 李鍾益 75, 100
법이종자法爾種子 135, 181
법장法藏 66
법장보살 323
법집法執 152, 187, 220, 221
『법집별행록절요병입사기법집別行錄節要並入私記』 69
법체法體 219, 220, 221, 257, 283
법화(8년)·열반(1일 1야) 26
법화(열반)경 26
법화(천태) 53
법화法華 119
『법화경』 28, 29, 60
『법화경과 나』 89
『법화경방편품요간法華經方便品料簡』 51
『법화경요약法華經要略』 51
『법화경종요法華經宗要』 27, 51, 77, 84, 99, 101, 106, 108, 109
『법화소法花疏』 51
『법화약기法花略記』 51
『법화약술法花略述』 51
법화와 화엄 47
법화학 116, 120
법흥왕法興王 116, 272
변계소집遍計所執 173, 253

『변중변론소辯中邊論疏』 49
변화 197, 209, 213
별교別敎 28, 30
별상別相 196
별원別願 317
병관倂觀 142
보덕普德 115, 117
보리菩提 127, 138
보리달마남종정시비론菩提達磨南宗定
　是非論 327
「보리달마전」 326
보리심 319
보리심정인菩提心正因 63
보리유지 삼장 254
보법普法 29, 30, 54, 142, 144, 260
『보법기普法記』 52
보살 186, 301, 302, 303
『보살계본사기』 94
『보살계본지범요기菩薩戒本持犯要記』
　44, 51, 64, 98
보살마하살 223
보살상 301
『보살영락본업경菩薩瓔珞本業經』 30,
　61
『보살영락본업경소菩薩瓔珞本業經疏』
　51
보살장菩薩藏 27
보살종성 320

보살종성의 왕생인 319
보살지菩薩地 253, 254
보살초발심주菩薩初發心住 이상 316
보살행(四弘誓願) 268, 273
『보성론요간寶性論料簡』 49
『보성론종요寶性論宗要』 49
보신報身 130, 131
보신불報身佛 131, 208, 209, 213, 232,
　246
보장寶藏 75
보전補塡 81
보편적 울림 304
보현교普賢敎 29, 30
보화 이신報化二身 86, 87, 110
보화이신화쟁문報化二身和諍門 99, 106,
　109
복원 107
복원문 74
본각(決定性) 214
본각本覺 65, 136, 181, 192, 202, 206,
　211, 213, 216, 217, 221, 224, 225,
　227, 228, 233, 234, 236, 240, 241,
　245, 246, 303, 306, 328
'본각' 개념 223
「본각리품」 226
본각심本覺心 211, 244
본각의 결정성 224, 226, 229, 240, 245,
　246, 247, 304, 306

본각의 마음 본성 245
본각의 이익 223, 225, 226, 228, 229, 235, 238
본각의 종체 225
본래 결정성 235
본래의 깨달음 228, 238
본래의 이익 228, 238
본성 207, 232, 242, 244, 265
본성(自相) 242
본심 211
『본업경소』 32, 123, 159, 207, 242
본연으로서의 자연(法性) 257
본연지성 294
본원本源 292
본원本願 317
본원력 325
본유(果) 160
본유本有/성종자性種子 159
본유 종자 160
본체(一) 119
봉건사회 111
봉건시대 111
부도浮圖 185, 186
부동지 316
부분(多) 119
부석 의상浮石義湘 23
부인경 180
부정 183

부정관 309, 312
부정성인 320
부정성인과 보살종성 318
부정종합 155, 183
『부증불감경不增不減經』 49
부처 194, 199, 212, 301, 302, 303
부처 취의趣意 154
부처가 되기 위한 가르침 301
부처가 되기 위한 학문 295
부처의 본원력 332
「부촉품」 331
부파불교 53, 116, 312
북반구 247
북조 115
분과방식 56
분교分敎 28, 30
분단시대 248, 251, 252, 274
분단시대의 분열 250
분별발취도상分別發趣道相 43
분별의 지식 274
분석 59
분속分屬 81
분열시대 248
「분황사화정국사비芬皇寺和靜國師碑」 72
분황 원효芬皇 元曉 15, 71, 114, 147, 148, 152, 187, 191, 214, 222, 223, 239, 240, 249, 336

불佛의 본원력 324
불佛의 상호 329
불가사의 228
불가사의한 통합 272
불가사의한 해탈 272
불각不覺 203, 205, 210, 230, 241
불각의 不覺義 19
불공不空 185
불교문화연구소 88
『불교복지론』 88
불교 인식논리학認識論理學 67
불교적 인간 273
불교혁신운동과 청년운동 100
불도유 삼교 143
불도징佛圖澄 114
불령선인 91
불령선인사不逞鮮人社 91
불명佛名 329
불명佛名을 염念 324
불모품佛母品 61
불방편佛方便 132
불변 196, 197
불변의 측면 233
불보 311
불상佛相을 염念 324
불생불멸不生不滅 197, 208, 230
불선不善 138, 320
불설佛說 119

『불설아미타경소』 314
불성佛性 87, 129, 133, 136, 139, 145, 177, 178, 179, 180, 182, 195, 200, 201, 257, 289
불성佛性 유무 151
불성 유무佛性有無 87, 183, 187
불성 이의佛性異義 86
불성 이의佛性異義의 화쟁문 86, 87
불성문佛性門 62, 126, 288, 301
불성유무화쟁문佛性有無和諍門 68, 101, 161, 164, 188
불성佛性의 문의文意 126
불성佛性의 유무有無 161
『불성의장佛性義章』 49
불성이의화쟁문佛性異義和諍門 68, 99, 101, 106, 109
불수념佛隨念 310, 311, 329
불신 87, 130
불신 이의佛身異義 87
불신이의화쟁문佛身異義和諍門 68, 101
불심佛心 211, 243
불의佛意 80, 130
불이의문不異義門 211, 244
불일의문不一義門 211, 244
불지佛地 129
불지佛智 159, 211, 243
불타 수념佛陀隨念 309
불타발타라(佛馱跋陀羅, 覺賢) 114

불타승가佛陀僧伽 47
불학 142, 278, 295, 301
불화佛華 258
불화엄佛華嚴 258
불환과 311
붓다 214, 215, 216, 217
붓다 수념 309, 310, 311, 313, 329, 336
붓다 아누사띠 308
붓다에 대한 선정이 끊어지지 않고 이어지는 모습 309
붓다의 32상 80종호 312
붓다의 모습과 상호 및 성질 또는 덕성을 끊임없이(無間斷) 생각생각(念念)하면서 서로 이어서(相續) 비춰보는(照見) 상태 309
붓다의 중관中觀 118
비공非空 142
비담 142
비담율학 117
비담학 115, 120
비량比量 67
비마라진제毘摩羅眞諦 46
비밀장秘密藏 18
비실체성 258
비심悲心 320
비유非有 142
비유비무(非有非無, 俱無) 155

비유비무설(우치) 164
비장秘藏 133
비처(毗處/炤知王) 116
비통함 248

【ㅅ】
사死 311
사가정 서거정四佳亭 徐居正 72, 150
사간루판목록寺刊鏤板目錄 75
사간장寺刊藏 157
사견 247
사계절 302
4교판 33
사농공상士農工商 111
사단칠정론四端七情論 305
사단칠정설 294
사띠(sati) 309
사려미맹 293
사마타(Samatha) 311
사무색정四無色淨 309
사문과沙門果 311
사문과를 성취하는 '선정' 313
『사분율갈마소四分律羯磨疏』 51
사상가 305
사상체계 337
사선四禪 309
사성제 216, 217, 245
사실상의 발 294

40불공법不共法 312
『사제경』 30
사지四智 239
4지智 226 사용례使用例 81
사집邪執 219, 220, 221
산란심散亂心 321
삼경동이三經同異 62
삼공(三空, 我空, 法空, 俱空) 286
『삼국유사』 149
삼균 조소앙三均 趙素昂 73
삼대(三大: 體·相·用) 65
삼론三論 23, 119, 142
삼론과 법상 287
삼론과 열반 47
『삼론종요三論宗要』 48
삼론학 115, 116, 117, 120, 313
삼매(samādhi) 310
삼매수행 331
삼매의 성취 310
삼무수겁三無數劫 325
삼문의 시설 106
삼보三寶 195
삼성 이의三性異義 87
삼성 일이三性一異 86
삼성론三性論 253
삼성이의화쟁문三性異義和諍門 68, 101
삼성일이화쟁문三性一異和諍門 99
삼세三世 259

삼승三乘 28, 143, 151, 187
삼승(別/通敎) 59
삼승교三乘敎 143
삼승별교 29, 54
삼승의 별(상)교[別(相)敎, 四諦經/緣起經] 144
삼승의 통교(通敎, 般若經/解深密經) 144
삼승 일승三乘一乘 86, 110
삼승(방편) 일승(진실)설 29
삼승 일승三乘一乘의 화쟁문 86
삼승일승화쟁문三乘一乘和諍門 68, 99
삼승즉일승三乘卽一乘 무량승즉일승
  無量乘卽一乘 84, 109
삼승통교 29, 54
삼신 87
삼신 이집三身異執 86
삼신 이집三身異執의 화쟁문 86
삼신이집화쟁문三身異執和諍門 99
삼십칠조도품三十七助道品 128
삼장 47
삼장의 신역新譯 151
삼제(三際, 三世) 131
삼종법륜三種法輪 27
삼종법륜(根本·枝末·攝末歸本)설 28
삼한 112
삼해탈문三解脫門 128
삼회증감三會增減 62
상·중배인 332, 335

상견常見 218
상생 248
상성相成 142
상시(相是, 相卽, 상호 동일성) 30, 259
상심(上心, 起) 179
상일성常一性 220
상입(相入, 상호 투영성) 30, 259
상좌삼매 332
상주常住 139, 227
상즉상입 260
상즉상입적 세계관 250
상품相品 67
상품상생 324
상행삼매 332
상호 312
상호 동일성(相卽) 259, 260, 269
상호 의존 153, 184, 185, 248
상호 의존성(interdependence) 183, 249
상호 작용(定學) 164, 170
상호 존중 153, 184, 185, 248
상호 존중행(interrespect) 249
상호 지지(慧學) 164
상호 지지의 교문(依持門) 164
상호투영성(相入) 249, 259, 260, 269
상호동일성(相卽, mutual identity) 249
상홍불도上弘佛道 288
새벽(塞部) 55
색상色相 129

색신色身염불 312
생각(念) 320
생각생각(念念) 312
생동生動 287
생멸生滅 76, 197, 206, 209, 213, 231, 247, 289, 303
생멸문 203, 205, 206, 230, 240, 241, 267, 288
생멸상生滅相 203, 205, 206, 230, 231, 241
생멸심 20, 196, 197, 199, 203, 204, 205, 206, 207, 209, 230, 241, 243, 247
생멸심의 불변 232
생멸연기적 164
생멸의 불변의 측면 232
생멸인연生滅因緣 203
생멸자체 203, 205, 206, 230, 241
생멸적 측면 233
생명성 248
생사 201
생사와 열반 315
생사윤회 182, 301
생신처소生身處所 62
생인生因 128, 131
생주이멸生住異滅 228
생천론의 삼론三論 및 휴식休息 311
서경덕 292, 293

서권기書卷氣 33
서당誓幢 15
「서명도」 296
서방정토 315
서방정토설 317
서울대학교 88
서지書誌 59
서지학書誌學 25
『석화엄교분기원통초』 125, 160, 162, 174, 178, 179
석후 의천釋煦 義天 72, 148
선禪 306, 326
'선禪'과 결합 328
선교禪敎 147, 149
선교禪敎체계 145
선도善導 324
선법 35, 142, 306
선법 수행 313, 336
선법禪法의 완성完成 26
선수禪修 306
선인善人 302
선정 306, 313, 326, 332
선정 수행 311, 332
선정(增上心學, adhicitta) 310
선종 336
선종의 독자성 강조와 우월감에 따른 배타성 313
선지식 321

선지후행설先知後行說 298
선찰식先察識 후함양後涵養 291
선파禪派 83
선학禪學 142
선(법)학 120
선행후지설先行後知說 298
설선(薛宣, 文淸) 298
설일체유부 312
설총 71
섭대승경攝大乘經 21
『섭대승론』 132, 217, 246
『섭대승론세친석론약기攝大乘論世親釋論略記』 49
『섭대승론소攝大乘論疏』 49
섭론攝論 23, 142
섭론학 117, 120, 254
성과 도와 교 290
성도成道 288
성문聲聞 143
성문장聲聞藏 27
성문지聲聞地 253, 254
성변인成辨因 325
성상性相체계 145
성소작지成所作智 210, 238, 243
성실成實 23, 47, 53, 142
『성실론소成實論疏』 48
성실학 116, 117, 120
성왕聖王 301

성왕이 되기 위한 학문 302
『성유식론종요成唯識論宗要』 50
성의 298
성인聖人 295, 301, 303
성인관 302, 304
성인이 되기 위한 학문 295, 302
성자誠者 302
성자신해性自神解 255
성찰省察 291, 297
성학 295, 301, 302
『성학십도』 295
성헌成軒 80, 81
세 가지 속성 232
세존 215
세친世親 82, 312, 313
『소기회본』 66
'소'류 77
소뿔(牛角) 166, 167
「소성거사상찬小姓居士像讚」 72
「소성거사찬小姓居士贊」 149
소승교-대승시교-대승종교-대
   승돈교-대승원교 26
소연천자蕭衍天子 126
소유 183
소의경론所依經論 27
소지장所知障 67
소집 186
소취所取 173

「소학도」 296
『속고승전』 326
속제俗諦 134, 178
손감견 166
『송고승전』 72, 148
수관竪觀 142
수기修己 279
수냐타(空性) 258
수념隨念 309
수분교(隨分敎, 瓔珞經/梵網經) 29, 144
수상水相 208, 231
수선사修禪社 69
수습위(修習位, 지혜의 숙성) 253
수식관 312
수양 280
수양론 277, 278, 281, 289, 290, 294,
   297, 299, 300
수양론적 학문방법론 294
수연문 210
수용기 118
수주품修住品 67
수진법계竪盡法界 142
수행 219
수행계위 254
수행신심분修行信心分 65, 66
수행위 210
수행의 예비단계 312
수행의 질적 승화 265

수행의 질적 전환 264, 274
수행자 288
숙명통宿命通 309
숙성 118
숙종 6년 148
「숙흥야매잠도」 296
순純/잡雜상대문 315
순교殉敎 116
순도順道 115
순서 302
순선純禪 307, 327, 329, 330, 333
순선純禪 조사 330
순선純禪시대 307, 327, 337
순선안심純禪安心 327, 337
『순선안심법문』 326
'순선' 채택의 근거 327
순수한 선 327
순유純儒의 성리학 305
순일직심純一直心 331
순정토純淨土 318, 321, 334
술대의述大意 57
스스로를 풍요롭고 이익되게 하는 것 229
승과僧科 143
승랑僧朗 115, 117
승랑의 정관正觀 118
『승만경』 285
『승만경소勝鬘經疏』 49

승문乘門 29
승민僧旻 126
승방편勝方便 322
승연력勝緣力 324
승조僧肇 15
승체문承遞文 58
시각始覺 65, 128, 202, 227, 228, 234, 238
시간(五時)적·방법(化儀)적·내용(化法)적 검토 26
시간적 지연 271
시대구분 111
시대정신 337
시론 311
시문施門 315
시방불이 현전 329
시방삼세十方三世 288
시비是非 84, 137
시호諡號 77
식론識論 253
식연귀원지문 178
식위識位 135, 181
신구의身口意 삼업 312
신독愼獨 290
『신라불교의 이념과 역사』 88
신략神略 272
신려神慮 210, 243
신령스런 이해(神解) 231

신묘한 성질 193, 246
신묘한 전략 272
신비상신非常 311
신승神僧 115
신심信心의 수습修習 315
신업의 예배문 313
신역 경론 47
신역 유식 200, 254
신역(有相) 187
신역新譯 30, 47, 119
신역新譯 유식 199
신유식학新唯識學 62
신인信人 302, 303
신탁통치 250
신통지(神通知, abhiññā) 310
『신편제종교장총록新編諸宗教藏摠錄』 33, 61
신해神解 21, 135, 181, 192, 203, 207, 211, 212, 213, 242, 244, 245, 246, 307
신해성神解性 192, 193, 194, 195, 197, 199, 200, 207, 209, 212, 213, 216, 217, 221, 222, 224, 232, 233, 242, 244, 246, 255, 303, 307
신해지성神解之性 222, 224, 229, 233
신행神行불교 115
신훈(生) 160
신훈新熏/성종자成種子 159

신훈 종자 160
실상實相 307
실상반야實相般若 60
실상實相염불 307, 312, 327, 329, 334
『실상염불선』 326
실상염불선實相念佛禪 307, 325, 331, 333, 335, 336
실상염불선實相念佛禪을 주창 337
실상염불의 주창 332
실아實我 220
실제實際 76, 195
실천론 268, 280, 281, 282, 288, 301
실천적 중도 246
실체 183
실크로드 114
심 203, 204, 207
심리적인 분열 248
심리적인 장애 262
『심밀경』 30
심상心相 208, 231, 232, 243
심생멸心生滅 203, 241
심생멸문心生滅門 196, 203, 205, 206, 210, 230, 240, 300
심신으로서의 자연(法界) 257
심심深心 324
심왕心王 197
심원心原 181
심지心智 211, 212

심진여문心眞如門 196, 203, 205, 206, 210, 230, 240, 300
심천문深淺門 64
심층의식 254
「심통성정도」 296
「심학도」 296
『십권능가경』 211, 244
십념十念 319, 320, 321, 322, 323, 324, 333
십념관十念觀 324
십념에 대한 하배인의 왕생수행법 334
십념염불 320, 325, 333, 337
십념十念의 염불念佛 318, 333, 336
십문十門 75, 82, 83, 90
『십문화쟁론十門和諍論』 19, 20, 50, 74, 75, 76, 77, 78, 79, 80, 82, 83, 85, 87, 90, 93, 94, 95, 96, 97, 98, 99, 100, 101, 103, 105, 106, 107, 109, 110, 123, 125, 151, 153, 157, 159, 160, 161, 162, 163, 164, 174, 177, 183, 188
「『십문화쟁론』 복원을 위한 수집자료」 108
십악업 321
십오문 85
십육문 85
『십이문론』 217, 246
십이연기 216, 245

십이연기설 216, 217, 246
십중금계十重禁戒 64
십지보살 139
십호十號염불 312
십화쟁문 99
「십회향품」 33
쌍수雙修 313, 336
쌍조쌍비雙照雙非 155

【ㅇ】
아누사띠 309
아누사띠 타나(anussatiṭṭhāna) 309
아도(我道/阿道) 114, 115, 116
아라야식阿黎耶識 193, 194, 195, 199, 204, 205, 209, 210, 211, 212, 221, 230, 233, 240, 243, 244, 247
아라야식 이해 212
아라한(붓다) 301
아라한과 311
아려야식 19, 194
아뢰야식 253, 307
아뢰야식설 254
아뢰야연기설 163
아마라식 193, 221, 222
아마라식설 254
『아미타경』 63, 318
『阿彌陀經』 314
『아미타경소阿彌陀經疏』 52, 336

『아미타경통찬소阿彌陀經通讚疏』 52
아미타불阿彌陀佛 69, 315, 317, 320, 323, 325
아미타불의 48원 317
아미타불의 본원력 318, 334
아법我法 84, 87
아법 이집我法異執 87
아법我法의 이집 84
아비발치(阿毘跋致, Avinivartanīya) 316
아집我執 152, 187, 221
안락국토安樂國土 320
안락법문安樂法門 326
안반安般 311
『안신사심론安身事心論』16, 32, 53, 55
안심安心 307, 325, 326, 327, 329, 330, 332, 337
안심법문安心法門 326
안이 없는 것(無內) 269
안함安含 23, 117
안혜安慧 62
알음알이(神解) 208
암마라唵摩羅 202, 227, 234
암마라식唵摩羅識 194, 199, 200, 202, 204, 209, 223, 224, 240
앙굿따라 니카야 309, 310
애愛 126
애장왕 148
야기夜氣 292

야운野雲 69
약연론約緣論 124, 158, 179, 188
약인분별約人分別 63
양단兩單 156
양립 313
양상 124
『양섭론소초梁攝論疏抄』 49
언교敎 138, 140
언어 갈등 183, 186
언어의 길 234
업설業說 115
여如 283
여래 284, 285, 286
여래선과 조사선의 논쟁 329
여래성기如來性起 250
여래성기심如來性起心 250, 255, 263, 264, 267, 273, 274, 284
여래성기심인 진심 255
여래의 대비원력大悲願力 336
여래의 본성(如來之性) 241
여래의 선근을 이어받기 337
여래의 원행願行 316
여래의 청정심 255
여래장如來藏 29, 163, 192, 195, 197, 199, 205, 208, 211, 213, 224, 230, 231, 235, 240, 241, 244, 246, 255, 256, 267, 306, 307, 322
여래장사상 286, 325

여래장심 250
여래장의 진망화합심 255, 256, 262, 263, 264, 274
여래장학 117
여실지견(yathābhūtañāṇadassana, 如實知見) 310
여울의 작은 고기(微蘇) 265
역동성 192, 193, 194, 195, 197, 200, 201, 212, 213, 224, 255
역사의식 337
역유역무(亦有亦無, 俱有) 155
역유역무설(상위) 164
연각緣覺 143
연광緣光 116
연기緣起 59, 249, 280
『연기경』 30
연기문緣起門 163, 175, 176, 182, 188
연기법 216, 233, 245
『연평문답』 292
열 가지 덕성德性 309
열반(涅槃, nibbāna) 23, 120, 128, 142, 145, 195, 201, 203, 227, 236, 289, 310
『열반경』 28, 62, 121, 127, 154, 163, 285, 288, 289
『열반경소涅槃經疏』 49
『열반경종요涅槃經宗要』 32, 49, 77, 79, 86, 87, 90, 94, 99, 101, 106, 108, 109, 120, 122, 124, 126, 145, 157, 158, 163, 177, 188, 288

열반과 여래장 34
열반문涅槃門 62, 288, 301
열반涅槃의 사덕四德 126
열반의 삶 182
열반 이의涅槃異義 87, 109
열반이의화쟁문涅槃異義和諍門 68, 101
『열반종요涅槃宗要』 21, 192
열반학 115, 117, 120
열암 박종홍烈巖 朴鍾鴻 94
염念 309
염계念戒 311
염계 주돈이周惇頤 292
염고厭苦 135, 181
염리(厭離, nibbidā) 310
염법念法 311
염불念佛 143, 306, 308, 311, 312, 313, 322, 326, 327, 328, 331, 332, 337
염불 공부 328
염불 수행 313, 325, 336
염불 이해 307
염불 인식 307
염불 즉 선정 306
염불과 선정 313
염불관 306, 307, 308, 313, 314, 335
염불관觀佛觀 312
염불사상 308

염불삼매 329
염불선 306, 307, 308, 313, 328, 329, 332, 335
염불수행 308
'염불'이 곧 사문과를 성취하는 '선정' 336
염불이 곧 선정 313, 335
염사念死 311
염시念施 311
염신念身 수행의 장 309
염신비상念身非常 311
염심念心 331
염안반념安般 311
염이불염染而不染 180
염정 242
염정染淨의 연기 20
염정생멸染淨生滅 203
염정훈습染淨熏習 203
염중念衆 311
염천念天 311
염휴식念休息 311
『영락경』 285
『영락본업경소』 94
영묘 210
영묘성靈妙性 192, 207, 222, 224, 233, 242
영묘한 알음알이(神解) 231
영묘한 이해(神解) 232

영축산 55
예류과 311
예배문 312
예토 201, 314, 317
오교구산五敎九山 83
오념문 312
오도관문五度觀門 312
오도송悟道頌 205, 229
오문선五門禪 312
오성각별설 163
오성 성불의五性成佛義 86, 87, 109
오성성불의화쟁문五性成佛義和諍門 68, 101, 106, 109
오성차별五性差別 163
오성차별설 125, 160
오시五時 53
오아시스(사막) 114
오어사 16
오역五逆죄 317, 321
오염汚染 313, 336
오온 220
오음법 221
오장국烏長國 46
오정심관五停心觀 312
오징吳澄 296
오행五行의 수행修行 315
완전성 322
왕고덕 117

왕백王柏 296
왕복결택往復決擇 129
왕생往生 314
왕생난이문往生難易門 64
왕생요인 320
왕생의 정인 316
왕생인往生因 325, 332, 336
왕생인연문往生因緣門 64
요생饒生 277, 278, 281, 289, 301, 303
요생의 실천론 304, 305
요석 71
요세了世 69
요의了義 34
요의경了義經 28
요익중생饒益衆生 286, 303
요인了因 128
용수龍樹 82, 284, 285, 312, 313
용수의 공관空觀 118
용수龍樹의 회쟁廻諍 118, 147
용어법用語法 81
용연龍淵 55
우리 마음의 뿌리인 부처 332
우성전禹性傳 299
우주론 268
우주법계 331
우주적 마음 230
우주적 생태학 249
운동성 294

원광圓光 23, 117
원만교(圓滿敎, 華嚴經, 普賢敎) 29, 144
원만성 322
원만히 통섭한 것 328
원성실성圓成實性 253
원심 221, 247
원심점 221, 247
원융의 논리와 회통의 논법을 원용 330
『원종문류』 87, 95, 98, 99, 101, 110
『원종문류』의 화쟁론 86
『원종문류화쟁론』 107
원통(周侗) 143, 330
원통불법 307, 327, 336
『원통불법의 요체』 326
원통불법의 요체 335, 337
원효 94, 149, 163, 164, 170, 171, 177, 179, 180, 182, 187, 188, 193, 194, 199, 200, 201, 204, 205, 209, 211, 212, 213, 216, 219, 242, 247, 286
원효 교학 75, 89
「원효대사 『반야심경』 복원소」 108
「원효대사전」 73
『원효대사전집』 46, 88
원효대성元曉大聖 148
원효법사(元曉師) 186
원효불기元曉不羈 72
원효사상 68, 75, 108
「원효전」 72

『원효전집』 46
「원효종사의『십문화쟁론』연구」 89
『월장경』 285
위빠사나(Vipassanā, vipaśyanā) 310, 311
『위인 원효』(신문관, 1917) 73
『유가론』 19, 163, 173, 217, 246
『유가론소중실瑜伽論中實』 50
유가사들 253
『유가사지론』 163
유가유식계 논서 163
『유가초瑜伽抄』 50
유가행瑜伽行 253
유가행 유식 253
유기적 전체(organic whole) 264
유론 174, 175, 182, 184
유루有漏의 삼독심 278
『유마경소維摩經疏』 49
『유마경종요維摩經宗要』 49
유무有無중도 216
유사劉思 117
유설 165
유설(증익) 164
유성 87, 185
유성론 174, 175, 176, 188
유식唯識 67, 210, 243
유식(有) 187, 255
유식'경境' 254

유식'과果' 254
유식'상相' 254
유식'성性' 254
유식'행行' 254
유식'행위行爲' 254
유식가 194, 212
유식교의 30
유식무경唯識無境설 82
유식사상 68, 253, 286
『유식삼십송』 254
유식의 일심 255, 256, 262, 263, 274, 284, 286
유식의 일심과 진심 255
『유식이십송』 82
유식 일심 256
유식 일심의 망심 264
유식학唯識學 67, 313
유식학통 313
유심唯心의 정토와 안심 333, 337
『유심안락도遊心安樂道』 44, 52, 63, 94, 314
유심정토 315
유심정토설 317
유아有我 256
유위有爲 131
유전연기적 164
유전의 연기문 278
유전流轉 180

유정有情 208, 225
유한한 마음 161, 187
육근六根 195
육도六道 180
육도六道의 유전流轉 135
육바라밀 235
육왕학陸王學 305
육정六情 195
『육조단경』 330
『육조단경역주』 326
육진六塵 195
『육현관의발보리심의정의함六現觀義
  發菩提心義淨義含』 50
육홍균陸洪均 91
율 142
율학律學 23, 120
융화 161
은밀隱密 76
은밀문隱密門 67, 124, 158, 320, 321
은밀문의 십념 318, 334
은밀의隱密義 318
은밀隱密의 십념 318, 334, 336
은밀의隱密義의 십념 333
은밀현료구성문隱密顯了俱成門 260
음성音聲 133
의보依報 259
의상 142
「의상전」 72

의연義淵 115, 117
의정義淨 47, 151
의지문依持門 163, 175, 176, 188
의천義天 33, 61, 75, 77
의타기依他起 253
의타기성 173
의행意行 312
의혹疑惑 219, 221, 247
의혹환난문疑惑患難門 64
이理 293
이理의 발 294
이각二覺 65
이기이원론 293
이념논쟁 262
이도리到 294
이동理動 294
이동李侗 292
이론적 중도 246
이론체계 254
이만용李晩鎔 76, 86, 94, 98, 99, 103,
  106, 107, 110
이문二門 83, 210, 285
이문(二門: 心眞如門・心生滅門) 65
이문 일미 288, 301
이문일심二門一心 18, 124, 240, 288
이발理發 294
이발(已發, 感) 291, 293, 298, 304
이발설 294

이변 237
이사리사체계 145
이상적 화회 285
이설異說 156
이세유무二世有無 62
이승 318
이승만 정부 248
이승정위二乘頂位 이상 316
이영무(雲際 李英茂) 74
이욕(離欲, virāga) 310
이익(求福) 116
이장시비二藏是非 62
『이장의』 32, 44, 86, 97, 99, 101, 124
이장 이의二障異義 86, 87
이장이의화쟁문二障異義和諍門 68, 99
이장이집화쟁문二障異執和諍門 101
『이장장』 43
이쟁異諍 126, 127
이제이제二諦 215, 221
『이제장二諦章』 48
이종익 84, 94, 106, 107, 110
이차돈 116, 272
이체理體 235
이치가 없음의 지극한 이치(無理之至理) 286
이치의 탐구 277
이행도易行道 312
이황 279, 292, 298

인인과 과과의 두 경계 329
인각 일연麟角 一然 72, 149
인간성 248
인경불사 75
「인과품因果品」 61
인과화복因果禍福 115
인도불교 113, 141, 146
인드라신(帝釋天, Indra) 249
『인명론소因明論疏』 51
인명 삼량因明三量 67
『인명입정리론기因明入正理論記』 51
인문忍門 315
인법 87
인법 이집人法二執 86, 87
인법이집화쟁문人法二執和諍門 68, 99, 101
「인설도」 296
인성염불선 307
인쇄 간행(印刊) 157
인식 갈등 183, 186
인식의 분열 248
인식의 질적 승화 274
인식의 질적 전환 265
인아견 221
인연관(계분별관) 312
인연문因緣門 62
인연분因緣分 65
인욕 279, 294

인위因位 139, 140

인집人執 220

인행因行 139, 285

인행因行의 염불삼매 329

인허隣虛 269, 270

일一 203, 207

일각一覺 76, 192, 195, 234

일각미一覺味 288, 289

일각·일미 289

일념一念 319, 320, 323

『일도장』 32, 43

일래과 311

일미一味 76, 80, 119, 121, 180, 192, 195, 285, 288

일미一味 이문二門 62

일미一味로 화회和會 154

일미평등一味平等 141

일반사상계 216

일법(一法, ekadhamma) 310, 311

일본 대정대학 100

일본불교 113

일본불교와 변별 146

일불공덕 331

일상삼매一相三昧 330, 331, 332, 333, 337

일상성 292

일성一性 192, 195

일승(分/滿敎) 59

일승一乘 28, 30, 61, 76, 139, 143, 151, 187, 195

일승교一乘敎 144

일승만교 29, 54

일승분교 29, 30, 54

일승성불一乘成佛 84

일식一識 210, 243

일신一身 295

일실一實 218

일실逸失 81

일심一心 18, 61, 65, 76, 77, 78, 80, 108, 119, 141, 151, 179, 181, 191, 192, 193, 194, 195, 197, 199, 200, 201, 203, 204, 205, 207, 209, 212, 213, 216, 217, 218, 221, 222, 224, 227, 230, 232, 233, 237, 239, 240, 241, 242, 243, 246, 247, 254, 255, 266, 267, 276, 278, 281, 282, 283, 284, 285, 286, 287, 288, 295, 303, 306, 307, 314, 315, 329, 337

일심(神解性) 214

일심 개념 194, 223

일심 본성 212, 213

일심 본성의 신해성 240, 245

'일심一心' 사상 305

일심一心 이문二門 196

일심一心의 신해성神解性 246

일심一心의 원천 247

일심一心의 증득 325
'일심'의 진리론 305
'일심一心'의 철학 120
일심一心인 여래장 306
일심一心철학 23
일심一心-이문二門 254
일심一心-화회和會-무애無碍 71
일심관 204
일심국사一心國師 150
일심법一心法 117, 134, 180, 205, 206, 230, 283
일심보살一心菩薩 150
일심사상 65
일심으로 불명을 칭하는 행법 329
일심을 이해 229
일심의 근원 195, 280, 281, 303
일심의 근원으로 돌아가게 함 337
일심의 생멸문 230
일심의 '신해성' 246
일심의 신해성神解性 200, 224, 226, 229, 240, 245, 247, 304, 306
일심의 신해성의 개념을 원용 232
일심의 원천 193, 195, 196, 204, 229, 243
일심의 이해 307
일심의 증득 314, 315
일심의 지형 304
일심의 진리론 289, 304

일심의 철학 254, 255
일심의 체 202
일심이문一心二門 18
일심지원一心之源 193, 194, 195, 209, 212, 217, 221, 224, 244, 246, 247, 286, 303, 306
일심지체一心之體 224
일심철학 24, 255
일심학 212
일심-이문 194, 212
일여一如 225
일원一源 294
일원화一元化 83
일월 302
일이一異중도 216
『일장경』 285
일제一諦 192, 195
일천제一闡提 162
일체법 221, 230
일체법계등신一切法界等身 132
일체법등신一切法等身 132
일체삼세등신一切三世等身 132
일체의 취생趣生 240
일체종지심一切種智心 320
일체중생등신一切衆生等身 132
일체찰등신一切刹等身 132
일체처 일체시 330
일행삼매一行三昧 330, 331, 332, 333,

337
일향一向/불일향不一向상대문 315
일화쟁문一和諍門 85
임제전문학교와 대정대학 불교학과 100
『입능가경소』 43
『입도안심요방편법문入道安心要方便法門』 331
입멸 217
입의분 65
입의분立義分 65
입파 무애 304

[ㅈ]
자경自警 296
『자경문自警文』 69
자기 긍정(有我) 268
자기 부정(無我) 268
자기 헌신 268
자내성 112
자내증自內證 214, 217, 247
자량위(資糧位, 수행의 시작) 253
자력自力 316
자력 수행 325
자본주의 111
자비 249
자비관 312
자사子思 289, 290

자상自相 211, 244
자생기 118
자성自性 223, 227, 235, 236, 237, 245
자성불 306, 307
자성청정심 209, 211, 222, 240, 243, 255
자심慈心 320
자은문중慈恩門衆 62
자작타작自作他作중도 216
자장慈藏 23, 117
『자장조전慈藏祖傳』 52
자진상自眞相 211, 212, 244
작은 나(有我) 270
『잡집론소雜集論疏』 49
장경각 75
장님들의 코끼리 136
장도빈張道彬 73
'장'류 77
장애 219
장유長遊화상 116
『장진론종요掌珍論宗要』 48
장藏 - 통通 - 별別 - 원圓 26
장품障品 67
쟁諍 161
쟁론爭論 84, 152
적멸寂滅 128, 195, 201, 202, 206, 230, 235, 287
적정寂靜 180, 237

적정열반계등신寂靜涅槃界等身 132
『전단향화성광묘녀경栴檀香火星光妙
　女經』 47
전멸상 211, 244
전무 186
전법승 116
전상轉相 211, 244
전오식前五識 210, 243
전의轉依 237, 238
전진前秦왕 부견符堅 115
전체(一) 119
전통傳統 111
절필 33
정淨/부정不淨문 315
정靜의 방법론 291
정견正見 131
정과 혜를 일치 332
정관 119
정관貞觀 17년 117
정교正敎 332
정념正念 정지正知 310
정등각(正等覺, sambodhi) 310
정립 155
정보正報 259
정식情識 234
정영사 혜원慧遠 120
정의情意 293
정인正因 139, 319

정정正定/비정정非正定 315
정정正定/비정정非正定상대문 316
정정취正定聚 316
정제엄숙整齊嚴肅 297
정종분 331
정좌靜坐 292
정주학程朱學 305
정치관 296
정토淨土 35, 119, 142, 201, 314, 316,
　337
정토가 318
정토관 307, 314
정토구현 331
『정토삼부경』 314
『정토삼부경편역』 326
정토수행 315
정토와 선법 47, 287
정토와 중생의 자력 317
정토와 화엄 34
정토왕생 315, 318, 325, 332, 333, 334
정토왕생의 논리 315
정토의 과덕 315
정토의 구현 314, 331
정토의 인행 315
정토학 120
정통선 307
정통선법 307, 336
정통선의 향훈 326

정혜 일견―見 333
정혜 일치―致 333
정황진鄭滉鎭 73
제18원인 염불왕생원 317
제1법륜(有敎) - 제2법륜(空敎) - 제3법륜(中道敎) 26
제8식 213, 255
제8아라야식 192, 193, 211, 212, 213, 222, 233, 243, 245, 246
제9식 213, 255
제9아마라식 193, 204, 222, 246, 255
제9암마라식 211, 212, 213, 233, 243, 245
제기題記 150
제명題名 58, 59
제바提婆 82
「제분황사효성문祭芬皇寺曉聖文」 72, 77, 148
제사선第四禪 310
제삼선第三禪 309
제석천 249
제시 59
제일의신第一義身 129
제종諸宗 147
祭曉聖文 95
조계종사 100
조계종학 100
『조론소肇論疏』 48

조명기趙明基 75, 83, 88, 94, 106
『조복아심론調伏我心論』 50
조선불교청년동맹 92
조인 316
조작造作 293
조존(操存, 存養, 涵養) 297
조화 161
조화로운 세계 268
『조화의 원리』 89
존심 298
존심단좌 298
존양存養 291
존재에 대한 불안정 278
존재의 공성(法空) 30, 54
존재의 공성空性 258
존재의 기반 283
존재의 바탕 283
존재의 분열 248
존재자 284
종교개혁 111
종래의 배움(曾學) 265
『종보본단경』 331
종요宗要 27, 34
종인생기지문 179
종자(種子, 伏) 134, 179
종지 60
종체관宗體觀 57
종체문宗體文 56, 57, 77

종치宗致 62, 63
종파성 114, 141, 142
종파형성宗派形成 26
종합적 이해 184
종합적 인식 184, 188
주력 143
주렴계 302
『주본화엄경』 80
주일 300
주일무적主一無適 282, 297
「주일잠主一箴」 296
주재主宰 295
주재성主宰性 220, 293
주정主靜 292
주체성 112
주체의 행덕 259
주체의 회복 229
주체적 인간의 확립 294
주희朱熹 289, 290, 291, 296, 300
중 290, 291
중관(空) 119, 187
중관교의 30
『중관론』 173
『중관론종요中觀論宗要』 48
중관사상 286
중관학 313
중관학통 313
중국불교 113, 141, 146

중도中道 53, 76, 142, 195, 215, 246
중도행 216, 245
『중론』 217, 246
『중론소中論疏』 48
『중변분별론』 67, 68
『중변분별론소中邊分別論疏』 32, 49
중보의 삼보三寶와 계론 311
중생衆生 181, 229
중생심衆生心 192, 195, 204, 210, 240
중생을 풍요롭고 이익되게 하는 것(饒益衆生) 229
중생의 구제 317
중앙불교전문학교 88
『중용』 289, 298, 302
중진中眞 211, 244
중화론 290
중화설 289
중화신설 289
증과전후證果前後 62
「증성가證性歌」 52
증익견 165
지之 193
지각불매 293
지경持敬 277, 299, 300
지관止觀 315
『지관대의』 326
지관문止觀門 315
지관止觀 수행 307, 311, 324

지관의 단계 313
지관의 차원 313
지극한 마음(至心) 322, 323, 324
지극한 법도(極軌) 259
지눌知訥 69
지론地論 23, 142
지론과 섭론 47, 287
지론학 115, 117, 120
지멸(止滅, nirodhā) 310
지상地上보살 322
지성智性 211, 212, 244
지성심至誠心 319, 324, 325, 332, 336
지시대명사 193
지심至心 322, 324
지심至心 염불 318, 336
지행병진설知行併進說 298
지행호진설知行互進說 298
지혜 301
직접지각(現量) 123
진眞 283
진리관 219, 296
진리론 278, 280, 281, 282, 284, 286, 288, 289, 301, 303
진망 242
진망화합식眞妄和合識 194, 209, 212, 233, 240, 254, 255, 284, 307
진망화합식으로서의 일심 255
진망화합식의 기신 일심 256

진망화합심眞妄和合心 250, 255, 256, 267
진문進門 315
진법성眞法性 235
진성眞性 235, 326
진속 이집眞俗異執 86, 87, 110
진속 이집眞俗異執의 화쟁문 86
진속이집화쟁문眞俗二執和諍門 99
진식眞識 194, 212, 254, 255, 303
진실 불변의 본성 235
진실성 324
진실품眞實品 67
진실한 법상(實法相) 233, 234
진실한 체성 235
진심眞心 250, 263, 267, 273, 274, 284
진여眞如 76, 127, 185, 196, 197, 199, 207, 209, 213, 223, 225, 232, 245, 247, 279, 282, 283, 284, 289, 303
진여문 267, 288
진여법성眞如法性 235
진여법신 283
진여불성眞如佛性 135, 180
진여실상 331
진여실제眞如實際 235
진여연기설 163
진여의 변화의 측면 232
진여의 불변 232
진여자체(體) 283

진여적 측면 233
진역晉譯 60권본 61
진제眞諦 62, 67, 119, 126, 134, 135,
　　151, 178, 180, 202
진제眞際 228, 235, 238
진흥왕 117
집일 107
집착 227

【ㅊ】
차방정토 315
차방정토설 317
차연성 184
찬녕贊寧 72, 148
찬탄문 312
찰식察識 291
참 맛(眞味) 180
참구 수행함 331
참서사상 117
참선 143, 326
창공蒼空 270
창해滄海 270
처방 186
처방과정 183
처사 298
천가天嘉 6년 117
천리 294
천태天台 23, 35, 142

천태교관 332
천태와 화엄 287
천태의 묘관妙觀 118
천태종 26
천태학 116
천태학도 53
철학자 288, 305
청량 징관淸凉 澄觀 260
청변淸辯 185
청변종 186
『청변호법공유쟁론淸辯護法空有諍論』
　　48
청정무량함 133
청정세계 316
청정심 284
청한 설잠淸寒 雪岑 72, 150
청화 307, 326
청화 자신이 원통불법 330
체상용體相用 283
체성 221
체용 297
체용설 294
초발심初發心 269, 272
『초발심자경문初發心自警文』 69
초원 114
『초장관문初章觀文』 16, 32, 48, 55
초종파성 142, 145, 147
초지 이상 318

초지 이상의 보살 334
총상總相 196
총섭總攝 195
총체성(totality) 256, 257, 258, 259, 260, 262, 263, 269
총체적 사고방식 264
최고最高의 가르침 27
최범술崔凡述 74, 75, 81, 86, 90, 96, 103, 106, 108, 109
최범술 복원문 94
최상승선 도리 328
추사 김정희秋史 金正喜 72, 150
추증追贈 148
축법호竺法護 114
출세시절出世時節 62
취문해석就文解釋 63
취생趣生 206
취심론就心論 124, 158, 179, 188
취의義 140
측면의 불변 233
치인治人 279
치지致知 291
칙어勅語 148
칠식 211, 244
칭명稱名 307
칭명불 312
칭명稱名염불 327, 336
칭불 312

【ㅋ】
코끼리 136
크나큰 허공(太虛) 269
큰 나(無我) 270
큰 바닷물 231
큰 환열 310
큰 희열(pamudita) 310
큰마음 250

【ㅌ】
타력 염불 325
타방정토설 317
타심정토 315
탄력성 194, 212
「태극도」 296
「태극도설」 292, 302
태허 269, 270
토끼뿔(兎角) 166, 167
통교通敎 28, 30
통달위(通達位, 지혜의 개화) 253
통상通相 196, 197
통섭圓通 327
통섭의 지혜 274
통일성 119
통일시대 250, 274
통일한국 251
통합 184, 188
통합 바다 263

통합 지향 147
통합 한국 262
통합불교 114, 146
통합불교 지향 145, 147
통합사상가로서의 원효의 풍모 334
통합성 142
통합적 이해 184, 188
통합적 인식 184

【ㅍ】
파괴 235
판교判敎 59
판론判論 67
『판비량론判比量論』 30, 32, 49, 74, 94, 108
판석判釋 57
팔교八敎 53
팔식八識 193, 200, 210, 238, 240
팔식구식론八識九識論 305
팔식설 193, 200, 212, 213, 245, 246, 255
팔식의 전의轉依 239
팔십억겁 322
팔정도 216, 217, 246
팔지八地 이상 316
평등성지平等性智 210, 237, 243
평등 일여 235
평석評釋 136

평안(修福) 116
평정(平靜, upasama) 310
표원 260
풍상風相 208, 231
피토소재문彼土所在門 64

【ㅎ】
하배인 318, 335
하배중생 320
하배중생의 왕생 325
하천단河千旦 149
하택 신회荷澤 神會 327
하품하생下品下生 318, 321, 334
하화중생下化衆生 288
학문론 280, 286, 289, 290, 299, 300, 303
학문방법론 56, 280, 294
한 맛(一味) 180
한국도교 112
한국불교 113, 141
한국불교관계 잡지논문목록 89
『한국불교사학논집』 89
한국불교의 고유성 112, 118
한국불교인 141
『한국불교전서』 37, 46
『한국불교찬술문헌목록』 37
『한국불교찬술문헌총록』 45
한국유교 112

한반도 248
함양涵養 291
해(異諍) 161
해공 신익희海公 申翼熙 92
『해동고승전』 46
『해동별기海東別記』 65
『해동소海東疏』 66
해동종수좌모海東宗首座某 78
해맑고 깨끗한 측면(心眞如門) 267
해멸解滅 81
해방공간 248
해방제의문解妨除疑門 64
해석解釋 63
해석분解釋分 65
『해심밀경』 26, 27, 63, 94
『해심밀경소解深密經疏』 50, 63
해인고등학교 92
해인대학(마산대학에 이어 현 경남대학) 92
해인사 74, 80
해인사 사간루판 99
해인사海印寺 소장본 66
해탈(vimutti, 解脫) 182, 227, 310
해탈(滅罪) 116
해탈도 236
해탈 열반 182, 288, 301, 310
핵어核語 151
행덕行德 258, 259

행덕의 가없음 259
행복(sukha, 樂) 310
행원行願 268, 273
행주좌와 330
허공계등신虛空界等身 132
허황옥 116
현경종顯經宗 57
현광玄光 116, 117
현교顯教 23, 46, 53
현료顯了 76
현료문顯了門 67, 124, 158, 321
현료문의 십념 318, 334
현료의顯了義 318, 321
현료顯了의 십념 318, 334, 336
현료의顯了義의 십념 333
현미顯微 282, 298
현상(多) 119
현상적 관점(顯了門) 160
「현성학관품賢聖學觀品」 61
현실에 대한 불만족 278
현실적 쟁론 285
『현양론』 163
『현양성교론』 163
현장玄奘 16, 30, 47, 62, 119, 126, 151
현장玄奘계 163
형이상학적・종교적 정신 292
혜공惠空 15
혜관慧觀 27

혜균慧均 116, 117
혜능 이후의 선법 327
『혜도경』 173
혜원慧遠 66
혜원慧遠계 163
혜총惠聰 116
혜현慧顯 116
혜화전문학교 88
호국불교론 146
호법護法 146, 185
호법심護法心 320
호법종護法宗 185, 186
호생불해互生不害 301
홍인우洪仁佑 292
화 290, 291
화관和觀 118, 119
화법化法4교 26
화신化身 130
화엄華嚴 35, 119, 142, 255, 258, 268
『화엄강목華嚴綱目』 52
『화엄경』 28, 29, 132, 265, 285
『화엄경소華嚴經疏』 33, 34, 51, 55, 77, 80, 81, 94, 108
『화엄경입법계품초華嚴經入法界品抄』 52
『화엄경종요華嚴經宗要』 52
화엄관 260
화엄 및 정토와 선법 53

화엄사상 249, 250, 252, 253
『화엄소』 73
화엄시(3×7일) 26
화엄의 무장무애 262
화엄의 일심 255, 256, 284, 286
화엄 일심華嚴一心 54, 250, 255, 256, 262, 263, 264, 266, 267, 268, 272, 273, 274
『화엄전음의華嚴傳音義』 52
화엄종 26
『화엄학』 54, 120, 142
『화엄현담』 260
화원중학 100
화의化儀4교 26
화쟁和諍 76, 77, 78, 80, 83, 84, 108, 125, 126, 137, 149, 150, 151, 170, 177, 182, 183, 184, 186, 187, 188
「화쟁국사비和諍國師碑」 149
「화쟁국사영찬和諍國師影贊」 149
화쟁 일문一門 82
화쟁·회통和諍會通 19, 21, 58, 59, 117, 118, 120, 124, 126, 143, 145, 150, 157, 201, 281, 285, 303, 304
화쟁·회통 논법 119, 121, 147, 272, 284
화쟁·회통의 논리 147
화쟁과 회통 122, 144, 145
화쟁국사和諍國師 72, 77, 78, 121, 148,

149, 150, 154
화쟁국사비 150
화쟁문和諍門 82, 86, 87, 90, 95, 100,
　　107, 109, 122, 124, 126, 157, 158
화쟁의 논법 333
화쟁의 방식 161
화쟁의 지형 161
화통和通 123
화학적 달임(고움) 118, 145, 147
화합和合 123
화합식 20
화해和解 123, 161
화회和會 18, 77, 80, 108, 117, 121,
　　123, 142, 147, 150, 154, 159, 183,
　　184, 188, 191, 229, 281, 284, 306,
　　307
「화회게和會偈」 21, 79, 121
화회和會논법 24, 121, 151
화회논사和會論師 121, 150, 151, 155
화회논자和會論者 318
화회론和會論 117
환골탈태 186, 188
환멸연기의 측면 171
환멸연기적 수렴(合) 170
환멸의 연기문 278
환술사(伎兒) 206, 240
환열(pāmojja, pāmujja, 歡悅) 310
환중環中 76

환희로움(pīti) 310
환희지歡喜地 이상 316
활동(用) 283
황룡사 47
회석會釋 136, 146, 182
회쟁廻諍 284, 285
회통會通 59, 123, 125, 126, 137, 143,
　　151, 170, 177, 183, 184, 186, 187,
　　188, 307, 335, 336
회통會通의 논법 330
회통문會通門 122, 124, 126, 158
회통의 논리 333
회향廻向 268, 273
회향발원심廻向發願心 324
횡관橫觀 142
횡진법계橫盡法界 142
효공曉公 125, 160
효당 81, 93, 94, 97, 98, 99
효사曉師 125, 160
효성曉城 88, 89
후득지 20
후쿠시 지닌(福士慈稔) 37, 43
히로히토(裕仁) 91

고영섭

동국대학교 불교학과 교수.

동국대학교 불교학과와 같은 학교 대학원 석·박사 과정을 졸업하고, 고려대학교 대학원 철학과 박사 과정을 수료하였다. 고려대학교 민족문화연구원 연구교수를 역임하였고, 하버드대학교 아시아센터 한국학연구소 연구학자로서 한국사상사를 연구하였으며, 현재는 동국대학교 세계불교학연구소 소장 및 한국불교사학회 한국불교사연구소장을 맡고 있다. 논저로는 『원효, 한국사상의 새벽』, 『원효탐색』, 『한국의 사상가 원효』(편저), 『분황 원효』, 『삼국유사 인문학 유행』, 『한국불학사』(1~3), 『한국불교사연구』, 『한국불교사탐구』, 『불학과 불교학』, 『불교입문』, 『한국사상사』, 『역경학 개론』(공저), 『세계의 불교학 연구』(공저), 『세계 불교학자들의 학문과 방법』(공저) 등 다수 권이 있다. 논문으로는 「분황 원효의 화회논법 탐구」, 「지눌의 진심사상」, 「휴정의 선심학」, 「경허의 조심학」, 「만해의 일본불교 인식」 등 다수 편이 있다. 한국불교와 동아시아불교(유식, 기신, 화엄, 선) 사상사를 연구하고 있으며, 시인과 문학평론가로도 활동하고 있다.

분황 원효의 생애와 사상

초판 1쇄 인쇄 2016년 11월 14일 | 초판 1쇄 발행 2016년 11월 21일
지은이 고영섭 | 펴낸이 김시열
펴낸곳 도서출판 운주사

(02832) 서울시 성북구 동소문로 67-1 성심빌딩 3층
전화 (02) 926-8361 | 팩스 0505-115-8361

ISBN 978-89-5746-467-0 93220   값 25,000원

http://cafe.daum.net/unjubooks 〈다음카페: 도서출판 운주사〉